Urteilswirkungen gegenüber Dritten im US-amerikanischen Recht und deren Anerkennung in Deutschland

Studien zum vergleichenden und internationalen Recht -
Comparative and International Law Studies

Band 207

PETER LANG

Jana Rita Braksiek

Urteilswirkungen gegenüber Dritten im US-amerikanischen Recht und deren Anerkennung in Deutschland

PETER LANG

Bibliografische Information der Deutschen Nationalbibliothek
Die Deutsche Nationalbibliothek verzeichnet diese Publikation
in der Deutschen Nationalbibliografie; detaillierte bibliografische
Daten sind im Internet über http://dnb.d-nb.de abrufbar.
Zugl.: Köln, Univ., Diss., 2019.

Umschlaggestaltung: © Olaf Gloeckler, Atelier Platen, Friedberg

Gedruckt auf alterungsbeständigem, säurefreiem Papier
Druck und Bindung: CPI books GmbH, Leck

D 38
ISSN 0930-4746
ISBN 978-3-631-81481-9 (Print)
E-ISBN 978-3-631-82372-9 (E-PDF)
E-ISBN 978-3-631-82373-6 (EPUB)
E-ISBN 978-3-631-82374-3 (MOBI)
DOI 10.3726/b16906

Peter Lang – Berlin · Bern · Bruxelles · New York ·
Oxford · Warszawa · Wien

Diese Publikation wurde begutachtet.

www.peterlang.com

Meinen Eltern

Vorwort

Die Untersuchung beschäftigt sich mit Wirkungen eines US-amerikanischen Urteils gegenüber „Dritten" und einer möglichen Anerkennung dieser Wirkungen in Deutschland. Ihr Ziel ist es, Fragen des Internationalen Zivilprozessrechts mit rechtsvergleichenden Aspekten zu verbinden und sich mit den gegenseitigen Beziehungen des deutschen und US-amerikanischen Zivilprozessrechts auseinanderzusetzen. Die Arbeit wurde im Wintersemester 2019 von der Rechtswissenschaftlichen Fakultät der Universität zu Köln als Dissertation angenommen. Rechtsprechung und Literatur sind überwiegend bis Dezember 2019 berücksichtigt.

Meinem Doktorvater, Herrn Professor Dr. Dr. h.c. mult. *Hanns Prütting* danke ich von Herzen sowohl für die eindrucksvollen Jahre als Mitarbeiterin an seinem Institut als auch für seine Unterstützung bei der Konzeption und Ausarbeitung dieser Untersuchung. Ich werde die schöne Zeit an der Universität zu Köln und insbesondere am Institut für Verfahrensrecht nicht zuletzt seinetwegen immer in bester Erinnerung behalten.

Darüber hinaus gilt mein herzlicher Dank Herrn Professor Dr. *Heinz-Peter Mansel*, der nicht nur die Zweitkorrektur übernommen, sondern mir auch einen unvergesslichen Forschungsaufenthalt an der Berkeley School of Law der University of California ermöglicht hat. Dort hatte ich das Vergnügen und die Ehre Herrn Professor Dr. Dr. h.c. mult. *Richard Buxbaum* kennenzulernen, für dessen hilfreiche Ratschläge und anregenden Gespräche ich mich an dieser Stelle ebenfalls herzlich bedanke. Ebenso möchte ich mich bei Herrn Professor *Andrew Bradt* bedanken, dessen Vorlesung ich während meiner Zeit in Berkeley besuchen durfte und der ein offenes Ohr für meine Fragen hatte. Den Herausgebern danke ich für die Aufnahme in die Schriftenreihe „Studien zum vergleichenden und internationalen Recht".

Mein besonderer Dank gilt ferner meinen Freunden, allen voran *Esther Breulmann*, *Laura Kingler*, *Lukas Münch*, *Thomas Onnebrink* und *Thomas Sendke*, die mich während der Erstellung der Arbeit mit ihrer aufrichtigen Freundschaft und fachlichen Kompetenz stets unterstützt und motiviert haben.

Darüber hinaus danke ich für den notwendigen fachfremden und klaren Blick auf meine Arbeit sowie für stete Zuneigung und Verständnis von Herzen meiner Schwester *Anna Braksiek* sowie *Christian Ridder*.

Mein größter und tiefster Dank gilt schließlich meiner Familie und insbesondere meinen Eltern *Elfriede Sauerwein-Braksiek* und *Jochen Braksiek*, die mich mein ganzes Leben lang in jeglicher Hinsicht unterstützt haben. Ihnen ist diese Arbeit gewidmet. Ohne ihre Geduld, ihre Ermutigungen und ihren Rückhalt wäre diese Arbeit nicht zustande gekommen. Glück Auf!

Jana Rita Braksiek
Essen, im Januar 2020

Inhaltverzeichnis

Dritter Teil Urteilswirkungen gegenüber Dritten und deren Anerkennung

§ 1 Einleitung

I. Problemaufriss und Gegenstand der Untersuchung

„Es gibt heute praktisch kein größeres und international beachtetes Schadensereignis mehr, das nicht zu Schadensersatzprozessen in den USA führen würde.“[1] So lag es etwa auch im Fall des Germanwings-Absturzes im Jahr 2015, nach dem Hinterbliebene versucht hatten, vor einem US-Gericht gegen die US-amerikanische Flugschule des Copiloten zu klagen.[2]

Einem solchen Verfahren vor US-amerikanischen Gerichten sehen deutsche Parteien regelmäßig mit Angst entgegen.[3] In diesem Zusammenhang ist aus rechtswissenschaftlicher Sicht bereits seit den 1980er Jahren von einem „Justizkonflikt“ die Rede.[4] Ausschlaggebend hierfür sind die vermeintlich extremen Unterschiede zwischen deutschem und US-amerikanischem Recht und die Furcht vor einem scheinbaren Missbrauchspotential angesichts exzessiv genutzter Besonderheiten des US-amerikanischen materiellen wie prozessualen Rechts.[5]

Erstaunlicherweise hat sich bis heute an den Diskussionspunkten der achtziger Jahre kaum etwas verändert.[6] Nach wie vor stellt sich deshalb vor allem

---

1 *Prütting*, in: FS Jayme, Bd. I, 709, 713 f.; vgl. auch *Schack*, in: FS Schlosser, 839.

2 Die Klage wurde (aufgrund eines sog. *forum non conveniens*) mit der Auflage abgewiesen, den Rechtsstreit vor einem deutschen Gericht fortzuführen. Im Falle einer Nichtannahme durch ein deutsches Gericht erklärte das US-Gericht eine Wiederaufnahme des Verfahrens in den USA für möglich, *Oto v. Airline Training Center Arizona, Inc.*, 247 F.Supp.3d 1098, 1110 (D. Ariz. 2017); vgl. becklink 2006201. Weitere Beispiele für vergleichbare Schadensersatzprozesse sind etwa Unglücksfälle wie Eschede (1998), Kaprun (2000) oder der Concorde Absturz im Jahr 2000, *Schack*, in: FS Schlosser, 839. Aber auch Klagen gegen Unternehmen wie Bertelsmann oder Bayer sind hierfür Beleg, vgl. *Prütting*, in: FS Jayme, Bd. I, 709, 711. Zuletzt wurde etwa Bayer im Glyphosat-Streit von einem kalifornischen Gericht auf Schadensersatz von über zwei Millionen Dollar verurteilt, vgl. becklink 2013099.

3 Vgl. *Prütting*, in: FS Jayme, Bd. I, 709; *Bernstein*, in: FS Ferid, 75.

4 Vgl. etwa *Brand*, NJW 2012, 1116; *Habscheid* (Hrsg.), Der Justizkonflikt; *Herrmann*, Anerkennung US-amerikanischer Urteile, S. 25; *Prütting*, in: FS Jayme, Bd. I, 709; *Krätzschmar*, in: FS Hay, 241; *Schlosser*, Der Justizkonflikt zwischen den USA und Europa.

5 *Prütting*, in: FS Jayme, Bd. I, 709, 710; vgl. auch *Bernstein*, in: FS Ferid, 75, 76 ff.; *Schack*, in: FS Schlosser, 839 ff.

6 *Prütting*, in: FS Jayme, Bd. I, 709, 710.

auch die Frage nach den Möglichkeiten einer Anerkennung US-amerikanischer Entscheidungen in Deutschland, zumal das Instrument der Anerkennung aus praktischer Sicht den einzig wirksamen Mechanismus bietet, die Ergebnisse eines solchen – insbesondere eines missbräuchlichen – US-amerikanischen Verfahrens abzuwehren.[7]

Besonders hart träfe die Anerkennung der Ergebnisse eines US-amerikanischen Verfahrens einen etwaigen Dritten, da er mitunter nicht dieselben prozessualen Möglichkeiten hatte wie die Parteien des Verfahrens. Diese Problematik sorgt schon im Inland für Diskussionsstoff.[8] Bei grenzüberschreitenden Rechtsstreitigkeiten treten für einen (deutschen) Dritten allerdings zusätzlich noch die Fremdheit des Rechtssystems, die nicht unerhebliche räumliche Entfernung sowie die Sprachbarriere hinzu. All diese Aspekte führen zu einer prinzipiellen Skepsis gegenüber einer Anerkennung US-amerikanischer Urteile im Besonderen und dem US-amerikanischen Rechtssystem im Allgemeinen, deren Berechtigung es in dieser Arbeit näher zu beleuchten gilt.

Dabei waren die Rechtskraftwirkungen US-amerikanischer Urteile in der Vergangenheit bereits mehrfach Gegenstand rechtswissenschaftlicher Untersuchung, wobei der Schwerpunkt entweder auf einer möglichst umfassenden Darstellung der Wirkungen einerseits oder auf Problemen der Urteilsanerkennung andererseits lag.[9] Die vorliegende Arbeit unternimmt den Versuch, dies zu kombinieren und legt dabei den Fokus auf den subjektiven Umfang der Urteilswirkungen gegenüber Dritten. Dabei kann das Problem der Anerkennung – nicht zuletzt aufgrund der Wandelbarkeit des *ordre public*, der sich nach dem Zeitgeist richtet – zu keinem Zeitpunkt abschließend gelöst werden, sodass das Thema auch weiterhin aktuell bleibt.[10]

---

7 *Prütting*, in: FS Jayme, Bd. I, 709, 710 f.; vgl. auch *Bernstein*, in: FS Ferid, 75, 76; *Schack*, in: FS Schlosser, 839, 846, 848 f.

8 Vgl. etwa *Häsemeyer*, ZZP 101 (1988), 385 ff.; *Jauernig*, ZZP 101 (1988), 361 ff.; *Markoulakis*, Betroffenheit Dritter; *Marotzke*, ZZP 100 (1987), 164 ff.; *Schack*, NJW 1988, 865 ff.; *Schwab*, ZZP 77 (1964), 124 ff.; *Zeuner*, Rechtliches Gehör.

9 *Görtz*, Subjektive Grenzen, S. 1; vgl. *Bernstein*, in: FS Ferid, 75 ff.; *Engelmann-Pilger*, Grenzen der Rechtskraft; *Götze*, Vouching In und Third Party Practice; *Haas*, IPRax 2001, 195 ff.; *Herrmann*, Anerkennung US-amerikanischer Urteile; *Koch*, ZVglRWiss 85 (1986), 11 ff.; *Koshiyama*, Rechtskraftwirkungen; *Krause*, Urteilswirkungen; *Mansel*, in: Herausforderungen des internationalen Zivilverfahrensrechts, 63 ff.; *Schütze*, Deutsch-amerikanische Urteilsanerkennung; *dens.*, in: FS Geimer, 1025; *dens.*, ZVglRWiss 104 (2005), 427 ff.; *Smith*, DRiZ 1995, 94 ff.

10 *Höffmann*, Class Action Settlements, S. 37.

Bei alledem darf jedoch letztlich nicht außer Acht gelassen werden, dass das US-amerikanische Rechtssystem insbesondere durch eine sehr praktische Ausrichtung und Flexibilität gekennzeichnet ist.[11] Dies zeigt sich etwa daran, dass Erwägungen zugunsten des Eintritts von Urteilswirkungen oft prozessökonomische Gründe beinhalten.[12] Dementsprechend schwierig ist es, eine umfassende Darstellung aller Einzelheiten der Urteilswirkungen anzubieten.[13] Viele Einzelfragen der Wirkungen der *res judicata*[14] sind selbst im US-amerikanischen Recht nicht allseitig geklärt und gehören mitunter zu den kompliziertesten Problemen, die das dortige Prozessrecht kennt.[15] Ziel dieser Arbeit ist es daher, ein grundlegendes und möglichst umfassendes Bild der US-amerikanischen Urteilswirkungen gegenüber Dritten im Besonderen sowie ihrer Anerkennung in Deutschland zu erarbeiten, nicht jedoch, die Problematik der subjektiven Grenzen von *res judicata* in allen Einzelheiten zu erfassen und zu lösen.

II. Gang der Untersuchung

1. Gliederung

Die vorliegende Arbeit gliedert sich in drei Teile.

Der erste Teil behandelt die rechtliche Ausgangslage in Deutschland hinsichtlich einer Bindung Dritter zum einen und mit Blick auf die Wirkung einer Anerkennung zum anderen. In einem ersten Abschnitt wird zunächst der Begriff des Dritten sowie einer Urteilswirkung gegenüber Dritten unter Heranziehung der beiden maßgeblichen Rechtsordnungen festgelegt. Daran anschließend werden grundsätzliche Überlegungen zu der Frage angestellt, wie sich eine Bindung Dritter an ein Urteil rechtfertigt. Schließlich wird im Überblick thematisiert, welche Möglichkeiten gemeinschaftlichen Vorgehens sich im deutschen Zivilprozess ergeben. Im zweiten Abschnitt dieses Teils werden sodann die Wirkung und das Verfahren der Anerkennung unter Berücksichtigung der zugrunde liegenden Interessenlage untersucht.

---

11 Vgl. *Currie*, 53 Calif. L.Rev. 25, 29 (1965): „But what I failed to recognize was that dedicated judges like Justice Traynor would never accept the easy course of generalization as a substitute for the ideal of justice in the individual case."

12 Dazu *Casad/Clermont*, Res judicata, S. 15; *Cooper*, in: 18 Wright/Miller, Fed. Prac. & Proc., Juris., § 4403; *Solum*, in: 18 Moore's Federal Practice, Civil, § 131.12; vgl. beispielsweise *McLaughlin v. Bradlee*, 803 F.2d 1197, 1201 (D.C. Cir. 1986).

13 Vgl. etwa *Görtz*, Subjektive Grenzen, S. 1 f.

14 Zum Begriff unten, § 1 II. 2. sowie zu Voraussetzungen und Grenzen § 4 I. 2.

15 Vgl. etwa *Casad/Clermont*, Res judicata, S. 5 f., 115.

Der zweite Teil behandelt die Anerkennung eines US-amerikanischen Urteils im Grundsatz. Eingegangen wird zunächst auf die Wirkungen der *res judicata*, die ein solches Urteil zwischen den Parteien entfaltet. Dabei liegt ein Schwerpunkt auf der Darstellung von wesentlichen Voraussetzungen und objektiven Grenzen dieser Wirkungen. Hieran schließen grundlegende Überlegungen zur Anerkennung nach § 328 ZPO an. Der Schlussteil dieses zweiten Teils greift die Ausführungen zur Rechtskraftkonzeption nach US-amerikanischem Recht auf und wendet § 328 ZPO auf diese an.

Darauf aufbauend folgt der dritte Teil, der sich mit der für diese Arbeit maßgeblichen Grundfrage der Urteilswirkungen gegenüber Dritten und deren Anerkennung auseinandersetzt und den Schwerpunkt der Untersuchung bildet. Differenziert wird in diesem Zusammenhang zwischen Bindungswirkungen für beteiligte und unbeteiligte Dritte sowie einseitigen Drittwirkungen. In jedem Abschnitt erfolgt jeweils eine eingehende Darstellung und Analyse von Voraussetzungen und Grenzen einer entsprechenden Wirkung sowie deren Konsequenzen für eine Anerkennung nach § 328 ZPO.

Die Arbeit endet mit einer thesenartigen Zusammenfassung der Ergebnisse und einer eigenen Schlussbetrachtung.

2. Begriffliches

In der nachfolgenden Untersuchung finden sich einige US-amerikanische Termini wieder, die bewusst nicht in deutsche Begrifflichkeiten übersetzt wurden. Dadurch soll verhindert werden, dass einerseits die US-amerikanischen Besonderheiten des jeweiligen Rechtsinstituts im Wege der Übersetzung verloren gehen und der Leser andererseits von vornherein den deutschen Rechtszusammenhang assoziiert. Viele Begrifflichkeiten lassen sich zwar übersetzen, haben aber im jeweiligen Rechtssystem einen anderen Hintergrund. Die Übersetzung in deutsche Begrifflichkeiten soll demnach nicht den Blick darauf verstellen, dass diese in unserem Rechtssystem nicht deckungsgleich sind und regelmäßig andere Wertungen zugrunde liegen.[16] So wird beispielsweise bei den Urteilswirkungen absichtlich von *claim preclusion* und *issue preclusion* gesprochen, anstatt etwa den deutschen Begriff der Rechtskraft zu verwenden. Der Begriff der (materiellen) Rechtskraft würde nach deutschem Verständnis in diesem Zusammenhang sowohl in objektiver als auch in subjektiver Hinsicht mit zu engen Grenzen verbunden und versperrte damit von vornherein den Blick auf wesentliche Besonderheiten des US-amerikanischen Rechts. Die amerikanische

16 So auch *Höffmann*, Class Action Settlements, S. 40; *Görtz*, Subjektive Grenzen, S. 4 f.

Terminologie wurde dementsprechend in den Fällen beibehalten und durch Kursivdruck hervorgehoben, in denen es entscheidend auf spezielle Eigenschaften des jeweiligen Rechtsinstituts ankam.

Zu den wichtigsten, regelmäßig wiederkehrenden Begriffen zählen *claim preclusion* und *issue preclusion* als Unterkategorien der *(doctrine of) res judicata,*[17] der Begriff der *jurisdiction*, welche sowohl die Zuständigkeit der Gerichte einerseits, als auch die unterschiedlichen Rechtssysteme bezeichnet, die dem US-amerikanischen „horizontalen Föderalismus“[18] geschuldet sind und schließlich der Begriff „*Due Process*“ als in den USA verfassungsgemäß verankerte Garantie von Verfahrensrechten wie etwa dem Anspruch auf rechtliches Gehör.[19]

---

17 Von lat. „*res judicata pro veritate accipitur*“, übersetzt in etwa „Das Urteil (die entschiedene Sache) wird für die Wahrheit genommen.“ Grundlegend dazu unten, § 4 I. 2. m.w.N.

18 *Junker*, Legal Culture in the U.S., S. 215.

19 Vgl. *Richards v. Jefferson County*, 517 U.S. 793, 798 (1996); *Martin v. Wilks*, 490 U.S. 755, 762 (1989); *Solum*, in: 18 Moore's Federal Practice, Civil, § 131.40; *Casad/Clermont*, Res judicata, S. 165.

Erster Teil Ausgangssituation (aus deutscher Sicht)

§ 2 Bindung Dritter an ein Urteil

I. Begriffsbestimmung

Da sich diese Arbeit im Kern mit Urteilswirkungen gegenüber Dritten befasst, soll vorab dargestellt werden, wer Dritter ist und welche Urteilswirkungen im Grundsatz eine Rolle spielen.

1. Wer ist Dritter?

Es sollen zunächst grundlegende Überlegungen zum Begriff „Dritter" nach dem Verständnis der beiden zu untersuchenden Rechtsordnungen unternommen werden. Die Rechtsstellung des Dritten im Prozess und deren Bedeutung wird dann im weiteren Verlauf der Arbeit noch einmal am jeweiligen Einzelfall im Rahmen der Anerkennungsfähigkeit der konkreten Drittwirkung dargestellt und mit den hier erlangten grundsätzlichen Erkenntnissen verglichen.

a. Deutsches Verständnis

Da es um Urteilswirkungen gegenüber Dritten gehen soll, ist für die Begriffsbestimmung auf die Perspektive nach Beendigung des Prozesses abzustellen. Die den Prozess beendigende Entscheidung wirkt grundsätzlich nur *inter partes*, d.h. zwischen den am Rechtsstreit beteiligten Parteien.[20]

In Deutschland gilt dabei ein strenges Zweiparteienprinzip.[21] Es können sich danach immer nur zwei Parteien im Prozess selbstständig gegenüberstehen.[22] Nach dem heute herrschenden formellen Parteibegriff ist Partei, von wem oder gegen wen Rechtsschutz begehrt wird.[23] Die Parteien sind folglich formell an dem Prozess beteiligt und erstreiten ein sie betreffendes Urteil. Auf die Rechtsverhältnisse eines Dritten kann das Urteil dagegen grundsätzlich nur unter besonderen Umständen und nur kraft besonderer Anordnung des Gesetzes Einfluss haben.[24]

Dritter ist somit derjenige, für den der Prozess ein fremder ist.[25] Dabei ist unerheblich, ob er am Prozess beteiligt oder unbeteiligt war. Entscheidend ist

---

20 Vgl. nur *Kern*, in: Stein/Jonas, ZPO, Bd. 2, Vor § 128 Rdn. 44.

21 *Rosenberg/Schwab/Gottwald*, ZPR, § 40 Rdn. 26 ff.; vgl. auch *Lüke*, ZPR, § 7 Rdn. 6.

22 *Lindacher*, in: MünchKomm, ZPO, Bd. 1, Vorb. zu § 50 Rdn. 9.

23 Vgl. nur *Weth*, in: Musielak/Voit, ZPO, § 50 Rdn. 3.

24 Vgl. nur *Rosenberg/Schwab/Gottwald*, ZPR, § 157 Rdn. 1.

25 Vgl. *Schultes*, in: MünchKomm, ZPO, Bd. 1, § 67 Rdn. 2.

vielmehr, dass der Dritte das Urteil nicht selbst erstritten hat. Ist das Urteil in diesem Sinne ein fremdes und wirkt es gegenüber einer Person, so ist diese Dritte.

Damit ist beispielsweise der Streitgenosse nach diesem Verständnis nicht Dritter. Er hat selbstständig einen eigenen Prozess geführt, sodass die Entscheidung hierüber für ihn keine fremde darstellt. Dagegen wird ein Nebenintervenient lediglich an ein fremdes Urteil gebunden. Er verhandelt in einem fremden Prozess, sodass er als Dritter anzusehen ist. Dies wird auch im Wesentlichen[26] durch die Systematik der ZPO bestätigt. Titel 3 „Beteiligung Dritter am Rechtsstreit" des zweiten Abschnitts steht im ersten Buch der ZPO hinter den Titeln zur Partei- und Prozessfähigkeit sowie zur Streitgenossenschaft.

b. US-amerikanisches Verständnis

Auch nach US-amerikanischen Prozessrecht wird für die Bestimmung der subjektiven Grenzen der Rechtskraft ein formeller Parteibegriff zugrunde gelegt.[27]

Der Begriff des Dritten bereitet dabei dort keine Probleme, wo der Betroffene erst gar nicht am Prozess teilhatte. Nach US-amerikanischem Prozessrechtsverständnis wird allerdings auch jeder am Prozess beteiligte Dritte automatisch zur Partei.[28] Der Dritte hat in den USA gerade keine gegenüber der Parteistellung geringere Rolle im Prozess, wie in Deutschland beispielsweise im Fall von Streitverkündung oder Intervention vorgesehen.[29] Auch bezüglich der Urteilswirkungen wird nicht unterschieden. Gegenüber den Dritten können die nach US-amerikanischem Recht vorgesehenen Urteilswirkungen der *claim* oder *issue preclusion*[30] wirken. Eine Unterscheidung zwischen materieller Rechtskraft und Interventionswirkung gibt es dagegen nicht.[31]

---

26 Vgl. zur Hauptintervention *Jacoby*, in: Stein/Jonas, ZPO, Bd. 1, § 64 Rdn. 1; *Rosenberg/Schwab/Gottwald*, ZPR, § 52 Rdn. 2; *Schultes*, in: MünchKomm, ZPO, Bd. 1, § 64 Rdn. 1.

27 Vgl. *Görtz*, Subjektive Grenzen, S. 81; *Krause*, Urteilswirkungen, S. 5 ff.

28 *Casad/Clermont*, Res judicata, S. 165; vgl. auch Restatement (Second) of Judgments, § 34.

29 Dazu *Lüke*, Beteiligung Dritter, S. 40.

30 Um Verwechslungen der Begriffe zu vermeiden, werden in dieser Arbeit einheitlich und ausschließlich die Bezeichnungen *claim preclusion* und *issue preclusion* für die verschiedenen Wirkungen der *res judicata* verwendet. Diese Tendenz zeichnet sich auch zunehmend in den USA selbst ab, vgl. *Cooper*, in: 18 Wright/Miller, Fed. Prac. & Proc., Juris., § 4402 m.w.N. sowie Restatement (Second) of Judgments, 1 Organization.

31 Vgl. *Görtz*, Subjektive Grenzen, S. 89. Zu dieser Unterscheidung und den einzelnen Wirkungen an späterer Stelle, vgl. etwa S. 115.

Partei eines Prozesses ist bzw. wird dem Grunde nach jeder, der als solche bezeichnet wird und sich der Zuständigkeit (*jurisdiction*) des Gerichts unterwirft.[32]

Für die Bestimmung eines beteiligten Dritten soll es demnach darauf ankommen, ob dieser durch eine in den USA vorgesehene Drittbeteiligungsform in den Prozess hineingezogen wurde. Dritter muss somit im Gleichlauf zum deutschen Verständnis jeder sein, der nicht zu den ursprünglichen Parteien und damit nicht zu dem ursprünglichen kontradiktorischen Rechtsverhältnis gehört. Insofern ist strikt auf die jeweiligen Rechtsverhältnisse im Prozess und die Beziehung des Dritten hierzu abzustellen.

c. Zwischenergebnis

Deutsches und US-amerikanisches Zivilprozessrecht unterscheiden sich maßgeblich darin, dass das US-amerikanische Recht eine Beteiligung am Prozess (fast) ausschließlich als Partei kennt. Dies macht im US-amerikanischen Recht zumindest eine terminologische Unterscheidung zwischen Urteilswirkungen entbehrlich. Trotzdem gilt, dass grundsätzlich auch in den USA ein formeller Parteibegriff zugrunde gelegt wird.

Für diese Arbeit soll maßgeblich sein, wer ursprünglich als Kläger und Beklagter im Prozess beteiligt war und wer dagegen durch besondere Drittbeteiligungsinstrumente beteiligt oder durch Erstreckung von Urteilswirkungen an das Ergebnis des Prozesses gebunden wird.

Zu unterscheiden ist für die Begriffe der Parteien und des Dritten außerdem zwischen dem Ursprungsprozess in den USA und dem Folgeprozess in Deutschland, in dem die Anerkennung eine Rolle spielt. Die Parteien, die um eine Anerkennung streiten, sind nicht zwingend die Parteien des Ursprungsprozesses. Vielmehr kann hier der Dritte auf einmal zur Partei werden.

2. Was ist eine Urteilswirkung gegenüber Dritten?

In Deutschland kann ein Dritter jedenfalls durch Rechtskrafterstreckung, durch Streitverkündungs- bzw. Interventionswirkung oder durch Gestaltungswirkung eines Urteils betroffen sein. Dabei ist die Unterscheidung grundsätzlich nötig,

---

32 *Zenith Radio Corp. v. Hazeltine Research, Inc.*, 395 U.S. 100, 110 (1969); Restatement (Second) of Judgments, § 34 (1).

da beispielsweise die objektiven Grenzen der Interventionswirkung gemäß § 68 ZPO die der Rechtskraft überschreiten.[33]

Eine solche Unterscheidung von Urteilswirkungen wird im US-amerikanischen Recht dagegen nicht vorgenommen. Sie ist auch nicht notwendig, da die Grenzen der *claim* und *issue preclusion* ohnehin weiter gezogen werden als in Deutschland und die Erstreckung auf einen Dritten nach anderen Maßstäben beurteilt wird.[34]

Eine strikte Differenzierung der Begriffe wird aufgrund dessen in dieser Arbeit ebenfalls nicht vorgenommen. Vielmehr soll generell von Urteilswirkungen gegenüber Dritten oder Drittwirkungen die Rede sein. Eine Urteilswirkung gegenüber einem Dritten liegt dementsprechend vor, wenn Entscheidungen oder Entscheidungselemente diesem gegenüber in einem späteren Verfahren verbindlich sind.[35] Für diese Arbeit ist daher maßgeblich, in welchen Fällen und unter welchen Voraussetzungen eine US-amerikanische Entscheidung in Deutschland durch Anerkennung für einen Dritten verbindlich ist bzw. sein kann.

II. Grundsätzliche Überlegungen zur Rechtfertigung einer Bindung Dritter

Die Rechtfertigung einer grundsätzlichen Begrenzung der Urteilsbindung auf die Parteien leuchtet ein. Sie ergibt sich aus der Beteiligung der Parteien und ihrer Stellung im Prozess.[36] Ihnen wurde rechtliches Gehör gewährt und sie konnten den Prozess aufgrund der Dispositions- und Verhandlungsmaxime maßgeblich beeinflussen.[37] Die Parteien tragen somit Mitverantwortung für das ergehende Urteil. Es ist das Ergebnis eines konkreten, zwischen bestimmten Personen ausgefochtenen Streits.[38]

Durch die Endgültigkeit der Rechtskraft ergibt sich zwar die Gefahr der Perpetuierung unrichtiger Entscheidungen. Die Parteien können über denselben

---

33 Vgl. *Häsemeyer*, ZZP 84 (1971), 179, 192; *Rosenberg/Schwab/Gottwald*, ZPR, § 50 Rdn. 63; *Weth*, in: Musielak/Voit, ZPO, § 68 Rdn. 3.

34 Vgl. *Engelmann-Pilger*, Grenzen der Rechtskraft, S. 106; *Krause*, Urteilswirkungen, S. 19; *Mansel*, in: Herausforderungen des Internationalen Zivilverfahrensrechts, 63, 68. Dies soll im weiteren Verlauf dieser Arbeit noch dargestellt werden.

35 *Krause*, Urteilswirkungen, S. 19.

36 Vgl. *Gottwald*, in: MünchKomm, ZPO, Bd. 1, § 325 Rdn. 1.

37 *Althammer*, in: Stein/Jonas, ZPO, Bd. 4, § 325 Rdn. 1; *Gottwald*, in: MünchKomm, ZPO, Bd. 1, § 325 Rdn. 1.

38 *Althammer*, in: Stein/Jonas, ZPO, Bd. 4, § 325 Rdn. 2.

Streitgegenstand nicht noch einmal verhandeln, wenn die Entscheidung rechtskräftig geworden ist. Dies wird jedoch als das „kleinere Übel" im Vergleich zur „unerträglichen Rechtsunsicherheit, die ohne Rechtskraft herrschen würde", hingenommen.[39]

Der Staat trifft Vorkehrungen, um ein unrichtiges Urteil schon im Voraus zu verhindern. Dazu gehören die sorgfältige Auswahl und Ausbildung der Richter sowie ein rechtsstaatliches Verfahren.[40] Insbesondere die Gewährung rechtlichen Gehörs sowie die Garantie eines Rechtsmittelsystems spielen dabei eine wichtige Rolle.[41]

Diese „Schutzmechanismen" des Prozesses sowie das Interesse an Rechtssicherheit rechtfertigen eine Bindungswirkung gegenüber den Parteien.[42] Speziell das Recht auf Gehör wirkt sich insoweit als Schranke für eine Ausdehnung der Urteilswirkungen auf Dritte aus.[43]

Für einen Dritten ist der Prozess gerade ein fremder. Die Einflussmöglichkeiten und Beteiligungsrechte sind dementsprechend eingeschränkt oder sogar gar nicht vorhanden. Es mag zwar ein öffentliches Interesse daran bestehen, dass Gerichte sich nicht mit bereits entschiedenen Fragen erneut befassen müssen und widersprüchliche Entscheidungen vermieden werden. Dies kann das Interesse des Dritten, über ihn betreffende Rechtsverhältnisse grundsätzlich selbst zu prozessieren, nach deutschem Verständnis jedoch nicht überwiegen.[44]

Nach der herrschenden Meinung kann sich daher insbesondere die Rechtskraft nur über die Parteien hinaus erstrecken, wenn der Gesetzgeber eine solche Erstreckung im Einzelfall angeordnet hat.[45] Dies ergibt sich aus der gesetzgeberischen Intention des § 325 ZPO sowie aus dem Anspruch auf rechtliches Gehör.[46]

---

39 *Rosenberg/Schwab/Gottwald*, ZPR, § 152 Rdn. 2.

40 Vgl. *Rosenberg/Schwab/Gottwald*, ZPR, § 152 Rdn. 2.

41 Vgl. *Spiecker gen. Döhmann*, Anerkennung, S. 40.

42 Vgl. *Spiecker gen. Döhmann*, Anerkennung, S. 40.

43 *Kern*, in: Stein/Jonas, ZPO, Bd. 2, Vor § 128 Rdn. 44.

44 Dazu *Büscher*, in: Wieczorek/Schütze, ZPO, Bd. 5/1, § 325 Rdn. 4; *Gottwald*, in: MünchKomm, ZPO, Bd. 1, § 325 Rdn. 4; vgl. auch *Lüke*, ZPR, § 32 Rdn. 19.

45 Vgl. BGHZ 3, 385, 388; BGH, NJW 1984, 126, 127; NJW 1996, 395, 396; NJW 2011, 2048 Rdn. 8; *Althammer*, in: Stein/Jonas, ZPO, Bd. 4, § 325 Rdn. 89; *Büscher*, in: Wieczorek/Schütze, ZPO, Bd. 5/1, § 325 Rdn. 4; *Gottwald*, in: MünchKomm, ZPO, Bd. 1, § 325 Rdn. 4; *Jauernig*, ZZP 101 (1988), 361, 384; *Musielak*, in: Musielak/Voit, ZPO, § 325 Rdn. 3; *Schack*, NJW 1988, 865, 872; *Völzmann-Stickelbrock*, in: Prütting/Gehrlein, ZPO, § 325 Rdn. 1.

46 Vgl. BGH, NJW 1996, 395, 396; *Büscher*, in: Wieczorek/Schütze, ZPO, Bd. 5/1, § 325 Rdn. 4; *Gottwald*, in: MünchKomm, ZPO, Bd. 1, § 325 Rdn. 3 f.; *Völzmann-Stickelbrock*, in: Prütting/Gehrlein, ZPO, § 325 Rdn. 1 f.

Die Ausdehnung der subjektiven Grenzen der Urteilswirkungen wird nur dort vom Gesetzgeber speziell angeordnet, wo dieser eine solche als geboten und gerechtfertigt ansieht.[47]

Wiederholt wurde versucht, die Interessenlagen und die gesetzgeberische Intention hinter den einzeln angeordneten Ausdehnungen der Urteilswirkungen zu analysieren und eine dogmatisch vereinheitlichte Begründung – etwa aufgrund materiellrechtlicher Abhängigkeitsverhältnisse oder aus prozessrechtlichen Gründen – zu finden.[48] Im Fall der Präjudizialität des entschiedenen Rechtsverhältnisses für einen Dritten wurde darüber hinaus bereits eine Drittwirkung der Rechtskraft als „absolute Wirkung der relativen Feststellung“[49] angenommen.[50] Bisher blieben solche Ansätze jedoch ohne überzeugenden Erfolg.[51]

Grundsätzlich ist die Bindung eines Dritten an ein Urteil also eine gesetzgeberische Entscheidung des Einzelfalls. Für sie ist eine besondere Anordnung erforderlich, die zum Schutz des Dritten jeweils einer Rechtfertigung bedarf.

Bei der Anerkennung ausländischer Urteilswirkungen gegenüber Dritten gibt es dagegen gerade keine, auf einer gesetzgeberischen Entscheidung beruhende, gesonderte Anordnung. Sie richtet sich vielmehr immer nach den für die Anerkennung allgemein geltenden Normen.[52] Für Dritte besteht daher ein wichtiges Interesse daran, dass die die Urteilswirkung rechtfertigenden „Schutzmechanismen“ auch im Ausland berücksichtigt werden und dies im Rahmen der Anerkennung überprüft wird.[53]

---

47 Vgl. BGHZ 3, 385, 388; *Althammer*, in: Stein/Jonas, ZPO, Bd. 4, § 325 Rdn. 3; *Gottwald*, in: MünchKomm, ZPO, Bd. 1, § 325 Rdn. 5.

48 Vgl. etwa *Bettermann*, Vollstreckung, S. 79 ff.; *Berger*, Prozessstandschaft; *Blomeyer*, ZZP 75 (1962), 1 ff.; *Häsemeyer*, ZZP 101 (1988), 385, 403 f.; *Markoulakis*, Betroffenheit Dritter. Für einen Überblick vgl. *Gottwald*, in: MünchKomm, ZPO, Bd. 1, § 325 Rdn. 2 ff.

49 *Schwab*, ZZP 77 (1964), 124, 134, 160.

50 *Schwab*, ZZP 77 (1964), 124, 160; vgl. auch *Koussoulis*, Beiträge, S. 39 f., 121 f.

51 Vgl. BGHZ 3, 385, 388; BGH, NJW 1984, 126, 127; NJW 1996, 395, 396; NJW 2011, 2048 Rdn. 8; NJW-RR 2005, 338, 339; *Althammer*, in: Stein/Jonas, ZPO, Bd. 4, § 325 Rdn. 87 f.; *Büscher*, in: Wieczorek/Schütze, ZPO, Bd. 5/1, § 325 Rdn. 4; *Gottwald*, in: MünchKomm, ZPO, Bd. 1, § 325 Rdn. 4; *Jauernig*, ZZP 101 (1988), 361, 384; *Musielak*, in: Musielak/Voit, ZPO, § 325 Rdn. 3; *Prütting*, RdA 1991, 257, 263; *Rosenberg/Schwab/Gottwald*, ZPR, § 157 Rdn. 26 f.; *Schack*, NJW 1988, 865, 872 f.; *Völzmann-Stickelbrock*, in: Prütting/Gehrlein, ZPO, § 325 Rdn. 1; *G. Vollkommer*, in: Zöller, ZPO, § 325 Rdn. 41.

52 Die Anerkennung US-amerikanischer Urteile richtet sich konkret nach § 328 ZPO.

53 Vgl. *Köckert*, Beteiligung Dritter, S. 111 f.; sowie für die Rechtfertigung der Rechtskraftwirkung *Spiecker gen. Döhmann*, Anerkennung, S. 40.

III. Exkurs: Möglichkeiten gemeinschaftlichen Vorgehens im Zivilprozess

Mit dem US-amerikanischen Rechtssystem wird regelmäßig als Erstes die sog. *class action* verbunden. Dabei handelt es sich um eine Sammelklage, bei der ein Gruppenkläger Ansprüche für die Gruppe geltend macht.[54] Für diese Arbeit ist dies insbesondere bei Zugrundelegung des oben dargestellten Drittbegriffs interessant: Jedes Mitglied der Gruppe wird an das Prozessergebnis gebunden, obwohl eine direkte Beteiligung am Prozess nicht stattgefunden hat. Auch in Deutschland wird seit einigen Jahren unter anderem aufgrund der hohen Belastung der Gerichte wieder mit stärkerem Nachdruck diskutiert, ob Möglichkeiten kollektiven Rechtsschutzes für den deutschen Zivilprozess geschaffen werden sollten.[55] Insbesondere der „Abgas-Skandal" rund um VW trug dazu bei, die Musterfeststellungsklage für Verbraucher voranzutreiben.[56]

Aufgrund der Ausrichtung des deutschen Zivilprozessrechts an der individuellen Rechtsdurchsetzung zwischen zwei Parteien und damit insbesondere dem Zweiparteienprinzip sowie dem Verbot von Popularklagen ist ein kollektives gerichtliches Vorgehen in Deutschland aber nur eingeschränkt möglich.[57] Es soll deshalb nachfolgend ein kurzer Exkurs über die derzeit bestehenden Möglichkeiten kollektiven Rechtsschutzes im deutschen Zivilprozess erfolgen. Dabei wird vor allem der Stellung des Einzelnen im Prozess sowie den möglichen Wirkungen, die eine Entscheidung entfaltet, besondere Beachtung geschenkt.

Gesetzlich vorgesehen sind allein die Verbandsklage und das Musterklageverfahren nach KapMuG und §§ 606 ff. ZPO.[58] Denkbar ist ansonsten eine Verbindung von Verfahren durch das Gericht gemäß § 147 ZPO oder eine Klage durch oder gegen Streitgenossen gemäß §§ 59, 60 ZPO, wobei dafür die entsprechenden

---

54 Ausführlich dazu an späterer Stelle, § 6 V.

55 Vgl. dazu *Meller-Hannich*, Gutachten, A 9; *dies.*, NJW-Beil. 2018, 29, 30, jeweils m.w.N.

56 Vgl. *Habbe/Gieseler*, GWR 2018, 227 f.; *Halfmeier*, ZRP 2017, 201; *Krausbeck*, DAR 2017, 567; *dies.*, VuR 2018, 287, 292; *Meller-Hannich*, NJW-Beil. 2018, 29; *Kranz*, NZG 2017, 1099; *Merkt/Zimmermann*, VuR 2018, 363; *Tilp/Schiefer*, NZV 2017, 14; *Woopen*, NJW 2018, 133.

57 Vgl. *Geissler*, GWR 2018, 189; *Großerichter*, in: Wieczorek/Schütze, ZPO, Bd. 13, Einf KapMuG, Rdn. 3; *Habbe/Gieseler*, GWR 2018, 227; *Hess*, JZ 2011, 66; *Weinland*, Die neue Musterfeststellungsklage, S. 1. Dazu übersichtlich auch *Rosenberg/Schwab/Gottwald*, ZPR, § 47. *Geiger* spricht von „struktureller Abwehr" hinsichtlich der Einführung kollektiver Rechtsschutzverfahren, *Geiger*, Kollektiver Rechtsschutz, S. 7 m.w.N.

58 Vgl. *Geiger*, Kollektiver Rechtsschutz, S. 32 ff.; *Gottwald*, in: FS Klamaris, Bd. II, 305; *Tilp/Schiefer*, NZV 2017, 14, 15 f.

Voraussetzungen vorliegen müssen.[59] In diesen Konstellationen bleibt es aber nichtsdestotrotz bei den grundsätzlich getrennten Prozessrechtsverhältnissen. Diese werden lediglich zusammen verhandelt.[60]

Anstelle von Sammel- bzw. Gruppenklagen[61], die in Deutschland nicht vorgesehen sind, wird darüber hinaus versucht, über Forderungsabtretungen faktisch dasselbe Ziel einer Bündelung von Einzelansprüchen in einer Klage zu erreichen.[62]

1. Verbandsklagen

UKlaG, UWG und GWB räumen besonderen berechtigten Stellen, beispielsweise bestimmten Verbänden, eine (Kollektiv-)Klagebefugnis ein, vgl. § 8 Abs. 3 UWG, § 33 Abs. 4 GWB, § 3 UKlaG. Die entsprechenden Stellen können im Interesse aller Betroffenen auf Unterlassung oder auf Gewinnabschöpfung klagen, um ein abstrakt verbraucherschädigendes Verhalten eines Dritten zu unterbinden.[63]

Die Verbandsklage wahrt das Prinzip des Zweiparteienprozesses, weil allein der Verband – und eben nicht jeder einzelne Betroffene – im Prozess gegen den Dritten beteiligt ist.[64] Sie ist dabei allerdings, insbesondere hinsichtlich der Einordnung der Klagebefugnis der Verbände, dogmatisch umstritten. Nach der Rechtsprechung betrifft die Regelung des Klagerechts der Verbände, auch nach Änderung des Wortlauts des Gesetzes,[65] sowohl die prozessuale Klagebefugnis, als auch die materiell-rechtliche Anspruchsberechtigung der Verbände (sog. „Doppelnatur").[66] Eine andere Ansicht geht davon aus, dass es sich allein um

---

59 Vgl. *Alexander*, JuS 2009, 590, 591; *Habbe/Gieseler*, GWR 2018, 227; *Kilian*, ZRP 2018, 72; *Rosenberg/Schwab/Gottwald*, ZPR, § 47 Rdn. 15.

60 *Alexander*, JuS 2009, 590, 591; vgl. auch *Geiger*, Kollektiver Rechtsschutz, S. 36.

61 Zum Begriff der Gruppenklage *Geiger*, Kollektiver Rechtsschutz, S. 17.

62 *Gottwald*, in: FS Klamaris, Bd. II, 305, 308 ff. m.w.N.; übersichtlich zu Zulässigkeit und Konstruktion zudem *Geiger*, Kollektiver Rechtsschutz, S. 38 ff.

63 *Geiger*, Kollektiver Rechtsschutz, S. 29. Unterlassungsklagen sind geregelt in § 8 UWG, §§ 1, 2 UKlaG sowie § 33 GWB; Gewinnabschöpfungsklagen dagegen in § 10 Abs. 1 UWG sowie § 34a GWB, vgl. *Rosenberg/Schwab/Gottwald*, ZPR, § 47 Rdn. 2 ff., 9.

64 *Geiger*, Kollektiver Rechtsschutz, S. 29.

65 Vgl. die frühere Fassung des Gesetzes in § 13 Abs. 2 AGBG: „Ansprüche (…) können nur geltend gemacht werden von (…)" im Gegensatz zur geltenden Fassung in § 3 Abs. 1 UKlaG und § 8 Abs. 3 UWG: „stehen zu". Dazu *Geiger*, Kollektiver Rechtsschutz, S. 41 ff.; *Rosenberg/Schwab/Gottwald*, ZPR, § 47 Rdn. 10 ff.

66 Vgl. BGH, GRUR 2005, 689, 690; GRUR 2007, 809 Rdn. 12; GRUR 2012, 415 Rdn. 10; GRUR 2015, 1240 Rdn. 13; GRUR 2018, 1166 Rdn. 12.

eine Regelung der Aktivlegitimation handelt, wofür der inzwischen geänderte Wortlaut des Gesetzes spreche.[67]

Trotz dieser gesetzlichen Klarstellung ist abschließend festzuhalten, dass die Verbandsklagen nicht der Verfolgung eigener subjektiver Rechte der Verbände dienen, sondern auf den Schutz von Verbraucherinteressen ausgerichtet sind und somit im Allgemeininteresse erfolgen.[68] Die Ansprüche der Einzelnen werden zu diesem Zweck durch die Regelung der Verbandsklage zu einem Anspruch gebündelt und dem Verband zur Durchsetzung im eigenen Namen überlassen.[69]

2. Einziehungsklage

Nach § 79 Abs. 2 S. 2 Nr. 3 ZPO sind Verbraucherzentralen und andere mit öffentlichen Mitteln geförderte Verbraucherverbände bei der Einziehung von Forderungen von Verbrauchern im Rahmen ihres Aufgabenbereichs im Prozess vertretungsbefugt. Sie dürfen nach § 8 Abs. 1 Nr. 4 RDG Rechtsdienstleistungen erbringen. Die aus diesen Normen hergeleitete Einziehungsklage ermöglicht den entsprechenden Verbänden, gleichgerichtete Verbraucheransprüche gebündelt in einem Prozess geltend zu machen.[70] Die Klage wird dabei aber im Namen des Klägers erhoben, nicht stellvertretend für die Gruppe, sodass keine Sammelklage im engeren Sinne vorliegt.[71]

Der Verband lässt sich die Ansprüche abtreten oder ihm wird eine entsprechende Einziehungsermächtigung erteilt.[72] Mit der Einziehungsklage macht er folglich ursprünglich fremde Forderungen im eigenen Namen geltend.[73]

3. Musterverfahren nach dem KapMuG

Im Kapitalmarktrecht ist ein Musterverfahren nach dem KapMuG möglich, wenn die Feststellung des Vorliegens oder Nichtvorliegens anspruchsbegründender oder anspruchsausschließender Voraussetzungen oder die Klärung von Rechtsfragen (sog. Feststellungsziele) begehrt wird, § 2 Abs. 1 KapMuG.

---

67 *Geiger*, Kollektiver Rechtsschutz, S. 41; *Rosenberg/Schwab/Gottwald*, ZPR, § 47 Rdn. 11. Vgl. darüber hinaus die Gesetzesbegründung zu § 8 Abs. 3 UWG („aktivlegitimiert"), BT-Drs. 15/1487, S. 22.

68 *Geiger*, Kollektiver Rechtsschutz, S. 40; *Rosenberg/Schwab/Gottwald*, ZPR, § 47 Rdn. 12.

69 *Wagner*, in: Europäische Sammelklage, 41, 70.

70 *Alexander*, JuS 2009, 590, 592; *Geiger*, Kollektiver Rechtsschutz, S. 55.

71 Vgl. *Geiger*, Kollektiver Rechtsschutz, S. 55 m.w.N.

72 *Wagner*, in: Europäische Sammelklage, 41, 61.

73 *Stadler*, JZ 2009, 121, 122; *Wagner*, in: Europäische Sammelklage, 41, 62.

Gegenstand des Musterverfahrens sind folglich stets verallgemeinerungsfähige Tatsachen oder Rechtsfragen.[74]

Wird ein solches Verfahren (vom Kläger oder Beklagten) im Rahmen eines Prozesses beantragt, wird der Antrag in einem öffentlichen Klageregister bekannt gemacht (§§ 3, 4 KapMuG) und das Verfahren nach § 5 KapMuG unterbrochen.[75] In den folgenden sechs Monaten müssen weitere Anträge eingehen, damit das erste Gericht nach § 6 KapMuG einen bindenden Vorlagebeschluss an das Oberlandesgericht erlässt, welcher weitere Vorlagen sperrt und die Aussetzung aller anhängigen oder späteren Verfahren zur Folge hat (§§ 7, 8 KapMuG).

Beteiligte des Musterverfahrens vor dem OLG sind der Musterkläger, den das Gericht bestimmt, der Musterbeklagte sowie die Kläger, die nicht als Musterkläger ausgewählt wurden, in der Stellung als Beigeladene, vgl. § 9 KapMuG. Für sie besteht keine Möglichkeit eines *Opt-out*, d.h. der eigene Prozess kann nicht selbstständig weiter geführt werden.[76] Die Beigeladenen können nur im Musterverfahren wie Nebenintervenienten Angriffs- und Verteidigungsmittel vorbringen, § 14 KapMuG.

Der Musterentscheid bindet die Prozessgerichte der ausgesetzten Verfahren und erwächst bezüglich des Feststellungsziels in Rechtskraft (§§ 16, 22 KapMuG). Gegenüber den Beigeladenen wirkt der Musterentscheid nach einer Art Interventionswirkung i.S.d. § 68 ZPO, vgl. § 22 Abs. 3 KapMuG.[77] Anspruchsinhaber, die keine Klage erhoben hatten, unterliegen dagegen keiner Bindung.[78]

Das Kapitalanleger-Musterverfahren führt damit insgesamt nicht zu einem Leistungstitel für die Betroffenen und macht insbesondere eine individuelle Rechtsverfolgung nicht entbehrlich.[79] Schließlich ist die Geltung des KapMuG nach der aktuellen Rechtslage gemäß § 28 KapMuG bis zum 01.11.2020 begrenzt.

4. Zivilprozessuale Musterfeststellungsklage

Am 1. November 2018 ist zudem die neue Musterfeststellungsklage – im Wesentlichen geregelt im 6. Buch der ZPO (§§ 606 ff.) – in Kraft getreten.[80] Bedingt durch die drohende Verjährung von Ansprüchen aus dem sog. Abgas-Skandal

---

74 *Rosenberg/Schwab/Gottwald*, ZPR, § 47 Rdn. 25.

75 *Rosenberg/Schwab/Gottwald*, ZPR, § 47 Rdn. 25.

76 *Gottwald*, in: FS Klamaris, Bd. II, 305, 313 f.

77 *Gottwald*, in: FS Klamaris, Bd. II, 305, 313; *Rosenberg/Schwab/Gottwald*, ZPR, § 47 Rdn. 26.

78 *Rosenberg/Schwab/Gottwald*, ZPR, § 47 Rdn. 27.

79 Vgl. *Großerichter*, in: Wieczorek/Schütze, ZPO, Bd. 13, Einf KapMuG, Rdn. 10.

80 BGBl. I 2018, S. 1151.

blieb dem Gesetzgeber für das Gesetzgebungsverfahren nur wenig Zeit.[81] Das Gesetz war bereits in seinem Ansatz umstritten und wird auch weiterhin kritisiert.[82]

Das Musterverfahren vor dem erstinstanzlich zuständigen OLG ermöglicht den angemeldeten Verbrauchern bindende Feststellungen von tatsächlichen und rechtlichen Anspruchsvoraussetzungen.[83] Die Verbraucher können ihre individuellen Ansprüche zur Eintragung in ein elektronisches Register beim Bundesamt für Justiz anmelden, was die Verjährung der Ansprüche hemmt, §§ 608 Abs. 1, 2, 4, 609 Abs. 1 S. 2 ZPO, § 204 Abs. 1 Nr. 1a BGB. Das Musterverfahren wird dabei ausschließlich[84] von einer qualifizierten Einrichtung geführt, § 606 Abs. 1 ZPO. Die Einhaltung der Voraussetzungen des § 606 Abs. 1 S. 2 ZPO sind nach Abs. 3 Nr. 1 Zulässigkeitsvoraussetzungen. Bei den qualifizierten Einrichtungen handelt es sich um solche i.S.d. § 3 Abs. 1 S. 1 Nr. 1 UKlaG, § 606 Abs. 1 S. 1 ZPO.

Eine unmittelbare Beteiligung der Verbraucher als Partei oder Streithelfer ist im Musterverfahren nicht möglich (§§ 606 Abs. 1, 610 Abs. 6 ZPO).[85] Während der Rechtshängigkeit der Musterfeststellungsklage kann ein angemeldeter Verbraucher auch keine eigene Klage erheben, die denselben Lebenssachverhalt und dieselben Feststellungsziele betrifft, § 610 Abs. 3 ZPO.[86] Der Verbraucher kann somit nur mittelbar auf das Musterfeststellungsverfahren einwirken, indem er sich für oder gegen eine Anmeldung seiner Ansprüche entscheidet, § 608 Abs. 1 ZPO.[87] Durch dieses *Opt-In* Modell und die jederzeitige Möglichkeit der Rücknahme der Anmeldung bis zum Tag des Beginns der Verhandlung (§ 608 Abs. 3 ZPO) wird der verfassungsrechtliche Anspruch auf rechtliches Gehör (Art. 103 Abs. 1 GG) des Einzelnen laut Gesetzesbegründung gewahrt.[88]

Das Musterverfahren kann durch Urteil (§ 613 ZPO) oder Vergleich (§ 611 ZPO) abgeschlossen werden.[89] Die Bindungswirkung des Urteils erfasst objektiv nicht nur die Beantwortung des Feststellungsziels i.S.d. § 606 Abs. 1 S. 1

---

81 *Weinland*, Die neue Musterfeststellungsklage, Rdn. 11 ff.
82 Vgl. dazu *Weinland*, Die neue Musterfeststellungsklage, Vorwort, Rdn. 19 ff. m.w.N.
83 *Weinland*, Die neue Musterfeststellungsklage, Rdn. 16.
84 Dies stellt einen wesentlichen Unterschied im Vergleich zu den Regelungen des KapMuG dar, vgl. *Weinland*, Die neue Musterfeststellungsklage, Rdn. 16.
85 Dazu *Weinland*, Die neue Musterfeststellungsklage, Rdn. 149 ff.
86 Dazu *Weinland*, Die neue Musterfeststellungsklage, Rdn. 143 ff.
87 *Weinland*, Die neue Musterstellungsklage, Rdn. 220 f.; vgl. auch BT-Drs. 19/2439, S. 17.
88 BT-Drs. 19/2439, S. 17, 28; *Weinland*, Die neue Musterfeststellungsklage, Rdn. 197 ff.
89 *Weinland*, Die neue Musterfeststellungsklage, Rdn. 18.

ZPO, sondern auch die tragenden tatsächlichen und rechtlichen Begründungselemente § 613 Abs. 1 ZPO.[90] Die angemeldeten Verbraucher müssen ihre Ansprüche anschließend weiterhin individuell durchsetzen. Durch die Musterfeststellungsklage soll allerdings die individuelle Rechtsverfolgung dadurch erleichtert werden, dass bereits verbindlich Festgestelltes aus dem Musterklageverfahren in dem Folgeverfahren nicht mehr verhandelt werden muss.[91]

Subjektiv wirkt das Musterfeststellungsurteil nach den allgemeinen Regeln der ZPO allein *inter partes*, d.h. zwischen den Parteien des Musterverfahrens: der qualifizierten Einrichtung und dem Beklagten.[92] Das rechtskräftige Urteil bindet allerdings das Gericht des Folgeverfahrens zwischen angemeldetem Verbraucher und dem Beklagten des Musterverfahrens, soweit diese Entscheidung die Feststellungsziele und den Lebenssachverhalt der Musterfeststellungsklage betrifft, § 613 Abs. 1 S. 1 ZPO.[93]

5. Zwischenergebnis

Nach diesem kurzen Überblick wird deutlich, dass kollektive Rechtsschutzmöglichkeiten in Deutschland nur sehr eingeschränkt und im Wesentlichen lediglich für bestimmte Rechtsgebiete oder Personengruppen verfügbar sind. Zuletzt hat der Gesetzgeber mit der zivilprozessualen Musterfeststellungsklage für Verbraucher auf aktuelle Entwicklungen reagiert. Auch diese macht eine individuelle Rechtsverfolgung jedoch nicht entbehrlich, sondern soll vielmehr „nur“ das anschließende einzelne Verfahren beschleunigen und die Gerichte entlasten. Der kollektive Rechtsschutz bleibt im deutschen Zivilprozess bis auf Weiteres jedoch die Ausnahme.

Auffallend ist, dass alle bisher vorgesehenen Instrumente des kollektiven Rechtsschutzes sich auf ihre Art insbesondere an dem Leitbild des Zweiparteienprozesses ausrichten. Dritte können, wenn überhaupt, nur an dem Prozess teilnehmen, damit ihr verfassungsrechtlich gewährleisteter Anspruch auf rechtliches Gehör aus Art. 103 Abs. 1 GG mit Blick auf die Entscheidungswirkungen gewahrt wird.[94]

Eine Beteiligung als Partei ist dagegen gerade nicht vorgesehen: Die Verbandsklagen führen dazu, dass eine zuständige Stelle für einen gebündelten

90 *Weinland*, Die neue Musterfeststellungsklage, Rdn. 196, insbesondere auch zum hierin liegenden Unterschied zum KapMuG m.w.N.

91 *Weinland*, Die neue Musterfeststellungsklage, Rdn. 211.

92 *Weinland*, Die neue Musterfeststellungsklage, Rdn. 195.

93 *Weinland*, Die neue Musterfeststellungsklage, Rdn. 195.

94 Vgl. *Geiger*, Kollektiver Rechtsschutz, S. 17

Anspruch durch das Gesetz als klagebefugt ausgewählt wird, was eine Beteiligung der Betroffenen entbehrlich macht.[95] Die Musterverfahren führen dagegen dazu, dass einzelne gemeinsame Vorfragen für alle (angemeldeten) Individualprozesse abschließend festgestellt werden sollen. Diese Bindungswirkung für das Folgeverfahren macht jedoch zumindest die Möglichkeit der mittelbaren Einflussnahme (wie bei der neuen Musterfeststellungsklage erörtert) erforderlich.

Für spätere Überlegungen sollen die bisher getroffenen, grundlegenden Feststellungen vorerst genügen.

IV. Zusammenfassung

Die folgenden Zwischenergebnisse lassen sich bisher festhalten:

1.) Dritter ist, für wen das Urteil, welches ihm gegenüber wirkt, ein fremdes ist, weil es einen Rechtsstreit über ein fremdes Rechtsverhältnis abschließt. Dabei ist nach diesem Verständnis unerheblich, ob der Dritte an dem vorausgegangenen Prozess beteiligt oder unbeteiligt war.

2.) Für diese Arbeit sind diejenigen Urteilswirkungen zu untersuchen, die die US-amerikanische Entscheidung (bzw. Entscheidungselemente) durch die Anerkennung in einem inländischen Prozess für einen Dritten verbindlich werden lassen.

3.) Eine allgemeingültige Rechtfertigung für die Bindung eines Dritten an eine Entscheidung ist nach deutschem Recht grundsätzlich nicht definierbar. Die Urteilswirkung gegenüber einem Dritten wird vielmehr gesetzlich angeordnet, wenn sie nach einer Abwägung im Einzelfall geboten ist. Es handelt sich um eine gesetzgeberische Entscheidung.

4.) Im Rahmen der Anerkennung gibt es eine solch speziell gesetzliche Anordnung einer Wirkung gegenüber einem Dritten gerade nicht. Die Gebotenheit und Rechtfertigung der Drittwirkung muss daher im Rahmen der Anerkennung überprüfbar sein und der Schutz des Dritten gewährleistet bleiben.

5.) Der deutsche Zivilprozess folgt streng dem Leitbild eines Zweiparteienprozesses. Dies überlagert auch den Bereich der bisher vorgesehenen (eingeschränkten) Möglichkeiten des kollektiven Rechtsschutzes. Dritte werden hier nicht als Partei und, wenn überhaupt, nur am Prozess beteiligt, um im Hinblick auf die ihnen gegenüber entstehenden Bindungswirkungen den verfassungsrechtlich gewährleisteten Anspruch auf rechtliches Gehör aus Art. 103 Abs. 1 GG zu wahren.

---

95 Vgl. *Geiger*, Kollektiver Rechtsschutz, S. 75 f.

§ 3 Wirkung der Anerkennung

Die Anerkennung ausländischer Gerichtsentscheidungen in Deutschland kann sich nach europäischem Recht, staatsvertraglichen Regelungen oder nach autonomem Recht, d.h. konkret § 328 ZPO, richten.

Anerkannt werden nicht die Gerichtsentscheidungen als solche, sondern deren Wirkungen.[96] Da es allgemeine völkerrechtliche Regelungen über die Urteilswirkungen nicht gibt, stellt sich das Problem, welches Recht deren Grenzen und Umfang bestimmt.[97] Es muss also zunächst geklärt werden, was Anerkennung genau bedeutet. Der Wortlaut des Gesetzes schweigt hierzu.[98] Es haben sich indessen verschiedene Theorien entwickelt, die im Folgenden dargestellt und bewertet werden sollen.

I. Anerkennungstheorien

Nach der Gleichstellungstheorie wird die ausländische Entscheidung ihren Wirkungen nach einer deutschen gleichgestellt.[99] Ein ausländisches Urteil kann somit nur diejenigen Wirkungen entfalten, die auch einem vergleichbaren inländischen zukommen. Für die Anerkennung von Urteilswirkungen gegenüber Dritten sind damit nur Wirkungen maßgeblich, die das deutsche Recht auch kennt.

Nach der Theorie der Wirkungserstreckung hingegen werden die Wirkungen, die der Entscheidung im Urteilsstaat zukommen, auf das Inland erstreckt.[100] Im Gegensatz zur Gleichstellungstheorie ist also für Urteilswirkungen gegenüber

---

96 Vgl. *Geimer*, JuS 1965, 475; *Roth*, in: Stein/Jonas, ZPO, Bd. 5, § 328 Rdn. 13; *Schack*, IZVR, Rdn. 866.

97 Vgl. *Geimer/Schütze*, Internationale Urteilsanerkennung, Bd. 1/2, S. 1385; *Spiecker gen. Döhmann*, Anerkennung, S. 57 ff.

98 Zumindest der des hier untersuchten, nämlich § 328 ZPO. Dagegen ist die Wirkungserstreckung beispielsweise in Art. 1 Abs. 1 S. 3 des deutsch-belgischen Abkommens vom 30.06.1958 ausdrücklich geregelt.

99 BGH, NJW 1983, 1976; OLG Düsseldorf, IPRax 1982, 152; *Matscher*, in: FS Schima, 265, 271; *Spiecker gen. Döhmann*, Anerkennung, S. 182.

100 *Gottwald*, in: MünchKomm, ZPO, Bd. 1, § 328 Rdn. 4 f.; *Köckert*, Beteiligung Dritter, S. 115; *Kropholler*, IPR, S. 678 f.; *Linke/Hau*, IZVR, Rdn. 12.6; *Mansel*, in: Herausforderungen des Internationalen Zivilverfahrensrechts, 63, 72; *Spellenberg*, in: Staudinger, BGB (2005), § 328 ZPO Rdn. 123.

Dritten das Recht des Urteilsstaates entscheidend. Hier können mitunter erhebliche Unterschiede zum nationalen Recht entstehen.[101]

Nach der Kumulationstheorie wird die Wirkungserstreckung durch die Wirkungen eines entsprechenden inländischen Urteils begrenzt.[102] Es ist also grundsätzlich die ausländische Rechtsordnung entscheidend. Eine Einschränkung erfolgt jedoch – insbesondere für Wirkungen gegenüber Dritten – durch das nationale Recht.

Für eine Anerkennung von Urteilswirkungen gegenüber Dritten können sich folglich beachtliche Unterschiede ergeben, je nachdem welcher der dargestellten Theorien gefolgt wird. Fraglich ist damit vorab, welche Theorie am besten mit den Regelungen der Anerkennung des autonomen Rechts, also § 328 ZPO, vereinbar ist. Für die Beantwortung dieser Frage wird regelmäßig auf den Anerkennungszweck und die dabei betroffenen Interessen abgestellt.[103]

1. Anerkennungsinteressen

Die Anerkennung ausländischer Urteile betrifft Interessen der beteiligten Staaten sowie der beteiligten Parteien.[104] Diese sind in einen Ausgleich zu bringen. Es stellt sich die Frage, durch welche der angeführten Theorien dieser Ausgleich bestmöglich verwirklicht werden kann.

a. Staatliche Interessen

Aus Perspektive der Staaten (Anerkennungsstaat einerseits und Urteilsstaat andererseits) ergeben sich für die Anerkennung teils gemeinsame, aber auch einige gegensätzliche Interessen.

Ein zentrales gemeinsames Interesse ist die Förderung des internationalen Handels- und Rechtsverkehrs, sowohl aus politischer als auch aus wirtschaftlicher

101 Insbesondere der Vergleich mit US-amerikanischem Recht macht dies deutlich, vgl. hierzu beispielsweise *Krause*, Urteilswirkungen.

102 *Geimer/Schütze*, Internationale Urteilsanerkennung, Bd. I/2, S. 1391; *Martiny*, Handbuch IZVR, Bd. III/1, Kap. I Rdn. 70; *Müller*, ZZP 79 (1966), 199, 206 f.; *Roth*, in: Stein/Jonas, ZPO, Bd. 5, § 328 Rdn. 8; *Schack*, IZVR, Rdn. 886; *ders.*, in: FS Schilken, 445, 451; *Schütze*, in: Wieczorek/Schütze, ZPO, Bd. 5/1, § 328 Rdn. 1.

103 Vgl. etwa *Geimer/Schütze*, Internationale Urteilsanerkennung, Bd. I/2, S. 1367 ff.; *Martiny*, Handbuch IZVR, Bd. III/1, Kap. I Rdn. 75; *Schack*, IZVR, Rdn. 876.

104 Vgl. *Martiny*, Handbuch IZVR, Bd. III/1, Kap. I Rdn. 75 ff.; *Spiecker gen. Döhmann*, Anerkennung, S. 65 ff.

Sicht.[105] Durch die Anerkennung soll die grenzüberschreitende Rechtsverfolgung ermöglicht werden. Dass dieses Ziel insbesondere für die Förderung des Handelsverkehrs immer wichtiger wird, zeigt sich bereits durch die fortschreitende Globalisierung, gerade am Beispiel des Binnenmarktes der EU. Bereits das GVÜ sollte den Binnenmarkt durch Freizügigkeit gerichtlicher Entscheidungen ergänzen.[106] Und auch die Erwägungsgründe der EuGVVO sowie die Rechtsprechung des EuGH zeigen, dass die Förderung der Titelfreizügigkeit weiterhin ausdrücklich erwünscht ist, um das reibungslose Funktionieren des Binnenmarktes zu gewährleisten.[107]

Aber auch über die Grenzen der Union hinaus sorgt eine großzügige Anerkennung für Erleichterungen im Handels- und Rechtsverkehr.[108] Grenzüberschreitender Wirtschaftsverkehr hat in der Regel grenzüberschreitende Rechtsstreitigkeiten zur Folge. Die Anerkennung ausländischer Urteile durch den Zweitstaat soll in diesem Zusammenhang die Rechtsverfolgung erleichtern, was wiederum Auswirkungen auf die vorausgehenden Handelsbeziehungen hat. Sie trägt dazu bei, dass den eigenen Staatsangehörigen der Kredit bei Auslandsgeschäften erleichtert wird.[109] Sie verhindert überdies Vollstreckungsexklaven, die sich (im Extremfall) ergeben können, wenn die inländische Zuständigkeit nicht besteht und die Anerkennung nicht gewährleistet ist.[110] Dies würde nicht nur der Rechtssicherheit, sondern auch den Wirtschaftsbeziehungen des Staates schaden.

Es liegt ferner sowohl im Interesse des Anerkennungs- als auch des Urteilsstaates, einen internationalen Entscheidungseinklang herbeizuführen, was darüber hinaus auch ein wesentliches Ziel des gesamten internationalen Zivilprozessrechts darstellt.[111] Durch eine großzügige Anerkennung wird die Gefahr

---

105 Vgl. *Geimer/Schütze*, Internationale Urteilsanerkennung, Bd. I/2, S. 1367; *Martiny*, Handbuch IZVR, Bd. III/1, Kap. I Rdn. 85.

106 Vgl. *Geimer/Schütze*, Internationale Urteilsanerkennung, Bd. I/2, S. 1379; *Martiny*, Handbuch IZVR, Bd. III/1, Kap. I Rdn. 100.

107 Vgl. EuGH, Urt. v. 04.05.2010 – C-533/08 (TNT Express Nederland BV/AXA Versicherung-AG), NJW 2010, 1736, 1738; Urt. v. 13.10.2011 – C-139/10 (Prism Investments BV/Jaap Anne van der Meer), NJW 2011, 3506; Urt. v. 23.10.2014 – C-302/13 (flyLAL-Lithuanian Airlines AS/Starptautiskā lidosta Rīga VAS, u.a.), GRUR Int. 2014, 1172, 1176; Erwägungsgründe zur Verordnung (EU) Nr. 1215/2012 Nr. 1–4.

108 Vgl. insbesondere das Beispiel bei *Martiny*, Handbuch IZVR, Bd. III/1, Kap. I Rdn. 95.

109 *Köckert*, Beteiligung Dritter, S. 111; vgl. *Schack*, IZVR, Rdn. 880.

110 *Schack*, IZVR, Rdn. 879.

111 Vgl. *Linke/Hau*, IZVR, Rdn. 2.6.

„hinkender Rechtsverhältnisse" oder miteinander unvereinbarer Entscheidungen vermindert und damit die internationale Rechtssicherheit gefördert.[112] Dies dient mittelbar auch dem Ansehen und der Funktionsfähigkeit der Justiz sowie dem Rechtsstaat insgesamt.[113]

Im Wesentlichen gilt für beide „beteiligten" Staaten, dass sie ihren Bürgern mit dem Zivilprozess einen effektiven, d.h. vor allem möglichst abschließenden, Rechtsschutz gewähren wollen und müssen. Nur so lässt sich das Gewaltmonopol des Staates wirksam realisieren und rechtfertigen.[114] Es ist daher nicht im Sinne eines (Urteils-)Staates,[115] wenn das im eigenen Staat abgeschlossene Verfahren in einem anderen Staat nicht berücksichtigt wird und woanders zum selben Streit eine neue Entscheidung ergehen kann.

Neben diesen allgemein gemeinsamen Interessen der Staaten verfolgen sie jedoch mit der Anerkennung auch einseitige Belange, die sich entgegenstehen können.

Die Anerkennung basiert zwar auf der Annahme der Gleichwertigkeit der Rechtspflege in allen Staaten.[116] Der anerkennende Staat will jedoch grundsätzlich sichergehen, dass die Entscheidung, welche schließlich ein fremder Hoheitsakt ist, mit seinen Rechtsprinzipien im Einklang steht, um seine Staatsangehörigen und sich selbst zu schützen.[117] Dabei besteht insbesondere ein Interessenkonflikt zwischen der Vermeidung einer vollständigen Überprüfung der ausländischen Entscheidung und dem Schutz der Parteien vor „willkürlichen" Entscheidungen.[118] Der Staat hat ein Interesse an Kontrolle und Selbstbestimmung dessen, was in seinem Hoheitsgebiet wirken soll.[119] Letztlich soll dadurch die eigene Rechtsordnung nicht umgangen werden können. Die Regelungen der Anerkennung sollen dieses Risiko abfangen.

Andererseits hat der anerkennende Staat auch ein Interesse an Prozessökonomie. Abgeschlossene Verfahren sollen gerade nicht unter Zeit- und

---

112 *Martiny*, Handbuch IZVR, Bd. III/1, Kap. I Rdn. 104 ff.

113 Vgl. *Schack*, IZVR, Rdn. 878; sowie für die Rechtfertigung des Konzepts der Rechtskraft *Spiecker gen. Döhmann*, Anerkennung, S. 40.

114 *Spiecker gen. Döhmann*, Anerkennung, S. 67; anschaulich auch *Geiger*, Kollektiver Rechtsschutz, S. 9 f. m.w.N.

115 Und ebenso wenig im Interesse der Parteien. Dazu jedoch sogleich.

116 *Geimer*, in: Zöller, ZPO, § 328 Rdn. 16; *Martiny*, Handbuch IZVR, Bd. III/1, Kap. I Rdn. 106; *Roth*, in: Stein/Jonas, ZPO, Bd. 5, § 328 Rdn. 1.

117 Vgl. *Martiny*, Handbuch IZVR, Bd. III/1, Kap. I Rdn. 86.

118 *Gottwald*, in: MünchKomm, ZPO, Bd. 1, § 328 Rdn. 1; *ders.*, ZZP 103 (1990), 257, 258.

119 *Martiny*, Handbuch IZVR, Bd. III/1, Kap. I Rdn. 86; vgl. *Schack*, IZVR, Rdn. 882.

Kostenaufwand erneut aufgerollt werden müssen. Das gilt insbesondere dann, wenn der anerkennende Staat zu den am Verfahren beteiligten Parteien ansonsten in keinerlei Verbindung steht.[120]

Schließlich werden die Regelungen der Anerkennung teilweise als Druckmittel zur Beeinflussung anderer Staaten eingesetzt.[121] Ziel ist es, diese so dazu zu bewegen, „anerkennungsfreundlicher" zu werden.[122] Dabei besteht jedoch regelmäßig ein Spannungsverhältnis zu den Interessen der betroffenen Parteien. Staatliche Konflikte werden dann „auf dem Rücken der Rechtssuchenden"[123] ausgetragen.[124]

b. Parteiinteressen

Auch die Interessen der Parteien sind teils gleichgerichtet, teils gegensätzlich.

Die Anerkennung soll grundsätzlich für die Parteien voraussehbare Ergebnisse bringen. Einmal getroffene Feststellungen und Entscheidungen sollen im Wege der Anerkennung nicht verloren gehen.[125] Die Parteien haben folglich ein gemeinsames Interesse an effektivem Rechtsschutz und „Kontinuität", was durch eine einzige, möglichst umfassende und (örtlich) weitreichende Entscheidung gewährt werden soll.[126]

Hiermit hängt auch ein wirtschaftliches Interesse der Parteien zusammen. Wird die ausländische Entscheidung nicht anerkannt, sind ein erneuter Prozess und eine widersprechende Entscheidung möglich. Dabei ist ein erneutes Prozessieren mit Mühen und Kosten für die Parteien verbunden.[127]

Für die obsiegende Partei steht das Interesse einer großzügigen Anerkennung im Vordergrund; die unterlegene Partei möchte die Urteilswirkungen dagegen lediglich auf den Urteilsstaat begrenzt wissen. Die jeweiligen Interessen sind daher scheinbar abhängig von dem die Partei betreffenden Ergebnis des Verfahrens.[128]

---

120 Vgl. dazu *Schack*, in: FS Schilken, 445, 449; *Spiecker gen. Döhmann*, Anerkennung, S. 70.

121 Vgl. *Martiny*, Handbuch IZVR, Bd. III/1, Kap. I Rdn. 90 f.

122 Vgl. *Martiny*, Handbuch IZVR, Bd. III/1, Kap. I Rdn. 91.

123 *Martiny*, Handbuch IZVR, Bd. III/1, Kap. I Rdn. 92.

124 Vgl. *Martiny*, Handbuch IZVR, Bd. III/1, Kap. I Rdn. 91 ff.; *Schack*, IZVR, Rdn. 880.

125 Vgl. *Martiny*, Handbuch IZVR, Bd. III/1, Kap. I Rdn. 77.

126 Vgl. *Martiny*, Handbuch IZVR, Bd. III/1, Kap. I Rdn. 77; *Schack*, in: FS Schilken, 445, 448.

127 Dazu *Schack*, IZVR, Rdn. 877.

128 Vgl. dazu *Köckert*, Beteiligung Dritter, S. 112; *Spiecker gen. Döhmann*, Anerkennung, S. 66.

Es ist allerdings zu berücksichtigen, dass die Parteien ihr Verhalten im Prozess gerade an den von ihnen erwarteten Urteilswirkungen ausrichten, die der Entscheidung nach dem Recht des Urteilsstaates zunächst einmal zukommen.[129] Eine Anerkennung der Entscheidung in einem bestimmten Zweitstaat wird wohl während des Prozesses regelmäßig von keiner Partei angestrebt oder bezweckt sein. Das ausländische Urteil schließt aber gerade das Verfahren ab, an dem sie beteiligt waren und deren Wirkungen sie einschätzen konnten. Der Umfang der Urteilswirkungen beeinflusst die jeweilige Ausgestaltung des Verfahrens.[130] Das wiederum beeinflusst die Prozessführung der Parteien.[131] Daher wird es auch regelmäßig in ihrem Interesse liegen, dass der Entscheidung über den von ihnen geführten Rechtsstreit nicht auf einmal andere Wirkungen beigemessen werden als von ihnen erwartet, seien sie nun weitreichender oder enger gefasst. Dieses Interesse ist dabei auch unabhängig davon, ob die Partei den Prozess nun gewonnen oder verloren hat.

c. *Interessen anderer Beteiligter*

Die Interessen Dritter, also insbesondere jener, die einer Urteilswirkung ausgesetzt sein können, stimmen im Wesentlichen mit denen der Parteien überein.

Zunächst sollen Mühen und Kosten eines neuen Verfahrens verhindert werden, soweit eine angemessene Beteiligung am Erstverfahren stattgefunden hat. Auch für einen Dritten gilt, dass der Umfang der Urteilswirkungen die Ausgestaltung einer Drittbeteiligung im Erstverfahren beeinflusst. Vor allem die subjektiven Grenzen der Rechtskraft sind eng mit dem jeweiligen Rechtsmittelsystem verbunden.[132]

Da es nach deutschem Verständnis eine subjektive Erstreckung von Urteilswirkungen aber nur ausnahmsweise geben kann, wenn sie gesetzlich angeordnet ist, hat auch Deutschland als anerkennender Staat ein Interesse daran, dass die Drittwirkung eines Urteils nach deutschen Wertungen geboten oder gerechtfertigt ist. Parallel hierzu ergibt sich das schutzwürdige Interesse des Dritten, nicht an das Urteil gebunden zu sein, wenn es hierfür keine Rechtfertigung gibt.[133]

---

129 *Spellenberg*, in: Staudinger, BGB (2005), § 328 ZPO Rdn. 123.

130 *Roth*, in: Stein/Jonas, ZPO, Bd. 5, § 328 Rdn. 11.

131 Vgl. *Schack*, in: FS Schilken, 445, 451 sowie ähnlich *Grunsky*, ZZP 89 (1976), 241, 259.

132 *Spellenberg*, in: Staudinger, BGB (2005), § 328 ZPO Rdn. 157.

133 Vgl. *Köckert*, Beteiligung Dritter, S. 111 f.; sowie für die Rechtfertigung der Rechtskraftwirkung *Spiecker gen. Döhmann*, Anerkennung, S. 40.

2. Ziel und Grund der Anerkennung

Eine völkerrechtliche Pflicht zur Anerkennung gibt es nicht.[134] Es fragt sich daher, was überhaupt Ziel und Grund der Anerkennung ist.

Die Begründungsansätze hierfür sind so vielfältig wie die von der Anerkennung betroffenen Interessen.[135] Es soll daher an dieser Stelle versucht werden, einen grundlegenden Überblick darüber zu verschaffen, was einen Staat dazu bewegen kann, die Anerkennung ausländischer Urteile in seinem Hoheitsgebiet zuzulassen und zu regeln.

Dafür ist zunächst festzuhalten, dass Gerichtsentscheidungen als Akte hoheitlicher Gewalt nur innerhalb des jeweiligen Urteilsstaates wirken.[136] Sie können daher in einem anderen Staat nur Wirkung entfalten, wenn dessen Rechtsordnung einen entsprechenden Hoheitsbefehl enthält.[137] Ob und unter welchen Voraussetzungen ein Staat die Anerkennung regelt, ist also eine souveräne Entscheidung.[138]

Die Annahme der Gleichwertigkeit der Rechtsordnungen spielt für die Anerkennung, wie auch für das internationale Privatrecht, eine entscheidende Rolle. Diese Annahme stellt den ersten Schritt für eine funktionierende internationale Zusammenarbeit dar.[139]

Eine wesentliche Rolle übernehmen in diesem Zusammenhang ferner die bereits dargestellten Interessen, die der Staat bei der Regelung der Anerkennung abwägt und in einen angemessenen Ausgleich zu bringen versucht. Dabei hat sich eine Entwicklung des Anerkennungsrechts von einem „Kollisionsrecht widerstreitender Justizhoheiten" zu einem „Koordinationsrecht gemeinsamer Rechtspflegeinteressen" vollzogen.[140]

Wesentliche Ziele der Anerkennung sind der internationale Entscheidungseinklang sowie Verfahrensökonomie.[141] Diese Ziele sprechen für eine uneingeschränkt großzügige Anerkennung. Aufgabe der Anerkennungsregelungen ist es daher, einerseits die Wirkungserstreckung[142] großzügig zu gestalten, aber

---

134 *Gottwald*, in: MünchKomm, ZPO, Bd. 1, § 328 Rdn. 1; *Linke/Hau*, IZVR, Rdn. 12.12; *Schack*, IZVR, Rdn. 865.
135 Dazu *Martiny*, Handbuch IZVR, Bd. III/1, Kap. I Rdn. 253 ff.
136 *Schack*, IZVR, Rdn. 865.
137 *Kropholler*, IPR, S. 659.
138 BGHZ 112, 127, 133; *Schack*, IZVR, Rdn. 865, 876.
139 Vgl. *Martiny*, Handbuch IZVR, Bd. III/1, Kap. I Rdn. 260.
140 *Martiny*, Handbuch IZVR, Bd. III/1, Kap. I Rdn. 75.
141 Vgl. *Köckert*, Beteiligung Dritter, S. 111; *Linke/Hau*, IZVR, Rdn. 12.5.
142 Hier im Sinne einer Entscheidung für die Anerkennung des ausländischen Urteils.

andererseits zu bestimmen, wann die genannten Ziele zurücktreten müssen.[143] Zu trennen ist damit zwischen dem „Ob" (d.h., ob eine Anerkennung grundsätzlich zugelassen werden soll) und dem „Wie" (also der Frage, welche Voraussetzungen eine Anerkennung ausländischer Urteile hat) der Anerkennung.

Durch die Anerkennung wird außerdem die grenzüberschreitende Rechtsverfolgung erleichtert, was auch ein wesentliches Ziel des internationalen Zivilprozessrechts im Allgemeinen darstellt. Dem Einzelnen sollen möglichst gleiche Chancen zur Durchsetzung seiner Ansprüche im Inland wie im Ausland eingeräumt werden.[144] Gegenüber den privaten Interessen, also den Bedürfnissen des privaten Rechtsverkehrs, sollte die staatliche Anerkennungspolitik mithin eine Fürsorgefunktion einnehmen.[145]

3. Stellungnahme

Es ist nunmehr abzuwägen, welche der Theorien zum Umfang der Anerkennung das Ziel der Anerkennung und die dabei bestehenden Interessen bestmöglich berücksichtigt.

Dabei ist zunächst festzuhalten, dass die Bestimmung des Umfangs der Urteilswirkungen letztlich eine „fundamentale rechtspolitische Entscheidung"[146] ist. Gerade in Bezug auf die subjektiven Grenzen der Urteilswirkungen spielt der Anspruch auf rechtliches Gehör eine wesentliche Rolle, was in der folgenden Darstellung besonders berücksichtigt werden soll.

a. Gleichstellungstheorie

Nach der Gleichstellungstheorie kommen der Entscheidung durch die Anerkennung die gleichen Wirkungen zu, die ein entsprechendes deutsches Urteil hätte. Damit sollen Widersprüche in der inneren Prozessrechtseinheit verhindert und insbesondere die Interessen des Anerkennungsstaates gewahrt werden.[147]

Die Gleichstellung soll zunächst unstreitig für die Vollstreckbarerklärung gelten.[148] Die Vollstreckung erfolgt ausschließlich nach inländischen Regeln, womit

---

143 *Linke/Hau*, IZVR, Rdn. 12.5; vgl. auch *Geimer/Schütze*, Internationale Urteilsanerkennung, Bd. I/2, S. 1379.

144 *Martiny*, Handbuch IZVR, Bd. III/1, Kap. I Rdn. 75, 101.

145 *Martiny*, Handbuch IZVR, Bd. III/1, Kap. I Rdn. 75; vgl. auch *Gottwald*, ZZP 103 (1990), 257, 259.

146 *Müller*, ZZP 79 (1966), 199, 206; vgl. auch *Fischer*, in: FS Henckel, 199, 205.

147 Vgl. *Matscher*, in: FS Schima, 265, 276; *Spiecker gen. Döhmann*, Anerkennung, S. 69 f.

148 Vgl. *Gottwald*, ZZP 103 (1990), 257, 260; *Spiecker gen. Döhmann*, Anerkennung, S. 71.

sich auch die Vollstreckbarkeit nach inländischem Recht bestimmt. Da auch die Vollstreckbarkeit eine Urteilswirkung darstellt, müsse sich die Anerkennung anderer Wirkungen ebenfalls nach inländischem Recht richten. Die Vollstreckbarkeit sei gerade ein Teilaspekt der Anerkennung.[149] Dies ist jedoch ungenau: Die Vollstreckbarkeit wird gerade nicht i.e.S. anerkannt, sondern vielmehr im Inland durch die Vollstreckbarerklärung konstitutiv verliehen.[150]

Darüber hinaus soll der *lex fori* Grundsatz, wonach das Recht des Forumsstaates für verfahrensrechtliche Fragen maßgeblich ist, für die Gleichstellungstheorie sprechen.[151] Der Unterschied zur Qualifikation als Prozessrecht besteht aber bei der Anerkennung darin, dass es nicht darum gehen soll, ausländisches Prozessrecht im Inland anzuwenden, sondern der Entscheidung Wirkungen beizulegen.[152] Die Entscheidung bezüglich des Umfangs liegt dabei im deutschen Prozessrecht, und zwar bei den Anerkennungsregelungen, die der deutsche Gesetzgeber bestimmt, und kann trotzdem festlegen, dass deutsche Gerichte im gleichen Umfang gebunden sein sollen wie Gerichte des Urteilsstaats.[153]

Problematisch ist bei einer Gleichstellung, dass dem Urteil dadurch im Anerkennungsstaat weitergehende Wirkungen zukommen können als im Ursprungsstaat. Eine Entscheidung hätte damit in verschiedenen Staaten unterschiedliche Rechtsfolgen und liefe daher dem Interesse an internationalem Entscheidungseinklang zuwider.[154] Den Parteien würde dadurch ferner ein Prozessrisiko aufgedrängt, mit dem sie bei Durchführung des Verfahrens nicht rechneten.[155] Infolgedessen droht eine Verletzung des Anspruchs auf rechtliches Gehör.[156]

Teilweise wird die Lösung hierzu zwar in einer entsprechenden Begrenzung „nach oben" gesucht. Die Gleichstellung könnte dem ausländischen Urteil somit

---

149 Dazu *Matscher*, in: FS Schima, 265, 271.

150 Vgl. *Geimer*, IZPR, Rdn. 2779; *dens.*, JuS 1965, 475, 476; *Gottwald*, in: MünchKomm, ZPO, Bd. 1, § 722 Rdn. 3; *dens.*, ZZP 103 (1990), 257, 260; *Kropholler*, IPR, S. 682 f.; *Roth*, in: Stein/Jonas, ZPO, Bd. 5, § 328 Rdn. 6;

151 Vgl. BGH, NJW 1983, 1976, 1977; *Spiecker gen. Döhmann*, Anerkennung, S. 62. Kritisch zum *lex fori* Grundsatz *Grunsky*, ZZP 89 (1976), 241.

152 *Fischer*, in: FS Henckel, 199, 205.

153 *Fischer*, in: FS Henckel, 199, 205.

154 Vgl. *Gottwald*, in: MünchKomm, ZPO, Bd. 1, § 328 Rdn. 162; *dens.*, ZZP 103 (1990), 257, 261.

155 Vgl. *Gottwald*, ZZP 103 (1990), 257, 261; *Köckert*, Beteiligung Dritter, S. 114; *Roth*, in: Stein/Jonas, ZPO, Bd. 5, § 328 Rdn. 7, 11; *Schack*, IZVR, Rdn. 884.

156 Vgl. *Fischer*, in: FS Henckel, 199, 204; *Müller*, ZZP 79 (1966), 199, 206; *Schack*, IZVR, Rdn. 884.

keine weitergehenden Wirkungen verleihen als dieses im Urteilsstaat hätte.[157] Dabei werden jedoch sowohl Interessen der Parteien als auch des Urteilsstaates verkannt. Das Urteil entstammt der ausländischen Rechtsordnung. Das dortige Verfahren, an dem die Parteien beteiligt waren, ist auf die anschließenden Wirkungen der Entscheidung abgestimmt. Es wäre (insbesondere für die Parteien) äußerst erstaunlich, wenn dem Urteil nun andere Wirkungen zukommen sollen, mit denen bei der Durchführung des Verfahrens niemand rechnete und auch niemand rechnen musste.[158]

Die Parteiinteressen sollen jedoch aufgrund ihrer regelmäßigen Gegensätzlichkeit, keine ausreichende Begründung für Anerkennungstheorien abgeben können.[159] Eine Partei, die eine Urteilswirkung erwartete, und stattdessen „eine andere bekäme", würde sich regelmäßig nicht darüber beschweren, wenn diese neue Wirkung zu ihren Gunsten ausfiele.[160] Die Interessen der Parteien hingen damit scheinbar davon ab, was ihnen am ehesten Vorteile verschaffen würde.

Diese Interessen „ex post" können und dürfen jedoch gerade nicht mehr beachtlich sein.[161] Auch nach einem Rechtsstreit im Inland hat die unterlegene Partei ein „natürliches" Interesse daran, dass die Urteilswirkungen möglichst gering ausfallen. Den Umfang der Rechtskraft kann und darf dies im Sinne der Rechtssicherheit jedoch gerade nicht beeinflussen. Entsprechend ist es bei der Anerkennung eines Urteils im Ausland. Das Interesse der unterlegenen Partei kann diese und deren Umfang eben nicht bestimmen. Gerechtfertigt ist dies durch die Gewährung eines umfassend geregelten, fairen Verfahrens mit vielfältigen Mechanismen, die vor ungerechten oder unrichtigen Entscheidungen schützen sollen.[162] Es kann und muss daher nur Aufgabe der Anerkennung sein, die Einhaltung dieser zu kontrollieren und zu prüfen.

Eine Gleichstellung der Urteilwirkungen vermag es folglich insgesamt nicht, die bestehenden Interessen angemessen zu berücksichtigen und ist somit abzulehnen.

---

157 Vgl. *Spiecker gen. Döhmann*, Anerkennung, S. 64 f.

158 Dazu *Kropholler*, IPR, S. 679.

159 *Spiecker gen. Döhmann*, Anerkennung, S. 66.

160 Vgl. *Spiecker gen. Döhmann*, Anerkennung, S. 66.

161 Vgl. *Schack*, in: FS Schilken, 445, 448.

162 Vgl. für die Rechtfertigung der Rechtskraft *Spiecker gen. Döhmann*, Anerkennung, S. 40; *Geimer/Schütze*, Internationale Urteilsanerkennung, Bd. I/2, S. 1375.

b. Kumulationstheorie

Ähnliche Überlegungen sprechen gegen die Annahme der Kumulationstheorie. Diese begrenzt die Wirkungserstreckung auf im Anerkennungsstaat bekannte Wirkungen. Dadurch soll die innere Prozessrechtseinheit gesichert und die Anerkennung vorhersehbar gemacht werden, sodass schließlich auch die Rechtssicherheit für die Parteien gefördert wird.[163] Auch bei diesen Überlegungen werden jedoch der internationale Entscheidungseinklang und Interessen der Parteien außer Acht gelassen.

Das Interesse an Rechtssicherheit betrifft ebenso den Zusammenhang zwischen Ausgestaltung des Verfahrens und Urteilswirkungen. Bereits Prozessiertes könnte aber durch die Begrenzung der ursprünglichen Urteilswirkungen mittels Anerkennung nach der Kumulationstheorie wieder Gegenstand eines neuen Verfahrens werden.

Dass die Urteilswirkungen des fremden Rechts sich nicht in das deutsche Prozessrecht einfügen können und damit die Prozessrechtseinheit im Anerkennungsstaat gefährdet wird, hängt im Übrigen nicht davon ab, ob die infrage stehenden Wirkungen dem Prozessrecht bekannt sind, wie es die Kumulationstheorie verlangt. Vielmehr ist die Prozessrechtseinheit auch gewahrt, wenn die Urteilswirkungen mit wesentlichen Grundsätzen des deutschen Rechts vereinbar sind, also konkret dem deutschen *ordre public* entsprechen.[164]

Im Ergebnis ist damit auch eine Begrenzung im Sinne der Kumulationstheorie abzulehnen.

c. Theorie der Wirkungserstreckung

Nach der Theorie der Wirkungserstreckung sollen die Wirkungen des ausländischen Urteils durch die Anerkennung auch in Deutschland grundsätzlich ohne Einschränkungen gelten.[165]

Durch die Wirkungserstreckung werden der objektive Inhalt sowie die subjektive Reichweite des ausländischen Urteils übernommen.[166] Die Theorie der Wirkungserstreckung entspricht dabei insbesondere den Interessen an einem äußeren Entscheidungseinklang und an der Allgemeingültigkeit des ausländischen Urteils. Hiergegen wird angeführt, dass für die Regelung der

163 Vgl. *Köckert*, Beteiligung Dritter, S. 115; *Schack*, in: FS Schilken, 445, 451.
164 Vgl. *Köckert*, Beteiligung Dritter, S. 115.
165 Vgl. statt aller *Spellenberg*, in: Staudinger, BGB (2005), § 328 ZPO Rdn. 121 ff. m.w.N.
166 *Gottwald*, in: MünchKomm, ZPO, Bd. 1, § 328 Rn. 160.

Anerkennung nur die Interessen des anerkennenden Staates eine Rolle spielen können, da dieser ein höher zu bewertendes Interesse an Kontrolle und Selbstbestimmung habe.[167] Dabei muss jedoch berücksichtigt werden, dass die Regelungen der Anerkennung und Vollstreckung den internationalen Rechtsverkehr beeinflussen, der jedenfalls nicht einseitig funktioniert (bzw. funktionieren kann),[168] sodass die Anerkennung immer auch wechselseitige Auswirkungen hat. Der Anerkennungsstaat sollte daher bei der Regelung der Anerkennung die Belange des Urteilsstaates im Interesse eines reibungslos funktionierenden internationalen Rechts- und Handelsverkehrs nicht unberücksichtigt lassen. Zudem sind es gerade die Regelungen der Anerkennung, die eine Kontrolle des ausländischen Urteils durch den Anerkennungsstaat gewährleisten. Eine schrankenlose Anerkennung ist mit § 328 ZPO gerade nicht vorgesehen. Auch wenn die Anerkennung nicht gesondert gerichtlich festgestellt werden muss, sorgen die normierten Versagungsgründe dafür, dass eine Anerkennung kontrollierbar bleibt.

Wie bereits dargestellt, entspricht die Theorie der Wirkungserstreckung darüber hinaus am ehesten dem Interesse der Parteien an effektivem Rechtsschutz und Kontinuität. Sie berücksichtigt die verhaltenssteuernden Auswirkungen und Zusammenhänge zwischen Prozessrecht und Urteilswirkungen des Ursprungsstaates. Andere Parteiinteressen, die von einem sie günstigen Ergebnis beeinflusst werden, sind dagegen aufgrund der Rechtssicherheit im Allgemeinen unbeachtlich.

Spiegelbildlich zur Gleichstellungstheorie ergibt sich jedoch bei der Theorie der Wirkungserstreckung das Problem, ob Wirkungen anerkannt werden können, die das deutsche Recht nicht kennt, insbesondere solche, die in ihrer Bindung weiter gehen als die eines deutschen Urteils.[169] Deshalb wird die Theorie der Wirkungserstreckung inzwischen nahezu nur noch mit Einschränkungen vertreten. Aus diesem Gedanken hat sich auch die Kumulationstheorie entwickelt, die nach obiger Darstellung bereits abgelehnt wurde.

Nichtsdestotrotz reicht eine Begrenzung durch den deutschen *ordre public* aus, um zu gewährleisten, dass sich die fremde Urteilswirkung in die deutsche Rechtsordnung einfügt.[170] Dies dient der Urteilsfreizügigkeit, indem die

---

167 Vgl. *Martiny*, Handbuch IZVR, Bd. III/1, Kap. I Rdn. 86.

168 Vgl. *Martiny*, Handbuch IZVR, Bd. III/1, Kap. I Rdn. 89.

169 Vgl. *Müller*, ZZP 79 (1966), 199, 205 f.

170 *Gottwald*, in: MünchKomm, ZPO, Bd. 1, § 328 Rdn. 5; *ders.*, ZZP 103 (1990), 257, 263; *Köckert*, Beteiligung Dritter, S. 115; *Spellenberg*, in: Staudinger, BGB (2005), § 328 ZPO Rdn. 125.

Anerkennung gerade nur im Einzelfall versagt wird, und zwar erst dann, wenn eine Wirkungserstreckung nach deutschem Verständnis schlechthin unhaltbar ist.[171] Dabei lässt sich anhand objektiver Kriterien ermitteln, ob die infrage stehende Urteilswirkung dem Wesen nach mit deutschem Recht vereinbar ist.[172]

II. Verfahren der Anerkennung

Nachdem geklärt ist, wie sich die Anerkennung auswirkt, stellt sich nunmehr die Frage, wie die Anerkennung vollzogen wird und in welchen Fallkonstellationen ein US-amerikanisches Urteil in Deutschland Wirkungen erlangen kann.

Ein gesondertes Delibationsverfahren gibt es nicht. Vielmehr wird die Entscheidung in Deutschland automatisch *ex lege* anerkannt.[173]

Relevant wird die Anerkennung US-amerikanischer Urteile gegenüber Dritten in verschiedenen Konstellationen.[174]

Zunächst ist es denkbar, dass das Urteil gegen den Dritten in Deutschland vollstreckt werden soll, beispielsweise weil der Dritte kein (nennenswertes) vollstreckbares Vermögen in den USA besitzt.[175] In diesem Fall ist es notwendig, dass der US-amerikanischen Entscheidung durch ein deutsches Gericht Vollstreckbarkeit verliehen wird, §§ 722, 723 ZPO. Hierzu ist ein gesondertes Verfahren erforderlich, das durch ein Vollstreckungsurteil beendet wird. Nach § 723 Abs. 2 S. 2 ZPO ist ein Vollstreckungsurteil nicht zu erlassen, wenn die Anerkennung nach § 328 ZPO ausgeschlossen ist. Damit das Urteil in Deutschland vollstreckbar ist, muss es also anerkennungsfähig sein.[176]

Die zweite Konstellation ergibt sich, wenn ein erstes Verfahren in den USA stattgefunden hat, nun jedoch von einer Partei oder dem Dritten ein weiteres (sich anschließendes oder die Sache wiederholendes) Verfahren in Deutschland angestrebt wird. Das deutsche Gericht muss dann die Wirkungen des US-amerikanischen Urteils im Prozess beachten, wenn es nach § 328 ZPO anerkennungsfähig ist. Die ausländische Entscheidung ist dann zu berücksichtigen, soweit ihr Inhalt als Vorfrage zu beachten ist oder ein erneuter Prozess durch die Rechtskraft des bereits ergangenen Urteils vollständig gesperrt ist.[177]

171 Vgl. ähnlich *Mansel*, in: Herausforderungen des Internationalen Zivilverfahrensrechts, 63, 72.

172 *Mansel*, in: Herausforderungen des Internationalen Zivilverfahrensrechts, 63, 72.

173 *Gottwald*, in: MünchKomm, ZPO, Bd. 1, § 328 Rdn. 7; *Schack*, IZVR, Rdn. 971.

174 Vgl. hierzu auch *Köckert*, Beteiligung Dritter, S. 110 f.

175 Vgl. *Brand*, NJW 2012, 1116, 1119; *Hau*, in: FS Schilken, 705 f.

176 Vgl. nur *Sonnentag*, ZVglRWiss 113 (2014), 83, 85.

177 Vgl. *Gottwald*, in: MünchKomm, ZPO, Bd. 1, § 328 Rdn. 7.

Einer besonderen Feststellung der Anerkennung bedarf es dabei gerade nicht. Das Gericht ist automatisch an die ausländische Entscheidung gebunden, wenn die Wirkungen ins Inland erstreckt werden. In Fällen, in denen ein besonderes Interesse besteht, ist jedoch eine Feststellungsklage bezüglich der Anerkennung möglich. Ein solches Interesse ist in jedem Fall zu bejahen, weil stets die abstrakte Gefahr besteht, dass die Anerkennungsfähigkeit, wenn sie lediglich eine inzident zu entscheidende Vorfrage ist, in verschiedenen Verfahren unterschiedlich beurteilt wird.[178]

Schließlich muss der deutsche Richter die entgegenstehende Rechtskraft auch von Amts wegen berücksichtigen, obwohl sie in den USA nur auf Einrede beachtet wird.[179]

Zusammenfassend ergibt sich also, dass die Wirkung eines US-amerikanischen Urteils gegenüber einem Dritten entweder in einem deutschen Folgeprozess greifen oder die ausländische Entscheidung ihm gegenüber in Deutschland vollstreckt werden soll. In beiden Grundkonstellationen ist die Anerkennung der ausländischen Entscheidung in Deutschland nach § 328 ZPO maßgeblich.

III. Zwischenergebnis und Ausblick

An dieser Stelle lässt sich das folgende Zwischenergebnis festhalten:

1.) Es ist von einer grundsätzlich uneingeschränkten Wirkungserstreckung auszugehen. Ausschlaggebendes Argument hierfür ist insbesondere der verhaltenssteuernde Effekt von Urteilswirkungen.
2.) Als hinreichende Grenze der Anerkennung dient der anerkennungsrechtliche *ordre public* gemäß § 328 Abs. 1 Nr. 4 ZPO. Dadurch wird eine Anerkennung nur im Einzelfall versagt, nämlich wenn eine Wirkungserstreckung untragbar erscheint. Dies entspricht dem wesentlichen Ziel einer weitreichenden Urteilsfreizügigkeit und dem Interesse an einem erfolgreichen internationalen Rechts- und Handelsverkehr.
3.) Ein Verfahren der Anerkennung ist nicht erforderlich. Die Wirkungen, die gegenüber Dritten aufgrund eines US-amerikanischen Urteils eintreten, werden für den deutschen Richter automatisch beachtlich, soweit sie nach § 328 ZPO anerkennungsfähig sind.

---

178 RGZ 167, 373, 380 f.; *Gottwald*, in: MünchKomm, ZPO, Bd. 1, § 328 Rdn. 14; *Schack*, IZVR, Rdn. 978.

179 Vgl. nur *Schack*, IZVR, Rdn. 981.

Für diese Arbeit sind diejenigen Konstellationen maßgeblich, in denen die ausländische Entscheidung (oder jedenfalls Entscheidungselemente) durch die Anerkennung in einem inländischen Prozess für den Dritten verbindlich werden. Das deutsche Gericht prüft dies von Amts wegen und hat die Urteilswirkungen bei Vorliegen der Anerkennungsfähigkeit nach § 328 ZPO so zu beachten, wie sie nach US-amerikanischem Recht in einem entsprechenden Folgeprozess wirken würden. Was dies konkret bedeutet, wird im Folgenden untersucht.

Zweiter Teil Anerkennung US-amerikanischer Urteile im Grundsatz

§ 4 Rechtskraftkonzeption in den USA

Die Anerkennung eines ausländischen Urteils bedeutet Erstreckung der (ausländischen) Wirkungen des Urteils ins Inland. Somit ist Folge des § 328 ZPO, dass die US-amerikanische Urteilswirkung in Deutschland Geltung beansprucht, wenn keine Versagungsgründe vorliegen. Daher soll hier zunächst ein kurzer Überblick darüber gegeben werden, wie ein Urteil nach US-amerikanischem Recht wirkt und ob diese Wirkungen grundsätzlich gemäß § 328 ZPO anerkennungsfähig wären bevor auf die eigentliche Problematik der Drittwirkungen eingegangen wird.

I. Wirkungen einer US-amerikanischen Entscheidung

In den USA existieren im Grunde zwei Gerichtssysteme nebeneinander (*state* und *federal jurisdiction*).[180] Auch wenn untereinander zwar im Wesentlichen die Verfassung die Anerkennung von Urteilen anderer Gerichtssysteme vorgibt,[181] handelt es sich jeweils um eigene, selbstständige Rechtssysteme mit unterschiedlichen Ausgestaltungen von (Prozess-)Recht und Urteilswirkungen.[182]

In dieser Arbeit soll es um die Anerkennung von Entscheidungen der Bundesgerichte gehen und der Fokus bezüglich des Rechts der Urteilswirkungen und des Prozessrechts auf dem Bundesrecht liegen, weil dieses in weiten Teilen als Vorbild für die einzelstaatlichen Regelungen fungiert[183] und am einheitlichsten darstellbar ist.

---

180 Vgl. etwa *Schack*, Einführung, Rdn. 38.

181 Die Anerkennung von Urteilen zwischen Staaten regelt die Full Faith and Credit Clause (Art. IV § 1). Dass ein Bundesgericht ein Urteil eines Staatsgerichts anerkennen muss, regelt 28 U.S.C. § 1738 (Full Faith and Credit Statute) und umgekehrt die Supremacy Clause (Art. VI Cl. 2); vgl. ausführlich dazu *Casad/Clermont*, Res judicata, S. 211 ff.

182 Vgl. nur *Hart & Wechsler*, Federal Court and Federal System, 1. Aufl., S. xi.

183 Vgl. etwa *Shumaker v. Iowa Dept. of Transp.*, 541 N.W.2d 850, 852 (Iowa 1995); *Cooper*, in: 18 Wright/Miller, Fed. Prac. & Proc., Juris., § 4401; *Hart & Wechsler*, Federal Court and Federal System, S. 539.

1. Anwendbares Recht

Es ist damit zunächst vorab festzuhalten, welches Recht die Bundesgerichte in welchen Fällen anwenden und welches Recht in dem Mehrrechtsstaatensystem für Entscheidungswirkungen der Urteile von Bundesgerichten maßgeblich ist.[184]

Ausgangspunkt ist dabei die Feststellung, dass Bundesgerichte nur Gerichte begrenzter Zuständigkeit sind und die generelle Zuständigkeit bei den Gerichten der jeweiligen Bundesstaaten liegt.[185] Die Bundesgerichte sind also nur dann zuständig, wenn ihnen eine solche Zuständigkeit zugeteilt wird.[186] Dies ist für *federal question-* sowie *diversity*-Konstellationen der Fall.[187]

Für die *diversity jurisdiction* ist seit der Entscheidung des Supreme Court im Fall *Erie R. v. Tompkins*[188] hinsichtlich der „Rechtswahl" zu unterscheiden: Grundsätzlich wenden die Bundesgerichte ihr eigenes Prozessrecht (d.h. die Federal Rules of Civil Procedure – im Folgenden FRCP)[189] sowie dasjenige Kollisionsrecht an, welches ein Staatengericht im jeweiligen Bundesstaat, in dem auch das Bundesgericht sitzt, anwenden würde.[190] Dadurch soll *forum shopping* zwischen Staaten- und Bundesgerichten und die unbillige Anwendung von Recht (*inequitable administration of the laws*) verhindert werden.[191]

Problematisch ist jedoch die Abgrenzung zwischen Prozessrecht und materiellem Recht. Nachdem sich die Gerichte in den USA damit jahrelang schwergetan haben, hat der Supreme Court schließlich in seiner Entscheidung *Hanna*

184 Dargestellt werden die wesentlichen Prinzipien in Grundzügen. Eine umfassende Darstellung aller Einzelheiten würde an dieser Stelle zu weit führen, findet sich aber beispielsweise bei *Hart & Wechsler*, Federal Court and Federal System, Chapter VI und XII Sec. 1 sowie bei *Cooper*, in: 18B Wright/Miller, Fed. Prac. & Proc., Juris., §§ 4466 ff.

185 Dazu *Freer/Cooper*, in: 13 Wright/Miller, Fed. Prac. & Proc., Juris., § 3522.

186 Vgl. *Mullenix*, in: 17A Moore's Federal Practice, Civil, § 120.10.

187 28 U.S.C. § 1331 und 28 U.S.C. § 1332. *Federal question jurisdiction* umfasst die Fälle, in denen es um Streitigkeiten über Bundesrecht geht. *Diversity jurisdiction* ist dagegen für die Fälle vorgesehen, in denen eine *diversity of citizenship* zwischen den beteiligten Parteien besteht, in denen die Parteien also aus unterschiedlichen Bundesstaaten stammen. Dazu *Mullenix*, in: 17A Moore's Federal Practice, Civil, § 120.11.

188 *Erie R. Co. v. Tompkins*, 304 U.S. 64 (1938).

189 Zur Anwendbarkeit vor den Bundesgerichten erster Instanz: FRCP 1, vgl. *Coquillete*, in: 1 Moore's Federal Practice, Civil, § 1.20.

190 Sog. "Erie doctrine", *Erie R. Co. v. Tompkins*, 304 U.S. 64, 78 (1938); *Hanna v. Plumer*, 380 U.S. 460 (1965); vgl. *Mullenix*, in: 17A Moore's Federal Practice, Civil, § 120.31.

191 Sog. "twin aims of Erie", *Hanna v. Plumer*, 380 U.S. 460, 468 (1965).

v. Plumer Standards zur Überprüfung festgelegt.[192] Für die Federal Rules of Civil Procedure hat das jeweilige Gericht danach zunächst zu überprüfen, ob die Materie sowohl von dem jeweiligen Recht des Staates als auch von der Federal Rule abgedeckt wird, sodass eine Kollision der Regelungen vorliegt. Ist dies der Fall, ist zu überprüfen, ob die Regelung nach dem Rules Enabling Act (28 U.S.C. § 2072) und der Verfassung gültig ist.[193] Hierfür besteht grundsätzlich eine Vermutung, sodass die Federal Rule anzuwenden ist.[194]

In den Fällen der *federal question jurisdiction* wenden Bundesgerichte Bundesrecht an.[195] Es geht schließlich um Ansprüche „arising under the Constitution, laws, or treaties of the United States“[196] und damit gerade um die Anwendung von Bundesrecht. Konfliktlagen, die ähnlich wie in *diversity* Fällen zu befürchten wären, bestehen nicht.

Umstritten ist schließlich, welches Recht den Urteilswirkungen der Entscheidungen der Bundesgerichte zukommt.[197] Die FRCP enthalten keine ausdrücklichen Regelungen zu Urteilswirkungen.[198] Das Recht der Bindungswirkungen

---

192 *Hanna v. Plumer*, 380 U.S. 460 (1965). Die vorausgehenden Entscheidungen, die auf der *Erie doctrine* aufbauten, waren weniger klar, vgl. *Sibbach v. Wilson & Co.*, 312 U.S. 1, 14 (1941) (formelle Abgrenzung zwischen prozessual und materiell); *Guaranty Trust Co.of New York v. York*, 326 U.S. 99, 109 f. (1945) (Abgrenzung nach Erheblichkeit für den Ausgang des Prozesses); *Byrd v. Blue Ridge Rural Elec. Co-op., Inc.*, 356 U.S. 525, 537 f. (1958) (Abwägung mit Interessen des Bundes). Ausführliche Darstellung dazu bei *Hart & Wechsler*, Federal Court and Federal System, Chapter VI Sec. 2.

193 *Hanna v. Plumer*, 380 U.S. 460, 470 ff. (1965); *Shady Grove Orthopedic Assocs., P.A. v. Allstate Ins. Co.*, 559 U.S. 393, 398 (2010).
Der vom Congress nach Art. I § 8 und Art. III § 1 der Constitution erlassene Rules Enabling Act (28 U.S.C. § 2072) überträgt dem Supreme Court die Kompetenz, in gewissen Grenzen generelle Regeln bzgl. „practice and procedure“ in den Bundesgerichten zu veröffentlichen. Der Supreme Court hat daraufhin erstmals 1938 die Federal Rules of Civil Procedure veröffentlicht, die grundsätzlich gelten, solange der Congress sie nicht ablehnt. Zur Entstehungsgeschichte sowie zum Inhalt des Rules Enabling Act, vgl. *Coquillette*, in: 1 Moore's Federal Practice, Civil, §§ 1.03–1.05 sowie *Hart & Wechsler*, Federal Court and Federal System, S. 533 f., 539 ff.

194 Vgl. *Burlington N. R. Co. v. Woods*, 480 U.S. 1, 5 (1987); *Mullenix*, in: 17A Moore's Federal Practice, Civil, §§ 124.03, 124.04.

195 *Miller*, in: 19 Wright/Miller, Fed. Prac. & Proc., Juris., § 4501.

196 U.S. Const., Art. III § 2; 28 U.S.C. § 1331; dazu *Freer*, in: 13D Wright/Miller, Fed. Prac. & Proc., Juris., § 3561.

197 Dazu *Görtz*, Subjektive Grenzen, S. 21 ff.

198 Es ist ebenfalls streitig, ob eine solche Regelung der Urteilwirkungen unter den Rules Enabling Act fallen würde und damit überhaupt zulässig wäre, vgl. *Semtek Intern. Inc.*

eines Urteils, die *doctrine of res judicata*, unterliegt also im Wesentlichen dem *common law*,[199] d.h. ungeschriebenem Recht und ist folglich (eigenständiges) Richterrecht.[200] Die Möglichkeit, dieses Richerrecht durch Verfassung bzw. Gesetzgebung zu brechen,[201] hat der US-amerikanische Bundesgesetzgeber bisher ungenutzt gelassen.[202] Die *doctrine of res judicata* wird in den USA aber ohnehin als Materie angesehen, die für eine gesetzlich feste Regelung wohl zu komplex ist.[203]

Insbesondere im Verhältnis der Bundes- und Staatengerichte wird seit Langem diskutiert, welches Recht auf die Entscheidungen von Bundesgerichten angewendet werden muss.[204] Teilweise wird (wie für die *Erie doctrine*) nach der *jurisdiction*, die das Bundesgericht ausübte, unterschieden.[205] Teilweise soll dagegen einheitlich das Recht des Forums des entscheidenden Gerichts (also in diesem Fall Bundesrecht) maßgeblich sein.[206] Teilweise soll wiederum danach unterschieden werden, ob das auf den *claim* angewendete Recht *state* oder *federal law* war[207] oder danach, ob die Urteilswirkung materiellrechtliche oder

---

v. Lockheed Martin Corp., 531 U.S. 497, 503 (2001); *Burbank*, 77 Notre Dame L.Rev. 1027, 1031 (2002); *dens.*, 71 Corn. L.Rev. 733, 764, 772 ff. (1986) m.w.N.; *Woolley*, 72 U.Cin. L.Rev. 527, 577 ff. (2003).

199 *Casad/Clermont*, Res judicata, S. 5.

200 Vgl. *Taylor v. Sturgell*, 553 U.S. 880, 891 (2008); *Casad/Clermont*, Res judicata, S. 5; *Cooper*, in: 18 Wright/Miller, Fed. Prac. & Proc., Juris., § 4403.

201 *Casad/Clermont*, Res judicata, S. 5; *Cooper*, in: 18B Wright/Miller, Fed. Prac. & Proc., Juris., § 4466; *Woolley*, 72 U.Cin. L.Rev. 527, 535 (2003).

202 Vgl. *Semtek Intern. Inc. v. Lockheed Martin Corp.*, 531 U.S. 497, 507 (2001); *Degnan*, 85 Yale L.J. 741, 748 f. (1976); *Cooper*, in: 18B Wright/Miller, Fed. Prac. & Proc., Juris., § 4466.

203 Dazu *Casad/Clermont*, Res judicata, S. 5 f. sowie *Görtz*, Subjektive Grenzen, S. 25.

204 *Burbank*, 71 Corn. L.Rev. 733 (1986); *ders.*, 77 Notre Dame L.Rev. 1027 (2002); *Cooper*, in: 18B Wright/Miller, Fed. Prac. & Proc., Juris., §§ 4466 ff.; *Degnan*, 85 Yale L.J. 741, 769 (1976); *Erichson*, 96 Mich. L.Rev. 945 (1998); *Hart & Wechsler*, Federal Court and Federal System, S. 1312 f.; Restatement (Second) of Judgments, § 87; *Shapiro*, Preclusion, S. 144 ff.; *Woolley*, 72 U.Cin. L.Rev. 527 (2003); jeweils m.w.N. zur Rechtsprechung.

205 *Burbank*, 71 Corn. L.Rev. 733, 796 f. (1986); *ders.*, 77 Notre Dame L.Rev. 1027, 1054 f. (2002); *Shapiro*, Preclusion, S. 150; vgl. auch *Dupasseur v. Rochereau*, 88 U.S. 130, 135 (1874).

206 *Degnan*, 85 Yale L.J. 741, 773 (1976); *Erichson*, 96 Mich. L.Rev. 945, 1013 (1998); *Hart & Wechsler*, Federal Court and Federal System, S. 1313; *Mullenix*, in: 17A Moore's Federal Practice, Civil, § 124.07.

207 *Woolley*, 72 U. Cin. L.Rev. 527, 531, 607 (2003).

prozessuale Regelungen widerspiegelt.[208] Eine einheitliche und eindeutige Regelung durch den Supreme Court oder Congress ist bisher jedenfalls nicht erlassen worden.[209]

Vorzugswürdig ist jedoch, speziell für die Anerkennung in Deutschland einheitlich Bundesrecht auf Entscheidungen der Bundesgerichte anzuwenden.[210] Denn wie bereits dargestellt, spricht für die Theorie der Wirkungserstreckung, dass die Urteilswirkungen immer eine Folge von Möglichkeiten des jeweiligen Prozessrechts sind.[211] Die Beteiligten passen hieran ihre strategischen Überlegungen an.[212] Würde die Urteilswirkung variieren, beispielsweise je nachdem welches Gericht in einem Zweitprozess entscheidet, würde dies den Parteien die (insbesondere in den USA) notwendige strategische Vorhersehbarkeit nehmen.[213] Schließlich wendet auch ein US-amerikanisches Bundesgericht in einem zweiten Prozess, dem eine Entscheidung eines Bundesgerichts vorausgegangen ist, grundsätzlich Bundesrecht an.[214]

Für die vorliegende Arbeit ist daher sowohl für das Prozessrecht als auch für die *doctrine of res judicata* das Recht des Bundes maßgeblich.

---

208 Vgl. *Cooper*, in: 18B Wright/Miller, Fed. Prac. & Proc., Juris., § 4472; Restatement (Second) of Judgments, § 87.

209 Zuletzt wurde hierzu die Entscheidung *Semtek Intern. Inc. v. Lockheed Martin Corp.*, 531 U.S. 497 (2001) vom Supreme Court erlassen, die jedoch sehr unterschiedlich ausgelegt wird, vgl. *Burbank*, 77 Notre Dame L.Rev. 1027 (2002) sowie *Woolley*, 72 U.Cin. L.Rev. 527 (2003).

210 Vgl. allgemein *Krause*, Urteilswirkungen, S. 23 f.; a.A. vgl. *Görtz*, Subjektive Grenzen, S. 25 ff., jeweils m.w.N.

211 Vgl. bereits zum internationalen Zivilprozessrecht oben, § 3 I. 3. c.

212 Dazu *Degnan*, 85 Yale L.J. 741, 769 (1976); *Erichson*, 96 Mich. L.Rev. 945, 999 (1998); *Woolley*, 72 U.Cin. L.Rev. 527, 539 f. (2003); vgl. auch *Cooper*, in: 18B Wright/Miller, Fed. Prac. & Proc., Juris., § 4472.

213 *Erichson*, 96 Mich. L.Rev. 945, 999 (1998); *Woolley*, 72 U.Cin. L.Rev. 527, 540 (2003).

214 *Casad/Clermont*, Res judicata, S. 226; *Mullenix*, in: 17A Moore's Federal Practice, Civil, § 124.07 m.w.N.; *Hart & Wechsler*, Federal Court and Federal System, S. 1312; vgl. auch *Cooper*, in: 18B Wright/Miller, Fed. Prac. & Proc., Juris., § 4466. Unumstritten ist dies zumindest im Fall der *federal question jurisdiction*, vgl. nur *Semtek Intern. Inc. v. Lockheed Martin Corp.*, 531 U.S. 497, 507 (2001). Streitig sind dagegen vor allem Fälle, in denen ein Staatengericht über die Urteilswirkungen einer bundesgerichtlichen Entscheidung urteilen muss, vgl. nur *Cooper*, in: 18B Wright/Miller, Fed. Prac. & Proc., Juris., § 4468 m.w.N.

2. *Res judicata*

Nach dem Bundesrecht kommt einem Urteil gegenüber Parteien oder Dritten unter bestimmten Voraussetzungen eine bindende Wirkung zu, die in den USA *res judicata* genannt und die in *claim preclusion* und *issue preclusion* unterteilt wird.[215]

Die moderne Lehre der *res judicata* hat sich aus (und seit) dem Restatement (Second) of Judgments von 1982 entwickelt.[216] Auf dieser Lehre basieren die nachfolgenden Ausführungen.

In einem erneuten Prozess ist die *res judicata* von den Parteien geltend zu machen.[217] Das Gericht prüft dies, im Gegensatz zu den deutschen Gerichten, nicht von Amts wegen, sondern nur auf Rüge.[218] Es besteht zwar die Möglichkeit einer amtswegigen Prüfung.[219] Diese Option wird das Gericht allerdings regelmäßig nur dann nutzen, wenn schutzwürdige Interessen an einer Verhinderung einer unnötigen wiederholten Verhandlung in besonderem Maße gefährdet sind.[220] Eine Nichteinlegung der Einrede wird ansonsten einer Verzichtserklärung gleichgesetzt.[221] Unterbleibt die Geltendmachung der *res judicata* und wird im neuen Prozess anders über die Sache entschieden, heben die Wirkungen der zeitlich gesehen letzten Entscheidung diejenigen der früheren auf.[222]

---

215 *Cromwell v. County of Sac.*, 94 U.S. 351, 352 f. (1876); Restatement (Second) of Judgments, 1 Organization; zu den Voraussetzungen im Überblick *Cooper*, in: 18A Wright/Miller, Fed. Prac. & Proc., Juris., § 4427.

216 *Casad/Clermont*, Res judicata, S. 6.
Bei den *Restatements* handelt es sich um schriftliche, wissenschaftliche Zusammenfassungen von *common law*, welche vom *American Law Institute* veröffentlicht und von nahezu allen US-amerikanischen Gerichten beachtet werden. Das *American Law Institute* ist die führende unabhängige Organisation, die wissenschaftliche Arbeiten veröffentlicht, um das Recht zu verdeutlichen, zu modernisieren, und zu verbessern, vgl. www.ali.org (zuletzt aufgerufen: 02.01.2020).

217 FRCP 8 (c); *Blonder-Tongue Labs., Inc. v. University of Illinois Found.*, 402 U.S. 313, 350 (1971); *Carbonell v. Louisiana Dept. of Health & Human Resources*, 772 F.2d 185, 189 (5th Cir. 1985); *Casad/Clermont*, Res judicata, S. 237.

218 FRCP 8 (c); vgl. *Cooper*, in: 18 Wright/Miller, Fed. Prac. & Proc., Juris., § 4405; *Solum*, in: 18 Moore's Federal Practice, Civil, § 131.50.

219 *Solum*, in: 18 Moore's Federal Practice, Civil, § 131.51.

220 *Casad/Clermont*, Res judicata, S. 237; so z.B. in *Arizona v. California*, 530 U.S. 392, 412 f. (2000); *McClain v. Apodaca*, 793 F.2d 1031, 1033 (9th Cir. 1986).

221 *Casad/Clermont*, Res judicata, S. 237.

222 Sog. "last-in-time rule", *Donald v. J.J. White Lumber Co.*, 68 F.2d 441, 442 (5th Cir. 1934); Restatement (Second) of Judgments, § 15; *Casad/Clermont*, Res judicata, S. 55 f.; ausführlich dazu *Ginsburg*, 82 Harv. L.Rev. 798 (1969).

a. Claim preclusion

Die Wirkung der *claim preclusion* ist vergleichbar mit der materiellen Rechtskraftwirkung in Deutschland.[223] Sie verhindert einen zweiten Prozess über denselben Streitgegenstand vollständig (*claim* oder *cause of action*)[224].[225]

Im Rahmen der *claim preclusion* werden *merger* und *bar* unterschieden.[226] *Claim preclusion* bewirkt für den obsiegenden Kläger das Aufgehen des Anspruchs im Urteil (*merger*).[227] Mit dem Urteil erlischt also der ursprüngliche Anspruch.[228] Rechte oder erneute Klagen können sich nur noch aus dem Urteil selbst ergeben.[229] Für den siegreichen Beklagten wirkt die *claim preclusion* hingegen als Sperre gegen eine erneute Klage des Klägers (*bar*).[230]

Die *claim preclusion* wird folglich materiellrechtlich verstanden.[231]

(1) Voraussetzungen

Claim preclusion setzt zunächst die „Endgültigkeit" des Urteils (*finality*) voraus, welche in diesem Zusammenhang bereits mit Abschluss der ersten Instanz vorliegt.[232] Somit muss nicht, wie nach deutschem Recht, zunächst formelle Rechtskraft eintreten.

Weiterhin muss das Urteil auch „gültig" sein (*validity*). Dafür ist erforderlich, dass das Gericht *subject-matter jurisdiction* und *personal jurisdiction*, also für die Entscheidung die sachliche und persönliche Zuständigkeit, innehatte und der oder die Beklagten hinreichend benachrichtigt wurden (*adequate notice*) bzw. allgemeiner die Voraussetzungen des *Due Process* eingehalten wurden.[233]

---

223 Vgl. *Mansel*, in: Herausforderungen des Internationalen Zivilverfahrensrechts, 63, 72.
224 Im Folgenden wird hierfür einheitlich auf den Begriff „*claim*" verwiesen.
225 *Cromwell v. County of Sac.*, 94 U.S. 351, 352 (1876).
226 Vgl. Restatement (Second) of Judgments, § 17 (1), (2).
227 *Casad/Clermont*, Res judicata, S. 83; Restatement (Second) of Judgments, § 17 cmt. a.
228 *Casad/Clermont*, Res judicata, S. 8; Restatement (Second) of Judgments, § 18 cmt. a.
229 Vgl. Restatement (Second) of Judgments, § 18 cmt. a; *Casad/Clermont*, Res judicata, S. 83 f.
230 Vgl. *Baltimore S.S. Co. v. Phillips*, 274 U.S. 316, 319 (1927); *Cromwell v. County of Sac.*, 94 U.S. 351, 352 (1876); *Casad/Clermont*, Res judicata, S. 85; Restatement (Second) of Judgments, § 17 cmt. b.
231 Vgl. besonders deutlich *Shapiro*, Preclusion, S. 33.
232 *Casad/Clermont*, Res judicata, S. 51; Restatement (Second) of Judgments, § 13 cmt. b.
233 *Casad/Clermont*, Res judicata, S. 49; Restatement (Second) of Judgments, § 1. Die engere Pflicht zur Benachrichtigung ergibt sich aus der verfassungsrechtlichen *Due Process Clause* (Fourteenth Amendment), der ein Anspruch auf rechtliches Gehör entspringt, vgl. Restatement (Second) of Judgments, § 2 cmt. a.

Schließlich können nur sog. *„judgments on the merits"* *claim preclusion* entfalten. Dieser Begriff wird in der modernen Rechtsprechung und Literatur zunehmend zurückhaltender verwendet, da sich immer mehr Ausnahmen entwickelt haben und der Begriff in seinem ursprünglichen Sinn zu Missverständnissen führen kann, weil er nicht mehr alle Fälle umfasst.[234] Generell geht es bei dieser Einschränkung darum, dass bei solchen Entscheidungen *claim preclusion* eintritt, die aufgrund einer Bewertung von materiellem Recht ergangen sind.[235] Nicht umfasst sind somit beispielsweise Klageabweisungen aufgrund fehlender Zuständigkeit, fehlender Benachrichtigung oder ähnlicher prozessualer Mängel.[236] Dagegen ist etwa ein Urteil, welches aufgrund mangelnder Schlüssigkeit ergeht, keine Entscheidung *„on the merits"* im ursprünglichen Sinn; einem solchen kommt aber aus prozessökonomischen Gründen dennoch *claim preclusion* zu.[237]

(2) Objektive Grenzen

Objektiv richtet sich die *claim preclusion* wie die deutsche materielle Rechtskraft nach dem Streitgegenstandsbegriff (*claim*), welcher nach US-amerikanischem Recht allerdings wesentlich weiter reicht als nach deutschem Verständnis.[238]

Trotz dieser entscheidenden Bedeutung des *claim* Begriffs für die objektiven Grenzen der *claim preclusion* ist eine allgemeine, einheitliche Definition in den USA nur schwer auszumachen.[239] Nach US-amerikanischem Verständnis ist eine starre, abstrakte Definition des *claim* Begriffs sogar überhaupt nicht unbedingt notwendig.[240] Es soll gewährleistet bleiben, dass Gerichte den Einzelfall (auch wegen der jeweils unterschiedlichen Anforderungen des zugrundliegenden materiellen Rechts) flexibel beurteilen können.[241]

---

234 *Casad/Clermont*, Res judicata, S. 85 ff.; Restatement (Second) of Judgments, § 19 cmt. a; vgl. zur Rechtsprechung *Semtek Intern. Inc. v. Lockheed Martin Corp.*, 531 U.S. 497, 501 ff. (2001).

235 *Casad/Clermont*, Res judicata, S. 85; *Solum*, in: 18 Moore's Federal Practice, Civil, § 131.30.

236 Vgl. im Einzelnen *Casad/Clermont*, Res judicata, S. 86 ff.

237 *Casad/Clermont*, Res judicata, S. 99; vgl. *Shapiro*, Preclusion, S. 40 f.

238 *Engelmann-Pilger*, Grenzen der Rechtskraft, S. 60; *Görtz*, Subjektive Grenzen, S. 268; *Schack*, Einführung, Rdn. 178.

239 Vgl. aus deutscher Sicht *Engelmann-Pilger*, Grenzen der Rechtskraft, S. 44 ff.; *Görtz*, Subjektive Grenzen, S. 33 ff.; *Krause*, Urteilswirkungen, S. 34 ff.

240 Vgl. *Cooper*, in: 18 Wright/Miller, Fed. Prac. & Proc., Juris., § 4407.

241 Vgl. *Casad/Clermont*, Res judicata, S. 66; *Cooper*, in: 18 Wright/Miller, Fed. Prac. & Proc., Juris., § 4407; *v. Moschzisker*, 38 Yale L.J. 299, 313 f. (1929).

Nichtsdestotrotz wurden immer wieder Versuche unternommen, allgemeine Formeln für eine flexible, aber dennoch einheitliche Bestimmung eines *claim* zu entwickeln und zu etablieren.[242] Hierfür wird maßgeblich auf den Zweck und Nutzen der *claim preclusion* abgestellt.[243] Sie soll Rechtssicherheit und Prozessökonomie durch Konzentration verbundenen Prozessstoffes sichern.[244] Der Kläger soll an einem „doppelten" Prozess gehindert und dazu „gezwungen" werden, alle zusammenhängenden Angelegenheiten in einem Prozess anzustrengen; ein *„splitting of the claim"* soll verhindert werden, damit der Beklagte nicht mit mehreren Prozessen über dieselbe Sache „belästigt" wird.[245] Somit stellt ein *claim* grundsätzlich die Summe all derjenigen Ansprüche dar, die der Kläger in einem Prozess zusammenfassen muss, wenn er sie nicht für zukünftige Prozesse verlieren will.[246]

Auf Basis dieser grundsätzlichen Überlegung wurden verschiedene Ansätze zur Ermittlung eines solchen *claim* entwickelt.[247] Da sich diese Arbeit auf subjektive Grenzen von Urteilswirkungen und deren Anerkennung bezieht, muss eine umfassende Ausführung der hierfür entwickelten Formeln und Maßstäbe, die US-amerikanische Bundesgerichte verwenden, unterbleiben. Dennoch kann die objektive Dimension der Urteilswirkungen für die Anerkennung nicht gänzlich unberücksichtigt bleiben, sodass hier zumindest eine der gängigsten Formeln als Orientierungshilfe dargestellt werden soll.[248]

Auf Bundesebene ist die vermutlich am weitesten verbreitete Formel der *transactional test*, der durch das Restatement (Second) of Judgments entwickelt wurde.[249] Danach umfasst ein *claim* alle Rechte des Klägers gegen den Beklagten, welche sich aus einer *transaction* (Vorgang) oder einer zusammenhängenden Serie von *transactions* ergeben, die dem konkreten Rechtsstreit zugrunde

---

242 Vgl. in kurzer Zusammenfassung *Cooper*, in: 18 Wright/Miller, Fed. Prac. & Proc., Juris., § 4407; *Casad/Clermont*, Res judicata, S. 64 ff.; sowie *Engelmann-Pilger*, Grenzen der Rechtskraft, S. 44 ff.

243 Vgl. *Cooper*, in: 18 Wright/Miller, Fed. Prac. & Proc., Juris., § 4407; *Krause*, Urteilswirkungen, S. 35 f.; Restatement (Second) of Judgments, § 24 cmt. a.

244 S. zum Zweck von *res judicata* im Einzelnen unten, § 4 I. 2. c. m.w.N.

245 *Casad/Clermont*, Res judicata, S. 61.

246 *Casad/Clermont*, Res judicata, S. 66; vgl. auch Restatement (Second) of Judgments, § 24 cmt. a.

247 Vgl. dazu übersichtlich *Casad/Clermont*, Res judicata, S. 63 ff.

248 Eine weitgehendere, übersichtliche Darstellung findet sich bei *Engelmann-Pilger*, Grenzen der Rechtskraft, S. 44 ff.

249 Restatement (Second) of Judgments, § 24.

liegen.[250] Die Begriffe *transaction* und Serie von *transactions* sind dabei pragmatisch zu bestimmen.[251] Anhaltspunkte geben die zugrunde liegenden Fakten. Wenn sie nach Zeit, Ort, Ursache oder Beweggrund zusammenhängen oder wenn sie eine Einheit im Prozess oder aus Sicht der Parteien oder des Rechtsverkehrs ergeben, sind dies Indizien dafür, dass nur eine *transaction* vorliegt.[252]

Der Formel liegt damit keine juristische, sondern eine natürliche Betrachtungsweise zugrunde.[253] Entscheidend ist also, dass für den Streitgegenstandsbegriff in den USA vorrangig auf die zugrunde liegenden Fakten abgestellt wird.[254] Es werden alle Ansprüche umfasst, die in einem Prozess hätten geltend gemacht werden müssen, weil ein „*splitting of the claim*" verboten ist.[255] Hat der Kläger dies versäumt, verliert er die entsprechenden Ansprüche und Rechte, die unter diesen *claim* fallen, und kann sie aufgrund der *claim preclusion* nicht erneut gerichtlich geltend machen.[256] Der Antrag des Klägers ist folglich nur für die Ermittlung des Rahmens des Prozesses entscheidend; er ist dagegen nicht maßgeblich für die Grenzen des Streitgegenstandes.[257]

b. Issue preclusion

Die *issue preclusion* verhindert nicht, wie die *claim preclusion*, gänzlich einen neuen Prozess, sondern lediglich das erneute Verhandeln von bereits entschiedenen Streitpunkten (*issue*).[258]

Sie ist dabei allerdings gegenüber der *claim preclusion* subsidiär.[259] Teilweise wird begrifflich zwischen *direct estoppel* und *collateral estoppel* unterschieden,

---

250 Restatement (Second) of Judgments, § 24; vgl. auch *Koshiyama*, Rechtskraftwirkungen, S. 17.

251 *Casad/Clermont*, Res judicata, S. 66; Restatement (Second) of Judgments, § 24 cmt. b.

252 Restatement (Second) of Judgments, § 24 (2).

253 *Görtz*, Subjektive Grenzen, S. 37.

254 *Görtz*, Subjektive Grenzen, S. 37.

255 *Cromwell v. County of Sac.*, 94 U.S. 351, 352 (1876); *Casad/Clermont*, Res judicata, S. 66; *Solum*, in: 18 Moore's Federal Practice, Civil, § 131.20.

256 Vgl. *Brown v. Felsen*, 442 U.S. 127, 131 (1979); *Sea-Land Services, Inc. v. Gaudet*, 414 U.S. 573, 579 (1974); *Cromwell v. County of Sac.*, 94 U.S. 351, 352 (1876).

257 Vgl. *Solum*, in: 18 Moore's Federal Practice, Civil, § 131.20; vgl. auch *Koshiyama*, Rechtskraftwirkungen, S. 27; ausführlich dazu unten, § 4 II. 1. c. (1) und § 4 II. 2.

258 *Casad/Clermont*, Res judicata, S. 113; Restatement (Second) of Judgments, § 27; vgl. auch *Cromwell v. County of Sac.*, 94 U.S. 351, 352 f. (1876).

259 Vgl. *Casad/Clermont*, Res judicata, S. 113; Restatement (Second) of Judgments, 3 2 E Intro. Note.

je nachdem, ob dem Zweitprozess derselbe *claim* zugrunde liegt.[260] Da die *issue preclusion* gegenüber der *claim preclusion* insgesamt subsidiär ist, spielen die Fälle von *direct estoppel* eine für die Praxis eher untergeordnete Rolle. Schließlich laufen die beiden Fallgruppen jedoch parallel, sodass eine getrennte Darstellung im weiteren Verlauf der Arbeit nicht erfolgen muss und einheitlich auf den Oberbegriff der *issue preclusion* abgestellt wird.

Die *issue preclusion* beruht auf dem Gedanken der Gleichheit der Gerichte, also darauf, dass ein Gericht genauso fähig ist, einen Streitpunkt aufzuklären, wie jedes andere.[261]

(1) Voraussetzungen

Prinzipiell soll durch die *issue preclusion* garantiert werden, dass das zweite Gericht die Entscheidung des ersten Gerichts über bereits verhandelte Streitpunkte anerkennt und nicht selbst erneut verhandelt.[262] Dies soll Rechtsfrieden und, vor allem, Prozessökonomie gewährleisten.[263]

Erste Voraussetzung ist dementsprechend, dass über den Streitpunkt tatsächlich streitig verhandelt und entschieden (*actually litigated* und *actually decided*) wurde.[264] Im Gegensatz zur *claim preclusion* werden somit nur Streitpunkte erfasst, über die die Parteien prozessiert haben und die das Gericht entschieden hat.[265]

Darüber hinaus muss der Streitpunkt im Vorprozess entscheidungserheblich gewesen sein (*necessarily decided*).[266] Hintergrund dieser Voraussetzung ist, dass nur dann angenommen werden kann, dass das Gericht diesen Punkt mit hinreichender Sorgfalt beachtet und entschieden hat.[267] Zudem soll durch diese

260 Vgl. *Cooper*, in: 18 Wright/Miller, Fed. Prac. & Proc., Juris., § 4416; Restatement (Second) of Judgments, § 27 cmt. b.

261 *Casad/Clermont*, Res judicata, S. 113; Restatement (Second) of Judgments, § 27.

262 Vgl. etwa *Southern P. R. Co. v. United States*, 168 U.S. 1, 48 f. (1897); *Cooper*, in: 18 Wright/Miller, Fed. Prac. & Proc., Juris., § 4416.

263 *Cooper*, in: 18 Wright/Miller, Fed. Prac. & Proc., Juris., § 4416.

264 *Sea-Land Servcices, Inc. v. Gaudet*, 414 U.S. 573, 593 (1974); *Cromwell v. County of Sac.*, 94 U.S. 351, 353 (1876); *Casad/Clermont*, Res judicata, S. 123; *Solum*, in: 18 Moore's Federal Practice, Civil, § 132.03; Restatement (Second) of Judgments, § 27 cmt. d, e.

265 Vgl. *Cromwell v. County of Sac.*, 94 U.S. 351, 353 (1876); *Cooper*, in: 18 Wright/Miller, Fed. Prac. & Proc., Juris., §§ 4419, 4420.

266 *Casad/Clermont*, Res judicata, S. 127; *Cooper*, in: 18 Wright/Miller, Fed. Prac. & Proc., Juris., § 4421 m.w.N.; vgl. auch Restatement (Second) of Judgments, § 27 cmt. h.

267 *Casad/Clermont*, Res judicata, S. 127 f.; *Solum*, in: 18 Moore's Federal Practice, Civil, § 132.03.

Voraussetzung das Risiko gemindert werden, dass keine Rechtsmittel zur Verfügung stehen, die die Qualität der Entscheidung hätten absichern können.[268]

Ebenso wie bei der *claim preclusion* muss die Entscheidung auch *valid* und *final* sein.[269] Allerdings reicht es für die Endgültigkeit bereits aus, dass die Verhandlung über den bestimmten Streitpunkt abgeschlossen ist, auch wenn eine abschließende Entscheidung des Prozesses noch nicht vorliegt.[270]

Dies stellen die grundlegenden Voraussetzungen der *issue preclusion* dar. In Sonder- oder Härtefällen, in denen bestimmte Interessen einer *issue preclusion* widersprechen, wird diese von Gerichten jedoch flexibel angewendet.[271] Beispielsweise soll *issue preclusion* nicht anwendbar sein, wenn die Relevanz der *issue preclusion* für ein weiteres Verfahren im Zeitpunkt des Ursprungsprozesses für die Parteien nicht erkennbar war.[272] Eine allgemeine Ausnahme gilt auch dann, wenn eine ausreichende Möglichkeit zur vollen und fairen Verhandlung (*full and fair opportunity to litigate*) nicht vorgelegen hat.[273]

(2) Objektive Grenzen

Die objektiven Grenzen der *issue preclusion* werden durch die Definition des *issue* bestimmt. Eine allgemein festgelegte, abstrakte Definition gibt es jedoch auch hierfür aufgrund zahlreicher Besonderheiten im Einzelfall nicht. Vielmehr wird regelmäßig ebenfalls anhand bestimmter Indizien geprüft, ob derselbe oder ein anderer Streitpunkt vorliegt. Die Festlegung des *issue* Begriffs stellt insgesamt eine der schwierigsten Fragen auf dem Gebiet der *res judicata* dar.[274]

---

268 Vgl. *Casad/Clermont*, Res judicata, S. 127; *Cooper*, in: 18 Wright/Miller, Fed. Prac. & Proc., Juris., § 4421; *Solum*, in: 18 Moore's Federal Practice, Civil, § 132.03.

269 Vgl. oben, § 4 I. 2. a. (1).

270 *Casad/Clermont*, Res judicata, S. 52; Restatement (Second) of Judgments, § 13; vgl. etwa *Lummus Co. v. Commonwealth Oil Refining Co.*, 297 F.2d 80, 89 (2d Cir. 1961).

271 *Casad/Clermont*, Res judicata, S. 130 ff.; Restatement (Second) of Judgments, 3 2 E Intro. Note, § 28; vgl. *Smith v. Pittsburgh Gage & Supply Co.*, 464 F.2d 870, 874 (3d Cir. 1972).

272 *Casad/Clermont*, Res judicata, S. 139 f.; Restatement (Second) of Judgments, § 28 (5) (b).

273 *Casad/Clermont*, Res judicata, S. 141; Restatement (Second) of Judgments, § 28 (5) (c). Diese Voraussetzung wurde für die der *issue preclusion* unterliegende Partei als „most significant safeguard" beschrieben, vgl. *Blonder-Tongue Labs., Inc. v. University of Illinois Found.*, 402 U.S. 313, 329 (1971).

274 *Casad/Clermont*, Res judicata, S. 115; *Görtz*, Subjektive Grenzen, S. 57; Restatement (Second) of Judgments, § 27 cmt. c.

Bei der Bestimmung des *issue* bildet prinzipiell eine Abwägung zwischen dem Interesse der gebundenen Partei an ihrem Anspruch auf „*one day in court*" und dem öffentlichen Interesse an der Vermeidung sich wiederholender oder gar widersprechender Verhandlungen und Entscheidungen (die durch die *issue preclusion* noch direkter verhindert werden als durch die *claim preclusion*) den Leitgedanken.[275]

Als Faktoren für die Prüfung der Übereinstimmung des *issue* wird regelmäßig danach gefragt, ob die zugrunde liegenden Beweise dieselben sind, ob die hierauf anzuwendenden Rechtsregeln sich entsprechen, ob die Angelegenheit bereits von der Prozessvorbereitung des ersten Prozesses hätte umfasst werden können und wie eng die *claims* der beiden Prozesse zusammenhängen.[276]

Es wird zudem angenommen, dass ein Zusammenhang zwischen dem Umfang des *issue* Begriffs und der Definition des *claim* besteht. Gerichte, die den Begriff *claim* eher eng fassen, tendieren möglicherweise zu einer Ausdehnung des *issue* Begriffs, um eine erneute Verhandlung über den letztlich selben Streit zu verhindern.[277]

Generell können sowohl subsumtionsrelevante Tatsachen als auch aus der Subsumtion resultierende Rechtsfolgen Gegenstand der *issue preclusion* sein.[278]

c. Sinn und Zweck

Die US-amerikanische *res judicata* dient sowohl öffentlichen als auch privaten Interessen.[279] Im Zentrum steht das Interesse an Rechtsfrieden, welcher durch eine bindende, gerichtliche Entscheidung sowohl für die Parteien des konkreten Einzelfalls als auch abstrakt für die Allgemeinheit hergestellt werden soll. Durch die Rechtskraftwirkung wird eine Streitigkeit endgültig entschieden und mit deren Abschluss Rechtsfrieden für die Parteien des Prozesses erreicht. Nachdem den Parteien die Möglichkeit geboten wurde, den Streit möglichst fair und effizient vor einem Gericht zu verhandeln, soll der Entscheidung abschließende Wirkung zukommen, die nur in begrenzten Fällen und unter bestimmten

275 *Casad/Clermont*, Res judicata, S. 114; *Solum*, in: 18 Moore's Federal Practice, Civil, § 132.02; Restatement (Second) of Judgments, § 27 cmt. c; vgl. beispielsweise *In re Freeman*, 30 F.3d 1459, 1465 (Fed. Cir. 1994).

276 *Casad/Clermont*, Res judicata, S. 116; Restatement (Second) of Judgments, § 27 cmt. c.

277 Dazu Restatement (Second) of Judgments, 3 2 E Intro. Note.

278 Vgl. *Casad/Clermont*, Res judicata, S. 130; *Engelmann-Pilger*, Grenzen der Rechtskraft, S. 81 f.; *Krause*, Urteilswirkungen, S. 40.

279 Vgl. *B & B Hardware, Inc. v. Hargis Industries, Inc.*, 135 S.Ct. 1293, 1302 f. (2015) sowie *Casad/Clermont*, Res judicata, S. 31 ff.

Voraussetzungen mit Rechtsmitteln angefochten werden kann.[280] Aus dem verfassungsrechtlichen *Due Process* wird hierbei ein *„one day in court“* Gedanke abgeleitet, der jedem, der einer Bindungswirkung unterliegen soll, einen Anspruch auf einen Tag vor Gericht, i.e. rechtliches Gehör, gewährt.[281]

Nach US-amerikanischem Verständnis soll eine Partei darüber hinaus vor der Belästigung mit mehrfacher Prozessführung über dieselbe Sache geschützt werden.[282] Dies würde Kosten und Mühen für die Parteien, aber auch für die Gerichte und die Allgemeinheit bedeuten, die durch *res judicata* abgewehrt werden.[283] *Res judicata*, insbesondere die *issue preclusion*, bedeutet also gleichzeitig Förderung der Prozessökonomie.[284]

Die Förderung von Prozessökonomie und Verfahrenseffizienz hat in den USA seit der Einführung der Federal Rules of Civil Procedure (1938) auch zunehmend als Ziel und Zweck der *res judicata* an Bedeutung gewonnen. Das Argument der Prozessökonomie und des effizienten Einsatzes von Ressourcen der Rechtspflege wird regelmäßig von den Gerichten angeführt, um eine *claim* oder *issue preclusion* zu begründen.[285] Da es sich bei dem Recht der *res judicata* um *common law* handelt, haben die Gerichte selbst die Macht, die Grenzen der *res judicata* zu definieren.[286] Die Legislative hätte zwar die Möglichkeit, die Regeln, in den verfassungsrechtlichen Grenzen, zu kodifizieren, hat dies aber bisher

280 Dazu etwa *Southern P. R. Co. v. United States*, 168 U.S. 1, 49 (1897); *Montana v. United States*, 440 U.S. 147, 153 (1979); *Cooper*, in: 18 Wright/Miller, Fed. Prac. & Proc., Juris., § 4403.

281 Vgl. *Richards v. Jefferson County*, 517 U.S. 793, 798 (1996); *Martin v. Wilks*, 490 U.S. 755, 762 (1989); *Solum*, in: 18 Moore's Federal Practice, Civil, § 131.40; *Casad/Clermont*, Res judicata, S. 165.

282 Vgl. *Parklane Hosiery Co., Inc. v. Shore*, 439 U.S. 322, 326 (1979); *Blonder-Tongue Labs., Inc. v. University of Illinois Found.*, 402 U.S. 313, 328 f. (1971); *Casad/Clermont*, Res judicata, S. 32.

283 *Cooper*, in: 18 Wright/Miller, Fed. Prac. & Proc., Juris., § 4403.

284 *Cooper*, in: 18 Wright/Miller, Fed. Prac. & Proc., Juris., § 4403; *Casad/Clermont*, Res judicata, S. 31.

285 Dazu *Casad/Clermont*, Res judicata, S. 15; *Cooper*, in: 18 Wright/Miller, Fed. Prac. & Proc., Juris., § 4403; *Solum*, in: 18 Moore's Federal Practice, Civil, § 131.12; vgl. etwa *McLaughlin v. Bradlee*, 803 F.2d 1197, 1201 (D.C. Cir. 1986).

286 *Taylor v. Sturgell*, 553 U.S. 880, 891 (2008); *Semtek Intern. Inc. v. Lockheed Martin Corp.*, 531 U.S. 497, 507 f. (2001); *Cooper*, in: 18 Wright/Miller, Fed. Prac. & Proc., Juris., § 4403; vgl. auch Restatement (Second) of Judgments, 1 Relation.

nicht (ausschöpfend)[287] genutzt.[288] Somit können die Gerichte die subjektiven Grenzen der *res judicata* erweitern, um sich vor wiederholten Verhandlungen zu schützen. Dies zeigt sich am deutlichsten an der Entwicklung von *non-mutual preclusion*, einer einseitig begünstigenden *res judicata* Wirkung, auf die an späterer Stelle noch eingegangen werden soll.[289] Die Gerichte jedenfalls nutzen die Zwecke der *res judicata* sowie den Gedanken, dass das Prozessrecht den Parteien im Ursprungsprozess genügend Schutz bietet, um erweiterte Urteilswirkungen zu begründen und zu rechtfertigen.[290]

Die Parteien und Gerichte sind überdies durch die *claim preclusion* nicht verhandelter Angelegenheiten gehalten, den ersten und einzigen Prozess zu dieser Sache von Anfang an „ernst zu nehmen" und alle Ansprüche geltend zu machen, die einen Zusammenhang aufweisen.[291] Die *claim preclusion* hat in gewissem Maße also auch Verfahrenskonzentration zum Ziel.

Auch das Vertrauen der Gesellschaft in das Rechtssystem wird gestärkt.[292] Die Allgemeinheit kann sich wegen der Rechtskraftwirkung auf das Ergebnis eines abgeschlossenen Verfahrens verlassen. Auf diese Art wird die Gesellschaft darin bestärkt, dass sich eine Streitentscheidung vor Gericht auch auszahlt. Zur gleichen Zeit wird das Ansehen der Gerichte gesichert, indem sie vor der Verlegenheit bewahrt werden, womöglich widersprüchliche Entscheidungen zu treffen.[293] Somit ist die *res judicata* gleichermaßen ein entscheidendes Element für Rechtssicherheit.[294]

---

287 Es gibt einige *statutes*, die Urteilswirkungen i.S.v. *res judicata* regeln. Dies sind beispielsweise 28 U.S.C.A. § 2519; 29 U.S.C.A. § 466. Vgl. dazu *Cooper*, in: 18 Wright/Miller, Fed. Prac. & Proc., Juris., § 4403.

288 Vgl. nur *U.S. v. Manning Coal Corp.*, 977 F.2d 117, 121 (4th Cir. 1992).

289 *Cooper*, in: 18 Wright/Miller, Fed. Prac. & Proc., Juris., § 4403; *Grossman*, in: Clermont, Civil Procedure Stories, S. 405 ff.; ausführlich dazu unten, § 7.

290 *Cooper*, in: 18 Wright/Miller, Fed. Prac. & Proc., Juris., § 4403; vgl. auch *Casad/Clermont*, Res judicata, S. 37 sowie Restatement (Second) of Judgments, 1 Relation.

291 Vgl. *Cooper*, in: 18 Wright/Miller, Fed. Prac. & Proc., Juris., § 4406.

292 *Brown v. Felsen*, 442 U.S. 127, 131 (1979); *B & B Hardware, Inc. v. Hargis Indus.*, 135 S.Ct. 1293, 1302 (2015); *Casad/Clermont*, Res judicata, S. 33; *Solum*, in: 18 Moore's Federal Practice, Civil, § 131.12.

293 *Casad/Clermont*, Res judicata, S. 31; *Cooper*, in: 18 Wright/Miller, Fed. Prac. & Proc., Juris., § 4403.

294 *Görtz*, Subjektive Grenzen, S. 29.

d. Grundsätzliche Überlegungen zu den subjektiven Grenzen der res judicata

Im weiteren Verlauf soll in Grundzügen das Verständnis des US-amerikanischen Rechts von den subjektiven Grenzen der *doctrine of res judicata* dargestellt werden. Im Einzelnen und im Zusammenhang mit einer Anerkennung dieser Wirkungen, wird auf den hier dargestellten Erkenntnissen an späterer Stelle aufgebaut.

Für die subjektiven Grenzen der *res judicata* ist nach US-amerikanischem Rechtsverständnis grundsätzlich danach zu unterscheiden, ob es darum geht, wer an die Entscheidung gebunden ist oder darum, wer sich auf die Entscheidung zu seinen Gunsten berufen kann.[295] Dies hängt mit der verfassungsrechtlichen *Due Process Clause* zusammen, die so ausgelegt wird, dass jeder, der an eine Entscheidung gebunden werden soll, vorher einen Anspruch auf „*one day in court*" hat.[296]

(1) Parties *und* privies *sowie* nonparties

Ausgangspunkt ist auch in den USA die Überlegung, dass grundsätzlich nur Parteien, also im Umkehrschluss grundsätzlich eben nicht Prozessunbeteiligte (*nonparties*), an ein Urteil gebunden werden.[297] Es gilt demnach dasselbe Grundprinzip wie hinsichtlich der deutschen materiellen Rechtskraft gemäß § 325 Abs. 1 ZPO. Es ist somit zunächst als Ausgangsfrage zu beantworten, wer in den USA überhaupt Partei des Prozesses ist und damit regelmäßig der Bindung an das Urteil unterliegt.

Das US-amerikanische Rechtsverständnis geht im Kern ebenfalls von einem formellen Parteibegriff aus.[298] Partei eines Prozesses ist bzw. wird dem Grunde

---

295 Vgl. *Cooper*, in: 18A Wright/Miller, Fed. Prac. & Proc., Juris., § 4448; Restatement (Second) of Judgments, § 34 (2).

296 *Richards v. Jefferson County*, 517 U.S. 793, 798 (1996); *Martin v. Wilks*, 490 U.S. 755, 762 (1989); *Solum*, in: 18 Moore's Federal Practice, Civil, § 131.40; *Casad/Clermont*, Res judicata, S. 165.

297 *Taylor v. Sturgell*, 553 U.S. 880, 893 (2008); *Richards v. Jefferson County*, 517 U.S. 793, 798 (1996); *Martin v. Wilks*, 490 U.S. 755, 761 f. (1989); *Zenith Radio Corp. v. Hazeltine Research, Inc.*, 395 U.S. 100, 110 (1969); *Hansberry v. Lee*, 311 U.S. 32, 40 (1940); vgl. auch *Casad/Clermont*, Res judicata, S. 165; Restatement (Second) of Judgments, § 34 (3); *Solum*, in: 18 Moore's Federal Practice, Civil, § 131.40.

298 *Krause*, Urteilswirkungen, S. 5; vgl. *Cooper*, in: 18A Wright/Miller, Fed. Prac. & Proc., Juris., § 4449.

nach derjenige, der als solche bezeichnet wird und sich der Zuständigkeit (*jurisdiction*) des Gerichts unterwirft.[299]

Kläger ist derjenige, der die Klage erhebt. Beklagter wird dagegen derjenige, der als solcher benannt sowie hiervon ordnungsgemäß benachrichtigt wird und außerdem der *jurisdiction* des Gerichts unterliegt.[300] Die Klage soll dabei von der sog. *real party in interest* erhoben werden, d.h. vom Inhaber des materiellrechtlichen Anspruchs.[301] Die *class action* bildet hiervon eine Ausnahme, da der Prozess bei dieser von einem Repräsentanten stellvertretend für die *class* geführt wird.[302]

Die Besonderheit des US-amerikanischen Prozessrechtsverständnisses liegt bei der Bestimmung der Prozessparteien allerdings – wie dargestellt – darin, dass jede Form der Drittbeteiligung grundsätzlich dazu führt, dass der Dritte Partei des Prozesses wird.[303] Eine Beteiligung (unabhängig davon, ob freiwillig oder unfreiwillig)[304] in einer gegenüber der Partei geringeren Stellung, wie sie in Deutschland beispielsweise mit der Intervention oder Streitverkündung möglich ist, ist dagegen gerade nicht vorgesehen.[305]

Von der Ausgangsüberlegung, dass nur ebendiese Parteien an das Urteil gebunden sind, gibt es zudem eine Reihe von „gerechtfertigten" Ausnahmen. Das hierfür bereits seit Längerem existierende Erklärungsmodell ist das System der Bindung von Personen in *privity* mit der Partei, das heißt Fälle, in denen die Person in einer besonderen Verbindung zu der Partei steht.[306] Diese besondere

299 *Zenith Radio Corp. v. Hazeltine Research, Inc.*, 395 U.S. 100, 110 (1969); Restatement (Second) of Judgments, § 34 (1); *Cooper*, in: 18A Wright/Miller, Fed. Prac. & Proc., Juris., § 4449. Vgl. zum Parteibegriff nach US-amerikanischem Recht auch bereits oben, § 2 I. 1. b.

300 *Zenith Radio Corp. v. Hazeltine Research, Inc.*, 395 U.S. 100, 110 (1969); *Cooper*, in: 18A Wright/Miller, Fed. Prac. & Proc., Juris., § 4449; Restatement (Second) of Judgments, § 34 cmt. a.

301 FRCP 17 (a); vgl. etwa *Lubbock Feed Lots, Inc. v. Iowa Beef Processors, Inc.*, 630 F.2d 250, 257 ff. (5th Cir. 1980); Restatement (Second) of Judgments, § 37 cmt. a; vgl. auch *Görtz*, Subjektive Grenzen, S. 81 f.

302 *Krause*, Urteilswirkungen, S. 6. Zur *class action* ausführlich unten, § 6 V.

303 Vgl. oben, § 2 I 1. b. sowie *Casad/Clermont*, Res judicata, S. 165; Restatement (Second) of Judgments, 1 Organization.

304 Dazu an späterer Stelle ausführlich, § 5.

305 *Lüke*, Beteiligung Dritter, S. 40.

306 *Litchfield v. Crane*, 123 U.S. 549, 551 (1887); *Bigelow v. Old Dominion Copper Mining & Smelting Co.*, 225 U.S. 111, 128 f. (1912); vgl. *Richards v. Jefferson County*, 517 U.S. 793, 798 (1996); *Cooper*, in: 18A Wright/Miller, Fed. Prac. & Proc., Juris., § 4449; *Solum*, in: 18 Moore's Federal Practice, Civil, § 131.40.

Verbindung rechtfertigt die unterschiedslose Bindung an das Urteil, obwohl die Person an dem Prozess selbst nicht beteiligt war.[307] Zunehmend wird von diesem Oberbegriff für die Rechtskrafterstreckung auf bestimmte Dritte inzwischen jedoch abgesehen und nach Umständen im Einzelfall gesucht, die eine Bindung rechtfertigen, da eine allgemeingültige Definition bei der entwickelten Vielzahl an Fallgruppen häufig zu kurz fasst.[308] Der *privity* Begriff wird nunmehr lediglich als rechtliche Schlussfolgerung verstanden, dass das Verhältnis zwischen dem Dritten und der Partei eng genug ist, um eine Bindung an das Urteil anzunehmen.[309] Auf den *privity* Begriff und die genaue Bestimmung von gebundenen *nonparties* soll noch an späterer Stelle im Rahmen der Erstreckung von Urteilswirkungen auf prozessunbeteiligte Dritte konkreter eingegangen werden.

(2) Mutual *und* non-mutual preclusion

Sowohl *claim* als auch *issue preclusion* wirken jeweils „zweiseitig", das heißt sie binden die eine und berechtigen die andere Partei. Es lässt sich dementsprechend zwischen begünstigenden und bindenden Wirkungen unterscheiden. In diesem Zusammenhang hat sich in den USA – zusätzlich zur *inter partes* Wirkung der *res judicata* – eine generelle, einseitig begünstigende Wirkung für Dritte entwickelt.[310]

Dies war nach ursprünglichem Verständnis aufgrund der „Lehre von der Gegenseitigkeit" (*doctrine of mutuality*) nicht möglich.[311] Diejenigen, die

---

307 *Bigelow v. Old Dominion Copper Mining & Smelting Co.*, 225 U.S. 111, 128 f. (1912); *Solum*, in: 18 Moore's Federal Practice, Civil, § 131.40; Restatement (Second) of Judgments, 1 Scope.

308 *Taylor v. Sturgell*, 553 U.S. 880, 893 Fn. 8 (2008); *Cooper*, in: 18A Wright/Miller, Fed. Prac. & Proc., Juris., § 4449; Restatement (Second) of Judgments, 1 Organization; vgl. auch *Görtz*, Subjektive Grenzen, S. 100 f.

309 *Taylor v. Sturgell*, 553 U.S. 880, 893 Fn. 8 (2008); *Bruszewski v. United States*, 181 F.2d 419, 423 (3d Cir. 1950); *Cooper*, in: 18A Wright/Miller, Fed. Prac. & Proc., Juris., § 4449; *Görtz*, Subjektive Grenzen, S. 100; *Krause*, Urteilswirkungen S. 15 f.; Restatement (Second) of Judgments, 1 Organization; *Solum*, in: 18 Moore's Federal Practice, Civil, § 131.40.

310 *Bernhard v. Bank of America National Trust and Savings Association*, 19 Cal.2d 807, 812 (Cal. 1942); *Bruszewski v. United States*, 181 F.2d 419, 421 f. (3d Cir. 1950); *Blonder-Tongue Labs., Inc. v. University of Illinois Found.*, 402 U.S. 313 (1971); Restatement (Second) of Judgments, § 29.

311 *Bigelow v. Old Dominion Copper Mining & Smelting Co.*, 225 U.S. 111, 127 (1912); *Solum*, in: 18 Moore's Federal Practice, Civil, § 132.04; Restatement of Judgments, § 93 (b).

hypothetisch gesehen nicht an die Entscheidung gebunden wären, konnten sich demnach auch nicht auf eine Begünstigung berufen.[312] Begründet wurde dies vor allem mit dem Schutz der prozessualen Chancengleichheit für die Parteien.[313]

Zunehmend wurde die *doctrine of mutuality* jedoch kritisiert, insbesondere da sich immer mehr Ausnahmen zu ihr entwickelt hatten, was unter anderem zu mehr Arbeit für die Gerichte führte.[314] Schließlich wurde angeführt, an einer stichhaltigen Begründung für das Erfordernis der *mutuality* mangele es und die *doctrine* wurde damit (zunächst in den *state courts*, dann auch von den *federal courts*)[315] vollständig aufgegeben.[316] Für eine Bejahung einer einseitigen *non-mutual preclusion* sprächen insbesondere Gründe der Prozessökonomie.[317] Zudem würden sich widersprechende Entscheidungen vermieden und die Beteiligten vor Kosten und Mühen einer neuen Verhandlung geschützt.[318] Verfassungsrechtlich ist sie mit Blick auf *Due Process* Erwägungen zulässig, weil für den Dritten hieraus nur eine Berechtigung, aber keine Bindung entsteht.[319] Derjenige, der der Bindungswirkung unterliegt, war dagegen bereits Partei eines Verfahrens über entsprechende *issues*.[320]

---

312 *Casad/Clermont*, Res judicata, S. 170; *Solum*, in: 18 Moore's Federal Practice, Civil, § 132.04; Restatement of Judgments, § 93; vgl. auch *Bernhard v. Bank of America National Trust and Savings Association*, 19 Cal.2d 807, 811 (Cal. 1942).

313 Vgl. *Bigelow v. Old Dominion Copper Mining & Smelting Co.*, 225 U.S. 111, 131 (1912); *Casad/Clermont*, Res judicata, S. 170, 186; Restatement of Judgments, § 96 cmt. a; Comment, 35 Yale L.J. 607, 608.

314 Dazu anschaulich *Casad/Clermont*, Res judicata, S. 170 ff.; sowie *Krause*, Urteilswirkungen, S. 246 ff.; vgl. auch *Bernhard v. Bank of America National Trust and Savings Association*, 19 Cal.2d 807, 812 (Cal. 1942); im Zusammenhang mit der "litigation crisis" insbesondere der 70er Jahre *Grossman*, in: Clermont, Civil Procedure Stories, S. 405 ff.

315 Dazu *Solum*, in: 18 Moore's Federal Pratice, Civil, § 132.04 m.w.N.

316 *Bernhard v. Bank of America National Trust and Savings Association*, 19 Cal.2d 807, 812 (Cal. 1942); *Currie*, 53 Calif. L.Rev. 25, 26 (1965).

317 Vgl. *Blonder-Tongue Labs., Inc. v. University of Illinois Found.*, 402 U.S. 313, 328 f. (1971); *Parklane Hosiery Co., Inc. v. Shore*, 439 U.S. 322, 326 ff. (1979); *Cooper*, in: 18A Wright/Miller, Fed. Prac. & Proc., Juris., § 4464; *Grossman*, in: Clermont, Civil Procedure Stories, S. 408 ff.

318 Vgl. *Montana v. United States*, 440 U.S. 147, 153 f. (1979); *Blonder-Tongue Labs., Inc. v. University of Illinois Found.*, 402 U.S. 313, 328 f. (1971); *Parklane Hosiery Co., Inc. v. Shore*, 439 U.S. 322, 326 ff. (1979); *Cooper*, in: 18A Wright/Miller, Fed. Prac. & Proc., Juris., § 4464; *Krause*, Urteilswirkungen, S. 252.

319 Dazu *Smith*, DRiZ 1995, 94, 96 f.

320 *Smith*, DRiZ 1995, 94, 96 f.

Nach dem modernen Ansatz von *non-mutual preclusion* kann nunmehr auch jeder Dritte *issue preclusion* gegenüber einer Partei eines früheren Prozesses geltend machen, es sei denn die Partei hatte im vorhergehenden Prozess keine ausreichenden Möglichkeiten der Verhandlung oder eine Wiederverhandlung des Streitpunktes erscheint aus sonstigen besonderen Umständen gerechtfertigt.[321]

Durch die Abschaffung der *mutuality* für die *issue preclusion*, die sich inzwischen in den *federal courts* durchgesetzt hat,[322] haben sich die subjektiven Grenzen von Urteilswirkungen nicht unwesentlich erweitert. Welche Personen inzwischen mitumfasst sein können und wie sich dies möglicherweise auf die Anerkennung in Deutschland auswirkt, ist eine Frage der Drittwirkungen und soll im Einzelnen im nächsten Kapitel erörtert werden.

3. Zwischenergebnis

1.) In dieser Arbeit wird die Anerkennung von Entscheidungen US-amerikanischer Bundesgerichte untersucht. Diese wenden ihr eigenes Prozessrecht an. Umstritten ist dagegen, welches Recht den Entscheidungswirkungen zukommt. Vor allem aus Gründen der Rechtssicherheit ist es vorzugswürdig, auf das Recht desjenigen Gerichts abzustellen, das die Entscheidung getroffen hat. Für die Anerkennung der Urteile US-amerikanischer Bundesgerichte ist folglich US-amerikanisches Bundesrecht maßgeblich.

2.) Danach kommen einem gültigen und endgültigen Urteil *res judicata* Wirkungen zu. Unterschieden wird zwischen *claim preclusion* und *issue preclusion*.

3.) *Claim preclusion* verhindert eine neue Klage durch *merger* oder *bar*. Der Anspruch des siegreichen Klägers geht entweder in dem Urteil auf (*merger*) oder eine neue Klage wird für den unterliegenden Kläger gesperrt (*bar*). Das Verständnis der Rechtskraft ist in den USA somit ein materiellrechtliches.

---

321 *Casad/Clermont*, Res judicata, S. 174; Restatement (Second) of Judgments, § 29. Ausführlich zu den Voraussetzungen unten, § 7.

322 *Parklane Hosiery Co., Inc. v. Shore*, 439 U.S. 322 (1979); *Blonder-Tongue Labs., Inc. v. University of Illinois Found.*, 402 U.S. 313 (1971); *Provident Tradesmens Bank & Trust Co. v. Lumbermens Mut. Cas. Co.*, 411 F.2d 88, 93 (3d Cir. 1969); *Zdanok v. Glidden Company*, 327 F.2d 944 (2d Cir. 1964); *Davis v. McKinnon & Mooney*, 266 F.2d 870, 873 f. (6th Cir. 1959); *Bruszewski v. United States*, 181 F.2d 419 (3d Cir. 1950). Kritische Betrachtung bei *Casad/Clermont*, Res judicata, S. 184 ff. sowie *Grossman*, in: Clermont, Civil Procedure Stories, S. 405 ff.

4.) Die *claim preclusion* hängt von der Definition des Streitgegenstandes (*claim*) ab. Allgemein sollen hiervon all diejenigen Ansprüche umfasst werden, die der Kläger im selben Prozess geltend machen muss, wenn er sie nicht für zukünftige Prozesse verlieren will.

Der Antrag des Klägers ist hierbei nachrangig. Es kommt vielmehr auf den zugrunde liegenden Lebenssachverhalt und die sich daraus ergebenden Fakten an. Betroffen sind dementsprechend auch solche Ansprüche, die der Kläger gar nicht geltend gemacht hat, aber hätte geltend machen müssen. Dadurch soll insbesondere die Verfahrenskonzentration und infolgedessen Prozessökonomie gesteigert werden.

5.) *Issue preclusion* verhindert dagegen die Verhandlung bereits im Vorprozess verhandelter und entschiedener Streitpunkte. Problematisch ist dabei insbesondere die Frage, wann und ob derselbe Streitpunkt (*issue*) vorliegt. Grundsätzlich fallen hierunter sowohl entscheidungserhebliche Tatsachen- als auch Rechtsfragen.

Der besondere Nutzen der *issue preclusion* liegt in der Förderung von Prozessökonomie und der direkten Vermeidung sich widersprechender Entscheidungen.

6.) Subjektiv sind zunächst die Parteien durch die *res judicata* gebunden. Dabei wird auch in den USA ein formeller Parteibegriff zugrunde gelegt. Hierunter fallen jedoch genauso diejenigen, die erst später (unabhängig davon, ob freiwillig oder unfreiwillig) am Prozess beteiligt wurden. Der US-amerikanische Zivilprozess kennt demnach grundsätzlich nur die Beteiligung als Partei.

7.) Am Prozess nicht beteiligte Dritte unterliegen der Bindung an das Urteil grundsätzlich nicht. Dies ergibt sich aus der Überlegung, dass jeder einen Anspruch auf einen Tag vor Gericht (*one day in court*) hat. Dieser Anspruch ergibt sich aus der *Due Process Clause* der US-amerikanischen Verfassung. Eine Bindung Unbeteiligter ist somit nur dann möglich, wenn besondere, rechtfertigende Gründe vorliegen. Welche dies sind, wird im Rahmen der Erstreckung von *res judicata* Wirkungen untersucht.

8.) Grundsätzlich wirken sowohl *claim* als auch *issue preclusion* nur in beide Richtungen, können also nur von denjenigen geltend gemacht werden, die umgekehrt auch durch diese gebunden wären (*doctrine of mutuality*). Auf die *issue preclusion* kann sich nach heutigem Prozessrechtsverständnis allerdings auch einseitig jeder Dritte berufen, der einer Bindung nicht unterläge (*non-mutual issue preclusion*). Gerechtfertigt wird die *non-mutual issue preclusion* mit dem Argument der erhöhten Prozessökonomie für Gerichte und Parteien sowie mit dem Argument der Rechtssicherheit. Durch die einseitige Berechtigung für den Dritten ist sie auch unter dem verfassungsrechtlichen Gesichtspunkt des *Due Process* zulässig.

9.) Die *res judicata* soll auch in den USA insgesamt vor allem Rechtsfrieden und Rechtssicherheit gewährleisten. Dem Aspekt der Verfahrensökonomie kommt allerdings (unter anderem im Vergleich zu deutschem Recht) erhöhte Bedeutung zu. Dieser Aspekt wird teilweise sogar herangezogen, um eine Ausdehnung der Bindungswirkungen in Folgeprozessen zu begründen. Da es sich bei dem Recht der *res judicata* um richterrechtlich entwickeltes *common law* handelt, können die Gerichte selbst die Grenzen der Urteilswirkungen bestimmen und weiterentwickeln.

II. Grundsätzliche Überlegungen zur Anerkennungsfähigkeit nach § 328 ZPO

Nach dieser kurzen Einführung zu den grundsätzlichen Wirkungen, die von einem US-amerikanischen Urteil ausgehen können, soll nunmehr die Anerkennung einer US-amerikanischen Entscheidung in Deutschland umrissen werden.

Die Rechtskraft wird in den USA im Gegensatz zur inzwischen herrschenden Auffassung im deutschen Recht[323] zwar materiellrechtlich verstanden.[324] Für die Anerkennung spielt das allerdings keine Rolle. Wie der deutsche Richter die ausländischen Urteilswirkungen „anwendet", ist eine Frage der *lex fori*, bestimmt sich also nach den deutschen Regeln.[325]

1. Voraussetzungen der Anerkennung gemäß § 328 ZPO

Rechtsgrundlage der Anerkennung US-amerikanischer Entscheidungen ist in Deutschland § 328 ZPO, da staatsvertragliche Regelungen der Anerkennung mit den USA nicht bestehen.

---

323 BGHZ 32, 377; 35, 338, 340; 36, 365, 367; BGH, NJW 2004, 1805, 1806; *Althammer*, in: Stein/Jonas, ZPO, Bd. 4, § 322 Rdn. 18; *Baumbach/Lauterbach/Hartmann/Anders/Gehle*, ZPO, Grdz. § 322 Rdn. 9; *Jauernig/Hess*, ZPR, § 62 Rdn. 6; *Rosenberg/Schwab/Gottwald*, ZPR, § 152 Rdn. 7; *Völzmann-Stickelbrock*, in: Prütting/Gehrlein, ZPO, § 322 Rdn. 3.

324 Vgl. *Hay*, US-amerikanisches Recht, Rdn. 202; *Schack*, Einführung, Rdn. 180; *Shapiro*, Preclusion, S. 33.

325 *Geimer*, in: Zöller, ZPO, § 328 Rdn. 30, 43; vgl. *Gottwald*, in: MünchKomm, ZPO, Bd. 1, § 328 Rdn. 160; *Roth*, in: Stein/Jonas, ZPO, Bd. 5, § 328 Rdn. 12.

Der Entscheidung kommen Wirkungen im Inland zu, wenn im konkreten Fall keine Versagungsgründe nach § 328 ZPO vorliegen. Aus dieser negativen Formulierung wird teilweise darauf geschlossen, dass die Anerkennung die Regel darstellt.[326] Nach herrschender Meinung sind die Anerkennungsvoraussetzungen jedoch zwingendes Recht und von Amts wegen zu prüfen.[327] Je nach Zweck (Schutz der unterlegenen Partei oder „politisches Interesse") soll bestimmt werden, ob sie Voraussetzung oder Hindernis der Anerkennung sind und welche Partei die Beweislast für sie trägt.[328] Eine generelle Vermutung zugunsten oder zuungunsten der Anerkennung besteht damit jedoch nicht.[329]

a. Anwendbarkeit des § 328 ZPO

Anerkannt werden nach dem Wortlaut des § 328 ZPO Urteile ausländischer Gerichte. Trotz dieser Formulierung ist unumstritten, dass auch andere endgültige Entscheidungen hierunter fallen, solange ihr Gegenstand ein zivilrechtlicher i.S.d. § 13 GVG ist und die Einrichtung, die sie erlassen hat, zur Erledigung zivilrechtlicher Streitigkeiten nach ausländischem Recht berufen ist.[330]

Bei *civil judgments* nach US-amerikanischem Recht handelt es sich um alle Urteile außer solchen des Strafrechts.[331] Im Rahmen der Anerkennung ist daher darauf zu achten, ob es sich tatsächlich um zivilrechtliche Streitigkeiten oder aber nur um solche des öffentlichen Rechts handelt. Generell ist für die weiteren Ausführungen zu beachten, dass sich die Entwicklung der Lehre von den Urteilswirkungen zum Teil auch an Fällen des öffentlichen Rechts vollzogen hat.[332]

Bezüglich der grundsätzlichen Anwendbarkeit des § 328 ZPO auf US-amerikanische Urteile ergibt sich vor allem hinsichtlich der Urteile, die

---

326 Vgl. *Martiny*, Handbuch IZVR, Bd. III/1, Kap. I Rdn. 317 f.

327 *Gottwald*, in: MünchKomm, ZPO, Bd. 1, § 328 Rdn. 76; *ders.*, ZZP 103 (1990), 257, 269; *Martiny*, Handbuch IZVR, Bd. III/1, Kap. I Rdn. 318; *Roth*, in: Stein/Jonas, ZPO, Bd. 5, § 328 Rdn. 29; *Stadler*, in: Musielak/Voit, ZPO, § 328 Rdn. 1.

328 *Martiny*, Handbuch IZVR, Bd. III/1, Kap. I Rdn. 313.

329 *Geimer*, in: Zöller, ZPO, § 328 Rdn. 273; *Gottwald*, in: MünchKomm, ZPO, Bd. 1, § 328 Rdn. 76; *Herrmann*, Anerkennung US-amerikanischer Urteile, S. 55; *Martiny*, Handbuch IZVR, Bd. III/1, Kap. I Rdn. 312.

330 *Geimer*, in: Zöller, ZPO, § 328 Rdn. 66 ff., 80; *Gottwald*, in: MünchKomm, ZPO, Bd. 1, § 328 Rdn. 57; *Rosenberg/Schwab/Gottwald*, ZPR, § 158 Rdn. 36; *Roth*, in: Stein/Jonas, ZPO, Bd. 5, § 328 Rdn. 54, 56, 60.

331 *Hay*, US-amerikanisches Recht, Rdn. 98; *Krause*, Urteilswirkungen, S. 21; vgl. *Schack*, Einführung, Rdn. 2.

332 *Krause*, Urteilswirkungen, S. 21.

Strafschadensersatz (*punitive damages*) zusprechen, das Problem, ob überhaupt eine zivilrechtliche Streitigkeit vorliegt. Teilweise wird darauf verwiesen, dass der Strafcharakter überwiege, weswegen eine zivilrechtliche Streitigkeit nicht vorliege und die Anerkennung von vornherein ausscheiden müsse.[333] Nach anderer Ansicht handelt es sich zumindest dann um eine zivilrechtliche Streitigkeit, wenn die *punitive damages* dem Geschädigten und nicht dem Staat zukommen. Dann scheitere eine Anerkennung allerdings regelmäßig wegen eines Verstoßes gegen den materiellrechtlichen *ordre public*.[334]

Zudem sind Prozessurteile nach der herrschenden Meinung nicht gemäß § 328 ZPO anerkennungsfähig.[335]

Ungeschriebene Voraussetzung des § 328 ZPO soll wegen § 723 Abs. 2 S. 1 ZPO darüber hinaus der Eintritt der formellen Rechtskraft sein. Nach dem Recht des Urteilsstaates soll der Entscheidung eine gewisse Endgültigkeit und Bestandskraft zukommen.[336] Ob der Eintritt der *finality*[337] nach US-amerikanischem Recht hierfür ausreicht, ist fraglich, da die Entscheidung für die Anwendbarkeit des § 328 ZPO nach allgemeinem Verständnis nicht mehr den allgemeinen Rechtsmitteln des Urteilsstaates unterliegen darf.[338] Zwar kennt das US-amerikanische Recht keine formelle Rechtskraft in diesem Sinne.[339] Dies ist jedoch für die generelle Anwendbarkeit der Anerkennungsregelung unerheblich. Es kommt allein darauf an, dass das Urteil im Wesentlichen diejenigen Eigenschaften besitzt, die das deutsche Recht mit dem Begriff der formellen

---

333 *Schütze*, in: FS Nagel, 392, 397; *ders.*, in: Wieczorek/Schütze, ZPO, Bd. 5/1, § 328 Rdn. 27.

334 Vgl. BGHZ 118, 312, 337 ff.; *Gottwald*, in: MünchKomm, ZPO, Bd. 1, § 328 Rdn. 57, 123; *Roth*, in: Stein/Jonas, ZPO, Bd. 5, § 328 Rdn. 60, 108.
Dieses Problem ist nicht Schwerpunkt der vorliegenden Arbeit, wird an dieser Stelle aber der Vollständigkeit halber aufgeführt. Zu weiteren Nachweisen zu dem Thema vgl. *Schütze*, in: Wieczorek/Schütze, ZPO, Bd. 5/1, § 328 Fn. 185.

335 *Geimer*, IZPR, Rdn. 2788; *Gottwald*, in: MünchKomm, ZPO, Bd. 1, § 328 Rdn. 58; *Linke/Hau*, IZVR, Rdn. 12.32; *Roth*, in: Stein/Jonas, ZPO, Bd. 5, § 328 Rdn. 55; *Schütze*, in: Wieczorek/Schütze, ZPO, Bd. 5/1, § 328 Rdn. 14; *Stadler*, in: Musielak/Voit, ZPO, § 328 Rdn. 5.

336 *Gottwald*, in: MünchKomm, ZPO, Bd. 1, § 328 Rdn. 66; a.A. *Geimer*, in: Zöller, ZPO, § 328 Rdn. 69.

337 Zum Begriff der *finality* s.o., § 4 I. 2. a. (1).

338 Vgl. *Gottwald*, ZZP 103 (1990), 257, 265; *Martiny*, Handbuch IZVR, Bd. III/1, Kap. I Rdn. 488; *Roth*, in: Stein/Jonas, ZPO, Bd. 5, § 328 Rdn. 65 f.

339 Dazu oben, § 4 I. 2. a. (1).

Rechtskraft verbindet.[340] Eine Anerkennung von Urteilen, die noch mit allgemeinen Rechtsmitteln anfechtbar sind, würde eine zu große Einschränkung der Rechtssicherheit bedeuten.[341] Allein die US-amerikanische *finality* eines Urteils reicht daher für die Anwendbarkeit des § 328 ZPO nicht aus.

b. *Internationale Zuständigkeit (§ 328 Abs. 1 Nr. 1 ZPO)*

Gemäß § 328 Abs. 1 Nr. 1 ZPO ist die Anerkennung ausgeschlossen, wenn die Gerichte des Staates, dem das ausländische Gericht angehört, nach den deutschen Gesetzen nicht zuständig sind.

Ungeschriebene Voraussetzung ist zunächst die Gerichtsbarkeit des Urteilsstaates über Parteien und Streitgegenstand.[342]

Die internationale Zuständigkeit beurteilt sich dann nach dem sog. Spiegelbildprinzip. Zu prüfen ist, ob das Gericht bei „spiegelbildlicher" Anwendung des deutschen Rechts zuständig wäre.[343] Dies stellt eine Prämisse dafür dar, dass das Verfahren ein faires und dem Beklagten eine Verteidigung im Ausland zumutbar war.[344] Damit ist auch dem generellen Schutzzweck der Anerkennungsregelung, dem Schutz des Beklagten vor den Folgen einer international unzumutbaren Prozessführung im Ausland, gedient.[345]

Die internationale Zuständigkeit wird anhand der Regelungen über die örtliche Zuständigkeit der ZPO ermittelt.[346] Der Umfang der Anerkennungszuständigkeit reicht folglich genauso weit wie die Entscheidungszuständigkeit, die Deutschland für sich selbst in Anspruch nimmt.[347] Unerheblich ist dagegen, ob

---

340 *Martiny*, Handbuch IZVR, Bd. III/1, Kap. I Rdn. 488; *Roth*, in: Stein/Jonas, ZPO, Bd. 5, § 328 Rdn. 66.

341 *Martiny*, Handbuch IZVR, Bd. III/1, Kap. I Rdn. 487.

342 *Gottwald*, in: MünchKomm, ZPO, Bd. 1, § 328 Rdn. 79; *Roth*, in: Stein/Jonas, ZPO, Bd. 5, § 328 Rdn. 73; *Stadler*, in: Musielak/Voit, ZPO, § 328 Rdn. 8; vgl. auch *Schütze*, in: Wieczorek/Schütze, ZPO, Bd. 5/1, § 328 Rdn. 16.

343 BGHZ 52, 30, 37; 141, 286, 289 f.; *Gottwald*, in: MünchKomm, ZPO, Bd. 1, § 328 Rdn. 80; *ders.*, ZZP 103 (1990), 257, 270; *Rosenberg/Schwab/Gottwald*, ZPR, § 158 Rdn. 40 f.; *Spellenberg*, in: Staudinger, BGB (2005), § 328 ZPO Rdn. 296 ff.

344 *Martiny*, Am. J. Comp. L. 35 (1987), 721, 734; vgl. *Gottwald*, in: MünchKomm, ZPO, Bd. 1, § 328 Rdn. 80; *Sonnentag*, ZVglRWiss 113 (2014), 83, 85 f.

345 *Geimer*, in: Zöller, ZPO, § 328 Rdn. 138; *Gottwald*, ZZP 103 (1990), 257, 271; *Haas*, IPRax 2001, 195, 196; *Roth*, in: Stein/Jonas, ZPO, Bd. 5, § 328 Rdn. 30.

346 BGHZ 94, 156, 157 f.; 120, 334, 337; *Gottwald*, in: MünchKomm, ZPO, Bd. 1, § 328 Rdn. 85; *Stadler*, in: Musielak/Voit, ZPO, § 328 Rdn. 9; *Wazlawik*, IPRax 2002, 273, 274.

347 BGHZ 141, 286, 290; *Roth*, in: Stein/Jonas, ZPO, Bd. 5, § 328 Rdn. 73.

das Gericht auch örtlich zuständig wäre und ob es tatsächlich eine dem deutschen Recht entsprechende Zuständigkeitsregelung angewendet hat.[348]

(1) Problematik des Mehrrechtsstaats

Problematisch ist der Aufbau der USA als sog. Mehrrechtsstaat. Eine „einheitliche" Zivilgerichtsbarkeit im deutschen Sinne gibt es dort nicht; es existieren vielmehr zwei Gerichtssysteme, die Bundesgerichtsbarkeit und die Gerichtsbarkeit der Teilstaaten.[349] In der vorliegenden Arbeit geht es um die Anerkennungsfähigkeit von Entscheidungen der Bundesgerichte, die generell nur aufgrund einer Sonderzuweisung zuständig sein können.[350] Existiert eine solche nicht, sind allgemein die Staatengerichte zuständig.[351] Trotz der grundsätzlichen Unabhängigkeit der Gerichtsbarkeiten in Organisation und Entscheidungsfindung,[352] sind die Bundesgerichte insbesondere in Fällen von *diversity jurisdiction* verpflichtet, das einzelstaatliche Recht des Staates, an dem sie ihren Sitz haben, anzuwenden.[353] Fraglich ist damit aber, ob für § 328 Abs. 1 Nr. 1 ZPO ein Zuständigkeitsbezug zum gesamten Bundesstaat ausreicht oder ob auf den jeweiligen konkreten Gliedstaat abzustellen ist.[354] Dieser Streit besteht dem Grunde nach sowohl für Entscheidungen der Staaten- als auch für solche der Bundesgerichte.[355]

---

348 *Gottwald*, in: MünchKomm, ZPO, Bd. 1, § 328 Rdn. 81, 85; *Roth*, in: Stein/Jonas, ZPO, Bd. 5, § 328 Rdn. 76.

349 *Haas/Stangl*, IPRax 1998, 452; *Schack*, Einführung, Rdn. 4.

350 Solche existieren für die *federal question jurisdiction* sowie die *diversity jurisdiction* (28 U.S.C. § 1331 und 28 U.S.C. § 1332). Dazu ausführlich oben, § 4 I. 1.

351 S.o., § 4 I. 1.

352 Dazu *Hart & Wechsler*, Federal Court and Federal System, 1. Aufl., S. xi. Vgl. auch *Schack*, Einführung, Rdn. 4 ff.; *Stürner/Bormann*, JZ 2000, 81.

353 *Erie R. Co. v. Tompkins*, 304 U.S. 64, 78 (1938); *Hanna v. Plumer*, 380 U.S. 460 (1965); dazu oben, § 4 I. 1.

354 Ausführlich dazu *Schönau*, Anerkennung von Urteilen aus Mehrrechtsstaaten, S. 108 ff., 271 ff.

355 Allgemein ist die Zuständigkeitsfrage bei Urteilen der Staatengerichte allerdings weniger umstritten, vgl. BGHZ 141, 286, 291 f. Für ein Abstellen auf den konkreten Teilstaat in diesen Fällen: *Haas/Stangl*, IPRax 1998, 452, 454 f.; *Sieg*, IPRax 1996, 77, 80; *Roth*, ZZP 112 (1999), 483, 484; *ders.*, in: Stein/Jonas, ZPO, Bd. 5, § 328 Rdn. 77; a.A. dagegen BGHZ 141, 286; *Geimer*, in: Zöller, ZPO, § 328 Rdn. 107; *Gottwald*, in: MünchKomm, ZPO, Bd. 1, § 328 Rdn. 86; *v. Hoffmann/Hau*, RIW 1998, 344, 351 f. Diese Frage ist für die vorliegende Arbeit nicht von entscheidender Bedeutung.

(2) Wortlaut des § 328 Abs. 1 Nr. 1 ZPO

Nach dem Wortlaut könnte mit „Staat" i.S.d. § 328 Abs. 1 Nr. 1 ZPO nur das jeweilige Völkerrechtssubjekt, d.h. der Gesamtstaat USA, gemeint sein.[356] Bei Staaten mit mehreren selbstständigen Teilrechtsordnungen, also mit interlokaler Rechtsspaltung wie den USA, könnte „Staat" aber auch derjenige Einzelstaat sein, der über eine autonome Gesetzgebung und Gerichtsorganisation verfügt, folglich der jeweilige US-Bundesstaat, in dem das Bundesgericht seinen Sitz hat.[357] Dies werde insbesondere durch Art. 4 Abs. 3 EGBGB bestätigt.[358]

Art. 4 Abs. 3 EGBGB kann allerdings für die Auslegung des § 328 Abs. 1 Nr. 1 ZPO selbst gerade nicht nutzbar gemacht werden, da nicht nur die einzelnen Gliedstaaten, sondern vor allem auch (denn darin liegt ja die Besonderheit) der Bundesstaat in seiner Gesamtheit im Grundsatz ein eigenes Rechts- und Gerichtssystem aufweist.[359] Darüber hinaus richtet sich die Bestimmung der internationalen Zuständigkeit nach dem deutschen Wertungshorizont, sodass Art. 4 Abs. 3 EGBGB, der auf das ausländische Recht verweist, auch in dieser Hinsicht nicht passt.[360]

(3) Funktionelle Betrachtungsweise

Umstritten ist der Bezugspunkt für die internationale Zuständigkeit der Bundesgerichte insbesondere in Fällen der *diversity jurisdiction*, da hier teilweise anhand einer funktionellen Betrachtungsweise angenommen wird, die Gerichte würden in diesen Fällen für die Staatengerichte tätig.[361] Damit käme es für die internationale Zuständigkeit auch auf den Bezug zum jeweiligen Einzelstaat an.[362] Hierfür wird angeführt, dass Bundesgerichte in diesen Fällen einzelstaatliches Recht

356 Vgl. *Sieg*, IPRax 1996, 77, 79; vgl. ähnlich *Wazlawik*, IPRax 2002, 273.

357 LG München I, RIW 1988, 738; *Sieg*, IPRax 1996, 77, 79; vgl. auch *Stürner/Bormann*, JZ 2000, 81, 83.

358 *Sieg*, IPRax 1996, 77, 79 f.

359 *Haas/Stangl*, IPRax 1998, 452, 453; vgl. auch BGHZ 141, 286, 293; *v. Hoffmann/Hau*, RIW 1998, 344, 350.

360 *Coester-Waltjen*, in: FS Buxbaum, 101, 106.

361 *Roth*, ZZP 112 (1999), 483, 485; *Stürner/Bormann*, JZ 2000, 81, 85. Dagegen für Fälle der *federal question jurisdiction* scheinbar unstreitig oder zumindest nicht eingehend besprochen, vgl. nur die differenzierende Betrachtungsweise bei *Stürner/Bormann*, JZ 2000, 81.

362 *Roth*, ZZP 112 (1999), 483, 485; *Stürner/Bormann*, JZ 2000, 81, 85; i.E. genauso *Sieg*, IPRax 1996, 77, 80; *Wazlawik*, IPRax 2002, 273, 275; *Coester-Waltjen*, in: FS Buxbaum, 101, 111 f.

anwenden müssen und an die Präjudizien der Gerichte des Staates gebunden sind.[363] Zudem sei das Recht über die personelle Zuständigkeit (sog. *personal jurisdiction*[364]), welches ebenfalls auf einzelstaatlichem Recht basiert, von entscheidender Bedeutung.[365]

Dagegen gehen der BGH und Teile der Literatur davon aus, dass ein Bezug zum Gesamtstaat der USA für die internationale Zuständigkeit der Bundesgerichte ausreicht.[366] Begründet wird dies damit, dass die Regelungshoheit über das Gerichtssystem beim Bund liegt[367] und die Bundesgerichte sich auch in *diversity* Fällen als eigenständig verstehen.[368]

(4) Stellungnahme

Im Sinne einer anerkennungsfreundlichen Auslegung der Norm ist die letztgenannte Ansicht vorzugswürdig. Auch der Zweck der Norm steht dem nicht entgegen: Bezweckt wird, dass der Beklagte vor unzumutbarer Prozessführung im Ausland geschützt wird.[369] Eine solche liegt im Rahmen des § 328 Abs. 1 Nr. 1 ZPO vor, wenn das ausländische Gericht, vor dem der Beklagte sich verteidigen muss, nach inländischen Vorstellungen keinen genügenden Bezug zum Streitgegenstand hat.[370] Geschützt wird

363 *Coester-Waltjen*, in: FS Buxbaum, 101, 108 f.; *Roth*, ZZP 112 (1999), 483, 484 f.; *Stürner/Bormann*, JZ 2000, 81, 85.

364 Dazu oben, § 4 I. 2. a. (1).

365 *Wazlawik*, IPRax 2002, 273, 274; *Stürner/Bormann*, JZ 2000, 81, 85; vgl. auch *Coester-Waltjen*, in: FS Buxbaum, 101, 107; *Roth*, ZZP 112 (1999), 483, 484 f.

366 BGHZ 141, 286; *Haas*, IPRax 2001, 195, 196; *Haas/Stangl*, IPRax 1998, 452, 455; *v. Hoffmann/Hau*, RIW 1998, 344, 350; *Thole*, in: Die Anerkennung im IZPR, 25, 41.

367 BGHZ 141, 286, 292; *Haas*, IPRax, 2001, 195, 196; *Haas/Stangl*, IPRax 1998, 452, 455; *Spellenberg*, in: Staudinger, BGB (2005), § 328 ZPO Rdn. 322; vgl. auch *Stürner/Bormann*, JZ 2000, 81, 83; sowie *Schönau*, Anerkennung von Urteilen aus Mehrrechtsstaaten, S. 272 ff.

368 Dies ist auch in den USA umstritten. Regelmäßig wird aber die Eigen- und Selbständigkeit der Bundesgerichtsbarkeit betont, *Haas*, IPRax, 2001, 195, 196; vgl. *Byrd v. Blue Ridge Rural Elec. Co-op., Inc.*, 356 U.S. 525, 537 (1958); *Gasperini v. Center for Humanities, Inc.*, 518 U.S. 415, 432 (1996); *Shady Grove Orthopedic Assocs., P.A. v. Allstate Ins. Co.*, 559 U.S. 393, 417 (2010); *Jones v. United Parcel Service, Inc.*, 674 F.3d 1187, 1213 (10th Cir. 2012).

369 *Geimer*, in: Zöller, ZPO, § 328 Rdn. 138; *Gottwald*, ZZP 103 (1990), 257, 271; *Haas*, IPRax 2001, 195, 196; *Roth*, in: Stein/Jonas, ZPO, Bd. 5, § 328 Rdn. 30; *Thole*, in: Die Anerkennung im IZPR, 25, 41.

370 BGHZ 120, 334, 340 f.

aber nur vor einem unzumutbaren ausländischen, nicht aber örtlichen Gerichtsstand.[371]

Da durch § 328 Abs. 1 Nr. 1 ZPO vorrangig Beklagtenschutz bezweckt wird, ist zudem ein Gleichlauf zur Auslegung von § 328 Abs. 1 Nr. 5 ZPO, der die Anerkennungsfähigkeit allein im öffentlichen Interesse einschränkt, nicht erforderlich.[372]

Diese Betrachtungsweise sorgt auch für Rechtsklarheit.[373] Das deutsche Gericht muss im Falle einer anzuerkennenden Entscheidung eines US-amerikanischen Bundesgerichts nicht zuerst herausfinden, um welche Art der Zuständigkeit es sich handelt.[374] Zudem ist die Argumentation dieser Ansicht hinsichtlich der Selbstständigkeit der Bundesgerichtsbarkeit überzeugend: Die Gerichte des Bundes nehmen auch in *diversity* Fällen Rechtspflegeaufgaben des Bundes wahr.[375] Auch in diesen Fällen liegt die Organisationshoheit beim Bundesgesetzgeber.[376] In den Urteilen der Bundesgerichte manifestiert sich somit in allen Fällen die Staatsgewalt des Gesamtstaats USA.[377]

Kritisiert wird dagegen, dass dies zu widersprüchlichen Ergebnissen führt, wenn demgegenüber ein *diversity* Fall vorläge, über den ein Staatengericht entschieden hat.[378] Für deren internationale Zuständigkeit i.S.d. § 328 Abs. 1 Nr. 1 ZPO nimmt die überwiegende Ansicht an, dass ein Bezug zum entsprechenden Einzelstaat erforderlich ist.[379] Dieser Kritik kann jedoch entgegen gehalten werden, dass die Wahl des Forums durch den Kläger (zumindest bis zu einem gewissem Maß) legitim ist.[380] Zudem bestehen gerade dafür in den USA prozessuale Möglichkeiten des Beklagten, die dieser im entsprechenden Fall bereits im

371 Vgl. BGHZ 141, 286, 293.
372 BGHZ 141, 286, 293.
373 Vgl. BGHZ 141, 286, 293.
374 So auch *Schönau*, Anerkennung von Urteilen aus Mehrrechtsstaaten, S. 275.
375 Dazu *v. Hoffmann/Hau*, RIW 1998, 344, 349 f.
376 BGHZ 141, 286, 292; *Haas*, IPRax, 2001, 195, 196; *Haas/Stangl*, IPRax 1998, 452, 455; *Spellenberg*, in: Staudinger, BGB (2005), § 328 ZPO Rdn. 322; vgl. auch *Stürner/Bormann*, JZ 2000, 81, 83.
377 *Haas*, IPRax 2001, 195, 196.
378 *Coester-Waltjen*, in: FS Buxbaum, 101, 111; *Wazlawik*, IPRax 2002, 273, 275.
379 *Roth*, ZZP 112 (1999), 483, 484; *Haas/Stangl*, IPRax 1998, 452, 454 f.; *Sieg*, IPRax 1996, 77, 80; *Stürner/Bormann*, JZ 2000. 81, 83; *Roth*, in: Stein/Jonas, ZPO, Bd. 5, § 328 Rdn. 77.
380 Vgl. BGHZ 141, 286, 293 f.

Ursprungsprozess wahrnehmen müsste.[381] Das deutsche Gericht kann hierüber im Rahmen der Prüfung des § 328 Abs. 1 Nr. 1 ZPO nicht mehr entscheiden.

Zusammenfassend ist für die Zuständigkeit nach § 328 Abs. 1 Nr. 1 ZPO also maßgeblich, dass die Bundesgerichte grundsätzlich eine eigene, selbstständige Gerichtsgewalt ausüben, sodass es ausreicht, wenn nach dem Spiegelbildprinzip irgendein Gericht innerhalb der gesamten USA zuständig ist.

c. Gewährung rechtlichen Gehörs (§ 328 Abs. 1 Nr. 2 ZPO)

Anerkannt wird die Entscheidung des Weiteren nicht, wenn dem Beklagten das verfahrenseinleitende Dokument nicht ordnungsgemäß oder rechtzeitig zugestellt wurde und er sich auf das Verfahren nicht eingelassen hat, § 328 Abs. 1 Nr. 2 ZPO.

§ 328 Abs. 1 Nr. 2 ZPO schützt das Recht des Beklagten auf rechtliches Gehör (Art. 103 Abs. 1 GG) bei Verfahrenseinleitung.[382] Diese Voraussetzung ist daher nicht von Amts wegen, sondern – wie sich auch aus dem Wortlaut ergibt – nur auf Rüge zu prüfen; ein Verzicht auf das entsprechende Recht auf rechtliches Gehör ist damit möglich.[383] Sonstige Verletzungen des Anspruchs auf rechtliches Gehör fallen nicht unter § 328 Abs. 1 Nr. 2 ZPO, können aber einen Verstoß gegen den *ordre public* aus § 328 Abs. 1 Nr. 4 ZPO darstellen.[384]

(1) Verfahrenseinleitendes Dokument

Grundsätzlich entscheidet die *lex fori* des Urteilsstaates, welches Dokument zuzustellen ist.[385] Dies ist mit Blick auf die vergleichsweise strengen formalen

---

381 Im Fall einer Klage vor einem Staatengericht, für die ein Bundesgericht zuständig ist, hat der Beklagte beispielsweise die Möglichkeit eines *removal* nach den Voraussetzungen der 28 U.S.C. §§ 1441, 1446. Bzgl. der Regelungen des *removal* liegen die Gesetzgebungskompetenzen insbesondere auch beim Bundesgesetzgeber, dem Congress, vgl. zum Ganzen *Steinman/Kane/Spencer*, in: 14C Wright/Miller, Fed. Prac. & Proc., Juris., §§ 3721 ff.

382 *Gottwald*, in: MünchKomm, ZPO, Bd. 1, § 328 Rdn. 95; *Geimer*, in: Zöller, ZPO, § 328 Rdn. 156; *Roth*, in: Stein/Jonas, ZPO, Bd. 5, § 328 Rdn. 86.

383 *Gottwald*, in: MünchKomm, ZPO, Bd. 1, § 328 Rdn. 96; *Rosenberg/Schwab/Gottwald*, ZPR, § 158 Rdn. 44; *Spellenberg*, in: Staudinger, BGB (2005), § 328 ZPO Rdn. 370; *Roth*, in: Stein/Jonas, ZPO, Bd. 5, § 328 Rdn. 89.

384 *Roth*, in: Stein/Jonas, ZPO, Bd. 5, § 328 Rdn. 86; *Spellenberg*, in: Staudinger, BGB (2005), § 328 ZPO Rdn. 365; *Rosenberg/Schwab/Gottwald*, ZPR, § 158 Rdn. 45. Zum *ordre public* ausführlich unten, § 4 II. 1. e.

385 *Roth*, in: Stein/Jonas, ZPO, Bd. 5, § 328 Rdn. 92.

Anforderungen des deutschen § 253 ZPO nicht selbstverständlich.[386] Entscheidend für die inhaltlichen Anforderungen eines verfahrenseinleitenden Dokuments ist im Rahmen der Anerkennung jedoch der Schutzzweck des § 328 Abs. 1 Nr. 2 ZPO.[387]

Nach US-amerikanischem Recht ist es ausreichend, wenn der Beklagte dem verfahrenseinleitenden Dokument entnehmen kann, dass und wieso er verklagt wird.[388] Ein bestimmter Antrag wie nach § 253 Abs. 2 ZPO ist dort nicht erforderlich.[389] Vielmehr bestimmt FRCP 8 (a), dass die Klageschrift (*complaint*) eine einfache und kurze Erklärung über den Anspruch bzw. Klagegrund enthalten muss, sowie Angaben zur Zuständigkeit des Gerichts und die Aufforderung zur Abhilfe (sog. *demand for relief*). Aus diesen Angaben soll der Beklagte erkennen können, dass ein Prozess gegen ihn begonnen hat, ohne jedoch unnötige Formalitäten vorzuschreiben.[390] Inhaltliche Anforderungen an die Angabe eines genau bestimmten Streitgegenstandes im Klageantrag i.S.d. § 253 Abs. 2 ZPO, der nach deutschem Recht den Rahmen der gerichtlichen Entscheidungsbefugnis festlegt (vgl. § 308 ZPO),[391] gibt es in den USA in dem Umfang nicht. Allerdings hat der Supreme Court mit seiner Entscheidung *Bell Atlantic Corp. v. Twombley*[392]im Jahr 2007 die Anforderungen für eine Klageerhebung angehoben; diese unterliegt inzwischen einer Art Schlüssigkeitsprüfung.[393]

Dies steht der Anerkennung nicht entgegen. Für § 328 Abs. 1 Nr. 2 ZPO genügt es nach dessen Schutzzweck, wenn der Beklagte über die wesentlichen Elemente des Rechtsstreits in Kenntnis gesetzt worden ist, sodass er eine sachgerechte Entscheidung über die Verteidigung vor dem ausländischen Gericht treffen kann.[394]

---

386 *Gottwald*, in: MünchKomm, ZPO, Bd. 1, § 328 Rdn. 98.

387 *Spellenberg*, in: Staudinger, BGB (2005), § 328 ZPO Rdn. 390; *Gottwald*, in: MünchKomm, ZPO, Bd. 1, § 328 Rdn. 98.

388 Vgl. FRCP 8; *Parness/Smith*, in: 2 Moore's Federal Practice, Civil, § 8.04.

389 Vgl. BGHZ 141, 286, 295; *Gottwald*, in: MünchKomm, ZPO, Bd. 1, § 328 Rdn. 98; *Spellenberg*, in: Staudinger, BGB (2005), § 328 ZPO Rdn. 390.

390 Sog. *notice pleading*, *Bell Atlantic Corp. v. Twombley*, 550 U.S. 544, 555 f. (2007); *Swierkiewicz v. Sorema N.A.*, 534 U.S. 506, 512 (2002); *Conley v. Gibson*, 355 U.S. 41, 48 (1957).

391 Vgl. hierzu etwa *Geisler*, in: Prütting/Gehrlein, ZPO, § 253 Rdn. 28 ff.

392 *Bell Atlantic Corp. v. Twombley*, 550 U.S. 544 (2007).

393 Dazu *Parness/Smith*, in: 2 Moore's Federal Practice, Civil, § 8.04. Zudem muss die Klage die Hürde des *motion to dismiss* nehmen, vgl. hierzu *Tilp/Schiefer*, NZV 2017, 14, 18.

394 BGHZ 141, 286, 295; *Haas*, IPRax 2001, 195, 199; *Schütze*, in: Wieczorek/Schütze, ZPO, Bd. 5/1, § 328 Rdn. 42.

Ausreichend ist es dagegen allerdings wiederum nicht, wenn der Beklagte durch das verfahrenseinleitende Schriftstück allein von der Tatsache der Klageerhebung in Kenntnis gesetzt wird.[395] Da es nach US-amerikanischem Recht für die Ordnungsgemäßheit der Klageschrift erforderlich ist, dass der Beklagte darüber in Kenntnis gesetzt werden soll, auf welchem Sachverhalt die Klage im Wesentlichen beruht,[396] ist diese als verfahrenseinleitendes Schriftstück i.S.d. § 328 Abs. 1 Nr. 2 ZPO grundsätzlich als ausreichend anzusehen.[397]

(2) Zustellung

Das verfahrenseinleitende Schriftstück muss dem Beklagten nach § 328 Abs. 1 Nr. 2 ZPO aber auch ordnungsgemäß und rechtzeitig zugestellt worden sein. Die Ordnungsgemäßheit der Zustellung richtet sich grundsätzlich nach dem Recht des Urteilsstaates, die Rechtzeitigkeit dagegen nach dem Recht des Anerkennungsstaates.[398]

Für die Ordnungsgemäßheit der Zustellung in den USA ist auf die dortigen Zustellungsnormen einschließlich der geltenden völkerrechtlichen Abkommen, insbesondere das Haager Zustellungsübereinkommen (HZÜ) von 1965, abzustellen.[399] Für das Verhältnis USA – Deutschland ist entscheidend, in welchem Staat an den Beklagten zugestellt wird.[400] Ob allerdings überhaupt im Ausland zugestellt werden muss, richtet sich ebenfalls nach der *lex fori* des Urteilsstaates, mithin nach US-amerikanischem Recht.[401] Im Einzelnen richtet sich Zustellung an einen Beklagten in den USA nach US-amerikanischem Recht, die Zustellung in Deutschland nach den Anforderungen des Haager Zustellungsübereinkommens, vgl. FRCP 4 (e), (f).

Bei einer förmlichen Zustellung in Deutschland wird wegen der Anwendbarkeit des HZÜ nach Art. 5 HZÜ die Zustellung des Schriftstücks von der

395 *Spellenberg*, in: Staudinger, BGB (2005), § 328 ZPO Rdn. 390.

396 Vgl. *Miller/Kane/Spencer*, in: 5 Wright/Miller, Fed. Prac. & Proc., Civ., § 1215. Dem Klägervortrag müssen seit *Bell Atlantic Corp. v. Twombley*, 550 U.S. 544 (2007) auch genügend Fakten zugrunde liegen, dass die Klage nicht offensichtlich "implausibel" ist, vgl. dazu ausführlich *Parness/Smith*, in: 2 Moore's Federal Practice, Civil, § 8.04.

397 Vgl. auch *Schütze*, in: Wieczorek/Schütze, ZPO, Bd. 5/1, § 328 Rdn. 42.

398 *Gottwald*, ZZP 103 (1990), 257, 278; *Roth*, in: Stein/Jonas, ZPO, Bd. 5, § 328 Rdn. 92, 93; *Stadler*, in: Musielak/Voit, ZPO, § 328 Rdn. 15, 18; vgl. auch *Schütze*, in: Wieczorek/Schütze, ZPO, Bd. 5/1, § 328 Rdn. 43.

399 *Roth*, in: Stein/Jonas, ZPO, Bd. 5, § 328 Rdn. 92; *Haas*, IPRax 2001, 195, 199.

400 Vgl. *Roth*, in: Stein/Jonas, ZPO, Bd. 5, § 328 Rdn. 92.

401 *Herrmann*, Anerkennung US-amerikanischer Urteile, S. 165.

Zentralen Behörde des ersuchten Staates (Art. 2 HZÜ) bewirkt oder veranlasst. Dies ist in NRW beispielsweise der oder die Präsident/in des Oberlandesgerichts Düsseldorf.[402] Ein solcher Zustellungsantrag kann jedoch gemäß Art. 13 Abs. 1 HZÜ abgelehnt werden, wenn der ersuchte Staat dessen Erledigung für geeignet hält, seine Hoheitsrechte oder seine Sicherheit zu gefährden. Die Grenze ist nach der Rechtsprechung des BVerfG dort erreicht, wo das mit der Klage verfolgte Ziel „offensichtlich gegen unverzichtbare Grundsätze eines freiheitlichen Rechtsstaats verstieße."[403] Allerdings reicht etwa die bloße Möglichkeit der Verhängung von *punitive damages* hierzu grundsätzlich nicht aus.[404] Anders kann dies zu beurteilen sein, wenn entsprechende Schadensersatzforderungen von vornherein als rechtsmissbräuchlich erscheinen.[405]

Das HZÜ erfordert nach Art. 5 Abs. 2, 3 HZÜ zudem die Beifügung einer Übersetzung. Bei Annahmebereitschaft des Empfängers ist eine solche dagegen entbehrlich. Fehlt die nach Art. 5 HZÜ erforderliche Übersetzung in die Amtssprache, handelt es sich nicht um eine ordnungsgemäße Zustellung.[406]

Eine persönliche Zustellung ist nach § 328 Abs. 1 Nr. 2 ZPO grundsätzlich nicht erforderlich. Ausreichend sind auch Ersatzzustellungen oder sogar öffentliche Zustellungen, wenn das Prozessrecht des Erstgerichts derartige Zustellungsarten kennt.[407]

Die ordnungsgemäße Zustellung muss auch rechtzeitig erfolgt sein, § 328 Abs. 1 Nr. 2 ZPO. Das ist der Fall, wenn der Beklagte ab dem Zeitpunkt der ordnungsgemäßen Zustellung ausreichend Zeit zur Verteidigung in dem (dem Beklagten regelmäßig fremden) Urteilsstaat hat.[408] Maßgeblich sind die Umstände des konkreten Einzelfalles, beispielsweise rechtliche und tatsächliche

---

402 Vgl. *Rauscher*, in: MünchKomm, ZPO, Bd. 3, Schlussanhang C. III. Rdn. 11.

403 BVerfGE 91, 335, 343; 108, 238, 247; BVerfG, NJW 2007, 3709, 3710. In diesen Fällen ging es um die Zustellung von US-amerikanischen Klagen in Deutschland. Zweifel an der Zulässigkeit bestanden nach Art. 13 HZÜ, da es jeweils um die Zustellung von scheinbar rechtsmissbräuchlichen *class actions* oder um Klagen ging, mit denen *punitive damages* geltend gemacht wurden.

404 BVerfGE 91, 335; BVerfG, NJW 2007, 3709, 3710.

405 Vgl. BVerfGE 91, 335, 343 f.; BVerfG, NJW 2007, 3709, 3710.

406 Dazu *Stadler*, in: Musielak/Voit, ZPO, § 328 Rdn. 17.

407 *Roth*, in: Stein/Jonas, ZPO, Bd. 5, § 328 Rdn. 92.

408 *Gottwald*, in: MünchKomm, ZPO, Bd. 1, § 328 Rdn. 103; *Rosenberg/Schwab/Gottwald*, ZPR, § 158 Rdn. 45; *Roth*, in: Stein/Jonas, ZPO, Bd. 5, § 328 Rdn. 93; *Stadler*, in: Musielak/Voit, ZPO, § 328 Rdn. 18.

Schwierigkeiten des Rechtsstreits, Verfahrensart, Entfernungen zum Gerichtsort oder Sprachschwierigkeiten.[409]

(3) Einlassung des Beklagten

War die Zustellung des verfahrenseinleitenden Dokuments zwar weder ordnungsgemäß noch rechtzeitig im dargestellten Sinne, steht dies der Anerkennung dennoch nicht entgegen, wenn der Beklagte sich trotzdem auf das erststaatliche Verfahren eingelassen hat, vgl. § 328 Abs. 1 Nr. 2 ZPO. Unter Einlassung im Sinne des § 328 Abs. 1 Nr. 2 ZPO ist jede wirksame Prozesshandlung zu verstehen, mit der der Beklagte zu erkennen gibt, dass er sich am Verfahren beteiligen will.[410] Erforderlich ist allerdings, dass diese Handlung im Verfahren auch berücksichtigt wurde.[411]

Zusammenfassend schützt das Erfordernis des § 328 Abs. 1 Nr. 2 ZPO die Interessen des Beklagten, insbesondere den Anspruch auf rechtliches Gehör aus Art. 103 Abs. 1 GG. Unter Berücksichtigung dieses Schutzzwecks sind die einzelnen Anforderungen auszulegen und zu erwägen. Dabei ist es erforderlich, dass alle Anforderungen kumulativ vorliegen. Letztendlich liegt es aber bei dem Beklagten, ob er darauf verzichten möchte, eine Verletzung dieser Voraussetzungen geltend zu machen.

d. Unvereinbarkeit der Entscheidung (§ 328 Abs. 1 Nr. 3 ZPO)

§ 328 Abs. 1 Nr. 3 ZPO dient im Wesentlichen dem internationalen Entscheidungsgleichklang sowie der Vermeidung von Mehrfachprozessen und löst Konflikte, die sich aus Urteilskollisionen ergeben.[412]

Nach § 328 Abs. 1 Nr. 3 ZPO ist die Anerkennung einer Entscheidung in drei Fällen ausgeschlossen: Wenn eine deutsche rechtskräftige Entscheidung entgegensteht (Var. 1), bei Kollision mit einem früheren ausländischen, rechtskräftigen Urteil (Var. 2) oder wenn das anzuerkennende Urteil mit einem in Deutschland früher rechtshängigen Verfahren unvereinbar ist (Var. 3).

Die erste Variante wahrt dabei den generellen Vorrang des deutschen Urteils (Prinzip der Nationalität).[413] Variante zwei gilt dagegen für sonstige ausländische,

---

409 *Haas*, IPRax 2001, 195, 199; *Roth*, in: Stein/Jonas, ZPO, Bd. 5, § 328 Rdn. 93; *Spellenberg*, in: Staudinger, BGB (2005), § 328 ZPO Rdn. 393.

410 *Roth*, in: Stein/Jonas, ZPO, Bd. 5, § 328 Rdn. 90; *Schütze*, in: Wieczorek/Schütze, ZPO, Bd. 5/1, § 328 Rdn. 45 ff.

411 *Roth*, in: Stein/Jonas, ZPO, Bd. 5, § 328 Rdn. 90.

412 Vgl. *Roth*, in: Stein/Jonas, ZPO, Bd. 5, § 328 Rdn. 94.

413 *Roth*, in: Stein/Jonas, ZPO, Bd. 5, § 328 Rdn. 95.

rechtskräftige Urteile. Eine Kollision wird mithilfe des Prioritätsprinzips gelöst. Entscheidend ist dabei der Eintritt der Rechtskraft, nicht der der Rechtshängigkeit.[414]

Unvereinbarkeit liegt für alle Varianten vor, wenn der Streitgegenstand derselbe ist.[415] Streitig ist demgegenüber, ob Unvereinbarkeit auch bei einem Widerspruch präjudizieller Feststellungen von § 328 Abs. 1 Nr. 3 ZPO gegeben ist.[416] Da die Frage der Kollision rechtskräftiger Entscheidungen früher mithilfe des *ordre public*-Erfordernisses gelöst wurde, soll § 328 Abs. 1 Nr. 3 ZPO selbstständig und anerkennungsfreundlich ausgelegt werden, was dafür spricht, präjudizielle Feststellungen nicht hierunter zu fassen.[417] Dagegen spricht jedoch, dass die Regelung nunmehr gerade als eigenständiger Versagungsgrund den entsprechenden europarechtlichen Vorschriften[418] nachgebildet ist, sodass eine entsprechende, parallele Auslegung geboten ist. Entscheidend ist damit die Kernpunkttheorie des EuGH.[419]

e. Ordre public-*Vorbehalt (§ 328 Abs. 1 Nr. 4 ZPO)*

Durch den Auffangtatbestand der *ordre public*-Klausel des § 328 Abs. 1 Nr. 4 ZPO bleiben ausländische Urteile hinsichtlich Verstößen gegen grundlegende inländische Rechtsvorstellungen überprüfbar.[420] Inhaltliche Fehler im Verfahren betreffend die Richtigkeit von Tat- oder Rechtsfragen fallen nicht hierunter.[421] Diesbezüglich gilt das grundsätzliche Verbot einer Inhaltsüberprüfung, der *révision au fond*.[422] Fehlerhafte ausländische Urteile sind vor allem aufgrund der

---

414 *Roth*, in: Stein/Jonas, ZPO, Bd. 5, § 328 Rdn. 97.

415 *Gottwald*, in: MünchKomm, ZPO, Bd. 1, § 328 Rdn. 115; *Roth*, in: Stein/Jonas, ZPO, Bd. 5, § 328 Rdn. 96; *Stadler*, in: Musielak/Voit, ZPO, § 328 Rdn. 20.

416 Dafür: OLG Hamm, FamRZ 2001, 1015; *Gottwald*, in: MünchKomm, ZPO, Bd. 1, § 328 Rdn. 115; *Stadler*, in: Musielak/Voit, ZPO, § 328 Rdn. 20; a.A. *Roth*, in: Stein/Jonas, ZPO, Bd. 5, § 328 Rdn. 96.

417 Vgl. *Roth*, in: Stein/Jonas, ZPO, Bd. 5, § 328 Rdn. 96.

418 Art. 27 Nr. 3, 5 EuGVÜ bzw. Art. 34 Nr. 3, 4 Brüssel I-VO und Art. 45 Abs. 1 c), d), e) Brüssel Ia-VO.

419 OLG Hamm, FamRZ 2001, 1015; *Gottwald*, in: MünchKomm, ZPO, Bd. 1, § 328 Rdn. 115. Zur Kernpunkttheorie vgl. etwa *Rosenberg/Schwab/Gottwald*, ZPR, § 93 Rdn. 21 ff.

420 Vgl. *Herrmann*, Anerkennung US-amerikanischer Urteile, S. 98; *Schütze*, in: Wieczorek/Schütze, ZPO, Bd. 5/1, § 328 Rdn. 56.

421 *Gottwald*, in: MünchKomm, ZPO, Bd. 1, § 328 Rdn. 116.

422 *Gottwald*, in: MünchKomm, ZPO, Bd. 1, § 328 Rdn. 116; *ders.*, ZZP 103 (1990), 257, 282; *Roth*, in: Stein/Jonas, ZPO, Bd. 5, § 328 Rdn. 100; *Stadler*, in: Musielak/Voit, ZPO, § 328 Rdn. 23.

Annahme der Gleichwertigkeit der Rechtspflege in gleicher Weise hinzunehmen wie fehlerhafte inländische.[423] Nur in besonderen Ausnahmefällen, wenn höherwertige Interessen dies gebieten, ist eine Durchbrechung zulässig.[424] Der Richter des Anerkennungsstaates darf gerade nicht zum Rechtsmittelrichter über den Erstrichter des Urteilsstaates (gemacht) werden.[425]

Nach dem Wortlaut des § 328 Abs. 1 Nr. 4 ZPO ist die Anerkennung ausgeschlossen, wenn sie „zu einem Ergebnis führt, das mit wesentlichen Grundsätzen des deutschen Rechts, insbesondere mit den Grundrechten, offensichtlich unvereinbar ist". Ein einfacher Verstoß gegen zwingendes Recht reicht für die Versagung der Anerkennung allein jedoch noch nicht.[426] Erforderlich ist vielmehr, dass der Inhalt des ausländischen Urteils zu den Grundgedanken der deutschen Regelungen und der in ihnen enthaltenen Gerechtigkeitsvorstellungen in so starkem Widerspruch steht, dass eine Anerkennung nach inländischer Vorstellung untragbar erscheint.[427]

Der *ordre public*-Vorbehalt ist in diesem Sinne grundsätzlich restriktiv auszulegen und folgt dem Zeitgeist.[428] Was nach inländischen Vorstellungen untragbar erscheint, unterliegt dem ständigen Wandel der gesellschaftlichen und rechtspolitischen Vorstellungen.[429] Es handelt sich um einen unbestimmten Rechtsbegriff, der keiner endgültigen Definition unterliegen kann und auch nicht darf.[430] Entscheidender Zeitpunkt für die Bestimmung eines *ordre public*-Verstoßes ist deshalb der Zeitpunkt der Ermittlung der Anerkennungsfähigkeit.[431]

---

423 *Geimer*, IZPR, Rdn. 2910; *Stadler*, in: Musielak/Voit, ZPO, § 328 Rdn. 23.

424 Vgl. *Martiny*, Handbuch IZVR, Bd. III/1, Kap. I Rdn. 321; *Linke/Hau*, IZVR, Rdn. 13.30; *Stadler*, in: Musielak/Voit, ZPO, § 328 Rdn. 23.

425 *Herrmann*, Anerkennung US-amerikanischer Urteile, S. 39.

426 *Stadler*, in: Musielak/Voit, ZPO, § 328 Rdn. 23.

427 BGHZ 50, 370, 375 f.; *Stadler*, in: Musielak/Voit, ZPO, § 328 Rdn. 23; vgl. auch *Gottwald*, in: MünchKomm, ZPO, Bd. 1, § 328 Rdn. 117; *Schütze*, in: Wieczorek/Schütze, ZPO, Bd. 5/1, § 328 Rdn. 57.

428 *Schütze*, in: Wieczorek/Schütze, ZPO, Bd. 5/1, § 328 Rdn. 56.

429 Vgl. *Herrmann*, Anerkennung US-amerikanischer Urteile, S. 61 f.; *Schütze*, in: Wieczorek/Schütze, ZPO, Bd. 5/1, § 328 Rdn. 56; *Spellenberg*, in: Staudinger, BGB (2005), § 328 ZPO Rdn. 482.

430 *Herrmann*, Anerkennung US-amerikanischer Urteils, S. 65, 277 f.

431 RGZ 114, 171, 172; BGH, NJW 1980, 529, 531; *Herrmann*, Anerkennung US-amerikanischer Urteile, S. 61 f.; *Stadler*, in: Musielak/Voit, ZPO, § 328 Rdn. 24; *Völker*, Dogmatik des ordre public, S. 246 f.

Für die nähere Bestimmung dieses unbestimmten Rechtsbegriffs kann unter anderem dessen Schutzgut herangezogen werden:[432] Ausgegangen wird regelmäßig von einer doppelten Schutzrichtung, zum einen staatlicher „Machtinteressen" und zum anderen der materiellen Gerechtigkeit für die Parteien.[433] Die Wirkungen der ausländischen Entscheidung gelten mit ihrer Anerkennung auch für das Inland und können damit in Widerspruch zur inländischen öffentlichen Ordnung treten.[434] Durch die Vorbehaltsklausel kann der Anerkennungsstaat sich hiervor schützen. Das staatliche Interesse an Störungsabwehr, und auch an einem inneren Entscheidungseinklang, tritt hierin zutage.[435] Die Anerkennung dient im Allgemeinen aber grundsätzlich auch den Interessen der Parteien, sodass sich die staatlichen Interessen in diesem Zusammenhang zwar als legitim erweisen, aber zurückhaltend zu bewerten sind.[436]

Gegenstand der *ordre public*-Prüfung ist die Frage, ob das Ergebnis einer Anerkennung mit wesentlichen Grundsätzen des deutschen Rechts offensichtlich unvereinbar ist.[437] Dagegen darf gerade nicht geprüft werden, ob ein oder mehrere ausländische Rechtsinstitute abstrakt gegen deutsche Wertungen verstoßen.[438] Es muss vielmehr auf das dahinterstehende Gesamtsystem und die damit verfolgten Ziele und geschützten Wertungen abgestellt werden.[439] Erforderlich ist eine funktional-vergleichende Betrachtung.[440]

Geprüft wird im Einzelnen, ob generell eine Abweichung vom deutschen Recht vorliegt, wie stark diese ist und in welchem Umfang diesbezügliche Inlandsbeziehungen vorliegen.[441] Diese Kriterien stehen in einer

---

432 Vgl. *Herrmann*, Anerkennung US-amerikanischer Urteile, S. 98 f.; *Roth*, in: Stein/Jonas, ZPO, Bd. 5, § 328 Rdn. 100; *Schütze*, in: Wieczorek/Schütze, ZPO, Bd. 5/1, § 328 Rdn. 62.

433 Vgl. *Schütze*, in: Wieczorek/Schütze, ZPO, Bd. 5/1, § 328 Rdn. 62; *Völker*, Dogmatik des ordre public, S. 61 f.; dagegen schwerpunktmäßig Staatsinteressen: *Martiny*, Handbuch IZVR, Bd. III/1, Kap. I Rdn. 976; *Spellenberg*, in: Staudinger, BGB (2005), § 328 ZPO Rdn. 444 und im Schwerpunkt Gerechtigkeitsfunktion: *Roth*, in: Stein/Jonas, ZPO, Bd. 5, § 328 Rdn. 100.

434 *Martiny*, Handbuch IZVR, Bd. III/1, Kap. I Rdn. 128.

435 *Martiny*, Handbuch IZVR, Bd. III/1, Kap. I Rdn. 128.

436 Vgl. *Martiny*, Handbuch IZVR, Bd. III/1, Kap. I Rdn. 128.

437 BGHZ 118, 312, 330; *Roth*, in: Stein/Jonas, ZPO, Bd. 5, § 328 Rdn. 101; *Stadler*, in: Musielak/Voit, ZPO, § 328 Rdn. 23 f.

438 *Roth*, in: Stein/Jonas, ZPO, Bd. 5, § 328 Rdn. 101.

439 *Völker*, Dogmatik des ordre public, S. 207.

440 *Völker*, Dogmatik des ordre public, S. 207.

441 BGHZ 118, 312, 348 f.; *Bungert*, ZIP 1993, 815; *Gottwald*, in: MünchKomm, ZPO, Bd. 1, § 328 Rdn. 117; *Roth*, in: Stein/Jonas, ZPO, Bd. 5, § 328 Rdn. 101; *Schack*, ZZP

Wechselbeziehung.[442] Ein stärkerer Inlandsbezug lässt bereits eine geringere Abweichung für einen Verstoß ausreichen. Eine größere Abweichung gleicht dagegen prinzipiell einen nur minimalen Inlandsbezug aus. Die durch den *ordre public* geschützten Grundwerte und tragenden Gerechtigkeitsvorstellungen der deutschen Rechtsordnung sind umso weniger durch Abweichungen „gefährdet", je weniger Inlandsbeziehungen der Sachverhalt aufweist, sodass ein *ordre public*-Verstoß grundsätzlich nicht infrage kommt, wenn der Sachverhalt keinerlei Bezug zum Anerkennungsstaat aufweist.[443]

Die Überprüfung des *ordre public* wird schließlich durch die grundlegenden Ziele der Anerkennung im internationalen Zivilprozessrecht überlagert und begrenzt.[444] Bei der Messung einer ausländischen Regelung an inländischen Rechtsvorstellungen ist zu berücksichtigen, dass mit der Anerkennung letztendlich der internationale Entscheidungseinklang gesichert werden soll.[445] Deshalb steht eben auch das Ergebnis der Anerkennung zur Überprüfung, nicht die Entscheidung selbst.

Unterschieden wird in der Prüfung regelmäßig nach der Art des Verstoßes zwischen verfahrensrechtlichem und materiellem *ordre public*.[446]

(1) Verfahrensrechtlicher ordre public

Bei Verfahrensverstößen ist von einem die Anerkennung ausschließenden Verstoß gegen den *ordre public* nur auszugehen, wenn die Entscheidung auf einem Verfahren beruht, „das von den Grundprinzipien des deutschen Verfahrensrechts in einem solchen Maße abweicht, dass nach der deutschen Rechtsordnung das Urteil nicht als in einem geordneten, rechtsstaatlichen Verfahren ergangen angesehen werden kann."[447]

---

106 (1993), 104, 111; *Spellenberg*, in: Staudinger, BGB (2005), § 328 ZPO Rdn. 476 ff.; *Stadler*, in: Musielak/Voit, ZPO, § 328 Rdn. 29; *Völker*, Dogmatik des ordre public, S. 115 ff.

442 Vgl. *Schack*, IZVR, Rdn. 958; *Völker*, Dogmatik des ordre public, S. 235 f.

443 *Schack*, IZVR, Rdn. 958.

444 Vgl. zu den Zielen oben, § 3 I. 2.

445 *Martiny*, Handbuch IZVR, Bd. III/1, Kap. I Rdn. 195; *Völker*, Dogmatik des ordre public, S. 65 f.

446 Vgl. *Roth*, in: Stein/Jonas, ZPO, Bd. 5, § 328 Rdn. 100 ff.; *Schütze*, in: Wieczorek/Schütze, ZPO, Bd. 5/1, § 328 Rdn. 59.

447 BGHZ 48, 327, 331; 53, 357, 359 f.; 73, 378, 386; 118, 312, 320 f.

Insbesondere Verstöße gegen den Anspruch auf rechtliches Gehör aus Art. 103 Abs. 1 GG können hierunter fallen.[448] Allerdings wird dadurch gerade nicht eine bestimmte verfahrensrechtliche Ausgestaltung geschützt.[449] Vielmehr ist auf die Grundsätze abzustellen, die Art. 103 Abs. 1 GG wahren soll.[450] Dazu gehören das Prinzip der Rechtsstaatlichkeit sowie das Gebot der Achtung der Menschenwürde.[451] Der Betroffene muss zu deren Wahrung Gelegenheit zur Äußerung und die Möglichkeit der aktiven Einflussnahme auf den Verfahrensablauf erhalten haben.[452]

Im US-amerikanischen Zivilprozess existieren einige Besonderheiten, die vom deutschen Prozessrechtsverständnis nicht unerheblich abweichen. In diesem Zusammenhang wird dementsprechend regelmäßig von einem „Justizkonflikt" gesprochen.[453]

Problematisch im Hinblick auf den verfahrensrechtlichen *ordre public* sind im Allgemeinen beispielsweise die Möglichkeit einer anonymisierten Klage,[454] das System der *pretrial discovery*,[455] das Verfahren vor einer Jury,[456] die Vereinbarung von Erfolgshonoraren,[457] die Kostenregelung der *American Rule of Cost*[458] sowie

448 BGHZ 141, 286, 297; *Gottwald*, in: MünchKomm, ZPO, Bd. 1, § 328 Rdn. 126; *Linke/Hau*, IZVR, Rdn. 13.39; *Roth*, in: Stein/Jonas, ZPO, Bd. 5, § 328 Rdn. 114; *Stadler*, in: Musielak/Voit, ZPO, § 328 Rdn. 25a.

449 BGH, NJW 1980, 529, 531; BGHZ 141, 286, 297.

450 BGHZ 48, 327, 333; 118, 312, 321.

451 BGHZ 48, 327, 333; 118, 312, 321.

452 Vgl. BGHZ 118, 312, 321.

453 Vgl. etwa *Brand*, NJW 2012, 1116; *Habscheid* (Hrsg.), Der Justizkonflikt; *Herrmann*, Anerkennung US-amerikanischer Urteile, S. 25; *Prütting*, in: FS Jayme, Bd. I, 709 ff.; *Krätzschmar*, in: FS Hay, 241 ff.; *Schlosser*, Der Justizkonflikt zwischen den USA und Europa.

454 Dies stellt nach *Herrmann*, Anerkennung US-amerikanischer Urteile, S. 166 f. grundsätzlich keinen Verstoß gegen den *ordre public* dar, wenn die Partei durch Auslegung ermittelt werden kann. Im Fall BGHZ 118, 312 musste diese Frage in anerkennungsrechtlicher Hinsicht nicht entschieden werden, obwohl der Kläger in Kalifornien noch unter dem Pseudonym „John Doe" geklagt hatte, vgl. BGHZ 118, 312, 313.

455 Nach BGHZ 118, 312, 323 f. m.w.N. begründet die Durchführung eines solchen Beweis- und Beweisermittlungsverfahrens zwischen Klageerhebung und mündlicher Verhandlung für sich noch keinen Verstoß gegen den *ordre public*.

456 Zur *ordre public*-Vereinbarkeit eines durch ein mit Laien besetzten französischen Handelsgerichts ergangenen Urteils OLG Saarbrücken, NJW 1988, 3100.

457 BGHZ 118, 312, 332 f.: Eine Vereinbarung eines Erfolgshonorars i.H.v. 40 % begründet keinen Verstoß gegen den *ordre public*. Vgl. auch OLG Koblenz, NJOZ 2004, 3369, 3376.

458 BGHZ 118, 312, 325 f.: grundsätzlich kein *ordre public*-Verstoß.

das Ergehen eines Urteils ohne Urteilsgründe.[459] Diese verfahrensrechtlichen Besonderheiten sind jedoch nicht abstrakt anhand deutscher Gerechtigkeitsvorstellungen zu überprüfen.[460] Gegenstand der Prüfung ist vielmehr, wie bereits dargestellt, ob die Anerkennung im Ergebnis im konkreten Einzelfall mit dem inländischen Rechtsverständnis unvereinbar ist. Dabei muss auf das Gesamtsystem, in das die jeweilige verfahrensrechtliche Besonderheit eingebettet ist, abgestellt werden.[461] Eine ausführliche Erläuterung aller Einzelprobleme des US-amerikanischen Verfahrensrechts würde jedoch – soweit sie nicht mit den Wirkungen gegenüber Dritten unmittelbar zusammenhängen – den Rahmen dieser Arbeit überdehnen und muss daher an dieser Stelle unterbleiben.[462]

Zu beachten ist schließlich in diesem Zusammenhang, dass ein *ordre public*-Verstoß nicht allein durch eine „Gesamtschau" begründet werden kann.[463] Mehrere kritische, aber nicht *ordre public*-widrige Punkte des fremden Urteils können nicht zu einem allgemeinen *ordre public*-Verstoß kumuliert werden.[464] Dies liefe auf eine pauschale Diskreditierung des vom deutschen System abweichenden Prozessrechtssystems hinaus.[465] Eine Vermutung der *ordre public*-Widrigkeit für US-amerikanische Urteile besteht dementsprechend nicht.[466]

Ferner sind freilich auch die Instrumente der Drittbeteiligung sowie Drittwirkungen des Urteils im konkreten Fall anhand des verfahrensrechtlichen *ordre public* zu überprüfen, dazu jedoch an späterer Stelle.[467] In diesem Zusammenhang können auch einzelne bereits benannte Besonderheiten des US-amerikanischen Zivilprozessrechts eine Rolle spielen.

---

459 Zur *ordre public*-Vereinbarkeit mangelnder Urteilsgründe bei einem polnischen Urteil BGHZ 182, 188 Rdn. 38; ohne Beanstandung BGHZ 118, 312; vgl. *Roth*, in: Stein/Jonas, ZPO, Bd. 5, § 328 Rdn. 113.

460 Vgl. *Roth*, in: Stein/Jonas, ZPO, Bd. 5, § 328 Rdn. 101.

461 *Völker*, Dogmatik des ordre public, S. 207.

462 Eine ausführlichere Darstellung der genannten Problempunkte findet sich allerdings unter anderem bei *Herrmann*, Anerkennung US-amerikanischer Urteile, S. 166 ff. sowie *Roth*, in: Stein/Jonas, ZPO, Bd. 5, § 328 Rdn. 111 ff.

463 *Roth*, in: Stein/Jonas, ZPO, Bd. 5, § 328 Rdn. 100.

464 *Bungert*, ZIP 1992, 1707, 1711; *Herrmann*, Anerkennung US-amerikanischer Urteile, S. 282; *Roth*, in: Stein/Jonas, ZPO, Bd. 5, § 328 Rdn. 100.

465 *Roth*, in: Stein/Jonas, ZPO, Bd. 5, § 328 Rdn. 100; a.A. *Schütze*, in: FS Geimer, 1025, 1040.

466 Vgl. *Roth*, in: Stein/Jonas, ZPO, Bd. 5, § 328 Rdn. 105; a.A. *Schütze*, in: FS Geimer, 1025, 1041.

467 Vgl. unten, § 5.

(2) Materieller ordre public

Ein Verstoß gegen den materiellen *ordre public* liegt vor, wenn das Urteil im materiellrechtlichen Ergebnis bzw. in den angewendeten materiellen Rechtssätzen den tragenden Grundsätzen der deutschen Rechtsordnung zuwiderläuft.[468]

Obwohl eine Vergleichbarkeit zum kollisionsrechtlichen[469] *ordre public* aus Art. 6 EGBGB grundsätzlich gegeben ist, ist der anerkennungsrechtliche *ordre public* nach § 328 Abs. 1 Nr. 4 ZPO nach der herrschenden Meinung großzügiger auszulegen.[470] Dass bereits eine rechtskräftige ausländische Entscheidung vorliegt und es nicht darum geht, eine Rechtsnorm eines anderen Staates anzuwenden, rechtfertigt eine abgeschwächte Wirkung des *ordre public* (sog. „effet atténué de l'ordre public").[471]

Mit Blick auf das US-amerikanische Recht sind im Rahmen der Prüfung des materiellen *ordre public* insbesondere solche Urteile problematisch, die zu aus deutscher Sicht exzessiven Schadensersatzsummen, d.h. *punitive* oder *treble damages*, verurteilen.[472] Auch diesbezüglich gilt jedoch für diese Arbeit, dass eine ausführliche Darstellung dieser Einzelprobleme unterbleiben muss, soweit sie nicht im Einzelnen mit dem System der Drittwirkungen nach US-amerikanischem Verständnis zusammenhängen.

(3) Zusammenhang mit der unbeschränkten Wirkungserstreckung

Nach der hier vertretenen Theorie der Wirkungserstreckung gibt das ausländische Recht vor, welche Wirkungen der Entscheidung zukommen. Diese werden durch die Anerkennung ins Inland erstreckt, d.h. in Deutschland beachtlich. Liegen die dargestellten Voraussetzungen des § 328 Abs. 1 ZPO vor, ist das Urteil

---

468 *Martiny*, Handbuch IZVR, Bd. III/1, Kap. I Rdn. 1016; *Stadler*, in: Musielak/Voit, ZPO, § 328 Rdn. 25.

469 Zu der fast unüberblickbaren und teilweise höchst irreführenden „Begriffshypertrophie" vgl. *Völker*, Dogmatik des ordre public, S. 252 ff.

470 BGHZ 138, 331, 334; *Bungert*, ZIP 1992, 1707, 1711; *Geimer*, IZPR, Rdn. 2912; *ders.*, in: Zöller, ZPO, § 328 Rdn. 210 f.; *Linke/Hau*, IZVR, Rdn. 13.31; *Roth*, in: Stein/Jonas, ZPO, Bd. 5, § 328 Rdn. 102.

471 *Bruns*, JZ 1999, 278, 279; *Geimer*, IZPR, Rdn. 2912; *Linke/Hau*, IZVR, Rdn. 13.31; *Roth*, in: Stein/Jonas, ZPO, Bd. 5, § 328 Rdn. 102. Insgesamt allerdings str., vgl. hierzu ausführlich *Völker*, Dogmatik des ordre public, S. 51 ff.

472 BGHZ 118, 312, 338: Die Verpflichtung zur Zahlung von *punitive damages* verstößt gegen *ordre public*. Vgl. zur Problematik auch oben sowie *Schütze*, Deutsch-amerikanische Urteilsanerkennung, S. 170 f.; *dens.*, in: FS Nagel, 392; *Stiefel/Stürner*, VersR 1987, 829, 837 ff.

anzuerkennen. Das bedeutet, dass die einzelnen Wirkungen des ausländischen Urteils im Inland beachtlich sind.[473]

Dies gilt „unbeschränkt", also ohne Einschränkungen hinsichtlich solcher Urteilswirkungen, die über diejenigen hinausgehen, die ein entsprechendes deutsches Urteil hätte, solange diese nicht mit inländischen Gerechtigkeitsvorstellungen gänzlich unvereinbar sind.[474] Davon kann aber nur ausgegangen werden, wenn die entsprechenden Urteilswirkungen gegen den inländischen *ordre public* verstoßen.[475] Eine Einschränkung auf „Rechtsfolgenseite" der Anerkennung, wie beispielsweise bei der Kumulationstheorie, muss daher nicht erfolgen. Als letzte Grenze reicht insofern die Überprüfung anhand inländischer Gerechtigkeitsvorstellungen, d.h. anhand des *ordre public* i.S.d. § 328 Abs. 1 Nr. 4 ZPO, aus.[476] Die Anerkennung ist dementsprechend hinsichtlich der Wirkungen des Urteils teilbar.[477] Es ist somit in dieser Arbeit zu überprüfen, ob die einzelnen Wirkungen einer US-amerikanischen Entscheidung gegen den deutschen *ordre public* verstoßen.

Dabei ist zu beachten, dass die Prüfung eines *ordre public*-Verstoßes letztendlich immer konkret und bezogen auf den jeweiligen Einzelfall erfolgen muss, sodass diese Arbeit nur eine erste „Prognose" der grundsätzlichen Anerkennungsfähigkeit darstellen kann, die im jeweiligen Einzelfall auch anders ausfallen könnte.

f. Gegenseitigkeit (§ 328 Abs. 1 Nr. 5 ZPO)

Als eher „politisches" Erfordernis wird die Voraussetzung der Verbürgung der Gegenseitigkeit gemäß § 328 Abs. 1 Nr. 5 ZPO angesehen.[478] Das Erfordernis der Gegenseitigkeit soll erreichen, dass ausländische Staaten, die an einem geordneten Zivilrechtsverkehr mit der Bundesrepublik Deutschland interessiert

---

473 S.o., § 3; *Stadler*, in: Musielak/Voit, ZPO, § 328 Rdn. 2.

474 Dazu oben, § 3 I. 3. c.

475 *Mansel*, in: Herausforderungen des Internationalen Zivilverfahrensrecht, 63, 72; *Gottwald*, in: MünchKomm, ZPO, Bd. 1, § 328 Rdn. 5; *Spellenberg*, in: Staudinger, BGB (2005), § 328 ZPO Rdn. 125.

476 Denselben Ansatz und damit Aufbau verfolgt *Götze*, Vouching In und Third-Party Practice, S. 137.

477 Vgl. *Roth*, in: Stein/Jonas, ZPO, Bd. 5, § 328 Rdn. 9; *Stadler*, in: Musielak/Voit, ZPO, § 328 Rdn. 35; vgl. auch *Geimer*, IZPR, Rdn. 3074.

478 *Gottwald*, in: MünchKomm, ZPO, Bd. 1, § 328 Rdn. 129; *ders.*, ZZP 103 (1990), 257, 291; *Rosenberg/Schwab/Gottwald*, ZPR, § 158 Rdn. 54; *Roth*, in: Stein/Jonas, ZPO, Bd. 5, § 328 Rdn. 30; *Sonnentag*, ZVglRWiss 113 (2014), 83, 94.

sind, „an den Verhandlungstisch gebracht werden".[479] Es dient damit ausschließlich staatlichen Interessen, was hinsichtlich der Einbeziehung in ein subjektives Rechtsschutzsystem nicht unkritisch zu sehen ist.[480]

Geprüft wird, ob der ausländische Staat deutsche Urteile unter etwa denselben Bedingungen anerkennt wie die Bundesrepublik Deutschland.[481] Das ist der Fall, wenn die Anerkennung und Vollstreckung eines deutschen Urteils im Erststaat nicht auf wesentlich größere Schwierigkeiten stößt, als dies umgekehrt der Fall wäre.[482] Entscheidend ist dabei die tatsächliche Lage.[483] Liegt eine solche „generelle" Gegenseitigkeit nicht vor, ist allerdings bereits die Verbürgung „partieller" Gegenseitigkeit ausreichend.[484] Geprüft wird dann, ob das konkrete Urteil, wäre es in Deutschland ergangen, umgekehrt im Erststaat anerkannt werden würde.[485]

Bei Mehrrechtsstaaten wie den USA ist wiederum fraglich, ob auf den Gliedstaat oder den Gesamtstaat abzustellen ist. Nach herrschender Ansicht kommt es auf das Recht des betreffenden Gliedstaates an, wenn sich die entsprechenden Anerkennungsvoraussetzungen für eine Anerkennung deutscher Urteile nach dessen Recht richten.[486] Insofern ist hierfür nicht – wie oben für § 328 Abs. 1 Nr. 1 ZPO dargestellt – die Eigenständigkeit der Gerichtsbarkeit entscheidend, sondern das für die Anerkennung anzuwendende Recht. Da insoweit auch Bundesgerichte die Anerkennung eines deutschen Urteils nach dem Recht des Einzelstaates, in dem sie ihren Sitz haben, beurteilen müssten, kann für die Verbürgung der Gegenseitigkeit nur auf den einzelnen US-Bundesstaat abgestellt werden.[487]

479 *Gottwald*, in: MünchKomm, ZPO, Bd. 1, § 328 Rdn. 129.

480 *Rosenberg/Schwab/Gottwald*, ZPR, § 158 Rdn. 54; vgl. etwa auch *Sonnentag*, ZVglRWiss 113 (2014), 83, 94 f.

481 Vgl. *Roth*, in: Stein/Jonas, ZPO, Bd. 5, § 328 Rdn. 120.

482 BGH, NJW 2001, 524, 525; *Geimer*, in: Zöller, ZPO, § 328 Rdn. 264; *Haas/Stangl*, IPRax 1998, 452, 454.

483 *Gottwald*, in: MünchKomm ZPO, Bd. 1, § 328 Rdn. 132 f.

484 *Haas*, IPRax 2001, 195, 201; *Roth*, in: Stein/Jonas, ZPO, Bd. 5, § 328 Rdn. 121; *Schütze*, in: Wieczorek/Schütze, ZPO, Bd. 5/1, § 328 Rdn. 80.

485 *Haas*, IPRax 2001, 195, 201; *Roth*, in: Stein/Jonas, ZPO, Bd. 5, § 328 Rdn. 121.

486 BGHZ 141, 286, 299; *Gottwald*, in: MünchKomm, ZPO, Bd. 1, § 328 Rdn. 130; *Haas/Stangl*, IPRax 1998, 452, 454; *Linke/Hau*, IZVR, § 13.47; *Roth*, in: Stein/Jonas, ZPO, Bd. 5, § 328 Rdn. 120; *Schönau*, Anerkennung von Urteilen aus Mehrrechtsstaaten, S. 327; *Stadler*, in: Musielak/Voit, ZPO, § 328 Rdn. 31.

487 Vgl. BGHZ 141, 286, 299; eine Übersicht über die Gegenseitigkeit in den Vereinigten Staaten findet sich bei *Roth*, in: Stein/Jonas, ZPO, Bd. 5, § 328 Rdn. 148.

2. Anerkennung der *claim preclusion*

Für eine Anerkennung der *claim preclusion* Wirkung zwischen den Parteien kann hinsichtlich der Voraussetzungen des § 328 Abs. 1 Nr. 1–3, 5 ZPO abstrakt nur das bereits Dargestellte gelten. Erörtert werden muss dagegen, ob die *claim preclusion* (grundsätzlich abstrakt, aber in ihrer konkreten Ausformung) im Einzelnen dem *ordre public* des § 328 Abs. 1 Nr. 4 ZPO entspricht.[488]

Die *claim preclusion* ist der Sache nach mit der deutschen materiellen Rechtskraft vergleichbar, wenn auch ihre objektiven und subjektiven Grenzen erheblich weiter reichen.[489]

Fraglich ist, ob der danach zu bestimmende objektive Umfang der *claim preclusion* insoweit einen Verstoß gegen den *ordre public* bedeuten könnte, da der Streitgegenstandsbegriff des US-amerikanischen Rechts weitaus weniger bestimmt und dessen Grenzen weiter gezogen werden als nach deutschem Verständnis.[490]

Damit könnte ein Verstoß gegen den verfahrensrechtlichen *ordre public* vorliegen. Denkbar ist eine Verletzung des Anspruchs der Parteien auf rechtliches Gehör, indem von der *claim preclusion* alle Ansprüche umfasst werden, von denen das Gericht meint, sie hätten in einem Prozess geltend gemacht werden müssen.

Zudem ist die Bindung des Gerichts an den Antrag (vgl. § 308 ZPO) Ausdruck der Dispositionsmaxime, die eine wesentliche Säule des deutschen Zivilprozessrechts ausmacht.[491] Diese Bedeutung kommt dem Antrag nach US-amerikanischem Recht – wie dargestellt – nicht zu.

a. Anspruch auf rechtliches Gehör

Vorab ist festzuhalten, dass hinsichtlich des Anspruchs auf rechtliches Gehör nur die Fälle problematisch sind, in denen die Parteien tatsächlich nicht über die im nächsten Prozess infrage stehenden, von der *claim preclusion* gesperrten Ansprüche, verhandelt haben. Für die Fälle, in denen die Parteien zwar ursprünglich nicht über mehrere Ansprüche verhandeln wollten, hierzu aber mehr oder minder „gezwungen" wurden, um sie nicht aufgrund der anschließenden *claim preclusion* zu verlieren, gilt hingegen, dass sie die Möglichkeit hatten und auch

488 Vgl. oben, § 4 II. 1. e. (3).

489 *Görtz*, Subjektive Grenzen, S. 268; *Schack*, Einführung, Rdn. 178.

490 Dazu oben, § 4 I. 2. a. (2).

491 *Rosenberg/Schwab/Gottwald*, ZPR, § 76 Rdn. 3; vgl. auch *Musielak*, in: Musielak/Voit, ZPO, § 308 Rdn. 1; *Prütting*, in: Prütting/Gehrlein, ZPO, Einleitung Rdn. 23 ff.

nutzten, sich rechtliches Gehör zu verschaffen. Eine Verletzung des Anspruchs auf rechtliches Gehör scheidet in solchen Fällen bereits von vornherein aus.

Die Fälle, in denen die Parteien allerdings nicht im Ausgangsverfahren über alle Ansprüche des *claim* verhandelten, und somit auch wegen der *claim preclusion* in einem nächsten Verfahren mit diesen Ansprüchen präkludiert wären, sind mit Blick auf Art. 103 Abs. 1 GG bedenklich. Die *claim preclusion* umfasst aufgrund des weiten *claim*-Begriffs alle Ansprüche, die sich aus einem einheitlichen Lebenssachverhalt ergeben, unabhängig vom Klageantrag.[492] Es ist nicht vorgesehen, den prozessualen Anspruch in verschiedene Ansprüche in verschiedenen Verfahren aufzuteilen.[493] Umfasst werden somit alle Ansprüche, die dem Lebenssachverhalt zugrunde liegen können, ungeachtet dessen ob sie im Klageantrag geltend gemacht worden sind.[494]

Im Rahmen der *ordre public*-Prüfung ist indessen nicht jeder Verstoß gegen Art. 103 Abs. 1 GG ausreichend, um die Anerkennung zu versagen. Wie bereits dargestellt, ist auf die Grundsätze abzustellen, die Art. 103 Abs. 1 GG wahren soll. Dazu gehören das Prinzip der Rechtsstaatlichkeit sowie das Gebot der Achtung der Menschenwürde. Der Betroffene muss zu deren Wahrung Gelegenheit zur Äußerung und die Möglichkeit der aktiven Einflussnahme auf den Verfahrensablauf erhalten haben.[495]

Betroffen sein kann auf der einen Seite der Kläger, bezüglich dessen nicht geltend gemachtem Anspruch Rechtskraft eintritt, sodass ihm die Möglichkeit einer Verhandlung genommen wird. Auf der anderen Seite kann jedoch auch der Beklagte betroffen sein. Ihm wird bezüglich dieser Ansprüche die Verteidigungsmöglichkeit genommen.

Im Rahmen einer Anerkennung ist allerdings generell zu berücksichtigen, dass das jeweilige Prozessrecht von vornherein entsprechend den Urteilswirkungen ausgestaltet ist.[496] Es ist somit grundsätzlich von der Prämisse auszugehen, dass das US-amerikanische Prozessrecht *a priori* auf diese (objektiv) umfassende Wirkung der *claim preclusion* ausgelegt ist.[497]

Dies zeigt sich für das US-amerikanische Recht beispielsweise an den Regelungen zur *pretrial discovery*. Mit dieser Erforschung aller relevanten Umstände

492 *Koshiyama*, Rechtskraftwirkungen, S. 35.

493 *Koshiyama*, Rechtskraftwirkungen, S. 35, mit Beispielen auf S. 21–34.

494 *Koshiyama*, Rechtskraftwirkungen, S. 143.

495 Vgl. dazu BGHZ 118, 312, 321.

496 *Roth*, in: Stein/Jonas, ZPO, Bd. 5, § 328 Rdn. 11; *Spellenberg*, in: Staudinger, BGB (2005), § 328 ZPO Rdn. 123.

497 Vgl. *Schack*, Einführung, Rdn. 182, 106, 110; *Koshiyama*, Rechtskraftwirkungen, S. 17.

im Vorfeld des Hauptprozesses, soll eine möglichst umfassende und vollständige Verhandlung des Streitgegenstandes gewährleistet werden.[498] Dies korreliert mit dem vorrangigen Ziel der *claim preclusion*, den Kläger dazu zu „zwingen“, alle relevanten Fakten für den Prozess zu erforschen und vorzubringen.[499] Gleichzeitig wird ihm hierzu mit der *pretrial discovery* ein effektives Instrument an die Hand gegeben.[500]

Generell sind auch die Regelungen zur Erforschung des Sachverhalts durch die Parteien im US-amerikanischen Zivilprozessrecht sehr umfassend und großzügig. Dies zeigt schon die grundlegende Pflicht der Parteien, der jeweils anderen Partei alle erforderlichen Informationen zu offenbaren.[501] Damit ist bereits an dieser Stelle davon auszugehen, dass beide Parteien bis zum (eigentlichen) gerichtlichen Hauptprozess darüber informiert sind, welche Ansprüche im Rahmen eines *claim* geltend zu machen sind und somit die Möglichkeit haben, sich zu diesen zu äußern.

Die Besonderheit liegt folglich letztendlich darin, dass der Streitgegenstand in den USA in der Regel erst im Rahmen des Vorprozesses vollständig ermittelt wird.[502] Dem Antrag des Klägers zu Beginn des Prozesses kann daher schon denklogisch nicht dieselbe Bedeutung zukommen wie nach deutschem Zivilprozessrecht. Wie bereits gezeigt,[503] werden an diesen nach US-amerikanischem Recht auch keine allzu strengen Anforderungen gestellt.

Zudem ist zu berücksichtigen, dass auch in den USA im Rahmen des Zivilprozesses die *Due Process Clause* gilt, die verfassungsrechtlich abgesichert ist und einen Anspruch auf rechtliches Gehör enthält.[504] Aus diesem Gedanken ergeben sich in Härtefällen Ausnahmen zur grundsätzlich umfassenden Wirkung der *claim preclusion*.[505] So greift diese beispielsweise nicht ein, wenn der Kläger von den entsprechenden Ansprüchen im ersten Prozess gar nichts wusste und auch nichts wissen konnte.[506] In aller Regel muss auch hier eine hinreichend

498 Vgl. Restatement (Second) of Judgments, § 24 cmt. a; *Schack*, Einführung, Rdn. 99, 110.

499 Vgl. etwa *Shaver v. F.W. Woolworth Co.*, 840 F.2d 1361, 1367 Fn. 2 (7th Cir. 1988); *Cooper*, in: 18 Wright/Miller, Fed. Prac. & Proc., Juris., § 4408.

500 Vgl. hierzu im Vergleich mit Deutschland *Reitz*, ZZP 104 (1991), 381.

501 Vgl. FRCP 26; vgl. *Marcus*, in: 8 Wright/Miller, Fed. Prac. & Proc., Civ., § 2001.

502 Vgl. *Schack*, Einführung, Rdn. 99, 110.

503 Vgl. zum *notice pleading* oben, § 4 II. 1. c. (1).

504 Vgl. *Taylor v. Sturgell*, 553 U.S. 880, 893 (2008) m.w.N.; *Casad/Clermont*, Res judicata, S. 149 f.

505 Dazu *Cooper*, in: 18 Wright/Miller, Fed. Prac. & Proc., Juris., § 4415.

506 *Cooper*, in: 18 Wright/Miller, Fed. Prac. & Proc., Juris., § 4415.

faire Möglichkeit zum Prozessieren (*full and fair opportunity to litigate*) gewährt worden sein.[507]

Was objektiv von der *claim preclusion* umfasst ist, unterliegt zudem der Entscheidungsgewalt des Zweitrichters.[508] Erst, wenn ein neuer Prozess hinsichtlich desselben *claim* ansteht und der Einwand der *claim preclusion* erhoben wird, entscheidet der Zweitrichter über eine Präklusion.[509] Hier muss dann der Zweitrichter berücksichtigen, inwieweit die Anforderungen des *Due Process* im ersten Prozess gewahrt wurden und eine *claim preclusion* somit überhaupt eingreift.[510] Eine solche konkrete Einzelfallprüfung hinsichtlich der Berücksichtigung des rechtlichen Gehörs würde aber auch der Anerkennungsrichter gemäß § 328 Abs. 1 Nr. 4 ZPO vornehmen.

Zusammenfassend scheidet eine Verletzung des Anspruchs auf rechtliches Gehör (sowohl des Klägers als auch des Beklagten) nach abstrakter Betrachtung gemäß den dargestellten Grundsätzen aus, da ungerechte Konstellationen durch die Entscheidung des Anerkennungsrichters, der sozusagen an die Stelle des US-amerikanischen Zweitrichters tritt, unter Berücksichtigung der dargestellten Grundsätze und des US-amerikanischen Prozessrechtssystems, gefiltert werden können. Somit kann hierin auch kein Verstoß gegen den *ordre public* aus § 328 Abs. 1 Nr. 4 ZPO liegen.

b. Dispositionsmaxime

Möglicherweise liegt jedoch ein Verstoß gegen den verfahrensrechtlichen *ordre public* in einer Verletzung der Dispositionsmaxime.

Der deutsche Zivilprozess wird von der Dispositionsmaxime geprägt.[511] Sie gehört damit zu den grundlegenden Verfahrensgrundsätzen, die der *ordre public* schützt.[512] Ein wesentlicher Bestandteil dieser Prozessmaxime ist die Verfügungsfreiheit der Parteien über den Streitgegenstand und dabei insbesondere

507 *Cooper*, in: 18 Wright/Miller, Fed. Prac. & Proc., Juris., § 4415; vgl. auch *Krause*, Urteilswirkungen, S. 35.

508 *Casad/Clermont*, Res juditcata, S. 238.

509 *Cooper*, in: 18 Wright/Miller, Fed. Prac. & Proc., Juris., § 4405.

510 Vgl. *Cooper*, in: 18 Wright/Miller, Fed. Prac. & Proc., Juris., § 4415.

511 Vgl. *Prütting*, in: Prütting/Gehrlein, ZPO, Einleitung Rdn. 23, 25; *Rauscher*, in: MünchKomm, ZPO, Bd. 1, Einl. Rdn. 310, 312; *Stürner*, in: FS Baur, 647, 650 ff.

512 Vgl. *Geimer*, in: FS Stürner, 1223, 1234; *dens.*, in: Zöller, ZPO, § 328 Rdn. 218; *Greiner*, Class Action und deutscher ordre public, S. 186; *Stiefel/Stürner*, VersR 1987, 829, 830; *Stürner*, in: FS Baur, 647, 650 ff.; sowie *Gottwald*, in: MünchKomm, ZPO, Bd. 1, § 328 Rdn. 126; *Spellenberg*, in: Staudinger, BGB (2005), § 328 ZPO Rdn. 516.

die Bestimmung des Streitgegenstandes durch den Kläger.[513] Der Parteiantrag bestimmt vor allem auch die gerichtliche Entscheidungsbefugnis, § 308 Abs. 1 ZPO.[514] Das Gericht darf den Parteien nach deutschem Recht nicht mehr oder anderes zusprechen, als sie verlangen.[515] Das führt aber auch dazu, dass das Prozessrisiko vorrangig beim Kläger liegt, da er bestimmt, in welchem Umfang er Ansprüche geltend macht.[516] In diesem Zusammenhang ist insbesondere auch eine Teilklage nach deutschem Zivilprozessrecht möglich.[517] Mit dieser soll dem Kläger vor allem die Möglichkeit eröffnet werden, das Prozess- und Kostenrisiko vorab einzuschätzen ohne den gesamten Anspruch „aufs Spiel zu setzen".[518] Die Rechtskraft des Urteils bezieht sich dann auch nur auf den geltend gemachten Teilanspruch, § 322 Abs. 1 ZPO.[519] Nach US-amerikanischem Recht werden von der *claim preclusion* dagegen ebenso solche Ansprüche umfasst, deren gerichtliche Entscheidung der Kläger zunächst nicht beantragt hat, da für den Begriff des *claim* der Klägerantrag nicht wesentlich ist.[520]

Problematisch sind hinsichtlich einer Verletzung der Dispositionsmaxime sowohl die Fälle, in denen die Parteien gar nicht über die der Rechtskraft unterliegenden Ansprüche verhandelt haben, als auch solche, in denen sie mittelbar zu einer (nachträglichen) objektiven Klagehäufung gezwungen wurden.[521] Dies gilt nicht nur für den Kläger, sondern auch für den Beklagten. Dieser muss in bestimmten Fällen Widerklage erheben, will er seine Ansprüche nicht verlieren (sog. *compulsory counterclaim*), FCRP 13 (a).[522]

---

513 Vgl. nur *Prütting*, in: Prütting/Gehrlein, ZPO, Einleitung Rdn. 19; *Rauscher*, in: MünchKomm, ZPO, Bd. 1, Einl. Rdn. 313.

514 *Kern*, in: Stein/Jonas, ZPO, Bd. 2, Vor § 128 Rdn. 165; *Lüke*, ZPR, § 2 Rdn. 4; *Musielak*, in: Musielak/Voit, ZPO, § 308 Rdn. 1; *Prütting*, in: Prütting/Gehrlein, ZPO, Einleitung Rdn. 24.

515 BGHZ 154, 342, 347 f.; 167, 166, 168 Rdn. 10; BGH, NJW 2001, 157, 158 f.; *Musielak*, in: MünchKomm, ZPO, Bd. 1, § 308 Rdn. 7; *Rosenberg/Schwab/Gottwald*, ZPR, § 133 Rdn. 6; vgl. auch *Prütting*, in: Prütting/Gehrlein, ZPO, Einleitung Rdn. 14, 24.

516 Vgl. *Lüke*, ZPR, § 2 Rdn. 4.

517 Vgl. nur RGZ 157, 23; *Rosenberg/Schwab/Gottwald*, ZPR, § 133 Rdn. 6.

518 *Rosenberg/Schwab/Gottwald*, ZPR, § 155 Rdn. 14.

519 Übersichtlich, auch zum Problem der Rechtskrafterstreckung bei verdeckten Teilklagen *Rosenberg/Schwab/Gottwald*, ZPR, § 155 Rdn. 14 ff. m.w.N.

520 *Schack*, Einführung, Rdn. 182; *Engelmann-Pilger*, Grenzen der Rechtskraft, S. 62; *Koshiyama*, Rechtskraftwirkungen, S. 27; *Krause*, Urteilswirkungen, S. 37.

521 Vgl. *Schack*, Einführung, Rdn. 182.

522 Dazu *Miller/Kane/Spencer*, in: 6 Wright/Miller, Fed. Prac. & Proc., Civ., §§ 1409, 1417; vgl. auch *Hay*, US-amerikanisches Recht, Rdn. 163 ff.; Restatement (Second) of Judgments, 3 2 C Intro. Note; *Schack*, Einführung, Rdn. 106.

Zu beachten ist jedoch, dass den Gerichten auch nach US-amerikanischem Recht nicht gestattet ist, über Ansprüche zu entscheiden, die der Kläger nicht zur Entscheidung gestellt hat.[523] Vielmehr werden pflichtwidrig nicht geltend gemachte Ansprüche von der *claim preclusion* umfasst, ohne dass das (Erst-) Gericht explizit über sie entschieden hat.[524] Nach US-amerikanischem Recht handelt es sich hierbei um eine „echte" Rechtskraftwirkung.[525] Im deutschen Recht wäre beispielsweise die Präklusionswirkung nach § 767 Abs. 3 ZPO vergleichbar.[526] Das US-amerikanische Recht kennt insoweit aber aufgrund des weiten zugrunde gelegten Streitgegenstandsbegriffes keine Unterscheidung zwischen echter Rechtskraftwirkung und rechtskraftfremder Präklusion.[527]

Fraglich bleibt allerdings, ob der hierdurch erzeugte mittelbare Zwang zur objektiven Klagehäufung gegen die Dispositionsmaxime verstößt. Teilklagen wie nach deutschem Recht sind danach beispielsweise nicht möglich.[528]

Insoweit ist jedoch wiederum darauf hinzuweisen, dass ein *ordre public*-Verstoß nur in Betracht kommt, wenn das Ergebnis der Anerkennung mit den grundlegenden Wertvorstellungen des deutschen Rechts nicht vereinbar ist. Für einen Verstoß gegen die öffentliche Ordnung ist es dagegen gerade unerheblich, ob das ausländische und das inländische Gesetz auf widerstreitenden Prinzipien beruhen; allein entscheidend ist, ob das konkrete Ergebnis der Anwendung des ausländischen Rechts zu missbilligen ist.[529]

Die Wirkungserstreckung der *claim preclusion*, die aufgrund mittelbarem Zwang zu objektiver Klagehäufung objektiv umfassender ist als die Rechtskraftwirkung eines entsprechenden deutschen Urteils, lässt einen solchen Systembruch mit der deutschen Rechtsordnung jedoch nicht erkennen. Dass der Streitgegenstandsbegriff in den USA ein weiterer ist und die Rechtskraft damit eine Präklusionswirkung beinhaltet, die faktisch zu einem mittelbaren Zwang zur objektiven Klagehäufung führt, ergibt sich aus dem Zweck der Rechtskraft, das Verfahren so prozessökonomisch wie möglich zu gestalten.[530] Hierzu gehört,

---

523 *Engelmann-Pilger*, Grenzen der Rechtskraft, S. 62.

524 *Engelmann-Pilger*, Grenzen der Rechtskraft, S. 62.

525 *Engelmann-Pilger*, Grenzen der Rechtskraft, S. 62.

526 *Engelmann-Pilger*, Grenzen der Rechtskraft, S. 62; 64; zu dieser vgl. *Gottwald*, in: MünchKomm, ZPO, Bd. 1, § 322 Rdn. 166 f.

527 Vgl. *Engelmann-Pilger*, Grenzen der Rechtskraft, S. 64.

528 Sog. *rule against splitting of the claim*, vgl. dazu 1A C.J.S. Actions, § 213; Restatement (Second) of Judgments, § 24 sowie oben, § 4 I. 2. a. (2).

529 BGHZ 39, 173, 177; 118, 312, 331.

530 Vgl. *Engelmann-Pilger*, Grenzen der Rechtskraft, S. 69.

dass der Kläger alle Ansprüche geltend machen soll, die sich aus einem zusammenhängenden Lebenssachverhalt ergeben.

Dies ist in den USA insbesondere vor dem Hintergrund sinnvoll, dass der Zivilprozess in der Regel von einer Jury bestehend aus Laien entschieden wird.[531] Die Kosten, der Aufwand sowie die besonderen Umstände, die damit zusammenhängen, eine solche zusammenzustellen und im Prozess entscheiden zu lassen, sind hoch.[532] Das US-amerikanische Rechtssystem hat sich daher im Interessenkonflikt öffentliches Interesse an Prozessökonomie gegen Interesse des Klägers, die Ansprüche einzeln geltend zu machen, für das öffentliche Interesse entschieden.[533] Diese (legitime)[534] Entscheidung steht jedoch im Rahmen des *ordre public* nach § 328 Abs. 1 Nr. 4 ZPO gerade nicht zur Überprüfung.

Zudem ist die Kostenverteilung in den USA eine andere. Während in Deutschland gemäß § 91 ZPO das „*loser-pays* Prinzip" gilt und sich die Gerichtskosten nach dem Streitwert richten, trägt in den USA jede Partei ihre eigenen Kosten (*American Rule of Cost*) und die Gerichtsgebühr richtet sich nicht nach dem Streitwert.[535] Ein Bedürfnis für die Möglichkeit einer Teilklage, um ein erhöhtes Kostenrisiko zu vermeiden und vorab das Prozessrisiko abzuschätzen, ergibt sich in den USA daher nicht so unmittelbar wie in Deutschland.[536]

Der mittelbare Zwang zur objektiven Klagehäufung findet seine Begründung und Stütze also im Gesamtsystem des US-amerikanischen Zivilprozessrechts sowie in rechtspolitischen Entscheidungen zu dessen Ausgestaltung[537] und ist in diesem Zusammenhang gerechtfertigt. Die Festlegung von Rechtskraftgrenzen ist eben im Einzelnen eine Sache des Gesetzgebers.[538]

Ein Verstoß gegen die Dispositionsmaxime liegt damit abstrakt gesehen nicht vor, sodass in diesem Zusammenhang auch eine Verletzung des verfahrensrechtlichen *ordre public* gemäß § 328 Abs. 1 Nr. 4 ZPO ausscheiden muss. Schließlich ist auch eine Präklusionswirkung gerade unabhängig davon anzuerkennen, ob

---

531 *Engelmann-Pilger*, Grenzen der Rechtskraft, S. 71 f.
532 *Engelmann-Pilger*, Grenzen der Rechtskraft, S. 71 f.
533 *Engelmann-Pilger*, Grenzen der Rechtskraft, S. 69 ff.
534 So auch *Engelmann-Pilger*, Grenzen der Rechtskraft, S. 69.
535 Vgl. *Schack*, Einführung, Rdn. 22; *dens.*, IZVR, Rdn. 651.
536 *Hay*, US-amerikanisches Recht, Rdn. 151, 154.
537 Zur Verkörperung von grundsätzlichen rechtspolitischen Entscheidungen durch Verfahrensgrundsätze vgl. *Grunsky*, ZPR, 13. Aufl., Rdn. 10; *Stürner*, in: FS Baur, 647; *Prütting*, in: Prütting/Gehrlein, ZPO, Einleitung Rdn. 23.
538 Vgl. *Gottwald*, in: MünchKomm, ZPO, Bd. 1, § 322 Rdn. 84.

sie eine eigenständige Wirkung oder einen Teil der materiellen Rechtskraft darstellt.[539]

c. *Ergebnis*

Zusammenfassend ist also ein Verstoß gegen den *ordre public* gemäß § 328 Abs. 1 Nr. 4 ZPO durch die Anerkennung der *claim preclusion* (abstrakt) nicht feststellbar. (Zu akzeptierende) Besonderheiten des US-amerikanischen Rechts liegen darin, dass einerseits der Streitgegenstand nicht durch den Antrag des Klägers, sondern vorrangig durch die im Vorprozess ermittelten Tatsachen bestimmt wird, sowie andererseits in dem objektiven Umfang der *claim preclusion*, der sowohl materielle Rechtskraft als auch Präklusionswirkung vereint.

Im Ergebnis ist mithin von einer grundsätzlichen Anerkennungsfähigkeit der *claim preclusion* (subjektiv im Verhältnis zwischen den Parteien) auszugehen.[540]

3. Anerkennung der *issue preclusion*

Auch für die Anerkennung der *issue preclusion* kann bezüglich der Voraussetzungen des § 328 Abs. 1 Nr. 1–3, 5 ZPO auf obige abstrakte Darstellungen verwiesen werden. Letztlich bleiben diese Voraussetzungen jedoch immer auch eine Frage des Einzelfalls.

Überprüft werden soll hier dagegen ebenfalls, ob der Anerkennung § 328 Abs. 1 Nr. 4 ZPO entgegensteht.

Dabei ist eine Verletzung des rechtlichen Gehörs bei der *issue preclusion* wegen der Voraussetzungen für dessen Eintritt schon von vornherein ausgeschlossen.[541] Die *issue preclusion* tritt nur bezüglich solcher Streitpunkte ein, die tatsächlich und streitig verhandelt wurden.[542]

Ein Verstoß gegen den *ordre public* kann aber auch dann vorliegen, wenn sich das Ergebnis der Anerkennung der *issue preclusion* für das deutsche Recht als systemwidrig darstellt.[543] Erforderlich ist hierfür eine funktional-vergleichende Betrachtung der Wirkung.[544]

---

539 Vgl. *Gottwald*, in: MünchKomm, ZPO, Bd. 1, § 328 Rdn. 172.

540 So auch *Mansel*, in: Herausforderungen des Internationalen Zivilverfahrensrechts, 63, 73. Zum Fall einer Wirkung der *claim preclusion* gegenüber Dritten, vgl. §§ 5, 6.

541 *Koshiyama*, Rechtskraftwirkungen, S. 144.

542 S.o., § 4 I. 2. b. (1).

543 *Mansel*, in: Herausforderungen des Internationalen Zivilverfahrensrechts, 63, 71 ff.

544 *Völker*, Dogmatik des ordre public, S. 207.

Ein Teil der Literatur geht von vornherein davon aus, eine Bindung an im Erstprozess festgestellte entscheidungserhebliche Tatsachen sei dem deutschen Recht unbekannt und daher in keinem Fall anzuerkennen.[545]

Teilweise wird die Wirkung der *issue preclusion* jedoch als mit deutschen Wirkungen vergleichbar angesehen. Auch hier besteht allerdings Uneinigkeit, in welchem Umfang von einer Vergleichbarkeit ausgegangen werden kann. Es wird dafür vereinzelt zwischen der Rechtskraftwirkung hinsichtlich aller entscheidungserheblichen Tatsachen und einer Erstreckung der Rechtskraft auf vorgreifliche Rechtsverhältnisse differenziert.[546]

a. Vorgreifliche/ präjudizielle Rechtsverhältnisse

Eine Rechtskraftwirkung hinsichtlich Feststellungen über präjudizielle Rechtsverhältnisse kann nach deutschem Recht mit der Zwischenfeststellungsklage gemäß § 256 Abs. 2 ZPO erzielt werden, sodass in einem diesbezüglichen objektiven Umfang von einer gänzlichen Unbekanntheit einer *issue preclusion* nicht gesprochen werden kann; allein der Mechanismus ist ein anderer.[547]

Das deutsche Recht kennt zudem im Grundsatz auch eine Bindung an Vorfragen, die zumindest für den Fall der Aufrechnung explizit gesetzlich vorgesehen ist, § 322 Abs. 2 ZPO.

Eine vollständige Unbekanntheit dieser Wirkung liegt insofern also nicht vor. Die *issue preclusion* wäre demnach anerkennungsfähig, soweit es um eine Bindung an rechtliche Vorfragen geht.[548]

Die Gegenansicht sieht allerdings gerade in diesen speziell geregelten Ausnahmevorschriften die gesetzgeberische Entscheidung gegen eine grundsätzliche Rechtskraftwirkung, die sich auf Rechts- oder Tatsachenfragen bezieht, und lehnt die Anerkennung der *issue preclusion* daher insgesamt ab, da sie sich nicht in das deutsche System einfügen lasse.[549]

---

545 Vertreter der Kumulationstheorie: *Geimer*, IZPR, Rdn. 2781; *Roth*, in: Stein/Jonas, ZPO, Bd. 5, § 328 Rdn. 9; differenzierend *Stadler*, in: Musielak/Voit, ZPO, § 328 Rdn. 36; nach der Theorie der Wirkungserstreckung vgl. *Gottwald* in: MünchKomm, ZPO, Bd. 1, § 328 Rdn. 167.

546 *Gottwald*, in: MünchKomm, ZPO, Bd. 1, § 328 Rdn. 167 f.; *Stadler*, in: Musielak/Voit, ZPO, § 328 Rdn. 36.

547 Vgl. *Gottwald*, in: MünchKomm, ZPO, Bd. 1, § 328 Rdn. 168; *Spellenberg*, in: Staudinger, BGB (2005), § 328 ZPO Rdn. 125.

548 Vgl. *Martiny*, Handbuch IZVR, Bd. III/1, Kap. I Rdn. 382; *Gottwald*, in: MünchKomm, ZPO, Bd. 1, § 328 Rdn. 168.

549 *Geimer*, IZPR, Rdn. 2781; *Roth*, in: Stein/Jonas, ZPO, Bd. 5, § 328 Rdn. 9.

b. Rechtskraftwirkung bzgl. entscheidungserheblicher Feststellungen

Die *issue preclusion* kann jedoch auch mit der deutschen Interventionswirkung (§§ 74, 68 ZPO) verglichen werden, soweit sie insgesamt die erneute Feststellung von Tatsachen- und Rechtsfragen präkludiert.[550]

Die Interventionswirkung hindert den Nebenintervenienten und Streitverkündungsempfänger an dem Einwand im Folgeprozess, das Erstverfahren sei unrichtig entschieden, §§ 68, 74 Abs. 3 ZPO. Feststellungen aus dem Erstprozess können von diesem also nicht mehr bestritten werden. Dies ist für den Betroffenen zumutbar, weil für ihn die Möglichkeit bestand, seine Interessen im ersten Verfahren zu vertreten oder er diese Möglichkeit zumindest hätte nutzen können.[551] Insofern ist im drohenden Regressprozess ein Überraschungseffekt ausgeschlossen.[552]

Die Interventionswirkung tritt nach der herrschenden Meinung im deutschen Recht jedoch nur zugunsten der Hauptpartei, also lediglich einseitig, ein.[553] Die Frage, ob die Intervention auch zulasten der Hauptpartei eintreten und der Dritte sich somit auf diese zu seinen Gunsten berufen kann, ist in Deutschland dagegen sehr umstritten.[554] Da hier zunächst erfasst werden soll, ob die *issue preclusion*, die zwischen den Parteien wirkt, in Deutschland anerkannt werden kann, muss an dieser Stelle erörtert werden, ob die Vergleichbarkeit zur Interventionswirkung eine Anerkennung nur einer einseitigen Wirkung bedeuten würde.

Dabei ist zunächst festzuhalten, dass für die „klassische" Interventionswirkung einer ausländischen Erstentscheidung – also die Bindung eines Dritten an Tatsachenfeststellungen – die Anerkennung im Wesentlichen unumstritten und eine Systemwidrigkeit einer Wirkung nicht erkennbar ist.[555]

---

550 *Görtz*, Subjektive Grenzen, S. 268; *Gottwald*, in: FS Musielak, 183, 190; *Krause*, Urteilswirkungen, S. 42; *Mansel*, in: Herausforderungen des Internationalen Zivilverfahrensrechts, 63, 73.

551 *Gottwald*, in: FS Musielak, 183, 190. Zudem steht dem Streithelfer die Einrede mangelhafter Prozessführung zu, die dazu führt, dass die Interventionswirkung nicht eintritt, wenn keine ausreichende Gelegenheit bestand, auf die Entscheidung des Vorprozesses Einfluss zu nehmen, dazu etwa *Weth*, in: Musielak/Voit, ZPO, § 68 Rdn. 6.

552 *Gottwald*, in: FS Musielak, 183, 190.

553 BGHZ 100, 257, 260 ff.; *Schultes*, in: MünchKomm, ZPO, Bd. 1, § 68 Rdn. 9 ff.; *Weth*, in: Musielak/Voit, ZPO, § 68 Rdn. 5.

554 Dafür etwa *Jacoby*, in: Stein/Jonas, ZPO, Bd. 1, § 68 Rdn. 20; *Lüke*, Beteiligung Dritter, S. 336 ff.; *Mansel*, in: Wieczorek/Schütze, ZPO, Bd. 2/1, § 68 Rdn. 141 ff.; *Rosenberg/Schwab/Gottwald*, ZPR, § 50 Rdn. 56.

555 Vgl. *Geimer*, IZPR, Rdn. 2820; *Gottwald*, in: MünchKomm, ZPO, Bd. 1, § 328 Rdn. 177; *Mansel*, in: Herausforderungen des Internationalen Zivilverfahrensrechts,

Die Argumente der Rechtsprechung, die für die Einseitigkeit der Wirkung nach deutschem Recht sprechen sollen (i.e. Wortlaut des § 68 ZPO sowie bezweckter Schutz der Hauptpartei), kommen nämlich im Rahmen der Anerkennung gerade nicht zum Tragen. Für die Anerkennung ist nur entscheidend, dass die Wirkung nicht völlig dem System der deutschen Rechtsordnung widerspricht.[556] Entscheidend gegen eine Systemwidrigkeit bzw. Fremdheit der beiderseitigen Interventionswirkung spricht jedoch die auch im deutschen Recht unstrittige Unteilbarkeit der Interventionswirkung.[557] Im Folgeprozess kann die Bindung an die Feststellungen gerade nur insgesamt, also auch hinsichtlich solcher, die für die Hauptpartei ungünstig sind, eintreten.[558] Des Weiteren zeigt eben auch der langjährige Streit um diese Frage selbst, dass eine beiderseitige Wirkung nicht gänzlich abwegig und systemfremd sein kann. Nach nationalem Recht sprechen ebenfalls gute Argumente für die Bejahung einer Wirkung auch zugunsten des Streithelfers.[559]

Diskutiert wird hinsichtlich der Anerkennung lediglich, welche Voraussetzungen des § 328 ZPO bezogen im Verhältnis zum Dritten vorliegen müssen.[560] Die Voraussetzungen des § 328 Abs. 1 ZPO müssen allerdings im Verhältnis der Parteien zueinander ohnehin stets vorliegen, sodass sich dieses Problem hinsichtlich einer *issue preclusion inter partes* schon nicht auswirkt. Damit ergäbe sich jedoch grundsätzlich das folgewidrige Ergebnis, dass eine *issue preclusion* im Verhältnis zu einem Dritten, der einem Intervenienten oder Streitverkündungsempfänger

---

63, 73; *Roth*, in: Stein/Jonas, ZPO, Bd. 5, § 328 Rdn. 19; *Schack*, IZVR, Rdn. 1016 f.; *Stadler*, in Musielak/Voit, ZPO, § 328 Rdn. 40; zu diesem Ergebnis müssen mit einer Gleichstellung des Urteils mit einem inländischen im Übrigen sogar Vertreter der Gleichstellungstheorie kommen.

Die Frage, ob der Anerkennung insoweit die „Einseitigkeit" der deutschen Interventionswirkung entgegensteht, diskutiert ausführlich nur *Köckert*, Beteiligung Dritter, S. 131 f.

556 Vgl. zu diesem Gedanken auch *Köckert*, Beteiligung Dritter, S. 131 f.

557 Vgl. *Gottwald*, in: FS Musielak, 183, 191 f.

558 RGZ 153, 271; BGH, NJW-RR 1989, 766, 767; *Gottwald*, in: FS Musielak, 183, 191; *Jacoby*, in: Stein/Jonas, ZPO, Bd. 1, § 68 Rdn. 1; *Lüke*, Beteiligung Dritter, S. 336 f.; *Schultes*, in: MünchKomm, ZPO, Bd. 1, § 68 Rdn. 13; *Weth*, in: Musielak/Voit, ZPO, § 68 Rdn. 5.

559 Insbesondere die prozessuale Chancengleichheit, vgl. *Jacoby*, in: Stein/Jonas, ZPO, Bd. 1, § 68 Rdn. 20 sowie die Argumentation bei *Lüke*, Beteiligung Dritter, S. 336 ff.

560 Für eine eingeschränkte Anwendung des § 328 ZPO beispielsweise *Geimer*, IZPR, Rdn. 2820; vgl. hierzu im Einzelnen unten, § 5 I. 2. b. und § 5 II. 2. c.

nach deutschem Recht vergleichbar ist, anerkennungsfähig wäre, im Verhältnis der Parteien untereinander dagegen nicht.[561]

Für diese Differenzierung sind jedoch keine hinreichenden Argumente feststellbar. Die Interessenlage der Parteien entspricht derjenigen eines Nebenintervenienten oder Streitverkündungsempfängers, da sie am Erstprozess beteiligt waren und ihre Interessen verfolgen konnten.[562] Insbesondere umfasst die *issue preclusion* auch nur solche Streitpunkte, die im Erstprozess tatsächlich streitig verhandelt wurden.[563] Die *issue preclusion* muss daher – sieht man in ihr eine Wirkung, die ihrer Art nach der deutschen Interventionswirkung vergleichbar ist – unabhängig davon anerkennungsfähig sein, gegenüber wem sie eintritt.[564]

c. Stellungnahme und Ergebnis

Eine Aufspaltung des objektiven Umfangs der *issue preclusion* hinsichtlich ihrer Anerkennungsfähigkeit *inter partes*, wie sie teilweise vorgenommen wird,[565] ist abzulehnen. Dies würde, je nach Einordnung der Tatsachenkomplexe als rechtliche Vorfrage oder nicht, zu zufälligen Ergebnissen führen.[566] Eine solche Zufälligkeit ist jedoch, insbesondere aus Gründen der Rechtssicherheit, abzulehnen. Eine überzeugende Lösung lässt sich dagegen über die Vergleichbarkeit der *issue preclusion* zur deutschen Interventionswirkung finden.

Die Wirkung der *issue preclusion* ist dementsprechend für das deutsche Recht nicht gänzlich systemfremd. Eine grundsätzliche Anerkennungsfähigkeit der *issue preclusion* ist daher anzunehmen, soweit diese zwischen den Parteien wirkt.[567] Einschränkungen können im konkreten Einzelfall mittels des *ordre public* vorgenommen werden.[568]

---

561 *Mansel*, in: Herausforderungen des Internationalen Zivilverfahrensrechts, 63, 73.

562 *Gottwald*, in: FS Musielak, 183, 190.

563 S.o., § 4 I. 2. b. (1).

564 So auch *Mansel*, in: Herausforderungen des Internationalen Zivilverfahrensrechts, 63, 73; *Gottwald*, in: FS Musielak, 183, 191.

565 S.o. unter a.

566 *Gottwald*, in: FS Musielak, 183, 190; vgl. auch *Fischer*, in: FS Henckel, 199, 209 f.

567 So auch *Mansel*, in: Herausforderungen des Internationalen Zivilverfahrensrechts, 63, 73.

568 *Mansel*, in: Herausforderungen des Internationalen Zivilverfahrensrechts, 63, 73.

III. Zusammenfassung

1.) Die Anerkennung US-amerikanischer Urteile richtet sich nach § 328 ZPO. Dieser ist anwendbar, wenn eine zivilrechtliche Entscheidung eines ausländischen Gerichts vorliegt, die wirksam und nach deutschem Verständnis formell rechtskräftig ist.
2.) Die Anerkennung hat die Beachtlichkeit der Wirkungen des ausländischen Urteils im Inland zur Folge. Erfasst werden nur prozessuale Wirkungen, wobei die Qualifikation nach deutschem Recht erfolgt. Die US-amerikanische *res judicata* fällt demnach, obwohl ihr nach US-amerikanischem Recht ein materiellrechtliches Verständnis zugrunde liegt, hierunter.
3.) Es erfolgt eine „uneingeschränkte" Wirkungserstreckung der ausländischen Wirkungen ins Inland. Davon umfasst sind auch Wirkungen, die über solche eines entsprechenden deutschen Urteils hinausgehen. Dies gilt jedoch nicht, wenn die ausländischen Wirkungen mit inländischen Gerechtigkeitsvorstellungen gänzlich unvereinbar sind. Die Anerkennung wird dadurch teilbar. Eine Einschränkung auf Rechtsfolgenseite, wie beispielsweise von der Kumulationstheorie vorgesehen, ist jedoch nicht erforderlich.
4.) Welche Wirkungen (abstrakt gesehen) anerkennungsfähig sind, richtet sich danach, ob sie gegen den inländischen *ordre public* gemäß § 328 Abs. 1 Nr. 4 ZPO verstoßen.
5.) Die US-amerikanische *claim preclusion* eines Urteils ist mit der deutschen materiellen Rechtskraft vergleichbar und grundsätzlich (abstrakt gesehen) anerkennungsfähig, soweit sie zwischen den Parteien des Ursprungsprozesses eintritt. Dies gilt in vollem Umfang für ihre objektive Reichweite. Auch die in den objektiven Grenzen der *claim preclusion* enthaltene Präklusionswirkung ist hierin inbegriffen.

    Inwieweit eine *claim preclusion* Wirkung, die gegenüber Dritten eintritt, auch anerkannt werden kann, ist unter anderem Gegenstand des nächsten Kapitels.
6.) Für die US-amerikanische Wirkung der *issue preclusion* ergibt sich insgesamt eine Vergleichbarkeit zur Interventionswirkung nach § 68 ZPO. Eine Aufspaltung der *issue preclusion* im Sinne einer Bindung an Vorfragen und einer Bindung an Tatsachenfeststellungen ist dabei abzulehnen. Ausreichend ist die vergleichbare Interessenlage der Parteien zu derjenigen des Nebenintervenienten oder Streitverkündungsempfängers.

Das Ergebnis einer Anerkennung der *issue preclusion* verstößt, abstrakt gesehen, nicht gegen den *ordre public* gemäß § 328 Abs. 1 Nr. 4 ZPO. Es ist daher von einer grundsätzlichen Anerkennungsfähigkeit der US-amerikanischen Wirkung der *issue preclusion* auszugehen, soweit sie zwischen den Parteien eintritt.

Die Anerkennungsfähigkeit einer *issue preclusion*, die gegenüber Dritten eintritt, wird im folgenden Kapitel behandelt.

Dritter Teil Urteilswirkungen gegenüber Dritten und deren Anerkennung

Im folgenden Kapitel soll die Kernfrage der vorliegenden Arbeit untersucht werden: die grundsätzliche Anerkennungsfähigkeit US-amerikanischer Urteilswirkungen gegenüber Dritten.

Untersuchungsgegenstand ist die Frage, in welchen Fällen und unter welchen Voraussetzungen eine US-amerikanische Entscheidung in Deutschland durch Anerkennung für einen Dritten verbindlich ist. Differenziert wird dabei nachstehend grundlegend zwischen zweiseitig und einseitig bindenden Urteilswirkungen sowie zwischen solchen gegenüber Personen, die am vorausgehenden Prozess beteiligt[569] waren und solchen, die der Wirkung ohne Beteiligung unterliegen.

Wer in diesem Zusammenhang generell als Dritter anzusehen ist, wurde bereits zu Beginn dieser Arbeit aufgezeigt.[570] Nachfolgend soll dieser Ausgangspunkt anhand der jeweiligen Urteilswirkung im Einzelnen der konkrete Bezug zur Stellung der jeweiligen Person zum Prozess näher analysiert und verdeutlicht werden.

Es wird zunächst dargestellt, welche Urteilswirkungen gegenüber Dritten nach US-amerikanischem Recht vorgesehen sind und in welchem Zusammenhang sie eine Rolle spielen. Im Anschluss wird untersucht, inwieweit eine Anerkennung gemäß § 328 Abs. 1 ZPO in Deutschland möglich ist. Dabei wird, wie bereits näher erläutert, von einer „unbegrenzten" Wirkungserstreckung ins Inland ausgegangen.

§ 328 ZPO dient hierbei auch als Rechtsgrundlage für eine Anerkennung von ausländischen Drittwirkungen.[571] In der Vergangenheit wurde zwar aufgrund

---

569 Dabei kann wiederum zwischen freiwilliger und unfreiwilliger Beteiligung unterschieden werden.

570 Vgl. oben, § 2 I. 1.

571 So auch *Köckert*, Beteiligung Dritter, S. 128; a.A. RGZ 55, 236; *Meier*, Grenzüberschreitende Drittbeteiligung, S. 173.

der systematischen Stellung der Norm in der ZPO angenommen, sie regle allein die Anerkennung der Rechtskraft.[572] Beispielsweise die Interventionswirkung sei schon keine Wirkung des Urteils, sodass § 328 ZPO bereits nach dem Wortlaut nicht angewendet werden könne.[573] Dies vermag allerdings nicht zu überzeugen. Die Interventionswirkung stellt nach heute herrschender Meinung[574] zwar ein *aliud* zur materiellen Rechtskraft dar.[575] Sie ist aber eine Wirkung des Urteils.[576] Die Systematik des § 328 ZPO entstammt insbesondere noch der Entstehungsgeschichte der Norm, zu der die Anerkennung nur im Rahmen der Vollstreckbarkeit ausländischer Urteile gemäß §§ 660, 661 CPO geregelt wurde.[577] Der materiellen Rechtskraft lag noch ein materiellrechtliches Verständnis zugrunde und die Anerkennung selbst richtete sich daher nach im Einzelfall anzuwendendem materiellen Recht, welches durch Kollisionsnormen zu bestimmen war.[578] Mit der Einführung des § 328 ZPO wurde die Anerkennung der Rechtskraft auch für andere Fälle, nicht nur den der Zwangsvollstreckung „im Anschluss an die das internationale Privatrecht betreffenden Bestimmungen des Einführungsgesetzes zum Bürgerlichen Gesetzbuche" zentral geregelt.[579]

---

572 RGZ 55, 236, 238 f., 240; *Meier*, Grenzüberschreitende Drittbeteiligung, S. 169.

573 RGZ 55, 236, 238 f.

574 Zu der Zeit der Entstehung der Anerkennungsregelung wurde die Interventionswirkung dagegen teilweise auch als Rechtskraftwirkung verstanden, vgl. etwa *Mendelssohn Bartholdy*, Grenzen der Rechtskraft, S. 396, 398. Nach diesem Verständnis wäre eine Anerkennung über § 328 ZPO „geradezu selbstverständlich", *Wilhelmi*, NiemeyersZ 48 (1933/34), 105, 132.

575 So insbesondere das Argument von *Meier*, Grenzüberschreitende Drittbeteiligung, S. 169 f. gegen eine Anwendbarkeit des § 328 ZPO; vgl. des Weiteren *Gehrlein*, in: Prütting/Gehrlein, ZPO, § 68 Rdn. 5; *Mansel*, in: Wieczorek/Schütze, ZPO, Bd. 2/1, § 68 Rdn. 9; *Rosenberg/Schwab/Gottwald*, ZPR, § 50 Rdn. 63; *Schultes*, in: MünchKomm, ZPO, Bd. 1, § 68 Rdn. 6; *Weth*, in: Musielak/Voit, ZPO, § 68 Rdn. 3.

576 Vgl. nur *Rosenberg/Schwab/Gottwald*, ZPR, § 150 Rdn. 9; sowie zur Anwendbarkeit des § 328 ZPO bereits *Wilhelmi*, NiemeyersZ 48 (1933/34), 105, 126 ff.

577 Materialien zur Civilprozeßordnung, 1898, § 293f. S. 156; vgl. auch *Graupner*, in: FS Ferid, 183, 203.

578 Vgl. Prot. 409 I, *Gebhard* (Bearb.), Protokolle der Kommission für die zweite Lesung des Entwurfs des Bürgerlichen Gesetzbuches, Bd. VI, S. 86; sowie die Argumentation von *Köckert*, Beteiligung Dritter, S. 139.

579 Materialien zur Civilprozeßordnung, 1898, § 293f. S. 156 ff.; Prot. 401, 409 I, *Gebhard* (Bearb.), Protokolle der Kommission für die zweite Lesung des Entwurfs des Bürgerlichen Gesetzbuches, Bd. VI, S. 1, 86 f.

Eine Anwendbarkeit des § 328 ZPO auf verschiedene Urteilswirkungen und nicht nur die materielle Rechtskraft – folglich also auch auf Drittwirkungen – ist heute insgesamt anerkannt.[580] Probleme ergeben sich jedoch daraus, dass die Norm grundsätzlich von einem Zweiparteienprozess ausgeht.[581] Es ist deshalb für die Bestimmung der Anerkennungsfähigkeit bezüglich jeder (Dritt-)Wirkung einzeln herauszuarbeiten, welche Voraussetzungen des § 328 Abs. 1 ZPO hinsichtlich des Verhältnisses zu dem Dritten überhaupt vorliegen müssen.

Aufgrund der Vielzahl an möglichen Fallgestaltungen im Einzelfall kann in dieser Arbeit nur eine abstrakte Untersuchung (insbesondere der Vereinbarkeit mit dem *ordre public*) vorgenommen werden. Im konkreten praktischen Einzelfall ist es möglich, dass eine Bewertung der jeweiligen Umstände zu einem anderen Ergebnis führt.

---

580 Vgl. etwa *Bernstein*, in: FS Ferid, 75, 90; *Köckert*, Beteiligung Dritter, S. 128 f.; *Gottwald*, in: MünchKomm, ZPO, Bd. 1, § 328 Rdn. 177; *Mansel*, in: Wieczorek/Schütze, ZPO, Bd. 2/1, § 68 Rdn. 32; *Martiny*, Handbuch IZVR, Bd. III/1, Kap. I Rdn. 397; *Rosenberg/Schwab/Gottwald*, ZPR, § 158 Rdn. 2; *Roth*, in: Stein/Jonas, ZPO, Bd. 5, § 328 Rdn. 19; *Saenger*, in: HK-ZPO, § 328 Rdn. 6; *Stadler*, in: Musielak/Voit, ZPO, § 328 Rdn. 40; *Völzmann-Stickelbrock*, in: Prütting/Gehrlein, ZPO, § 328 Rdn. 1.

581 Vgl. *Köckert*, Beteiligung Dritter, S. 119, 138; *de Lousanoff*, ZZP 109 (1996), 237, 241.

§ 5 Bindung beteiligter Dritter

Zunächst soll die Bindung an ein Urteil gegenüber einer Person, die am dazugehörigen Prozess beteiligt war, untersucht werden. Im US-amerikanischen Recht gibt es hierfür verschiedene Instrumente. Dargestellt werden eine Drittbeteiligung nach *intervention*, *vouching in*, *impleader*, *joinder* und *interpleader*.

I. *Intervention*

Mit dem deutschen Instrument der Nebenintervention ist die US-amerikanische *intervention* nach FRCP 24 in weiten Teilen vergleichbar.[582] Die Möglichkeit eines Beitritts liegt bei diesem Drittbeteiligungsinstrument in der Hand des außenstehenden Dritten.[583] Er hat die Möglichkeit einem Prozess freiwillig beizutreten, wenn er ein entsprechend relevantes Interesse geltend machen kann.[584] Erforderlich ist ein Antrag (*motion*[585]), der auch den Parteien nach den allgemeinen Regeln (FRCP 24 (c) i.V.m. FRCP 5) zugestellt werden muss.[586] Das Gericht entscheidet dann über die Zulassung der *intervention*, vgl. FRCP 24 (a)(1); (b)(1).

Dabei entsteht zwangsläufig ein Interessenkonflikt: Das Interesse der Parteien an einer schnellen und kostengünstigen Abwicklung des Prozesses sowie das Interesse des Dritten an einer Wahrung seiner Rechte durch Einbeziehung in den Prozess stehen sich gegenüber.[587] Auch der Staat hat einerseits ein Interesse an Prozessökonomie und andererseits ein Interesse daran, dem Dritten rechtliches Gehör zu gewähren.[588] Unterschieden wird in diesem Zusammenhang die *intervention of right* nach FRCP 24 (a) und die *permissive intervention* nach FRCP 24 (b).[589]

Im Fall der *intervention of right* muss der Intervenient entweder ein unbedingtes Interventionsrecht aus dem Gesetz haben (FRCP 24 (a)(1)) oder ein derartiges Interesse an dem Streitgegenstand geltend machen, welches ohne

---

582 Vgl. *Lüke*, Beteiligung Dritter, S. 75 f.
583 Vgl. *Kane*, in: 7C Wright/Miller, Fed. Prac. & Proc., Civ., § 1901.
584 *Kane*, in: 7C Wright/Miller, Fed. Prac. & Proc., Civ., § 1901.
585 Zum Begriff vgl. FRCP 7 (b).
586 Dazu ausführlich *Kane*, in: 7C Wright/Miller, Fed. Prac. & Proc., Civ., § 1914.
587 *Kane*, in: 7C Wright/Miller, Fed. Prac. & Proc., Civ., § 1901.
588 *Kane*, in: 7C Wright/Miller, Fed. Prac. & Proc., Civ., § 1901.
589 *Kane*, in: 7C Wright/Miller, Fed. Prac. & Proc., Civ., § 1902.

Beteiligung des Dritten am Verfahren nicht geschützt wäre und in einem sachlichen Zusammenhang zur Hauptsache steht (FRCP 24 (a)(2)).[590] Dieses Interesse des Dritten muss dabei jedoch nicht unbedingt eine eigenständige Klage begründen können muss.[591]

Im Fall der *intervention of right* gilt gleichsam eine Vermutung für das Überwiegen seines Interventionsinteresses.[592] Der Intervenient muss demnach am Verfahren beteiligt werden (vgl. FRCP 24 (a): „must").[593] Im Fall von FRCP 24 (a)(2) wird allerdings trotzdem noch gesondert erwogen, inwieweit die Interessen des Dritten möglicherweise denen der Hauptparteien entsprechen.[594] Sind diese gegebenenfalls schon ausreichend im Prozess vertreten, ist eine Geltendmachung durch den Dritten im Wege der *intervention of right* nicht möglich, FRCP 24 (a)(2).

Die *permissive intervention* steht dagegen im Ermessen des Gerichts (vgl. FRCP 24 (b)(1) „may").[595] Dieses nimmt eine Abwägung der Interessen des Intervenienten und der Parteien sowie der Verzögerung des Prozesses anhand des Einzelfalls vor.[596] Es reicht hierbei aus, wenn das Interesse des Dritten eine Rechts- oder Tatsachenfrage mit der Hauptsache teilt, FRCP 24 (b)(1)(B). Ein sachlicher Zusammenhang muss hingegen nicht vorliegen.[597]

1. Stellung im Prozess und Wirkung

Durch die *intervention* wird der Dritte nach US-amerikanischem Recht Partei des Prozesses.[598] Der Dritte kann zwar den Streitstoff zwischen den Parteien des Prozesses nicht bestimmen und muss den Stand des Verfahrens so, wie er

---

590 *Hay*, US-amerikanisches Recht, Rdn. 173; *Köckert*, Beteiligung Dritter, S. 48 f.

591 Vgl. *Köckert*, Beteiligung Dritter, S. 49 sowie ausführlich *Kane*, in: 7C Wright/Miller, Fed. Prac. & Proc., Civ., § 1908.1.

592 *Friedenthal/Kane/Miller*, Civil Procedure, § 6.10; *Köckert*, Beteiligung Dritter, S. 48.

593 *Kane*, in: 7C Wright/Miller, Fed. Prac. & Proc., Civ., § 1906; *Köckert*, Beteiligung Dritter, S. 48.

594 *Kane*, in: 7C Wright/Miller, Fed. Prac. & Proc., Civ., § 1909 m.w.N.; *Köckert*, Beteiligung Dritter, S. 49.

595 *Kane*, in: 7C Wright/Miller, Fed. Prac. & Proc., Civ., § 1913; *Lüke*, Beteiligung Dritter, S. 59.

596 *Hay*, US-amerikanisches Recht, Rdn. 174; *Köckert*, Beteiligung Dritter, S. 48 f.

597 *Köckert*, Beteiligung Dritter, S. 49.

598 *Kane*, in: 7C Wright/Miller, Fed. Prac. & Proc., Civ., § 1901; *Krause*, Urteilswirkungen, S. 6; *Lüke*, Beteiligung Dritter, S. 56.

im Zeitpunkt des Beitritts besteht, gegen sich gelten lassen.[599] Im Gegensatz zur deutschen Nebenintervention hat der Dritte allerdings eine vollwertige und selbstständige Parteistellung inne.[600] Er ist nicht bloß Streithelfer. Der Intervenient kann als Beklagter (*defendant*) oder als Kläger (*plaintiff*) intervenieren.[601] Die Parteistellung des Intervenienten führt dazu, dass er im Prozess agieren kann wie die „ursprünglichen" Parteien.[602] Er hat alle prozessualen Möglichkeiten und kann in gewissem Umfang sogar Widerklage (*counterclaim*) erheben.[603] Auch ein *crossclaim*, also eine Klage gegen den Mitkläger oder Mitbeklagten, ist aufgrund der Parteistellung des Intervenienten möglich.[604] Bezüglich der objektiven Klagehäufung sind ihm allerdings Grenzen gesetzt, damit sich der Schwerpunkt des Prozesses nicht verschiebt.[605]

Das Urteil des Prozesses bindet den Intervenienten vollumfänglich.[606] Dies ergibt sich aus seiner Beteiligung als selbstständige Verfahrenspartei.[607] Es gelten daher auch gegenüber dem Intervenienten die gewöhnlichen *res judicata* Prinzipien.[608]

599 Vgl. etwa *Galbreath v. Metropolitan Trust Co. of California*, 134 F.2d 569, 570 (10th Cir. 1943); *Kane*, in: 7C Wright/Miller, Fed. Prac. & Proc., Civ., § 1902.

600 Vgl. *Alvarado v. J.C. Penney Co., Inc.*, 997 F.2d 803, 805 (10th Cir. 1993); *Brown v. Demco, Inc.*, 792 F.2d 478, 480 f. (5th Cir. 1986); *Kane*, in: 7C Wright/Miller, Fed. Prac. & Proc., Civ., § 1920.

601 67A C.J.S. Parties, § 125.

602 Vgl. *Brown v. Demco, Inc.*, 792 F.2d 478, 480 f. (5th Cir. 1986); *Kane*, in: 7C Wright/Miller, Fed. Prac. & Proc., Civ., § 1920.

603 *Kane*, in: 7C Wright/Miller, Fed. Prac. & Proc., Civ., §§ 1920, 1921 m.w.N. Zum *counterclaim* vgl. oben, § 4 II. 2. b.

604 Vgl. *Kane*, in: 7C Wright/Miller, Fed. Prac. & Proc., Civ., § 1921; s. zum *crossclaim* ausführlich im Rahmen der Darstellung des *joinder*, § 5 IV. 4. b.

605 *Lüke*, Beteiligung Dritter, S. 61; vgl. im Einzelnen zu den Möglichkeiten einer Klageerhebung durch den Intervenienten *Kane*, in: 7C Wright/Miller, Fed. Prac. & Proc., Civ., § 1921.

606 *Watergate West, Inc. v. Barclays Bank, S.A.*, 759 A.2d 169, 179 (D.C. Court of Appeals 2000); *Lans v. Adduci Mastriani & Schaumberg L.L.P.*, 786 F.Supp.2d 240, 307 (D.D.C. 2011); 47 Am. Jur. 2d, Judgments, § 561; vgl. auch *Köckert*, Beteiligung Dritter, S. 128.

607 *Götze*, Vouching In und Third-Party Practice, S. 56; vgl. auch Restatement (Second) of Judgments, § 34 cmt. b.

608 *Watergate West, Inc. v. Barclays Bank, S.A.*, 759 A.2d 169, 179 (D.C. Court of Appeals, 2000); *Lans v. Adduci Mastriani & Schaumberg L.L.P.*, 786 F.Supp.2d 240, 307 (D.D.C. 2011); 47 Am. Jur. 2d, Judgments, § 561; *Götze*, Vouching In und Third-Party Practice, S. 56; vgl. auch Restatement (Second) of Judgments, § 34 cmt. b.

2. Anerkennungsfähigkeit

Die Anerkennungsfähigkeit dieser Drittwirkung nach US-amerikanischem Recht gegenüber dem Intervenienten in Deutschland richtet sich nach § 328 ZPO.[609] Sie müsste nach der Theorie der Wirkungserstreckung mit dem deutschen Recht ihrem Wesen nach vereinbar sein und es dürften keine Versagungsgründe i.S.d. § 328 Abs. 1 ZPO vorliegen.

a. Vereinbarkeit der Wirkungen mit dem ordre public

Bezüglich der objektiven Grenzen der *claim* und *issue preclusion* ist auf die Ausführungen für die Wirkung *inter partes* zu verweisen. Hiernach bestehen folglich grundsätzlich keine Bedenken.[610]

Im Unterschied zur obigen Darstellung soll die *res judicata* in ihren Ausprägungen von *claim* und *issue preclusion* aber in diesem Fall nicht zwischen den Parteien, sondern jeweils im Verhältnis zum Intervenienten eintreten. Zu berücksichtigen ist hierbei, dass es sich bei dem Intervenienten (in Abgrenzung einerseits zum deutschen Recht, nach welchem ein Nebenintervenient immer nur Streithelfer sein kann und andererseits zum US-amerikanischen Drittbeteiligungsinstrument des *vouching in*[611]) nach US-amerikanischem Recht um eine vollwertige Prozesspartei handelt.[612]

(1) Claim preclusion

Dadurch, dass der Intervenient nach US-amerikanischem Recht bei Beitritt eine Parteistellung innehat, kann ihm gegenüber auch *claim preclusion* eintreten, wenn über einen entsprechenden Anspruch entschieden wurde oder ein entsprechender Anspruch nach den Regeln zu den objektiven Grenzen der *claim preclusion* hätte geltend gemacht werden müssen.[613]

Eine solche Möglichkeit besteht im deutschen Recht für den Nebenintervenienten nicht. Dieser wird gerade nicht Partei, sondern ist lediglich Streithelfer.[614] Über seine Ansprüche bzw. Ansprüche ihm gegenüber kann im Erstprozess nicht

---

609 Zur Anwendbarkeit des § 328 ZPO s.o., Einl. Dritter Teil.

610 S. hierzu oben, § 4 II. 2. und 3.

611 Hierzu unten, § 5 II.

612 Vgl. oben unter 1.

613 Vgl. *Watergate West, Inc. v. Barclays Bank, S.A.*, 759 A.2d 169, 179 (D.C. Court of Appeals 2000); zu den objektiven Grenzen ausführlich oben, § 4 I. 2. a. (2).

614 *Lüke*, Beteiligung Dritter, S. 31.

entschieden werden. Dafür ist ein Folgeprozess erforderlich.[615] Der Streithelfer unterliegt somit auch keiner Rechtskraft des Urteils im Erstprozess (§ 325 ZPO), sondern für den Folgeprozess lediglich der Interventionswirkung (§ 68 ZPO).[616]

Fraglich ist damit jedoch, ob eine *claim preclusion* gegenüber einem Intervenienten überhaupt anerkennungsfähig sein kann oder ob der *ordre public* entgegensteht. Das wäre der Fall, wenn die Wirkung der *claim preclusion* gegenüber dem Intervenienten mit wesentlichen Grundsätzen des deutschen Rechts unvereinbar wäre.[617] Das Ergebnis der Anerkennung einer *claim preclusion* müsste untragbar sein und einen Systembruch für das deutsche Recht bedeuten.[618]

Der Anerkennung könnte die Ausrichtung des deutschen Zivilprozesses am Zweiparteienprinzip entgegenstehen, da der Intervenient als zusätzliche Partei am Prozess teilnimmt.[619] Die *claim preclusion* tritt jedoch allein zwischen dem Intervenienten und der jeweiligen gegnerischen Partei ein, da nur in diesem Verhältnis über einen *claim* entschieden wurde. Ein drei- oder mehrseitiges Verhältnis besteht für die Frage der Anerkennung deshalb nicht. Dass ein mehrseitiger Prozess stattgefunden hat, wirkt sich nur mittelbar dahin gehend aus, dass die Entscheidungen über die einzelnen Streitgegenstände abhängig voneinander getroffen wurden. Abgesehen davon ist auch die Befugnis der objektiven Klagehäufung des Intervenienten (und damit bereits die Möglichkeit der Erhebung eines *claim* durch ihn) durch den Streitgegenstand des ursprünglichen Prozesses begrenzt.[620] Dies beeinflusst wiederum die Grenzen der eintretenden *claim preclusion* im Verhältnis zum Intervenienten, da deren objektiver Umfang von dem Umfang des Streitgegenstands abhängt.[621]

Auch, dass der Intervenient überhaupt der weitreichenderen Wirkung der *claim preclusion* unterliegt, steht der Anerkennung nicht entgegen. Ein funktioneller Vergleich macht in diesem Zusammenhang deutlich, dass dem

---

615 *Mansel*, in: Wieczorek/Schütze, ZPO, Bd. 2/1, § 66 Rdn. 3.

616 Vgl. *Mansel*, in: Wieczorek/Schütze, ZPO, Bd. 2/1, § 67 Rdn. 2.

617 Vgl. BGHZ 50, 370, 375 f.; *Stadler*, in: Musielak/Voit, ZPO, § 328 Rdn. 23; *Schütze*, in: Wieczorek/Schütze, ZPO, Bd. 5/1, § 328 Rdn. 57.

618 Vgl. *Mansel*, in: Herausforderungen des Internationalen Zivilverfahrensrechts, 63, 71 f.

619 Vgl. *Althammer*, in: Zöller, ZPO, Vor § 50 Rdn. 5; *Jacoby*, in: Stein/Jonas, ZPO, Bd. 1, Vor § 50 Rdn. 26; *Lindacher*, in: MünchKomm, ZPO, Bd. 1, Vor § 50 Rdn. 9; *Lüke*, Beteiligung Dritter, S. 430, 432 ff.; *Rosenberg/Schwab/Gottwald*, ZPR, § 40 Rdn. 26; *Schulze*, in: Wieczorek/Schütze, ZPO, Bd. 2/1, Vor § 50 Rdn. 7.

620 S.o. unter 1.

621 Grundlegend dazu oben, § 4 I. 2. a. (2).

Intervenienten im US-amerikanischen Recht gerade durch seine Parteistellung alle prozessualen Möglichkeiten offen stehen,[622] er sich also umfassend verteidigen kann und dadurch insbesondere der Grundsatz des rechtlichen Gehörs gewahrt wird. Umgekehrt muss er damit aber auch eine umfassendere Urteilsbindung im Sinne der *claim preclusion* „hinnehmen".[623] Darüber hinaus ist auch ein Schutz der gegnerischen Partei[624] vor einer Anerkennung der *claim preclusion* über den *claim* des Intervenienten nicht erforderlich, da diese sich gegen das Vorbringen des Intervenienten wie gegen eine normale gegnerische Partei bereits im Erstprozess verteidigen kann. Die Urteilswirkungen sind somit insgesamt durch eine entsprechende Verfahrensgestaltung abgesichert.

Entscheidend ist zusammenfassend, dass der Nebenintervenient nach deutschem Recht lediglich unterstützend tätig werden kann und gerade kein umfassendes „eigenes" Urteil erstreitet, während nach US-amerikanischem Recht die Stellung als vollwertige Partei die umfassende Sperrwirkung für einen Folgeprozess rechtfertigen kann.

Die Ausgestaltung des US-amerikanischen Prozesses im Fall der *intervention* macht es also möglich, dass die entsprechende Wirkung grundsätzlich als anerkennungsfähig angesehen und damit erstreckt werden kann. Die *claim preclusion* im Verhältnis zum Intervenienten ist anerkennungsfähig, da der Mehrparteienstreit für die Anerkennung nach § 328 ZPO in einzelne, zweiseitige Prozessrechtsverhältnisse aufgespalten wird und durch die Stellung des Intervenienten nach US-amerikanischem Recht als vollwertige Partei die Rechte der Beteiligten im Vergleich zum deutschen Zweiparteienprozess nicht verkürzt werden.

(2) Issue preclusion

Regelmäßig tritt zwischen einer Partei und dem Intervenienten allerdings lediglich *issue preclusion* hinsichtlich einzelner verhandelter Aspekte ein, da der Dritte nicht unbedingt einen eigenen Anspruch geltend machen muss, sondern ein legitimes Beteiligungsinteresse ausreichend ist.[625]

---

622 Vgl. etwa *Schneider v. Dumbarton Developers, Inc.*, 767 F.2d 1007, 1017 (D.C. Cir. 1985); *Kane*, in: 7C Wright/Miller, Fed. Prac. & Proc., Civ., § 1920.

623 59 Am. Jur. 2d, Parties § 224; vgl. *Lans v. Adduci Mastriani & Schaumberg L.L.P.*, 786 F. Supp. 2d 240 (D.D.C. 2011), *Watergate West, Inc. v. Barclays Bank, S.A.*, 759 A.2d 169, 179 n. 23 (D.C. Court of Appeals 2000).

624 Gemeint ist hier diejenige Partei, gegenüber der der *claim* geltend gemacht wurde.

625 Vgl. hierzu oben unter 1.

Eine solche Wirkung ist – ihrem objektiven Umfang nach – mit der deutschen Interventionswirkung gemäß § 68 ZPO vergleichbar, die hinsichtlich der Feststellungen des Vorprozesses eintritt.[626]

(i) Zwischen dem Intervenienten und der Hauptpartei

Zunächst kann im Verhältnis des Intervenienten zur Hauptpartei[627] *issue preclusion* eintreten. Ist diese anerkennungsfähig, so wären Feststellungen des Vorprozesses auch für einen Prozess dieser beiden Parteien in Deutschland verbindlich.

Es wurde bereits festgestellt, dass die *issue preclusion* zwischen zwei Parteien anerkennungsfähig ist.[628] Darüber hinaus konnte festgestellt werden, dass der Intervenient nach US-amerikanischem Recht eine Parteistellung innehat.[629] Die beiden Konstellationen – i.e. das Verhältnis zwischen zwei Parteien[630] einerseits und das Verhältnis zwischen dem Intervenienten und der Hauptpartei andererseits – unterscheiden sich folglich nur dadurch, dass im Fall der *intervention* ein Prozess mit drei (oder mehr) Parteien besteht.[631] Dass dies der Anerkennung nicht entgegensteht, konnte jedoch ebenfalls bereits gezeigt werden.[632]

Eine Anerkennung der Drittwirkung kann hier ebenso wenig daran scheitern, dass die herrschende Meinung im deutschen Recht nur eine Interventionswirkung zugunsten der Hauptpartei annimmt. Hierfür kann ebenfalls auf obige Ausführungen zur *issue preclusion inter partes* verwiesen werden.[633]

Die *issue preclusion* zwischen dem Intervenienten und der Hauptpartei ist somit mit dem *ordre public* grundsätzlich vereinbar.[634]

---

626 S.o., § 4 II. 3.

627 Gemeint ist die Hauptpartei im Sinne der regelmäßigen Begriffsverwendung im Zusammenhang mit der Interventionswirkung, vgl. *Mansel*, in: Wieczorek/Schütze, ZPO, Bd. 2/1, § 66 Rdn. 1.

628 S.o., § 4 II. 3.

629 S.o. unter 1.

630 Wie oben, § 4 II. 3.

631 Dazu oben unter 1.

632 S.o. unter (1).

633 Vgl. oben, § 4 II. 3.

634 Vgl. auch *Mansel*, in: Herausforderungen des Internationalen Zivilverfahrensrechts, 63, 73.

(ii) Zwischen dem Intervenienten und der Gegenpartei

In den USA kann die *issue preclusion* aber auch zwischen dem Intervenienten und der Gegenpartei[635] eintreten. Diesen subjektiven Umfang erreicht die deutsche Interventionswirkung unstreitig nicht.[636] Fraglich ist somit, ob die Bindung des Intervenienten im Verhältnis zur Gegenpartei einen Verstoß gegen deutsche Gerechtigkeitsvorstellungen darstellen würde.

Nach deutschem Recht tritt die Bindungswirkung nur gegenüber der Hauptpartei und gerade nicht der Gegenpartei ein, weil nur im Verhältnis zur Hauptpartei ein Interventionsverhältnis bestand, das dem Zweiparteienprozess des deutschen Rechts entspricht.[637] Die Interventionswirkung kann nur in dem Umfang eintreten, in dem der Nebenintervenient Unterstützungsbefugnis hatte.[638] Diese Wertung hängt wiederum mit der Stellung des Nebenintervenienten im Prozess zusammen.[639]

Nach US-amerikanischem Recht wird der Intervenient jedoch vollwertige Prozesspartei, sodass er sich umfassend am Prozess beteiligen und alle entscheidungserheblichen *issues* mitverhandeln kann.[640] Die *issue preclusion* tritt auch hier nur unter den allgemeinen Voraussetzungen ein, d.h. insbesondere nur dann, wenn eine *full and fair opportunity to litigate* im Erstprozess bestanden hat.[641]

Dies entspricht deutschen Gerechtigkeitsvorstellungen. Der Intervenient wird nur gegenüber den Parteien gebunden, denen er im Prozess aufgrund seiner Parteistellung bereits entsprechende Verteidigungen entgegenhalten konnte. Ob diese Bindung dann gegenüber der „Haupt-" oder „Gegenpartei" eintritt, ist unerheblich, weil er aufgrund des mehrseitigen Prozesses beiden Parteien gegenüber die Möglichkeit zur Verhandlung hatte.

---

635 Gemeint ist die Gegenpartei nach dem Verständnis des deutschen Rechts zur Nebenintervention, vgl. *Mansel*, in: Wieczorek/Schütze, ZPO, Bd. 2/1, § 66 Rdn. 1.

636 *Mansel*, in: Wieczorek/Schütze, ZPO, Bd. 2/1, § 68 Rdn. 140; vgl. auch BGHZ 3, 385, 387; 92, 275, 277; BGH, NJW-RR 1990, 121, 122; *Althammer*, in: Zöller, ZPO, § 68 Rdn. 6; *Gehrlein*, in: Prütting/Gehrlein, ZPO, § 68 Rdn. 6; *Jacoby*, in: Stein/Jonas, ZPO, Bd. 1, § 68 Rdn. 23; *Rosenberg/Schwab/Gottwald*, ZPR, § 50 Rdn. 57; *Schultes*, in: MünchKomm, ZPO, Bd. 1, § 68 Rdn. 8; *Weth*, in: Musielak/Voit, ZPO, § 68 Rdn. 5.

637 S. hierzu *Diedrich*, Die Interventionswirkung, S. 143.

638 *Mansel*, in: Wieczorek/Schütze, ZPO, Bd. 2/1, § 68 Rdn. 6.

639 *Mansel*, in: Wieczorek/Schütze, ZPO, Bd. 2/1, § 68 Rdn. 6; *Diedrich*, die Interventionswirkung, S. 198 ff.

640 Vgl. *Alvarado v. J.C. Penney Co., Inc.*, 997 F.2d 803, 805 (10th Cir. 1993).

641 Vgl. hierzu den allgemeinen Teil zur *issue preclusion*, § 4 I. 2. b.

Konkrete Umstände des Einzelfalls bleiben im Rahmen des § 328 Abs. 1 Nr. 4 ZPO überprüfbar.[642] Eine grundsätzliche Anerkennungsfähigkeit der *issue preclusion* ist aber zu bejahen.

b. Prüfung des § 328 ZPO bzgl. der „Hauptentscheidung"?

Für eine Drittwirkung, wie sie hier vorliegt, ist umstritten, ob § 328 ZPO nur hinsichtlich des Verhältnisses zwischen den Hauptparteien zu prüfen ist oder ob die Voraussetzungen auch oder sogar nur hinsichtlich des jeweiligen Verhältnisses zwischen Drittem und der Hauptpartei vorliegen müssen.[643]

(1) Drittbezogene Prüfung des § 328 ZPO

Nach *Koch* und *Götze* ist eine „Grundanerkennungsfähigkeit" nicht erforderlich. Es gehe bei der Anerkennung immer um die spezifischen Wirkungen, weshalb die Voraussetzungen des § 328 ZPO immer nur bezogen auf das jeweilige Verhältnis, in dem die Wirkung eintritt, geprüft werden soll.[644]

Insofern wäre an dieser Stelle nur zu untersuchen, ob die Anerkennungsvoraussetzungen des § 328 ZPO im Verhältnis zum Intervenienten vorliegen.

(2) Eingeschränkte drittbezogene Prüfung des § 328 ZPO

Geimer will diese Prüfung weiter dahin gehend einschränken, dass allein das Vorliegen der internationalen Zuständigkeit bezüglich des Beklagten und die Vereinbarkeit mit dem *ordre public* für die Anerkennung der Streitverkündungs- und Interventionswirkungen ausreichen.[645] Den Anspruch auf rechtliches Gehör des Streitverkündungsempfängers bzw. Intervenienten will er dabei im Rahmen des § 328 Abs. 1 Nr. 4 ZPO geschützt wissen.[646] Die Voraussetzungen in § 328 Abs. 1 ZPO seien primär auf die Anerkennung der Rechtskraft und der Gestaltungswirkung zugeschnitten.[647]

---

642 *Mansel*, in: Herausforderungen des Internationalen Zivilverfahrensrechts, 63, 73; vgl. auch *Köckert*, Beteiligung Dritter, S. 130.

643 Vgl. *Mansel*, in: Wieczorek/Schütze, ZPO, Bd. 2/1, § 68 Rdn. 33 m.w.N.

644 *Götze*, Vouching In und Third-Party Practice, S. 166; *Koch*, ZVglRWiss 85 (1986), 11, 57.

645 *Geimer*, IZPR, Rdn. 2820; *ders.*, in: Zöller, ZPO, § 328 Rdn. 59.

646 *Geimer*, in: Zöller, ZPO, § 328 Rdn. 190.

647 *Geimer*, IZPR, Rdn. 2820.

Danach wäre lediglich zu prüfen, ob eine internationale Zuständigkeit für den Prozess gegen den Beklagten vorgelegen hat und, ob eine Verletzung des *ordre public* vorliegt.

(3) Prüfung je nach Qualifikation der Wirkung

Nach Ansicht *Mansels* ist für die Anerkennungsbedingungen zwischen Interventionswirkung und Rechtskraftwirkung zu unterscheiden und je nach Qualifikation der jeweiligen Wirkung als Drittbindungswirkung mit oder ohne Vollstreckbarkeit zunächst eine Prüfung der Anerkennungsfähigkeit der Erstentscheidung vorzunehmen.[648] Begründet wird dies damit, dass auch ein inländisches Urteil nur Drittwirkungen entfaltet, wenn es zwischen den Erstparteien wirksam ist.[649]

(4) Stellungnahme

Die ersten beiden Ansichten vermögen nicht zu überzeugen. Zum einen ist der Ansicht *Geimers* nicht zu entnehmen, wieso für eine Anerkennung der Streitverkündungs- oder Interventionswirkung entgegen des Wortlauts des § 328 ZPO weniger Voraussetzungen vorliegen sollten, als für die Anerkennung der Rechtskraftwirkung. Insofern müsste also zumindest eine vollständige Prüfung des § 328 ZPO vorgenommen werden.

Gegen die Auffassung von *Koch* und *Götze* spricht, dass Gegenstand der Anerkennung zwar die spezifische Urteilswirkung ist. Das bedeutet aber nur, dass die Anerkennung einer Entscheidung auf Rechtsfolgenseite (hinsichtlich ihrer verschiedenen Wirkungen) teilbar ist.[650] Die spezifische Urteilswirkung ist in diesem Zusammenhang, wie bereits gezeigt,[651] allein anhand des *ordre public* zu überprüfen. Die Voraussetzungen der Anerkennung richten sich dagegen danach, aus welcher spezifischen Entscheidung die Wirkung folgt. Folgt die Wirkung gegenüber dem Dritten erst aus der Entscheidung über die Hauptsache und kann schon diese Entscheidung nicht anerkannt werden, existieren auch keine Feststellungen zur Hauptsache, auf die sich die Drittwirkung beziehen könnte.[652]

648 *Mansel*, in: Wieczorek/Schütze, ZPO, Bd. 2/1, § 68 Rdn. 28, 33, 45.

649 *Mansel*, in: Wieczorek/Schütze, ZPO, Bd. 2/1, § 68 Rdn. 33.

650 Vgl. *Herrmann*, Anerkennung US-amerikanischer Urteile, S. 46; *Roth*, in: Stein/Jonas, ZPO, Bd. 5, § 328 Rdn. 9; *Stadler*, in: Musielak/Voit, ZPO, § 328 Rdn. 35; sowie *Geimer*, IZPR, Rdn. 3074.

651 S.o., § 3.

652 *Mansel*, in: Wieczorek/Schütze, ZPO, Bd. 2/1, § 68 Rdn. 33; *Köckert*, Beteiligung Dritter, S. 133 ff.

Eine ausschließliche Prüfung im Verhältnis zum Dritten, wie *Koch* und *Götze* sie annehmen, oder gar eine eingeschränkte Prüfung des § 328 ZPO, wie *Geimer* sie fordert, reichen hierfür aber gerade nicht aus.[653]

Gefolgt wird daher im Ausgangspunkt der Ansicht *Mansels*. Für diese spricht, dass sie zu interessengerechten Ergebnissen kommt und der Rechtsnatur der Drittwirkung entsprochen werden kann: Bei den einer deutschen Interventionswirkung vergleichbaren Drittwirkungen handelt es sich gerade um Entscheidungswirkungen eigener Art, die an die Rechtskraft des Vorprozesses anknüpfen.[654] So ist die Interventionswirkung im Sinne des § 68 ZPO zusammengefasst „die Wirkung der den Vorprozess abschließenden Erstentscheidung auf die den Folgeprozess beendende Entscheidung."[655]

Es stellt sich demnach die Frage, wie Urteilswirkungen gegenüber einem Intervenienten nach US-amerikanischem Recht zu qualifizieren sind. Folgt auch hier die jeweilige Drittwirkung erst aus den Feststellungen zur Entscheidung zwischen den Hauptparteien, ist (erste) Voraussetzung der Anerkennung der Drittwirkung, dass die Hauptentscheidung gemäß § 328 Abs. 1 ZPO im Inland Wirkungen entfalten kann.

Eine Unterscheidung von Urteilwirkungen nach Rechtskraft und Interventionswirkung erfolgt im US-amerikanischen Recht allerdings nicht. Vielmehr unterfallen auch die Drittwirkungen der *doctrine of res judicata*, oder zumindest einer ihrer Formen von *claim preclusion* und *issue preclusion*. Die Besonderheit im US-amerikanischen Recht liegt gerade darin, dass die Kombination aus objektiven und subjektiven Rechtskraftgrenzen eine weitergehende Unterscheidung von Wirkungen entbehrlich macht. Eine Interventionswirkung i.e.S. ist dem US-amerikanischen Recht nicht bekannt. Der Nebenintervenient wird vielmehr Subjekt der Rechtskraft, weil er dem Prozess freiwillig beigetreten ist und dadurch Partei wurde.[656]

Eine rein terminologische Bestimmung hilft somit an dieser Stelle nicht weiter. Zu untersuchen ist vielmehr, wie sich die Beteiligung des Nebenintervenienten nach US-amerikanischem Recht vollzieht und auswirkt und ob die Wirkungen gegenüber dem Dritten somit funktionell mit der deutschen Interventionswirkung vergleichbar sind.[657] Qualifikationsentscheidend sind mithin

653 So auch *Mansel*, in: Wieczorek/Schütze, ZPO, Bd. 2/1, § 68 Rdn. 33.

654 *Gehrlein*, in: Prütting/Gehrlein, ZPO, § 68 Rdn. 5

655 *Mansel*, in: Wieczorek/Schütze, ZPO, Bd. 2/1, § 68 Rdn. 1.

656 Vgl. oben unter 1.

657 Vgl. auch *Köckert*, Beteiligung Dritter, S. 130.

die funktionale Vergleichbarkeit des Prozessakts der Einbeziehung sowie der Wirkung mit denen der deutschen Interventionswirkung. Kriterien sollen dafür Drittvollstreckbarkeit oder bloße präjudizielle Bindung sein.[658] Dabei sollte jedoch nicht außer Acht gelassen werden, dass Anerkennung und Vollstreckbarkeit nach der deutschen ZPO gerade normativ unterschiedlich ausgestaltet sind[659] und Vollstreckbarkeit und Urteilswirkung generell nicht voneinander abhängen.[660]

Abgestellt werden muss vor allem auch auf den Zweck der jeweiligen Wirkung. Maßgeblich ist, ob eine eigenständige Entscheidung hinsichtlich des Verhältnisses zwischen Intervenientem und einer der Parteien (im folgenden Interventionsverhältnis) vorliegt, die abschließend ist, oder ob die Urteilswirkung gegenüber dem Dritten von einer Entscheidung über das Rechtsverhältnis zwischen den Erstparteien abhängig ist, sodass für eine Entscheidung über das Interventionsverhältnis erst noch ein Folgeprozess erforderlich ist. Insofern kann von einer „unselbständigen Drittwirkung" gesprochen werden, die der deutschen Interventionswirkung nach § 68 ZPO auch funktionell vergleichbar wäre, da auch die Interventionswirkung an die Rechtskraft des Vorprozesses anknüpft und erst der Folgeprozess über das Interventionsverhältnis eine Entscheidung herbeiführen kann.[661]

Es erfolgt somit eine Unterscheidung zwischen eigenständigen Urteilswirkungen und unselbstständigen Drittwirkungen, für die das jeweilige Prozessziel maßgeblich ist. Verknüpft ist dieses mit dem Indiz der Drittvollstreckbarkeit, da nach US-amerikanischem Recht eine klare Unterscheidung zwischen den Urteilswirkungen fehlt und insbesondere der Dritte zur vollwertigen Partei wird,

---

658 *Mansel*, in: Wieczorek/Schütze, ZPO, Bd. 2/1, § 68 Rdn. 29, 33 m.w.N.; *Meier*, Grenzüberschreitende Drittbeteiligung, S. 227 ff.

659 Die Vollstreckbarkeit muss dem ausländischen Urteil erst verliehen werden, während die Anerkennung *ipso iure* erfolgt, vgl. hierzu oben, § 3 II. sowie *Koshiyama*, Rechtskraftwirkungen, S. 105.

660 Vgl. hierzu *Lüke*, Beteiligung Dritter, S. 95; *Rosenberg/Schwab/Gottwald*, ZPR, § 150 Rdn. 4. Davon abgesehen differenziert *Lüke* im Allgemeinen auch danach, ob ein Urteil gegen sich oder für die Parteien angestrebt wird, vgl. S. 31.
Zu beachten ist nichtsdestotrotz, dass die Regelung des § 723 Abs. 2 ZPO (i.V.m. § 722 ZPO) eine gewisse Abhängigkeit der Vollstreckbarkeit ausländischer Urteile von ihrer Anerkennungsfähigkeit vorsieht.

661 Vgl. *Köckert*, Beteiligung Dritter, S. 120; *Mansel*, in: Wieczorek/Schütze, ZPO, Bd. 2/1, § 68 Rdn. 29; *Weth*, in: Musielak/Voit, ZPO, § 68 Rdn. 3; zur Interventionswirkung auch *Häsemeyer*, ZZP 84 (1971), 179, 194 f.

sodass sich die Qualifikation als „klassische" Drittwirkung komplexer als nach deutschem Recht gestaltet.

(5) Zwischenergebnis

Für die einzelnen Urteilswirkungen, die sich bei einer Beteiligung eines Intervenienten ergeben, gilt somit nach der hier vertretenen Ansicht Folgendes:

Die *claim preclusion* umfasst Ansprüche im Verhältnis zum Intervenienten, über die es aufgrund der bereits ergangenen Entscheidung keinen Folgeprozess geben kann. Im Falle einer *claim preclusion* handelt es sich daher um eine eigenständige Drittwirkung, für die es auf die Anerkennung der Hauptentscheidung nicht ankommt. Vielmehr ist hier allein die Überprüfung der Anerkennungsfähigkeit anhand des § 328 ZPO im Verhältnis zum Dritten maßgeblich, da diese Entscheidung als eigenständige von der Hauptentscheidung abgetrennt werden kann.

Dagegen ist bei einer *issue preclusion* im Verhältnis zum Intervenienten noch ein Folgeprozess über etwaige Ansprüche möglich und regelmäßig auch notwendig. Die *issue preclusion* ergibt sich erst aus der Entscheidung über das Verhältnis zwischen den Hauptparteien[662] und ist folglich als unselbstständig zu bezeichnen. Es handelt sich um eine „Wirkung der den Vorprozess abschließenden Erstentscheidung auf die den Folgeprozess beendende Entscheidung."[663] Voraussetzung der Anerkennung dieser Wirkung ist damit, dass die Erstentscheidung, also die Entscheidung im Verhältnis der Erstparteien zueinander, anerkannt werden kann.[664] § 328 ZPO ist in diesem Fall zunächst bezogen auf die ursprünglichen Parteien zu prüfen. Hierfür wird auf obige Ausführungen verwiesen.[665]

c. *Prüfung des § 328 ZPO bzgl. des Intervenienten*

Es ist darüber hinaus umstritten, ob und in welchem Umfang eine Prüfung des § 328 ZPO im Verhältnis des Intervenienten zur Erstpartei erfolgen muss.[666]

Die Frage ist ebenfalls unter Berücksichtigung der funktionellen Vergleichbarkeit der Wirkungen der *intervention* zu beantworten.

---

662 Vgl. *Köckert*, Beteiligung Dritter, S. 133.

663 *Mansel*, in: Wieczorek/Schütze, ZPO, Bd. 2/1, § 68 Rdn. 1.

664 *Köckert*, Beteiligung Dritter, S. 133.

665 S.o., § 4 II.

666 *Mansel*, in: Wieczorek/Schütze, ZPO, Bd. 2/1, § 68 Rdn. 34.

(1) Im Fall der claim preclusion

Im Fall einer *claim preclusion* gegenüber dem Intervenienten muss § 328 ZPO auch lediglich im Hinblick auf diesen überprüft werden, da es sich – wie dargestellt – um eine eigenständige Urteilswirkung handelt, die gegenüber dem Intervenienten als Partei wirkt.

Eine analoge Anwendung der Norm ist hierfür nicht erforderlich.[667] § 328 ZPO kann dahin gehend ausgelegt werden, dass der Intervenient (bzw. die Partei gegen die ein *claim* erhoben wurde) für den entsprechenden *claim* als Beklagter angesehen wird. Damit wird ein zweigliedriges Verhältnis „konstruiert", der dem in § 328 ZPO ausgedrückten Zweiparteienprinzip gerecht wird.[668] Der Dritte ist in diesem Fall je nach Richtung der Geltendmachung des *claim* also entweder als Kläger oder Beklagter zu behandeln.[669]

§ 328 Abs. 1 Nr. 1 ZPO muss hinsichtlich des Verhältnisses zum Intervenienten geprüft werden, da dieser Parteistellung hatte und eine abschließende Entscheidung ergeht. Mit § 328 Abs. 1 Nr. 1 ZPO wird einerseits nach dem Spiegelbildprinzip von dem ausländischen Gericht nur diejenige Zuständigkeit gefordert, die Deutschland auch für sich selbst in Anspruch nehmen würde.[670] Andererseits dient die Norm dem Schutz des Beklagten, indem sie ihn davor schützt, sich vor einem Gericht verteidigen zu müssen, das keine ausreichende Nähe zum Streitgegenstand aufweist.[671]

§ 328 Abs. 1 Nr. 2 ZPO steht bei einem freiwilligen Beitritt als Intervenient grundsätzlich nicht entgegen. Die Auslegung des § 328 Abs. 1 Nr. 2 ZPO ergibt in diesem Fall entsprechend dem Schutzzweck der Norm, dass die jeweilige Partei, gegenüber der ein *claim* geltend gemacht wurde, „Beklagter" und der entsprechende Antrag (sog. *pleading*[672]) das „verfahrenseinleitende Schriftstück" ist.[673] Es besteht jedoch in jedem Fall eine Einlassung auf das Verfahren.[674]

Für die Ziffern 3–5 des § 328 ZPO bestehen dagegen keine Besonderheiten.

---

667 Vgl. *Köckert*, Beteiligung Dritter, S. 120; *Mansel*, in: Herausforderungen des Internationalen Zivilverfahrensrechts, 63, 83.

668 S. bereits oben, § 5 I. 2. a. (1).

669 Vgl. *Mansel*, in: Wieczorek/Schütze, ZPO, Bd. 2/1, § 68 Rdn. 43, 45.

670 Vgl. oben, § 4 II. 1. b.; BGHZ 141, 286, 290; *Roth*, in: Stein/Jonas, ZPO, Bd. 5, § 328 Rdn. 73.

671 *Köckert*, Beteiligung Dritter, S. 142; *Roth*, in: Stein/Jonas, ZPO, Bd. 5, § 328 Rdn. 73.

672 Zum Begriff vgl. FRCP 7 (a).

673 Genauer dazu unten i.R.d. *impleader*, § 5 III. 2. b. (1).

674 Vgl. *Bach*, in: BeckOK-ZPO, 34. Ed. Stand: 01.09.2019, § 328 Rdn. 65.

(2) *Im Fall der* issue preclusion

Für die Anerkennung einer unselbstständigen Drittwirkung ist umstritten, ob neben der Voraussetzung, dass die Hauptentscheidung anerkannt werden können muss, auch eine Anerkennungsprüfung im Hinblick auf den Dritten vorzunehmen ist.[675] Kern des Problems ist es, ob und in welchem Umfang auch dem Dritten der Schutz des § 328 ZPO – insbesondere bezüglich der Anerkennungszuständigkeit und des rechtlichen Gehörs – gewährt werden soll und kann.

Die Vertreter der verschiedenen Ansichten stellen das Problem allerdings anhand der Konstellation der Streitverkündung und somit für das US-amerikanische Recht fast ausschließlich im Zusammenhang mit dem Institut des *vouching in* (in Abgrenzung zum *impleader*)[676] dar.[677] Im Vergleich zur Nebenintervention geht es dabei um eine unfreiwillige Beteiligung des Dritten. Die Besonderheit der *intervention* liegt dagegen darin, dass sich der Dritte gerade freiwillig beteiligt und sich dementsprechend auch der Gerichtsbarkeit freiwillig unterworfen hat. Der Kern des Problems, nämlich der Schutz des Dritten durch drittbezogene Prüfung einer Anerkennungszuständigkeit sowie des rechtlichen Gehörs bei der Verfahrenseinleitung, kommt bei der *intervention* nicht zum Tragen und soll daher hier zunächst offenbleiben.[678]

d. Ergebnis

Die Urteilswirkungen, die gegenüber dem Intervenienten eintreten, sind grundsätzlich anerkennungsfähig.

§ 328 ZPO muss für die Anerkennung einer *claim preclusion* im Verhältnis zum Intervenienten allein hinsichtlich dieses Verhältnisses geprüft werden. Eine Auslegung des Wortlauts des § 328 ZPO lässt eine direkte Anwendung der Norm zu.

---

675 Vgl. *Mansel*, in: Wieczorek/Schütze, ZPO, Bd. 2/1, § 68 Rdn. 34.

676 Zu diesen Drittbeteiligungsinstrumenten unten, § 5 II. und III., mehr. Insbesondere die Unterschiede zwischen *intervention* und *vouching in* sollen dort noch deutlich gemacht werden.

677 Insbesondere *Köckert*, Beteiligung Dritter, unterscheidet letztlich nur zwischen Interventionswirkung mit (S. 128 ff., 135) und ohne Beitritt (S. 135 ff.); vgl. zur Gegenüberstellung von *vouching in* und *third-party practice Götze*, Vouching In und Third-Party Practice; *Koch*, ZVglRWiss 85 (1986), 11; *Mansel*, in: Herausforderungen des Internationalen Zivilverfahrensrechts, 63; *Meier*, Grenzüberschreitende Drittbeteiligung; *Milleker*, ZZP 80 (1967), 288 ff.

678 Vgl. zu dieser Argumentation auch *Köckert*, Beteiligung Dritter, S. 135 sowie oben unter (1).

Für die Anerkennung der unselbstständigen Wirkung der *issue preclusion*, die erst aus der Hauptentscheidung folgt und an deren Feststellungen bindet, muss § 328 ZPO als Grundvoraussetzung bezogen auf diese überprüft werden. Ob die Voraussetzungen des § 328 ZPO darüber hinaus drittbezogen auf das Verhältnis zum Intervenienten anzuwenden sind, kann zunächst dahinstehen, da der Dritte sich im Fall der *intervention* freiwillig dem Prozess unterworfen hat und ein entsprechender Schutz i.S.v. § 328 ZPO daher nicht angezeigt ist.

II. *Vouching in*

Nach US-amerikanischem Recht hat der Beklagte mit dem Instrument des *vouching in* die Möglichkeit, den Dritten von dem Prozess in Kenntnis zu setzen, mit der Folge, dass dieser (unter bestimmten Voraussetzungen) an die Ergebnisse des Prozesses gebunden wird.[679] Das *vouching in* ist nicht in den Federal Rules of Civil Procedure geregelt, sondern beruht auf dem Fallrecht des *common law*.[680] Einzelheiten sind daher streitig.[681] Voraussetzung ist aber allgemein, dass ein Dritter (der *vouchee*) für einen Schaden haften soll, der ursprünglich einem anderen aufgebürdet werden sollte.[682] Nur wegen des besonderen materiellrechtlichen Zusammenhangs zwischen dem Rechtsverhältnis des Klägers mit dem Beklagten und dem Rechtsverhältnis des Beklagten zu dem Dritten wird eine solche Drittbeteiligung im Verfahrensrecht überhaupt als notwendig erachtet.[683]

---

679 46 Am. Jur. 2d, Judgments § 584; vgl. auch *Universal American Barge Corp. v. J-Chem, Inc.*, 946 F.2d 1131, 1136 Fn. 2 (5th Cir. 1991); *SCAC Transport (USA) Inc. v. S.S. Danaos*, 845 F.2d 1157, 1161 (2d Cir. 1988); *Humble Oil & Refining Co. v. Philadelphia Ship Maintenance Co.*, 444 F.2d 727, 735 Fn. 14 (3d Cir. 1971); vgl. auch Restatement (Second) of Judgments, § 39 cmt. a, § 57.

680 *Köckert*, Beteiligung Dritter, S. 51; *Mansel*, in: Herausforderungen des Internationalen Zivilverfahrensrechts, 63, 64.

681 *Mansel*, in: Herausforderungen des Internationalen Zivilverfahrensrechts, 63, 65.

682 59 Am. Jur. 2d, Parties § 241; Restatement (Second) of Judgments, § 57.

683 *De Lousanoff*, ZZP 109 (1996), 237, 238. Die praktische Bedeutung des *vouching in* ist zwar durch die Möglichkeit der Drittbeteiligung durch *impleader* in diesen Situationen geschmälert. Dort wo jedoch schon kein *impleader* möglich ist (vor allem mangels *personal jurisdiction* gegenüber dem Dritten) und in den Fällen, in denen der Dritte aus strategischen Gründen nur aus dem Hintergrund agieren soll, bleibt die Bedeutung des *vouching in* erhalten, vgl. *Koch*, ZVglRWiss 85 (1986), 11, 34 ff.; 59 Am. Jur. 2d, Parties § 243; Restatement (Second) of Judgments, § 57 cmt. c. Zum *impleader* ausführlich unten, § 5 III.

1. Stellung im Prozess und Wirkung

Bei dem Instrument des *vouching in* handelt es sich um ein formelles Benachrichtigen des Dritten von dem Prozess, bei welcher dem Dritten von dem Beklagten die Möglichkeit der Verteidigungsübernahme angeboten wird.[684] Der Dritte wird weder durch die Benachrichtigung noch durch eine eventuelle Verteidigungsübernahme formell Partei des Prozesses.[685] Die Bindungswirkungen gegenüber dem *vouchee* ergeben sich vielmehr allein aus tatsächlichem Verhalten.

Zwei Fallkonstellationen müssen insofern unterschieden werden: Der Dritte übernimmt die Verteidigung oder er bleibt untätig und wird aufgrund der ungenutzten Möglichkeit der Prozessführung an die Entscheidung gebunden, wenn ein Interessenkonflikt nicht entgegensteht.[686]

Bei Übernahme der Verteidigung wird der *vouchee* nicht Partei des Prozesses, sondern steht nur materiell anstelle des Beklagten (als sog. *real party in interest*).[687] Er kann den Prozess aus dem Hintergrund steuern. Es handelt sich hierbei um ein rein tatsächliches Verhalten.[688] Diese Kontrollmöglichkeit des Prozesses, nicht seine Stellung im Prozess, ist der Grund dafür, wieso die Feststellungswirkungen des Urteils in Form der *issue preclusion* auf ihn erstreckt werden.[689]

Da der Dritte nicht formell am Verfahren beteiligt wird, muss ihm gegenüber – im Gegensatz zu den anderen Instrumenten der (unfreiwilligen) Drittbeteiligung[690] – auch keine *personal jurisdiction* des Gerichts bestehen.[691] Ausreichend, aber auch erforderlich, ist eine einfache Benachrichtigung durch

---

684 Vgl. 59 Am. Jur. 2d, Parties § 241; Restatement (Second) of Judgments, § 57.

685 Vgl. *Mansel*, in: Herausforderungen des Internationalen Zivilverfahrensrechts, 63, 64.

686 Vgl. *Götze*, Vouching In und Third-Party Practice, S. 57 ff.; *Koch*, ZVglRWiss 85 (1986), 11, 20.

687 *Koch*, ZVglRWiss 85 (1986), 11, 19; *Köckert*, Beteiligung Dritter, S. 52; vgl. zur *real party in interest* Restatement (Second) of Judgments, § 37 cmt. a, sowie oben, § 4 I. 2. d. (1). Es ist jedoch auch möglich, dass der Dritte als Intervenient dem Prozess beitritt, vgl. *Mansel*, in: Herausforderungen des Internationalen Zivilverfahrensrechts, 63, 66; sowie *Götze*, Vouching In und Third-Party Practice, S. 56. Zur *intervention* oben, § 5 I.

688 *Mansel*, in: Herausforderungen des Internationalen Zivilverfahrensrechts, 63, 66.

689 Restatement (Second) of Judgments, § 57 cmt. a, § 39; *Köckert*, Beteiligung Dritter, S. 51. Vgl. hierzu auch unten, § 6 II. 4.

690 Zu diesen im Folgenden.

691 Vgl. *SCAC Transport (USA) Inc. v. S.S. Danaos*, 845 F.2d 1157, 1162 (2d Cir. 1988); 59 Am. Jur. 2d, Parties § 241; 46 Am. Jur. 2d, Judgments § 584; vgl. auch Restatement (Second) of Judgments, § 57 cmt. c. Zur *personal jurisdiction* s.o., § 4 I. 2. a. (1).

den Beklagten (*notice*).[692] Der *vouchee* muss so benachrichtigt werden, dass er eine angemessene Möglichkeit hat, sich zu verteidigen, i.e. die Verteidigung zur übernehmen.[693]

Übernimmt der Dritte die Verteidigung dagegen nicht, wirkt das Urteil nur ihm gegenüber, wenn sich der Beklagte im Prozess mit entsprechender Sorgfalt verteidigt und dadurch eine angemessene Vertretung der Interessen des Dritten bereits in diesem Prozess stattgefunden hat.[694] Der Dritte hätte das Recht und die Möglichkeit gehabt, die Verteidigung des Prozesses zu übernehmen.[695] Dass er diese Chance hat verstreichen lassen (und dass der Beklagte den Prozess stattdessen führt), ist der Grund dafür, wieso er an die Feststellungen des Urteils gebunden wird.[696]

Im Hauptprozess wird (im Gegensatz zum Fall des *impleader*[697]) nicht über den Regressanspruch zwischen dem Beklagten und dem Dritten entschieden, sodass die *res judicata* nur in Form der *issue preclusion* bezüglich der Urteilsfeststellungen wirken kann.[698] Diese Bindungswirkung tritt im Verhältnis zum Dritten für den Folgeprozess ein und wirkt sowohl zu seinen Gunsten als auch zu seinen Lasten.[699] Sie ist allerdings dann ausgeschlossen, wenn zwischen ihm und der benachrichtigenden Partei ein Interessenkonflikt hinsichtlich der Prozessführung bestand.[700]

Das *vouching in* erfordert keinerlei Betätigung des Gerichts, sodass die Beteiligung aus der gerichtlichen Entscheidung nicht unbedingt hervorgeht.[701] Es

---

692 *Mansel*, in: Herausforderungen des Internationalen Zivilverfahrensrechts, 63, 77; *Koch*, ZVglRWiss 85 (1986), 11, 18; *ders.*, in: Der Justizkonflikt, S. 127 f. auch zu der Frage, ob das Haager Zustellungsübereinkommen anwendbar ist. Vgl. schließlich auch Restatement (Second) of Judgments, § 57 (1).

693 46 Am. Jur. 2d, Judgments §§ 584, 585; Restatement (Second) of Judgments, § 57 cmt. a; vgl. auch *Koch*, in: Der Justizkonflikt, S. 127.

694 Vgl. *Köckert*, Beteiligung Dritter, S. 55.

695 46 Am. Jur. 2d, Judgments §§ 584, 585; Restatement (Second) of Judgments, § 57 cmt. a.

696 *Universal American Barge Corp. v. J-Chem, Inc.*, 946 F.2d 1131, 1139 (5th Cir. 1991); Restatement (Second) of Judgments, § 57 cmt. a.

697 Vgl. unten, § 5 III.

698 *SCAC Transport (USA) Inc. v. S.S. Danaos*, 845 F.2d 1157, 1162 (2d Cir. 1988); vgl. *Koch*, ZVglRWiss 85 (1986), 11, 26; *Mansel*, in: Herausforderungen des Internationalen Zivilverfahrensrechts, 63, 68 f.

699 *Mansel*, in: Herausforderungen des Internationalen Zivilverfahrensrechts, 63, 66.

700 *Köckert*, Beteiligung Dritter, S. 55; *Mansel*, in: Herausforderungen des Internationalen Zivilverfahrensrechts, 63, 69.

701 *Mansel*, in: Herausforderungen des Internationalen Zivilverfahrensrechts, 63, 66.

handelt sich um eine Erstreckung der Urteilswirkungen zwischen den Hauptparteien auf den Dritten.[702] *Claim preclusion* kann dabei nicht eintreten, weil der *vouchee* ohne Parteistellung nicht die Position besitzt, einen *claim* geltend zu machen und auch die Ursprungsparteien deshalb keinen *claim* ihm gegenüber erheben können.[703] Bezüglich der Ansprüche gegen den Dritten ist ein Folgeprozess nötig, in dem sich gegebenenfalls die *issue preclusion* des Erstprozesses auswirkt.[704] In dieser Hinsicht ist ein *impleader*-Verfahren prozessökonomischer, weil hier bereits ein Urteil über Ansprüche gegen den Dritten ergehen kann.[705]

2. Anerkennungsfähigkeit

Ist die *issue preclusion* im Verhältnis zum Dritten in Deutschland anerkennungsfähig, so wären entsprechende Feststellungen zum Erstprozess in einem Folgeprozess auch für das deutsche Gericht verbindlich.[706]

a. Vereinbarkeit der Wirkung mit dem ordre public

Die Wirkungen, die das *vouching in* gegenüber dem Dritten hervorruft, sind mit der Interventionswirkung nach Streitverkündung gemäß §§ 74 Abs. 3, 68 ZPO vergleichbar.[707] Der Dritte kann aufgrund der Interventionswirkung bzw. der *issue preclusion* in einem Folgeprozess diejenigen Urteilsfeststellungen nicht mehr geltend machen oder angreifen, die bereits im Erstprozess verhandelt und entschieden wurden.[708]

Keine Bedenken hinsichtlich des *ordre public* bestehen, wenn der Dritte die Verteidigung übernommen hat und aufgrund seiner Einflussmöglichkeiten auf den Vorprozess einer Bindung unterliegt.

Problematisch ist hingegen der Fall, in dem der *vouchee* dem Prozess ferngeblieben ist und allein aufgrund der Möglichkeit der Verteidigungsübernahme

702 *Mansel*, in: Herausforderungen des Internationalen Zivilverfahrensrechts, 63, 68.

703 *Köckert*, Beteiligung Dritter, S. 53; *Mansel*, in: Herausforderungen des Internationalen Zivilverfahrensrechts, 63, 68 f.; vgl. auch Restatement (Second) of Judgments, § 39 cmt. b. Zu beachten ist allerdings, dass ein Beitritt als Intervenient nach FRCP 24 und damit als Partei unter den sich daraus ergebenden, bereits oben (vgl. § 5 I.) dargestellten Folgen möglich ist, vgl. *Mansel*, in: Herausforderungen des Internationalen Zivilverfahrensrechts, 63, 66.

704 Vgl. *Cooper*, in: 18A Wright/Miller, Fed. Prac. & Proc., Juris., § 4452.

705 Dazu wiederum sogleich, § 5 III.

706 *Mansel*, in: Herausforderungen des Internationalen Zivilverfahrensrechts, 63, 74.

707 *Götze*, Vouching In und Third-Party Practice, S. 133.

708 Zu den Voraussetzungen der *issue preclusion* im Allgemeinen s.o., § 4 I. 2. b. (1).

gebunden wird. Hierin könnte ein Verstoß gegen den Anspruch auf rechtliches Gehör nach Art. 103 Abs. 1 GG liegen.

Die Ausgangssituation des *vouching in* ist allerdings mit der der deutschen Streitverkündung vergleichbar.[709] Nach § 72 Abs. 1 ZPO kann eine Partei einem Dritten den Streit verkünden, wenn sie einen Anspruch auf Gewährleistung oder Schadloshaltung gegen den Dritten erheben zu können glaubt. Tritt der Dritte dem Prozess nicht bei, unterliegt er dennoch gemäß § 74 Abs. 2, 3 ZPO der Interventionswirkung nach § 68 ZPO, wenn eine wirksame Streitverkündung vorlag. Diese Konstellation ist mit dem Anspruch auf rechtliches Gehör nach Art. 103 Abs. 1 GG vereinbar, da dem Dritten zumindest die Möglichkeit eröffnet wurde, dem Prozess beizutreten.[710] Gleiches gilt somit für die Konstellation des US-amerikanischen *vouching in*. Ein Verstoß gegen den *ordre public* liegt in diesem Fall also nicht vor.

Die *issue preclusion* gegenüber dem *vouchee* ist folglich mit dem *ordre public* grundsätzlich vereinbar. Einer Wirkungserstreckung steht demnach nichts entgegen. Besonderheiten des Einzelfalls können jedoch wegen der konkreten *ordre public*-Prüfung zu einem anderen Ergebnis führen.[711]

b. Wirksames vouching in

Fraglich sind wiederum die Voraussetzungen, die für die Anerkennung der *issue preclusion* gemäß § 328 ZPO vorliegen müssen.

Anders als bei der bereits dargestellten Bindung nach *intervention* ist der *vouchee* gerade nicht aufgrund einer Parteistellung gebunden, sondern nur aufgrund eines erfolgreichen *vouching in*.[712] Für den Eintritt der *issue preclusion* ihm gegenüber muss das Gericht des Folgeverfahrens dementsprechend zunächst prüfen, ob ein wirksames *vouching in* im Erstprozess überhaupt stattgefunden hat.[713] Dies kennzeichnet auch einen grundlegenden Unterschied zwischen den Wirkungen, die aus einer *intervention* folgen und solchen, die sich nach *vouching in* ergeben. Im Gegensatz zum deutschen Recht lassen sich diese nicht in

---

709 *Mansel*, in: Herausforderungen des Internationalen Zivilverfahrensrechts, 63, 64.

710 *Mansel*, in: Wieczorek/Schütze, ZPO, Bd. 2/1, § 74 Rdn. 38; vgl. BVerfGE 21, 132, 137 f.

711 Vgl. beispielsweise den speziellen Fall, den *Götze*, Vouching In und Third-Party Practice, S. 137 schildert.

712 46 Am. Jur. 2d, Judgments § 585; *Mansel*, in: Herausforderungen des Internationalen Zivilverfahrensrechts, 63, 74.

713 *Herrmann*, Anerkennung US-amerikanischer Urteile, S. 169; *Mansel*, in: Herausforderungen des Internationalen Zivilverfahrensrechts, 63, 74.

diesem Sinne unter einem Begriff („Interventionswirkung") zusammenfassen. Die unterschiedliche Verfahrensstellung des Dritten (Intervenient oder *vouchee*) resultiert in unterschiedlichen Begründungen der Urteilswirkungen, für die auch unterschiedliche Anerkennungsvoraussetzungen vorliegen müssen.[714]

Das deutsche Gericht hat also zu prüfen, ob die Voraussetzungen eines wirksamen *vouching in* nach US-amerikanischem Recht im Erstprozess vorlagen.[715] Wäre dies zu verneinen, bestünde schon keine Wirkung, die anerkannt werden könnte.[716]

Voraussetzung eines wirksamen *vouching in* ist – wie dargestellt – die ordnungsgemäße *vouching notice* durch den Beklagten.[717] Dass nach deutschem Recht strengere Voraussetzungen zu wahren sind (vgl. § 73 ZPO), ist dabei unerheblich. Besonderheiten des ausländischen Verfahrensrechts sind zu akzeptieren, soweit der *ordre public* nicht entgegensteht. Dies ist hier aber nicht der Fall.[718]

c. Prüfung des § 328 ZPO bzgl. Hauptparteien

Die Wirkungen des Urteils zwischen Kläger und Beklagtem werden auf den *vouchee* erstreckt und wirken sich erst in einem Folgeprozess für den *vouchee* aus. Es handelt sich bei den Wirkungen gegenüber dem *vouchee* also um unselbstständige Drittwirkungen, die erst aus den Wirkungen der Hauptentscheidung des Vorprozesses folgen. Somit ist zwingend, dass zunächst die Hauptentscheidung zwischen Kläger und Beklagtem die Voraussetzungen der Anerkennung nach § 328 ZPO erfüllen.[719]

Grundvoraussetzung der Anerkennung der *issue preclusion* gegenüber dem *vouchee* ist also die Anerkennungsfähigkeit der Hauptentscheidung. Die Voraussetzungen des § 328 Abs. 1 ZPO müssen bezogen auf die Hauptparteien des

---

714 Vgl. oben, § 5 I. 2. b. und c. Ähnlich *Mansel*, in: Wieczorek/Schütze, ZPO, Bd. 2/1, § 68 Rdn. 28 f.

715 Vgl. *Herrmann*, Anerkennung US-amerikanischer Urteile, S. 169; *Mansel*, in: Herausforderungen des Internationalen Zivilverfahrensrechts, 63, 74; treffend *Wilhelmi*, NiemeyersZ 48 (1933/34), 105, 106: „Eine bedeutungslose Prozeßhandlung kann aber auch im Ausland niemals als Grundlage (prozeß-)rechtlicher Ansprüche dienen oder sonst irgendwelche Wirkung haben."

716 *Mansel*, in: Herausforderungen des Internationalen Zivilverfahrensrechts, 63, 74.

717 Restatement (Second) of Judgments, § 57 cmt. e.

718 Vgl. dazu *Köckert*, Beteiligung Dritter, S. 149 f.

719 Vgl. zu dieser Argumentation bereits oben, § 5 I. 2. b. (4); sowie *Mansel*, in: Herausforderungen des Internationalen Zivilverfahrensrechts, 63, 75.

Ausgangsprozesses vorliegen. Hierfür kann wiederum auf die allgemeinen Ausführungen verwiesen werden.[720]

d. *Prüfung des § 328 ZPO bzgl.* vouchee

Fraglich und umstritten ist, ob und inwieweit die Voraussetzungen des § 328 ZPO auch hinsichtlich des *vouchee* zu prüfen sind. Das Problem erlangt an dieser Stelle Relevanz, da der Dritte hier im Gegensatz zur *intervention* unfreiwillig am Prozess beteiligt wird.[721]

Es geht im Wesentlichen um die Frage, ob und in welchem Umfang auch dem Dritten der Schutz des § 328 ZPO – insbesondere bezüglich der Anerkennungszuständigkeit und des rechtlichen Gehörs – gewährt werden soll und (im Wege einer Analogie gewährt werden) kann. Kritisch ist hierbei insbesondere die Vereinbarkeit mit dem Wortlaut des § 328 ZPO, der nur einen „Beklagten" (Abs. 1 Nr. 2) erfasst.[722]

(1) Die Ansicht Wilhelmis

Wilhelmi unterscheidet die Anerkennungsvoraussetzungen für die Frage ihrer Prüfung nach deren Schutzzweck. Er unterscheidet solche, die staatliche Interessen schützen und solche, die dem Schutz des beteiligten Inländers dienen.[723] Erstere müssten in jedem Falle vorliegen (nach seiner Ansicht sind dies § 328 Abs. 1 Nr. 4 und 5 ZPO; Nr. 3 existierte zu seiner Zeit hingegen noch nicht).[724] Letztere seien bei der Anerkennung einer Interventionswirkung allein gegenüber dem Dritten zu prüfen, da sie zu seinem Schutz bestimmt seien.[725] Nach dieser Ansicht müsste folglich hinsichtlich des *vouchee* die internationale Zuständigkeit (Nr. 1) sowie die ordnungsgemäße Zustellung (Nr. 2) für eine Anerkennung vorliegen. Eine zusätzliche Prüfung dieser Anerkennungsvoraussetzungen hinsichtlich der Hauptentscheidung fordert *Wilhelmi* dagegen nicht.[726]

---

720 S.o., § 4 II.

721 Vgl. oben, § 5 I. 2. c. (2), wo das Problem bereits angerissen wurde.

722 Vgl. *Köckert*, Beteiligung Dritter, S. 138.

723 *Wilhelmi*, NiemeyersZ 48 (1933/34), 105, 133.

724 *Wilhelmi*, NiemeyersZ 48 (1933/34), 105, 133.

725 *Wilhelmi*, NiemeyersZ 48 (1933/34), 105, 134.

726 *Wilhelmi*, NiemeyersZ 48 (1933/34), 105, 133 f.

(2) *Die Ansichten von* Milleker *und* Mansel

Milleker fordert für die Anerkennung einer Streitverkündungswirkung demgegenüber ebenfalls die Anerkennungsfähigkeit des „Urteils als solches", also der Entscheidung zwischen den Hauptparteien. Zusätzlich soll die Voraussetzung der Nr. 2 hinsichtlich des Dritten vorliegen.[727] Ein Vorliegen der Zuständigkeit nach Nr. 1 sei nicht erforderlich, da schon die Inlandsrechtsordnung dem Dritten zumute, sich an einem Prozess zu beteiligen, der an einem Ort schwebt, zu dem im Regelfall jeder örtliche wie sachliche Bezug fehle.[728] *Milleker* zieht also für die Voraussetzungen der Anerkennung die Parallele zu den Voraussetzungen einer inländischen Streitverkündung, die ebenfalls ein wirksames Grundurteil und eine wirksame Benachrichtigung des Dritten fordert.[729]

Eine ähnliche Auffassung vertritt *Mansel:* Die Voraussetzungen des § 328 ZPO (abgesehen vom Gegenseitigkeitserfordernis) seien für den *vouchee* analog zu prüfen; § 72 ZPO sei dabei als Zuständigkeitsnorm i.S.d. § 328 Abs. 1 Nr. 1 ZPO aufzufassen.[730] Dies leitet er aus dem deutschen Recht zur Streitverkündung ab.[731]

(3) *Die Ansicht* Köckerts

Köckert verneint eine Prüfung des § 328 Abs. 1 ZPO hinsichtlich des Dritten, weil es hierfür an den Voraussetzungen einer erforderlichen Analogie fehle.[732]

§ 328 Abs. 1 ZPO regle bereits die Anerkennung von Interventionswirkungen, weil man der Norm das Verständnis ihrer Entstehungszeit zugrunde legen müsse.[733] Danach wurde die Interventionswirkung als Bestandteil der materiellen Rechtskraft verstanden.[734] Da die Anerkennung einheitlich geregelt war, ohne besondere Erfordernisse hinsichtlich einer Anerkennung von Drittwirkungen aufzustellen, liege aber bereits keine planwidrige Regelungslücke vor.[735] Dafür, dass die Regelungslücke auch heute nicht planwidrig sei, führt *Köckert* an, dass sich Rechtsprechung und Literatur bereits wiederholt mit der Anerkennung

---

727 *Milleker*, ZZP 80 (1967), 288, 302 f., 305 f.

728 *Milleker*, ZZP 80 (1967), 288, 298, 306.

729 Vgl. *Milleker*, ZZP 80 (1967), 288, 303 f.

730 *Mansel*, in: Herausforderungen des Internationalen Zivilverfahrensrechts, 63, 75 ff.; *ders.*, in: Wieczorek/Schütze, ZPO, Bd. 2/1, § 68 Rdn. 34 ff.

731 *Mansel*, in: Herausforderungen des Internationalen Zivilverfahrensrechts, 63, 76.

732 *Köckert*, Beteiligung Dritter, S. 141.

733 *Köckert*, Beteiligung Dritter, S. 141.

734 *Köckert*, Beteiligung Dritter, S. 141.

735 *Köckert*, Beteiligung Dritter, S. 141.

französischer Interventionsklageurteile zu befassen hatten, sodass davon ausgegangen werden müsse, dass der Gesetzgeber das Problem erkannt, eine Änderung an § 328 ZPO aber dennoch nicht vorgenommen hat.[736]

Die Drittinteressen seien aber im Rahmen der allgemeinen *ordre public*-Prüfung zu berücksichtigen.[737] *Köckert* kommt damit im Ergebnis zu einer indirekten Prüfung der Anerkennungsvoraussetzungen bezüglich des Dritten, die sie jedoch an einer anderen Stelle verortet.

(4) Stellungnahme

Die erste Ansicht vermag schon deshalb nicht zu überzeugen, weil sie eine Prüfung der Anerkennungsvoraussetzungen bezüglich der Hauptentscheidung ablehnt.[738] Zusätzlich ist aber auch nicht ersichtlich, wieso gegenüber dem *vouchee* eine Anerkennungszuständigkeit vorliegen muss. Hintergrund des § 328 Abs. 1 Nr. 1 ZPO ist es gerade, dass dem fremden Staat das gleiche Maß an Jurisdiktion zugebilligt wird wie Deutschland selbst umgekehrt für sich beansprucht.[739] Für das US-amerikanische *vouching in* kann daher nicht mehr gefordert werden als für die vergleichbare deutsche Streitverkündung, für die eine eigenständige Zuständigkeit nicht erforderlich ist, vgl. § 72 ZPO.

Übrig bleiben somit die Auffassungen, die eine analoge Anwendung des § 328 ZPO bezüglich des Dritten vornehmen oder den Schutz des Dritten im Rahmen des *ordre public* gemäß § 328 Abs. 1 Nr. 4 ZPO überprüfen.

Fraglich ist aber bereits, ob die Norm eine analoge Anwendung überhaupt zulässt.[740] Dafür müsste zunächst eine Regelungslücke bestehen, die auch planwidrig ist.[741]

Nach Wortlaut und Systematik[742] der Norm ist nur eine Anerkennung eines Urteils über einen Zweiparteienstreit erfasst. Dies wird durch Ziffer 2 („Beklagter") deutlich.[743] Zudem steht die Norm in der Zivilprozessordnung systematisch hinter den Regelungen zur Rechtskraftwirkung, insbesondere § 325 ZPO. Klar ist zwar jedenfalls, dass die Norm als Rechtsfolge auch die Anerkennung

736 Zum Ganzen *Köckert*, Beteiligung Dritter, S. 138–141.

737 *Köckert*, Beteiligung Dritter, S. 141, 148 ff.

738 Vgl. dazu oben, § 5 I. 2. b.

739 *Geimer*, ZZP 85 (1972), 196, 200.

740 Dazu eingehend *Köckert*, Beteiligung Dritter, S. 138 ff.

741 Vgl. *Larenz*, Methodenlehre, S. 370 ff. Zur Analogie vgl. *Larenz*, Methodenlehre S. 381 ff.

742 Dazu bereits oben, Einl. Dritter Teil.

743 *Köckert*, Beteiligung Dritter, S. 138.

von anderen Urteilswirkungen, und somit auch einer der Interventionswirkung vergleichbaren Wirkung, erfasst.[744] Wortlaut und Systematik sprechen jedoch dagegen, dass auch ein Dritter, der nicht Beklagter ist, von den Voraussetzungen erfasst wird. Die Voraussetzungen der Anerkennung einer Drittwirkung sind damit nicht geregelt; eine Regelungslücke besteht.[745]

Zweifelhaft ist allerdings die Planwidrigkeit der Regelungslücke, da die Norm, wie zuvor dargestellt, gerade auch nach ihrer historischen Auslegung bereits die Anerkennung von Drittwirkungen mitumfassen sollte.[746] Der Gesetzgeber hatte zudem aufgrund von wiederholter Rechtsprechung und Literatur zu dieser Thematik bereits die Chance der Klarstellung, ob im Rahmen der Anerkennung hinsichtlich des Dritten zusätzliche Voraussetzungen vorliegen müssen.[747] Diese ließ er jedoch ungenutzt, sodass auf ein absichtliches Schweigen des Gesetzes geschlossen werden kann.[748]

Eine Planwidrigkeit der Regelungslücke ist damit insgesamt zu verneinen.[749] Eine analoge Anwendung der Norm auf den Fall der Drittbeteiligung ist demnach grundsätzlich ausgeschlossen.

Die Regelung des § 328 ZPO soll aber dennoch gewährleisten, dass die Anerkennung ausländischer Hoheitsakte im Inland kontrollierbar bleibt.[750] Der Schutz des Dritten vor einer „unkontrollierten" Anerkennung ausländischer Urteilswirkungen ihm gegenüber muss daher über die Prüfung des § 328 Abs. 1 Nr. 4 ZPO erfolgen.[751] So wird im Wege der Auslegung auch der für die Streitverkündung typischen Dreierkonstellation auf der Ebene der Anerkennung Rechnung getragen, wie es die Ansichten, die eine (teilweise) analoge Anwendung annehmen, fordern. Eine analoge Anwendung ist dafür aber gerade nicht erforderlich.

---

744 Dazu bereits oben, Einl. Dritter Teil.

745 *Köckert*, Beteiligung Dritter, S. 138.

746 Dazu *Köckert*, Beteiligung Dritter, S. 139 ff. Vgl. auch oben, Einl. Dritter Teil.

747 Insbesondere hatte sich die Rechtsprechung schon mit der Anerkennung französischer Garantieurteile zu befassen, vgl. BGH, NJW 1970, 387; OLG Karlsruhe/Freiburg, NJW 1974, 1059.

748 *Köckert*, Beteiligung Dritter, S. 141.

749 Vgl. hierzu auch noch einmal die ausführliche Argumentation zur historischen Auslegung von *Köckert*, Beteiligung Dritter, S. 139 ff.

750 *Martiny*, Handbuch IZVR, Bd. III/1, Kap. I Rdn. 86; vgl. *Schack*, IZVR, Rdn. 882; dazu oben, § 3 I. 2.

751 *Köckert*, Beteiligung Dritter, S. 149.

e. Ergebnis

Die Wirkungen eines *vouching in* in Form der *issue preclusion* sind gegenüber dem *vouchee* in Deutschland anerkennungsfähig, wenn ein wirksames *vouching in* nach US-amerikanischem Recht vorliegt und die Voraussetzungen des § 328 Abs. 1 ZPO bezüglich der Hauptentscheidung gegeben sind.

Der Schutz des Dritten wird über eine Prüfung seiner Interessen im Rahmen des *ordre public*-Vorbehalts sowie einer Sicherstellung, dass bereits in den USA eine wirksame Einbeziehung durch *vouching in* erfolgte, gewährleistet.

III. *Impleader* oder *third-party practice*

Das Instrument des *impleader*, auch *third-party practice* genannt, gibt dem Beklagten (oder dem widerbeklagten Kläger) die Möglichkeit, einen Dritten als Drittbeklagten in das anhängige Verfahren einzubeziehen, wenn er einen eigenen (Freistellungs- oder Regress-)Anspruch gegen diesen hat oder zu haben glaubt, FRCP 14 (a) und (b).[752]

Voraussetzung ist, dass der Beklagte einen Anspruch gegen den Drittbeklagten hat, der von seiner eigenen Verurteilung gegen den Kläger abhängt.[753] Im Gegensatz zur Geltendmachung einer Widerklage (*compulsory counterclaim*, FRCP 13 (a))[754] ist die Beantragung eines *impleader* nicht verpflichtend.[755] Der Beklagte könnte den Anspruch gegen den Drittbeklagten also auch nach seiner Wahl in einem separaten Prozess geltend machen.[756] Das Gericht hat im Übrigen auch im Lauf des Verfahrens noch die Möglichkeit, die Verfahren zu trennen, vgl. FRCP 42 (b).

Vorrangiger Zweck des *impleader* ist es, die gesamte Streitsache prozessökonomisch und einheitlich mittels eines Verfahrens zu erledigen.[757] Dadurch werden Zeit und Kosten einer doppelten Beweisführung gespart und widersprüchliche Ergebnisse vermieden.[758] Zudem muss der Beklagte so nicht auf das

---

752 *Hay*, US-amerikanisches Recht, Rdn. 170; *Miller/Kane/Spencer*, in: 6 Wright/Miller, Fed. Prac. & Proc., Civ., § 1441.

753 *Miller/Kane/Spencer*, in: 6 Wright/Miller, Fed. Prac. & Proc., Civ., § 1446.

754 Dazu bereits oben, § 4 II. 2. b.

755 *Miller/Kane/Spencer*, in: 6 Wright/Miller, Fed. Prac. & Proc., Civ., § 1446; vgl. auch *City of Gretna v. Defense Plant Corp.*, 159 F.2d 412 (5th Cir. 1947).

756 *Friedenthal/Kane/Miller*, Civil Procedure, § 6.9; *Miller/Kane/Spencer*, in: 6 Wright/Miller, Fed. Prac. & Proc., Civ., § 1446.

757 *Miller/Kane/Spencer*, in: 6 Wright/Miller, Fed. Prac. & Proc., Civ., § 1442.

758 Vgl. etwa *Colton v. Swain*, 527 F.2d 296, 299 (7th Cir. 1975); *Miller/Kane/Spencer*, in: 6 Wright/Miller, Fed. Prac. & Proc., Civ., § 1442.

Ergebnis eines weiteren Verfahrens warten, was mitunter nur mit erheblicher Zeitverzögerung ergeht.[759]

1. Stellung im Prozess und Wirkung

Der Drittbeklagte wird Partei des Verfahrens und zwar nicht lediglich als Mitbeklagter sondern als eigenständiger Drittbeklagter.[760] Das Gericht muss ihm gegenüber somit insbesondere auch *personal jurisdiction* besitzen.[761] Hierin liegt ein entscheidender Unterschied zur französischen Garantieklage, die ebenfalls eine Art Drittklage darstellt, und zur deutschen Streitverkündung, welche ohne gesondertes Zuständigkeitserfordernis erhoben werden können.[762]

Gegenstand des gesamten Verfahrens ist nach erfolgtem *impleader* zum einen die Klageforderung zwischen Kläger und Beklagtem, zum anderen aber auch die Rückgriffsforderung zwischen Beklagtem und Drittem.[763] Darüber hinaus hat sogar der Ursprungskläger die Möglichkeit einen *claim* gegen den Drittbeklagten geltend zu machen, der im Zusammenhang mit dem Sachverhalt der Hauptklage steht, FRCP 14 (a)(3).

Nach FRCP 14 hat der Drittbeklagte alle prozessualen Möglichkeiten eines Beklagten.[764] Er hat damit insbesondere auch die Möglichkeit, sich wie der Hauptbeklagte gegen die Hauptklage zu verteidigen und Widerklage zu erheben, FRCP 14 (a)(2)(C), (D). Hieran wird deutlich, dass gerade keine Einordnung auf

---

759 *Kim v. Fujikawa*, 871 F.2d 1427, 1434 (9th Cir. 1989); *Dery v. Wyer*, 265 F.2d 804, 806 f. (2d Cir. 1959); *Miller/Kane/Spencer*, in: 6 Wright/Miller, Fed. Prac. & Proc., Civ., § 1442; *Friedenthal/Kane/Miller*, Civil Procedure, § 6.9; *Koch*, ZVglRWiss 85 (1986), 11, 28 f.; *Köckert*, Beteiligung Dritter, S. 46.

760 *Koch*, ZVglRWiss 85 (1986), 11, 33. Zum *joinder* s.u., § 5 IV.

761 Vgl. *Coleman v. American Export Isbrandtsen Lines, Inc.*, 405 F.2d 250 (2d Cir. 1968); *Miller/Kane/Spencer*, in: 6 Wright/Miller, Fed. Prac. & Proc., Civ., § 1445; *Köckert*, Beteiligung Dritter, S. 47 f.; Restatement (Second) of Judgments, § 57 cmt. c. Für die *subject-matter jurisdiction* und die örtliche Zuständigkeit gilt dagegen, dass eine angelehnte Zuständigkeit an die Hauptklage ausreicht, vgl. *Koch*, ZVglRWiss 85 (1986), 11, 30; sowie ausführlich zum Thema *Miller/Kane/Spencer*, in: 6 Wright/Miller, Fed. Prac. & Proc., Civ., § 1444.

762 § 68 ZPO; zur Garantieklage nach französischem Recht: *Köckert*, Beteiligung Dritter, S. 30 f.

763 *Mansel*, in: Herausforderungen des Internationalen Zivilverfahrensrechts, 63, 67. Hierin besteht ein wesentlicher Unterschied zu Verfahren nach *vouching in* vgl. oben, § 5 II.

764 Vgl. *Knell v. Feltman*, 174 F.2d 662, 665 (D.C. Cir. 1949).

der Seite des Beklagten der Hauptklage erfolgt, sondern der Prozess vielmehr um eine zusätzliche Verfahrenspartei erweitert wird.[765]

Es ergeht eine Entscheidung im Verhältnis zum Dritten, die in Einheit mit der Entscheidung zwischen den ursprünglichen Hauptparteien steht.[766] Im Regelfall wird ein gemeinsames Endurteil ergehen, vgl. FRCP 54 (b).[767] Die Entscheidung entfaltet gegenüber dem Dritten alle Rechtskraftwirkungen, die auch ein „normales" Urteil hätte.[768] Zwischen Drittkläger und Drittbeklagtem treten sowohl *claim* als auch *issue preclusion* ein.[769] Hinsichtlich der Entscheidung über den Anspruch in der Hauptsache kann gegenüber dem Dritten dagegen allein *issue preclusion* eintreten.[770]

Weitere Urteilswirkungen hängen davon ab, ob zwischen den sonstigen Parteien ein anderweitiger *claim* (im Rahmen der Möglichkeiten des FRCP 14) geltend gemacht wurde oder hätte geltend gemacht werden müssen. In diesem Fall muss folgerichtig auch *claim preclusion* zwischen den jeweiligen Parteien eintreten.[771]

2. Anerkennungsfähigkeit

Zur Anerkennung einer aus einem *impleader*-Verfahren ergangenen Entscheidung gibt es noch keine deutsche Rechtsprechung. Deutsche Gerichte haben bisher (vergleichbar) lediglich über die Anerkennung eines französischen Garantieurteils entschieden.[772] Zentral war in diesem Fall vor allem die Frage, ob gegenüber dem Dritten eine internationale Zuständigkeit i.S.d. § 328 Abs. 1 Nr. 1 ZPO vorliegen muss, da es für die Erhebung der Garantieklage nach französischem Recht keiner gesonderten Zuständigkeit bedarf, sondern die Zuständigkeit des Gerichts in der Hauptsache ausreicht.[773] Insofern wurde ein Vergleich

---

765 *Köckert*, Beteiligung Dritter, S. 46; vgl. auch *Friedenthal/Kane/Miller*, Civil Procedure, § 6.9 m.w.N.

766 *Köckert*, Beteiligung Dritter, S. 119; vgl. etwa *Knell v. Feltman*, 174 F.2d 662 (D.C. Cir. 1949).

767 *Götze*, Vouching In und Third-Party Practice, S. 111, 114.

768 *Mansel*, in: Herausforderungen des Internationalen Zivilverfahrensrechts, 63, 68.

769 *Mansel*, in: Herausforderungen des Internationalen Zivilverfahrensrechts, 63, 67; *Götze*, Vouching In und Third-Party Practice, S. 113.

770 Vgl. *Knell v. Feltman*, 174 F.2d 662, 665 (D.C. Cir. 1949); *Götze*, Vouching In und Third-Party Practice, S. 111; vgl. auch *Mansel*, in: Herausforderungen des Internationalen Zivilverfahrensrechts, 63, 69.

771 Vgl. zu den Voraussetzungen der *claim preclusion* oben, § 4 I. 2. a. (1).

772 BGHZ 53, 332; BGH, NJW 1970, 387; OLG Karlsruhe/Freiburg, NJW 1974, 1059.

773 Vgl. *Köckert*, Beteiligung Dritter, S. 120 f.

zur Streitverkündung nach deutschem Recht gezogen, für die ebenfalls keine gesonderte Zuständigkeit des Gerichts vorliegen muss. Der BGH und die herrschende Lehre nahmen für die Anerkennung einer französischen Garantieklage jedoch an, dass die internationale Zuständigkeit nach § 328 Abs. 1 Nr. 1 ZPO auch gegenüber dem Drittbeklagten vorliegen muss.[774] Durch die Regelung des Art. 65 Abs. 2 S. 1 i.V.m. Art. 36 ff. (insbesondere Art. 45 Abs. 3) EuGVVO hat sich dieses Problem allerdings für die französische Garantieklage erledigt.[775] Für die Konstellation des US-amerikanischen *impleader* ist die Diskussion aber weiterhin relevant, dazu sogleich.

a. *Vereinbarkeit der Wirkungen mit dem* ordre public

Fraglich ist, ob die durch eine Entscheidung eines *impleader*-Verfahrens entstehenden Wirkungen gegenüber dem Dritten grundsätzlich anerkennungsfähig sind. Das wäre nicht der Fall, wenn das Ergebnis ihrer Anerkennung mit dem *ordre public* nicht zu vereinen wäre. Es handelt sich auch bei einem *impleader* grundsätzlich um einen mehrseitigen Prozess. Fraglich ist, ob die Anerkennung aufgrund dessen für das deutsche Recht einen Systembruch bedeuten würde. Hierfür ist wiederum eine funktionelle Betrachtung des Instruments *impleader* notwendig.

Teilweise wird die Konstellation des *impleader* nach ihrem Zweck und der prozessualen Auswirkung für den Dritten mit einer Streitverkündung nach deutschem Prozessrecht verglichen.[776] Dem kann jedoch nicht zugestimmt werden. Der Prozesszweck von *impleader* und Streitverkündung ist zwar derselbe, nämlich Prozessökonomie sowie die Vermeidung sich widersprechender Entscheidungen.[777] Gegen eine Charakterisierung als bloße Streitverkündung und für eine Behandlung als eigenständige Klage spricht aber vor allem, dass der Dritte als vollwertige Partei am Prozess beteiligt ist und ihm gegenüber alle Wirkungen der Rechtskraft eintreten.[778] Im Gegensatz zur deutschen Streitverkündung

---

774 BGH, NJW 1970, 387; *Bernstein*, in: FS Ferid, 75, 88; *Götze*, Vouching In und Third-Party Practice, S. 168 ff.; *Gottwald*, in: MünchKomm, ZPO, Bd. 1, § 328 Rdn. 179; *Mansel*, in: Herausforderungen des Internationalen Zivilverfahrensrechts, 63, 83 f.; *Meier*, Grenzüberschreitende Drittbeteiligung, S. 223 f.; *Roth*, in: Stein/Jonas, ZPO, Bd. 5, § 328 Rdn. 22; a.A. Anm. *Geimer*, NJW 1970, 388; *ders.*, IZPR, Rdn. 2821.

775 *Köckert*, Beteiligung Dritter, S. 121, 282; vgl. auch *Mansel*, in: Wieczorek/Schütze, ZPO, Bd. 2/1, § 68 Rdn. 46.

776 *Hay*, US-amerikanisches Recht, Rdn. 170; *Lüke*, Beteiligung Dritter, S. 76 f.

777 *Meier*, Grenzüberschreitende Drittbeteiligung, S. 5.

778 Vgl. *Köckert*, Beteiligung Dritter, S. 119 f.

bedarf es somit auch keines Folgeprozesses, in dem der Dritte lediglich von einer gegenüber der Rechtskraft geringeren Interventionswirkung erfasst würde.[779]

Eine hinreichendere Vergleichbarkeit besteht mit einer Drittwiderklage:[780] Um eine gemeinsame Verhandlung zusammengehöriger Ansprüche zu ermöglichen, wird die sog. isolierte Drittwiderklage als Widerklage des Beklagten (allein[781]) gegen einen bislang nicht am Prozess beteiligten Dritten (in immer mehr Ausnahmefällen[782]) zugelassen.[783] Voraussetzung hierfür ist „eine enge rechtliche und tatsächliche Verknüpfung der Gegenstände der Klage und der Drittwiderklage sowie die Nichtverletzung schutzwürdiger Interessen des Drittbeklagten."[784] Die isolierte Drittwiderklage wird – wie das Instrument des *impleader* und die deutsche Streitverkündung – mit prozessökonomischen Erwägungen begründet.[785] Jedenfalls besteht eine Vergleichbarkeit mit den Attributen des *impleader* insofern, als dass die Zulässigkeit in beiden Konstellationen von einer tatsächlichen und rechtlichen Verknüpfung der Streitgegenstände abhängt und über diese vollumfänglich entschieden werden kann.[786] Die isolierte Drittwiderklage ist ein Beispiel richterlicher Rechtsfortbildung, die zwar wohl noch nicht gänzlich anerkannt ist, in gewissen Fällen, in denen ein Zusammenhang zwischen den Streitgegenständen besteht aber vermehrt Zuspruch findet.[787] Aufgrund der zunehmenden Anerkanntheit der isolierten Drittwiderklage sowie einer hinreichenden Ähnlichkeit der beiden Instrumente ist ein Verstoß gegen den *ordre public* nicht erkennbar.

---

779 Vgl. *Köckert*, Beteiligung Dritter, S. 120; *Mansel*, in: Herausforderungen des Internationalen Zivilverfahrensrechts, 63, 84; *Meier*, Grenzüberschreitende Drittbeteiligung, S. 5, 7.

780 Vgl. *Böhm*, Amerikanisches ZPR, Rdn. 671.

781 Im Gegensatz dazu wird die weniger umstrittene sog. streitgenössische Widerklage vom Beklagten gleichzeitig gegen den Kläger und einen unbeteiligten Dritten erhoben, vgl. *Roth*, in: Stein/Jonas, ZPO, Bd. 1, § 33 Rdn. 40a.

782 Zu einer Verallgemeinerungsfähigkeit vgl. *Dauner-Lieb*, in: FS Schilken, 223, 229 ff., 233 f.

783 *Rosenberg/Schwab/Gottwald*, ZPR, § 97 Rdn. 28; vgl. BGHZ 147, 220; 187, 112, Rdn. 7; BGH, NJW 2008, 2852, 2854; NJW 2007, 1753; *Dauner-Lieb*, in: FS Schilken, 223, 224.

784 BGHZ 187, 112, Rdn. 7; vgl. zur Verallgemeinerungsfähigkeit dieser Voraussetzungen *Dauner-Lieb*, in: FS Schilken, 223, 230 f.

785 Vgl. BGHZ 147, 220, 222; 187, 112, Rdn. 7; BGH, NJW 2007, 1753 Rdn. 10; NJW 2008, 2852, 2854.

786 Vgl. oben unter III.

787 Dazu *Dauner-Lieb*, in: FS Schilken, 238 ff. mw.N.

Schließlich gewährleistet die Ausgestaltung des US-amerikanischen Verfahrens für den Fall des *impleader* einen ausreichenden Ausgleich für die – im Vergleich zur deutschen Streitverkündungswirkung – „starken" Bindungswirkungen der Entscheidung. Der Drittbeklagte wird behandelt wie ein regulärer Beklagter.[788] Er ist schließlich Partei des Verfahrens. Ihm werden sowohl gegenüber dem Drittkläger als auch gegenüber dem Kläger der Ursprungsklage weitreichende prozessuale Möglichkeiten gewährt.[789] Aber auch im Vorfeld wird der möglichen weitreichenden Bindung des Dritten Rechnung getragen: Ein *impleader* ist nur innerhalb einer kurzen Frist ohne gerichtliche Zulassungsentscheidung möglich (FRCP 14 (a)(1)) und nur wenn ein gewisses Abhängigkeitsverhältnis zur Hauptklage besteht.[790] Des Weiteren muss das Gericht gegenüber dem Dritten *personal jurisdiction* besitzen.[791] Der *impleader* ist letztlich nur in den Fällen möglich, in denen ohnehin eine direkte Klage gegen den Dritten möglich wäre, was das deutsche Recht ebenfalls zuließe.[792]

Eine Betrachtung des *impleader* als eine Drittklage im Sinne einer eigenständigen Klage mit ordnungsgemäß zustande gekommenem Urteil ist für die Anerkennung also möglich, sodass ein Systembruch im deutschen Recht durch die Anerkennung der Wirkungen der (grundsätzlich mehrseitigen) Drittklage nicht vorliegt.[793]

Das Ergebnis einer Anerkennung der Wirkungen, die aus einem *impleader* Verfahren folgen, ist somit mit dem *ordre public* nach § 328 Abs. 1 Nr. 4 ZPO vereinbar. Eine Wirkungserstreckung ist möglich.

b. Prüfung des § 328 ZPO

Zu klären ist schließlich auch hier die Frage, hinsichtlich welchen Verhältnisses § 328 ZPO für die jeweils eingetretene Wirkung gegenüber dem Drittbeklagten zu prüfen ist.

---

788 Vgl. *Knell v. Feltman*, 174 F.2d 662, 665 (D.C. Cir. 1949).

789 Hierzu ausführlich *Miller/Kane/Spencer*, in: 6 Wright/Miller, Fed. Prac. & Proc., Civ., §§ 1455 ff.

790 *Miller/Kane/Spencer*, in: 6 Wright/Miller, Fed. Prac. & Proc., Civ., §§ 1446, 1454; vgl. dazu oben unter 1.

791 *Miller/Kane/Spencer*, in: 6 Wright/Miller, Fed. Prac. & Proc., Civ., § 1445; vgl. dazu oben, § 4 I. 2. a. (1).

792 *Köckert*, Beteiligung Dritter, S. 125.

793 *Koch*, ZVglRWiss 85 (1986), 11, 52; vgl. zum Problem des Mehrparteienprozesses auch oben, § 5 I. 2. a. (1).

(1) Drittkläger und Drittbeklagter

Wie bereits dargestellt, handelt es sich bei einem *impleader* um eine echte Drittklage, die zwischen Drittkläger und Drittbeklagtem die regulären Wirkungen eines Urteils hervorruft.[794] Folglich ist § 328 ZPO auf diese Entscheidung auch unmittelbar anwendbar und somit ausschließlich bezogen auf diese zu prüfen, sodass sich (abstrakt gesehen) folgendes Bild ergibt:[795]

Die internationale Zuständigkeit gemäß § 328 Abs. 1 Nr. 1 ZPO muss im Verhältnis zum Drittbeklagten vorliegen. Abzulehnen ist insofern die Annahme, das deutsche Recht zwinge auch dem Streitverkündeten die Zuständigkeit des Ursprungsgerichts auf, sodass man für die Anerkennung einer Drittklage nichts anderes fordern dürfe.[796] Diese Ansicht verkennt, dass es sich um eine echte Klage mit der Folge eines Urteils mit eigenständigen Wirkungen gegenüber dem Dritten handelt.[797] Dies erfordert einen größeren Schutz des Dritten, als wenn dieser „lediglich" einer unselbstständigen Drittwirkung in Form beispielsweise der Interventionswirkung nach §§ 74 Abs. 3, 68 ZPO ausgesetzt wäre. Dann bestünde noch die (jedenfalls eingeschränkte) Möglichkeit einer Verteidigung im Folgeprozess.

Abzulehnen ist in diesem Zusammenhang ferner eine „geltungserhaltende Reduktion" der Wirkungen des *impleader* auf solche des *vouching in* für den Fall, dass eine internationale Zuständigkeit gegenüber dem Dritten nicht festgestellt werden kann.[798] Dies würde nicht zuletzt den Parteiinteressen bei der Anerkennung zuwiderlaufen. Sie wollen gerade nur solche Wirkungen anerkannt wissen, mit denen sie nach US-amerikanischem Recht auch rechnen konnten.[799]

Beachtenswert ist für die internationale Zuständigkeit in dieser Konstellation die herrschende Auffassung, dass nach dem Spiegelbildprinzip grundsätzlich auch die Norm des § 33 ZPO anwendbar ist, aber nur für am Prozess bereits

---

794 *Mansel*, in: Herausforderungen des Internationalen Zivilverfahrensrechts, 63, 67.

795 So auch *Gottwald*, in: MünchKomm, ZPO, Bd. 1, § 328 Rdn. 179; *Herrmann*, Anerkennung US-amerikanischer Urteile, S. 170; *Köckert*, Beteiligung Dritter, S. 122; *Mansel*, in: Herausforderungen des Internationalen Zivilverfahrensrechts, 63, 83 f.

796 Anm. *Geimer*, NJW 1970, 388; *ders.*, IZPR, Rdn. 2821; *ders.*, ZZP 85 (1972), 196, 202.

797 BGH, NJW 1970, 387; *Bernstein*, in: FS Ferid, 75, 88; *Götze*, Vouching In und Third-Party Practice, S. 171; *Köckert*, Beteiligung Dritter, S. 124; a.A. *Geimer*, ZZP 85 (1972), 196, 202.

798 Dafür *Koch*, ZVglRWiss 85 (1986), 11, 58.

799 *Schack*, IZVR, Rdn. 1019; ähnlich *Götze*, Vouching In und Third-Party Practice, S. 188 f.

Beteiligte gelten soll.[800] Der Grundsatz, dass die Vorschriften über die örtliche Zuständigkeit gleichzeitig eine mittelbare Regelung der internationalen Zuständigkeit enthalten, gelte nur insoweit, als die Interessenlage bei örtlicher und internationaler Zuständigkeit gleich oder wenigstens vergleichbar ist, was im Fall einer Einbeziehung eines bislang unbeteiligten Dritten nicht der Fall sei.[801]

Der Drittbeklagte muss von dem *impleader* auch ordnungsgemäß und rechtzeitig i.S.v. § 328 Abs. 1 Nr. 2 ZPO benachrichtigt worden sein, da die Geltendmachung eines *impleader* gegenüber dem Dritten eine Verfahrenseinleitung in diesem Verhältnis darstellt: Eine Benachrichtigung des Drittbeklagten ist aber nach FRCP 14 (a)(1) ohnehin vorgeschrieben. Je nachdem, zu welcher Zeit der Dritte benachrichtigt wird, ist zusätzlich eine Entscheidung des Gerichts über die Zulassung des *impleader* erforderlich. Die zeitliche Grenze liegt bei 14 Tagen nach Klageerwiderung, FRCP 14 (a)(1). Wenn das Gericht über die Zulassung eines *impleader* zu entscheiden hat, werden sowohl die Interessen der Parteien und des Dritten als auch prozessökonomische Faktoren berücksichtigt.[802] Die Erhebung des *impleader* unterliegt den Voraussetzungen eines regulären *pleading*[803] nach FRCP 8, muss also zumindest eine kurze Darstellung des erhobenen *claim* und des Sachverhalts enthalten.[804] Erforderlich ist, dass der Dritte informiert wird, dass er möglicherweise gegenüber dem Drittkläger bezüglich aller oder eines Teils der Ansprüche des Klägers gegen diesen einzustehen hat.[805] Insoweit entspricht die Erhebung eines *impleader* einer regulären Klageerhebung gegenüber dem Dritten.[806] Die Voraussetzung des § 328 Abs. 1 Nr. 2 ZPO der ordnungsgemäßen Benachrichtigung liegt damit auch gegenüber dem Drittbeklagten vor.

---

800 BGHZ 52, 30, 33; BGH, NJW 1981, 2642; *Geimer*, IZVR, Rdn. 1575 m.w.N.; *Gottwald*, in: MünchKomm, ZPO, Bd. 1, § 328 Rdn. 88; *Patzina*, in: MünchKomm, ZPO, Bd. 1, § 33 Rdn. 35; *Schütze*, in: Wieczorek/Schütze, ZPO, Bd. 5/1, § 328 Rdn. 42; *Völzmann-Stickelbrock*, in: Prütting/Gehrlein, ZPO, § 328 Rdn. 15; a.A. jedenfalls für die streitgenössische Widerklage *Schröder*, Internationale Zuständigkeit, S. 593 f.

801 Dazu im Einzelnen BGH, NJW 1981, 2642, 2643; a.A. jedenfalls für die streitgenössische Widerklage *Schröder*, Internationale Zuständigkeit, S. 593 f.

802 *Miller/Kane/Spencer*, in: 6 Wright/Miller, Fed. Prac. & Proc., Civ., § 1454.

803 Zum Begriff vgl. FRCP 7 (a).

804 *Miller/Kane/Spencer*, in: 6 Wright/Miller, Fed. Prac. & Proc., Civ., § 1453.

805 *Miller/Kane/Spencer*, in: 6 Wright/Miller, Fed. Prac. & Proc., Civ., § 1453. Der Originalkläger erhält dagegen zumindest über FRCP 5 (a)(1) Nachricht über einen *impleader.*

806 *Götze*, Vouching In und Third-Party Practice, S. 175.

Bezüglich der Nummern 3–5 des § 328 Abs. 1 ZPO gelten für eine Entscheidung, die auf einen *impleader* ergeht, keine abstrakten Besonderheiten. Insbesondere ein Verstoß gegen den *ordre public* ist jedoch eine Frage des konkreten Einzelfalls. Dass das deutsche Recht wiederum keine allgemeine Drittklage kennt, steht der Gegenseitigkeit nicht entgegen, da insofern bereits die Verbürgung der Gegenseitigkeit für deutsche Urteile im Allgemeinen ausreicht.[807]

Die Wirkungen, die ein *impleader* nach US-amerikanischem Recht zwischen Drittkläger und Drittbeklagtem hervorruft, sind im Ergebnis folglich unter den Voraussetzungen des § 328 Abs. 1 ZPO in Deutschland anerkennungsfähig.

(2) Issue preclusion *bzgl. Feststellungen der Hauptklage*

Hinsichtlich der Feststellungen zur Hauptklage kann auch im Verhältnis zum Drittbeklagten nach den allgemeinen Voraussetzungen[808] *issue preclusion* eintreten. Auswirkungen könnte diese präjudizielle Bindung nur für einen (praktisch wohl selten eintretenden) Folgeprozess[809] zwischen ursprünglichem Kläger und Drittbeklagtem haben.

Fraglich ist wiederum, welche Voraussetzungen für die Anerkennung einer solchen *issue preclusion* vorliegen müssten.

Es handelt sich bei dieser Wirkung nach den entwickelten Kriterien um eine unselbstständige Urteilswirkung, die mit der Interventionswirkung vergleichbar ist und sich nur unter den allgemeinen Voraussetzungen des Eintritts der *issue preclusion* in einem Folgeprozess auswirken kann. Die Rechtfertigung des Eintritts der Urteilswirkung liegt in der vorausgegangenen Parteistellung des Drittbeklagten, mit der umfassende Beteiligungsmöglichkeiten auch bezüglich der Hauptsache einhergingen.[810] Die *issue preclusion* folgt aus dem Urteil in der Hauptsache.[811] Die Anerkennung nach § 328 ZPO richtet sich also zunächst nach der Hauptentscheidung, aus der die *issue preclusion* folgt.

---

807 *Götze*, Vouching In und Third-Party Practice, S. 179; *Köckert*, Beteiligung Dritter, S. 125.

808 S. hierzu oben, § 4 I. 2. b. (1).

809 Sollte es Ansprüche zwischen Kläger und Drittbeklagtem geben, gibt es bereits die Möglichkeit im Erstprozess einen *claim* zu erheben, vgl. oben unter 1. Ein Folgeprozess wäre dann nicht notwendig, weil bereits in diesem Verhältnis die eigenständige Wirkung der *claim preclusion* eintreten würde, die einen solchen sperren würde und die unter den normalen Voraussetzungen des § 328 Abs. 1 ZPO anzuerkennen wäre. Geprüft werden müsste die Norm – wie bereits für die *intervention* dargestellt – in dem Verhältnis, in dem der *claim* geltend gemacht wurde, vgl. oben, § 5 I. 2. b.

810 *Götze*, Third-Party Practice und Vouching In, S. 111.

811 *Götze*, Third-Party Practice und Vouching In, S. 111 Fn. 187.

Darüber hinaus ist eine drittbezogene Prüfung des § 328 ZPO nicht erforderlich. Diese erfolgt bei unselbstständigen Drittwirkungen in der *ordre public*-Prüfung der Hauptentscheidung.[812]

c. *Ergebnis*

Die Entscheidung gegenüber einem Drittbeklagten nach US-amerikanischem Recht ist in Deutschland nach § 328 ZPO anerkennungsfähig. Die Prüfung der Anerkennungsvoraussetzungen richtet sich nach der jeweiligen Wirkung, die anerkannt werden soll:

Im Fall der selbstständigen Drittwirkung der *claim preclusion* über den Regressanspruch ist eine Prüfung des § 328 ZPO hinsichtlich des jeweiligen Kläger-Beklagten-Verhältnisses angezeigt.

Im Fall der unselbstständigen Drittwirkung der *issue preclusion*, die erst aus einer Hauptentscheidung folgen kann und sich auch erst in einem Folgeprozess auswirkt, ist zunächst die Anerkennung der jeweiligen Hauptentscheidung, aus der sie stammt, erforderlich. Eine gesonderte drittbezogene Prüfung ist dagegen nicht geboten, sondern kann im Rahmen der *ordre public*-Prüfung erfolgen.

IV. *Joinder*

Nach US-amerikanischem Recht ist auch die gleichzeitige Klage mehrerer oder eine Klage gegen mehrere nach den Regeln des *joinder* zulässig (und teilweise sogar zwingend notwendig).

Die Beteiligung durch *joinder* ist freilich kein „klassisches" Drittbeteiligungsinstrument i.e.S. Die Kläger und Beklagten sind jeweils Parteien in ihrem Prozessrechtsverhältnis. Im Prozess des jeweils anderen Streitgenossen sind sie jedoch „Fremde", wie zu Beginn dieser Arbeit festgestellt.[813] Die Wirkungen, die sich nach US-amerikanischem Recht für sie ergeben können, reichen jedoch weiter als nach deutschen Vorstellungen. Eine nähere Erörterung (insbesondere der bereits im Rahmen der *intervention* kurz erwähnten Möglichkeit des *cross-claim*) ist deshalb an dieser Stelle erforderlich.

Diese Regelungen zur Parteienmehrheit und -erweiterung im US-amerikanischen Recht sind, wie diejenigen zur objektiven Klagehäufung, ausgerichtet an dem Gedanken der prozessökonomischen Erledigung der gesamten, sich aus

812 S. zur Herleitung oben, § 5 II. 2. d.

813 S.o., § 2 I. 1. a.

einem Lebenssachverhalt ergebenden Streitigkeit in einem einheitlichen Prozess.[814]

Unterschieden wird zwischen notwendiger (*compulsory*) und einfacher (*permissive*) Parteienmehrheit.

1. *Compulsory joinder*

Der Fall eines *compulsory joinder* ist in FRCP 19 geregelt. Ein solcher liegt dem Grunde nach vor, wenn die Klage (aus Rechtsgründen) nicht vollständig entschieden werden kann, ohne dass nicht alle betroffenen Personen gemeinsam klagen oder verklagt werden, vgl. FRCP 19 (a)(1). Es ist also zwingend erforderlich, dass eine einheitliche Entscheidung ergeht.[815]

Damit besteht eine Vergleichbarkeit zur deutschen notwendigen Streitgenossenschaft gemäß § 62 ZPO.[816] Auch hier ist eine einheitliche Entscheidung bezüglich mehrerer Personen erforderlich.[817]

Für die notwendigen Streitgenossen müssen nach US-amerikanischem Recht, genauso wie für alle Parteien, insbesondere die *jurisdiction* gegeben sein.[818]

2. *Permissive joinder*

Der Fall des *permissive joinder* ist dagegen mit der deutschen einfachen Streitgenossenschaft i.S.d. §§ 59, 60 ZPO vergleichbar.[819] Hierunter fallen nach FRCP 20 alle Personen, die ein Recht geltend machen, welches auf demselben Sachverhalt beruht, wenn mindestens eine Rechts- oder Tatfrage für alle Streitgenossen relevant ist. Die Möglichkeit eines *permissive joinder* ist sehr großzügig ausgestaltet und soll Zweckmäßigkeit und Nutzen des Verfahrens steigern.[820]

Der Unterschied zum Fall des *compulsory joinder* liegt darin, dass die jeweiligen Streitigkeiten auch in getrennten Verfahren hätten geltend gemacht werden

---

814 *Böhm*, Amerikanisches ZPR, Rdn. 661; vgl. auch *Schack*, Einführung, Rdn. 106; *Görtz*, Subjektive Grenzen, S. 85; *Friedenthal/Kane/Miller*, Civil Procedure, § 6.4.

815 *Böhm*, Amerikanisches ZPR, Rdn. 662; vgl. *Kane*, in: 7 Wright/Miller, Fed. Prac. & Proc., Civ., § 1602.

816 Vgl. *Lüke*, Beteiligung Dritter, S. 72 ff.

817 BGHZ 36, 187, 189 f.; *Gehrlein*, in: Prütting/Gehrlein, ZPO, § 62 Rdn. 1; *Jauernig/Hess*, ZPR, § 82 Rdn. 19; *Schultes*, in: MünchKomm, ZPO, Bd. 1, § 62 Rdn. 1; *Weth*, in: Musielak/Voit, ZPO, § 62 Rdn. 1.

818 *Hay*, US-amerikanisches Recht, Rdn. 167.

819 Vgl. *Lüke*, Beteiligung Dritter, S. 72 ff.

820 Vgl. *Kane*, in: 7 Wright/Miller, Fed. Prac. & Proc., Civ., § 1652; *Lüke*, Beteiligung Dritter, S. 41 ff.

können.[821] Das Gericht hat folglich auch die Möglichkeit, eine Trennung der Verfahren anzuordnen, vgl. FRCP 20 (b).

3. Stellung im Prozess und Wirkung

Die Regelungen des *joinder* nach US-amerikanischem Recht ähneln somit insgesamt denen der deutschen Streitgenossenschaft, die ebenfalls in notwendige und einfache unterteilen.[822]

Wenn mehrere Personen nach den US-amerikanischen *joinder* Regeln (unabhängig davon, ob ein Fall des *compulsory* oder des *permissive joinder* vorliegt) klagen oder verklagt werden, werden sie jeweils zur Partei.[823] Es wird jedoch nicht strikt zwischen den einzelnen Prozessrechtsverhältnissen differenziert, sondern der Prozess als Gesamtheit gesehen, sodass jede beteiligte Person auch Partei des gesamten Verfahrens ist.[824] Jeder Beteiligte hat eine unabhängige prozessuale Stellung.[825] Diese Parteistellung beinhaltet auch, dass eine Partei gegenüber einem „Streitgenossen" derselben Parteiseite einen sog. *crossclaim* erheben kann, vgl. FRCP 13 (g).[826]

Die Wirkungen der *res judicata* treten grundsätzlich nur zwischen gegnerischen Parteien ein.[827] Zu beachten ist jedoch, dass auch die Streitgenossen, die durch einen *crossclaim* verbunden sind, nach diesem Verständnis gegnerische Parteien darstellen, über deren Anspruch das Gericht entscheidet.[828] Dieser Anspruch geht dann im Sinne der *claim preclusion* in der Entscheidung auf (*merger*) und sperrt eine erneute Entscheidung (*bar*).[829]

Eine nach deutschem Verständnis ungewöhnliche Ausnahme kann sich – unabhängig von einem erhobenen *crossclaim* – für die Wirkung der *issue preclusion* ergeben. Diese kann in bestimmten Fällen auch im Verhältnis von *co-parties*

---

821 *Lüke*, Beteiligung Dritter, S. 41.

822 *Lüke*, Beteiligung Dritter, S. 72.

823 FRCP 19, 20; *Krause*, Urteilswirkungen, S. 6; *Lüke*, Beteiligung Dritter, S. 40.

824 Vgl. *Lüke*, Beteiligung Dritter, S. 50, 73.

825 Vgl. *Lüke*, Beteiligung Dritter, S. 50, 73.

826 Vgl. auch *Schack*, Einführung, Rdn. 106.

827 Vgl. *Cooper*, in: 18A Wright/Miller, Fed. Prac. & Proc., Civ., § 4450.

828 Vgl. *CoreStates Bank v. Huls America, Inc.*, 176 F.3d 187, 201 (3d Cir. 1999); *Cooper*, in: 18A Wright/Miller, Fed. Prac. & Proc., Civ., § 4450; Restatement (Second) of Judgments, § 38 cmt. a; *Shapiro*, Preclusion, S. 70 f.

829 Vgl. *CoreStates Bank v. Huls America, Inc.*, 176 F.3d 187, 201 (3d Cir. 1999); *Cooper*, in: 18A Wright/Miller, Fed. Prac. & Proc., Civ., § 4450; Restatement (Second) of Judgments, § 38 cmt. a.

eintreten, d.h. Parteien, die auf „derselben Seite" des Prozesses stehen, folglich Streitgenossen sind.[830]

Die Existenz der *co-party preclusion* wird dabei teilweise mit einem Erst-recht-Schluss begründet.[831] In den USA tritt die *issue preclusion* (unter bestimmten Voraussetzungen) sogar im Verhältnis zu gänzlich Unbeteiligten ein.[832] Somit muss sie erst recht gegenüber Personen eintreten, die am Prozess teilgenommen und sogar aktiv über die fraglichen Punkte gestritten haben.[833]

Nicht ganz unumstritten ist jedoch, ob und wann die *co-party preclusion* eintritt.[834] Verschiedene Voraussetzungen und Prüfungsmethoden wurden hierzu entwickelt.

So wurde früher beispielsweise angenommen, dass eine Bindungswirkung nur zwischen *co-parties* eintritt, wenn sie im Prozess auch formell Ansprüche gegeneinander geltend gemacht haben.[835] Diese eher konservative Theorie ist wohl diejenige, die (abgesehen freilich von einer vollständigen Ablehnung dieser Art von Bindungswirkung) am meisten Rechtssicherheit gewährleistet.

Nach neuerer Ansicht tritt die *co-party preclusion* aber bereits ein, wenn die Betroffenen den Streitpunkt tatsächlich kontradiktorisch verhandelt haben und der Streitpunkt entscheidungserheblich war.[836] Diese Voraussetzungen stellen aber gleichzeitig die „unbedingte Mindestgrenze" dar, da nur mithilfe dieser Einschränkungen sichergestellt ist, dass die Betroffenen auch eine angemessene Möglichkeit zur streitigen Verhandlung des jeweiligen Streitpunkts hatten, sodass der Eintritt der *issue preclusion* letztlich durch die entsprechend nötige Prozessführung gerechtfertigt ist.[837]

---

830 *Cooper*, in: 18A Wright/Miller, Fed. Prac. & Proc., Civ., § 4450; 24 A.L.R.3d 318 § 3(d); *Görtz*, Subjektive Grenzen, S. 95; Restatement (Second) of Judgments, § 38.

831 *Cooper*, in: 18A Wright/Miller, Fed. Prac. & Proc., Civ., § 4450.

832 Sog. *non-mutual preclusion*. Dazu im Einzelnen unten, § 7.

833 Vgl. *Scooper Dooper, Inc. v. Kraftco Corp.*, 494 F.2d 840, 845 (3d Cir. 1974); *Oldham v. Pritchett*, 599 F.2d 274, 278 (8th Cir. 1979); *Cooper*, in: 18A Wright/Miller, Fed. Prac. & Proc., Civ., § 4450.

834 Vgl. *Cooper*, in: 18A Wright/Miller, Fed. Prac. & Proc., Civ., § 4450.

835 *Cooper*, in: 18A Wright/Miller, Fed. Prac. & Proc., Civ., § 4450; *Semmel*, 68 Colum. L.Rev. 1457, 1464 (1968).

836 *Cooper*, in: 18A Wright/Miller, Fed. Prac. & Proc., Civ., § 4450; Restatement (Second) of Judgments, § 38.

837 *Scooper Dooper, Inc. v. Kraftco Corp.*, 494 F.2d 840 (3d Cir. 1974); Restatement (Second) of Judgments, § 38.

Diese Form der *issue preclusion* ist jedenfalls auch nach US-amerikanischem Recht die Ausnahme und wird nur angenommen, wenn die genannten Voraussetzungen tatsächlich vorliegen.[838]

4. Anerkennungsfähigkeit

Für die Anerkennungsfähigkeit ist es auch an dieser Stelle unerheblich, dass der US-amerikanische Zivilprozess anders ausgestaltet ist. Für eine Anerkennung eines Rechtsstreits zwischen mehreren Parteien kann der deutsche Anerkennungsrichter den Prozess in zweigliedrige Strukturen aufbrechen.[839]

a. Im Verhältnis zwischen jeweiligem Streitgenossen und Gegenpartei

Die Anerkennungsfähigkeit der *res judicata* im Verhältnis eines Streitgenossen zur Gegenpartei kann naturgemäß nicht anders beurteilt werden, als die Anerkennung der *res judicata inter partes.* Dies gilt deshalb, weil sich der jeweilige Streitgenosse und die Gegenpartei als Parteien gegenüberstehen, was insbesondere am Fall des *permissive joinder* deutlich wird, in dem zwei (oder mehrere) an sich getrennte Verfahren als Folge des *joinder* lediglich gemeinsam verhandelt werden.

Es liegt gerade ein „*inter partes* Verhältnis" zwischen dem einzelnen Streitgenossen und der Gegenpartei vor. Bezüglich dieses Verhältnisses werden somit auch die Voraussetzungen des § 328 Abs. 1 ZPO geprüft. *Claim preclusion* und *issue preclusion* sind demnach auch im Verhältnis eines Streitgenossen zur Gegenpartei nach den bereits untersuchten Maßstäben in Deutschland anzuerkennen.[840]

b. Res judicata *bzgl.* crossclaim

Auch hinsichtlich der Entscheidung über einen erhobenen *crossclaim* unter den Streitgenossen tritt *res judicata* ein.[841] Der eingeklagte Anspruch war Gegenstand eines streitigen Verfahrens und ist nunmehr Gegenstand des Urteils.[842]

---

838 Vgl. Restatement (Second) Judgments, § 38 cmt. b.

839 Vgl. bereits oben, § 5 I. 2. a. (1) sowie den ähnlichen Gedankengang von *Köckert*, Beteiligung Dritter, S. 119 f. zur Anerkennung eines Interventionsklageurteils.

840 Vgl. hierzu im Einzelnen oben, § 4 II.

841 Vgl. *CoreStates Bank v. Huls America*, Inc., 176 F.3d 187, 199 ff. (3d Cir. 1999); Restatement (Second) of Judgments, § 38 cmt. a.

842 Vgl. *Shapiro*, Preclusion, S. 33.

Eine Anwendung des § 328 ZPO auf entsprechende Wirkungen im Verhältnis von Streitgenossen zueinander ist nicht selbstverständlich, da der Norm an sich der Regelfall „Kläger gegen Beklagter“ zugrunde liegt.[843] Die Anwendbarkeit der Norm auf dieses Verhältnis ist aber gerade dann unproblematisch, wenn ein Streitgenosse gegen den anderen einen *crossclaim* erhoben hat, da dann die Situation eines Klägers gegen einen Beklagten für diesen Streitgegenstand entsteht.[844] Somit liegt in dieser Beziehung eine verfahrensbeendende Entscheidung vor, die einer Prüfung nach § 328 ZPO unterliegen kann.[845]

Dabei handelt es sich bei der eingetretenen *claim preclusion* nach den entwickelten Maßstäben um eine eigenständige Urteilswirkung zwischen den Streitgenossen. Dementsprechend ist § 328 ZPO auch unmittelbar auf dieses Verhältnis anzuwenden.

Für eine Anerkennung muss zunächst die internationale Zuständigkeit gemäß § 328 Abs. 1 Nr. 1 ZPO vorliegen. Die internationale Zuständigkeit muss gegenüber dem beklagten Streitgenossen für den *crossclaim* in spiegelbildlicher Anwendung der deutschen Vorschriften bestehen. Die US-amerikanischen Bundesgerichte besitzen insoweit denklogisch *personal jurisdiction* über die Streitgenossen des bereits anhängigen Verfahrens. Hinsichtlich der sachlichen Zuständigkeit (*subject-matter jurisdiction*) ist der *crossclaim* unter die sog. *supplemental jurisdiction* nach 28 U.S.C. § 1367, eine Art Zuständigkeit kraft Sachzusammenhangs, zu fassen.[846] Es ist dennoch für den *crossclaim* – wie für eine eigenständige Klage – eine unabhängige Prüfung der Zuständigkeit vorzunehmen. Dabei ist zu beachten, dass nach dem Spiegelbildprinzip grundsätzlich auch die Norm des § 33 ZPO (Besonderer Gerichtsstand der Widerklage) jedenfalls für am Prozess bereits Beteiligte anwendbar ist.[847]

Bezüglich der Wahrung des rechtlichen Gehörs nach § 328 Abs. 1 Nr. 2 ZPO ist nunmehr auf den streitgenössischen Beklagten abzustellen. Der *crossclaim* wird im Prozess erhoben, an dem der beklagte Streitgenosse bereits teilgenommen

843 Vgl. *Köckert*, Beteiligung Dritter, S. 119.

844 Restatement (Second) of Judgments, § 38 cmt. a; vgl. hierzu auch *Mansel*, in: Wieczorek/Schütze, ZPO, Bd. 2/1, Vor § 64 Rdn. 1.

845 Vgl. *Köckert*, Beteiligung Dritter, S. 120.

846 Zur *jurisdiction* im Fall von *crossclaims* ausführlich *Miller/Kane/Spencer*, in: 6 Wright/Miller, Fed. Prac. & Proc., Civ., § 1433.

847 BGHZ 52, 30, 33; BGH, NJW 1981, 2642; *Gottwald*, in: MünchKomm, ZPO, Bd. 1, § 328 Rdn. 88; *Patzina*, in: MünchKomm, ZPO, Bd. 1, § 33 Rdn. 35; *Schütze*, in: Wieczorek/Schütze, ZPO, Bd. 5/1, § 328 Rdn. 42; *Völzmann-Stickelbrock*, in: Prütting/Gehrlein, ZPO, § 328 Rdn. 15.

hat. Erforderlich ist die Geltendmachung des *crossclaim* in einem *pleading*, FRCP 13 (g). Dieses stellt jedoch kein verfahrenseinleitendes Schriftstück i.S.d. § 328 Abs. 1 Nr. 2 ZPO dar, da ein Verfahren bereits besteht. Legt man die Norm jedoch so aus, dass das Verfahren über den jeweiligen Streitgegenstand entscheidend ist, so wird das Verfahren über den *crossclaim* erst mit dem jeweiligen *pleading* begonnen. Dies entspricht auch dem Zweck des § 328 Abs. 1 Nr. 2 ZPO, das rechtliche Gehör des Beklagten zu schützen.[848] Es ist deshalb darauf abzustellen, ob der beklagte Streitgenosse durch das *pleading* hinreichend und rechtzeitig über die Geltendmachung des *crossclaim* informiert wurde. Abgesehen davon ist bei lebensnaher Betrachtung nicht anzunehmen, dass ein bereits im Prozess beteiligter Streitgenosse von einem *crossclaim* gegen ihn nicht erfährt.[849] Sobald der Beklagte sich eingelassen hat, ist eine Berufung auf § 328 Abs. 1 Nr. 2 ZPO ohnehin nicht mehr möglich.

Bereits rechtshängige Verfahren oder bereits rechtskräftige Urteile im Verhältnis Streitgenosse-Streitgenosse sperren eine Anerkennung einer *res judicata* Wirkung in diesem Verhältnis (Nr. 3). Die Verbürgung der Gegenseitigkeit muss sich auf das jeweilige Urteil beziehen und liegt im Verhältnis zu den USA regelmäßig vor (Nr. 5).[850] Diese Voraussetzungen sind daher unproblematisch.

Bedenken bestehen schließlich hinsichtlich des deutschen *ordre public* gemäß § 328 Abs. 1 Nr. 4 ZPO. Es herrscht der Grundsatz, dass materielle Rechtskraft nur im Verhältnis der Prozessparteien zueinander eintritt.[851] Eine (verbundene oder isolierte) Widerklage unter Streitgenossen ist nach der herrschenden Ansicht in Deutschland nicht denkbar.[852] Über einen Anspruch kann unter Streitgenossen jedenfalls im selben Verfahren also nicht entschieden werden.[853]

Fraglich ist, ob dies die Anerkennung einer *res judicata* Wirkung bezüglich des *crossclaim* unter den Streitgenossen ausschließt. Das erfordert eine

---

848 Dazu oben, § 4 II. 1. c.

849 Einen ähnlichen Gedanken für den Fall einer Widerklage äußert *Spellenberg*, in: Staudinger, BGB (2005), § 328 ZPO Rdn. 377.

850 Entsprechendes gilt für die obige Konstellation des *crossclaim*.

851 Vgl. RGZ 37, 376; BGHZ 131, 376, 382; OLG Düsseldorf, NJW-RR 1992, 922; vgl. auch *Mansel*, in: Wieczorek/Schütze, ZPO, Bd. 2/1, Vor § 64 Rdn. 7; *Krause*, Urteilswirkungen, S. 57.

852 BGHZ 131, 76, 78; *Rosenberg/Schwab/Gottwald*, ZPR, § 97 Rdn. 30; *Roth*, in: Stein/Jonas, ZPO, Bd. 1, § 33 Rdn. 40; a.A. LG Freiburg, VersR 1991, 1431; *Kähler*, ZZP 123 (2010), 473, 477 ff.

853 Vgl. *Musielak*, in: Musielak/Voit, ZPO, § 325 Rdn. 5; *Völzmann-Stickelbrock*, in: Prütting/Gehrlein, ZPO, § 325 Rdn. 5.

Untersuchung der Gründe, die eine Widerklage unter Streitgenossen nach deutschem Verständnis ausschließt.

Eine „parteierweiternde" Widerklage gegen oder durch einen Dritten ist zwar inzwischen anerkannt.[854] Dritter kann danach jedoch nur sein, wer weder Kläger noch Beklagter des anhängigen Verfahrens ist.[855] Umfasst sind davon streitgenössische Widerklagen, bei denen der Widerkläger die Widerklage gleichzeitig gegen seinen Prozessgegner und einen Dritten erhebt; isolierte Drittwiderklagen, bei denen die Widerklage allein gegen einen Dritten erhoben wird; sowie Widerklagen eines Dritten, bei dem die Widerklage von einem außenstehenden Dritten erhoben wird.[856]

Eine Widerklage unter Streitgenossen wird dagegen abgelehnt. Sie widerspricht dem Zweiparteiengrundsatz: Hierin wird mitunter das zwingende Gebot gesehen, dass alle beteiligten Parteien eines Verfahrens entweder einer (einheitlichen) Kläger- oder Beklagtenseite zugeordnet werden können.[857] Bei einer Klage beispielsweise unter den beklagten Streitgenossen, wäre der widerklagende Streitgenosse zugleich Kläger und Beklagter. Es bestünde damit einerseits ein gemeinsames Verteidigungsverhältnis der Streitgenossen gegenüber dem Kläger, andererseits wären die Streitgenossen untereinander Gegner.[858]

Dem kann jedoch im Rahmen einer *ordre public*-Prüfung damit begegnet werden, dass bei einer Mehrheit von Parteien gerade unterschiedliche Prozessrechtsverhältnisse entstehen, die lediglich zur gemeinsamen Verhandlung und Entscheidung in einem Verfahren verbunden sind.[859] Auch wenn das US-amerikanische Prozessrecht sich mit dieser Frage nicht im Einzelnen auseinandersetzt und der Prozess wohl vielmehr als Gesamtheit betrachtet werden dürfte, ist eine solche „Konstruktion" zumindest denkbar und kann für die Anerkennung nach § 328 ZPO zugrunde gelegt werden. Durch eine isolierte Betrachtung der kontradiktorischen Prozessrechtsverhältnisse wird ein „Systembruch" im deutschen Recht überwunden.

---

854 BGHZ 40, 185, 189 f.; 69, 37, 44; 131, 76 ff.; BGH, NJW 1975, 1228; *Heinrich*, in: Musielak/Voit, ZPO, § 33 Rdn. 20; *Rosenberg/Schwab/Gottwald*, ZPR, § 97 Rdn. 27 ff.; *Schultzky*, in: Zöller, ZPO, § 33 Rdn. 24 ff.; *Smid/Hartmann*, in: Wieczorek/Schütze, ZPO, Bd. 1/2, § 33 Rdn. 101; *Wern*, in: Prütting/Gehrlein, ZPO, § 33 Rdn. 18 ff.

855 *Roth*, in: Stein/Jonas, ZPO, Bd. 1, § 33 Rdn. 40.

856 *Roth*, in: Stein/Jonas, ZPO, Bd. 1, § 33 Rdn. 40a; vgl. auch oben, § 5 III. 2. a.

857 *Lüke*, Beteiligung Dritter, S. 432.

858 *Kähler*, ZZP 123 (2010), 473.

859 *Kähler*, ZZP 123 (2010), 473; *Lüke*, Beteiligung Dritter, S. 433.

Die *res judicata* hinsichtlich eines *crossclaim* ist folglich ebenfalls grundsätzlich anerkennungsfähig nach § 328 ZPO.

c. Co-party preclusion

Problematisch ist darüber hinaus die mögliche *issue preclusion* im Verhältnis der Streitgenossen untereinander. Ein solcher Fall ist nur für die Konstellation zu erwägen, dass die Anerkennung der *issue preclusion* Vorfrage in einem Zweitprozess in Deutschland ist.

(1) Vereinbarkeit mit dem ordre public

Eine Urteilswirkung zwischen Streitgenossen kennt das deutsche Recht nicht.[860]

Zu verdeutlichen ist zunächst, dass es sich bei der *co-party preclusion* um die *issue preclusion* im Verhältnis der Streitgenossen zueinander handelt. Die Wirkung ist in ihrer objektiven Reichweite vergleichbar mit der deutschen Interventionswirkung gemäß § 68 ZPO und somit grundsätzlich anerkennungsfähig.[861] Fraglich ist an dieser Stelle dagegen, ob die Wirkung subjektiv auch zwischen „Mit-Parteien" anerkannt werden kann.

Der deutsche Zivilprozess ist als kontradiktorisches Verfahren ausgestaltet.[862] Ein solches liegt bei Parteien, die einer Parteiseite zugeordnet werden, nicht vor.[863]

In Deutschland ist es allerdings möglich, dass Streitgenossen im jeweils anderen Prozess als Nebenintervenient beitreten oder ihnen der Streit verkündet wird.[864] In diesem Fall tritt die Interventionswirkung im Folgeprozess zwischen den vormaligen Streitgenossen ein.[865] Ein entscheidender Unterschied zum US-amerikanischen Recht besteht dabei darin, dass die Streitgenossen nach deutschem Recht noch eine Prozesshandlung[866] vornehmen müssen und nicht „ohne

860 Vgl. etwa *Saenger*, in: HK-ZPO, § 325 Rdn. 3.

861 Dazu ausführlich oben, § 4 II. 3.

862 *Wax/Schulze*, in: Wieczorek/Schütze, ZPO, Bd. 2/1, Vor § 50 Rdn. 1; *Mansel*, in: Wieczorek/Schütze, ZPO, Bd. 2/1, Vor § 64 Rdn. 1.

863 Vgl. *Schulze*, in: Wieczorek/Schütze, ZPO, Bd. 2/1, Vor § 50 Rdn. 7, 1.

864 BGHZ 8, 72; *Gehrlein*, in: Prütting/Gehrlein, ZPO, § 61 Rdn. 7; *Rosenberg/Schwab/Gottwald*, ZPR, § 48 Rdn. 16, § 50 Rdn. 11; *Schulze*, in: Wieczorek/Schütze, ZPO, Bd. 2/1, § 61 Rdn. 9; *Weth*, in: Musielak/Voit, ZPO, § 61 Rdn. 5.

865 Vgl. BGHZ 8, 72, 83.

866 Zur Streitverkündung als Prozesshandlung vgl. etwa *Gehrlein*, in: Prütting/Gehrlein, ZPO, § 72 Rdn. 2; *Schultes*, in: MünchKomm, ZPO, Bd. 1, § 72 Rdn. 15; *Weth*, in: Musielak/Voit, ZPO, § 72 Rdn. 7.

Weiteres“ gebunden werden. Dagegen verlangt das US-amerikanische Recht keine gesonderte Prozesshandlung. Die *issue preclusion* tritt andererseits aber auch nicht ein, wenn die *co-parties* überhaupt nicht über den Streitpunkt gestritten haben, weil sie dann nicht von einer solchen Bindungswirkung für den Folgeprozess ausgehen konnten.[867]

Der US-amerikanische Prozess muss für die Bejahung der *issue preclusion* zwischen *co-parties* gerade so abgelaufen und ausgestaltet gewesen sein, dass die Streitgenossen die ausreichende und faire Möglichkeit nicht nur hatten, sondern auch tatsächlich genutzt haben, den Streitpunkt untereinander zu verhandeln (*full and fair opportunity to litigate*).[868] Ziel dieser Voraussetzung ist es auch gerade, eine überraschende Bindung der (vormaligen) *co-parties* im Folgeprozess zu verhindern.[869] Dies folgt dem Grunde nach aus Erwägungen der *Due Process Clause*.[870]

Die den Eintritt der Wirkung rechtfertigende Interessenlage ist also bei deutscher Interventionswirkung[871] und US-amerikanischer *co-party preclusion* an sich dieselbe. Letztendlich ähneln sich die Rechtsordnungen darin, dass die Streitgenossen bzw. Prozessbeteiligten nicht im Folgeprozess mit einer Bindungswirkung überrascht werden sollen.[872] Beide Rechtssysteme sorgen auf ihre Art und Weise dafür, dass dies nicht geschehen kann, kommen aber letztlich zum selben Ergebnis. Da die *co-party preclusion* auch nur zwischen zwei Streitgenossen eintritt, die über den Streitpunkt streitig verhandelt haben, kann darin ein kontradiktorisches Parteienverhältnis gesehen werden, das dem Prozessverständnis des deutschen Rechts – jedenfalls für die Anerkennung – genügt.[873]

Ein Verstoß gegen den *ordre public* durch die Anerkennung der *co-party preclusion* kann dementsprechend nicht festgestellt werden. Die *co-party preclusion* ist damit in Deutschland grundsätzlich anerkennungsfähig.

---

867 Vgl. oben, § 5 IV. 3. sowie § 4 I. 2. b. (1).

868 Restatement (Second) of Judgments, § 38; *Cooper*, in: 18A Wright/Miller, Fed. Prac. & Proc., Juris., § 4450.

869 Vgl. *Cooper*, in: 18A Wright/Miller, Fed. Prac. & Proc., Juris., § 4450.

870 Vgl. *Lüke*, Beteiligung Dritter, S. 161; sowie *Cooper*, in: 18A Wright/Miller, Fed. Prac. & Proc., Juris., § 4450.

871 Hierzu *Gottwald*, in: FS Musielak, 183, 190.

872 Vgl. *Gottwald*, in: FS Musielak, 183, 190; *Diedrich*, Die Interventionswirkung, S. 208 f.

873 So auch nach dem US-amerikanischen Verständnis: Es handelt sich zwar nicht um ein formelles Gegnerschaftsverhältnis, aber um faktische Gegner, vgl. *Semmel*, 68 Colum. L.Rev. 1457, 1464 (1968); 24 A.L.R.3d 318, § 3(d); Restatement (Second) of Judgments, § 38 cmt. a; sowie oben, § 5 IV. 3.

(2) *Prüfung des § 328 ZPO*

Offen bleibt dagegen, wie ein deutsches Gericht in diesem Fall § 328 Abs. 1 ZPO anzuwenden hätte. Zur Verdeutlichung des Problems soll folgender Beispielsfall[874] dienen:

Angenommen A, B und C sind in einen Verkehrsunfall verwickelt, bei dem alle drei Personen Sachschäden erleiden. A klagt gegen B und C als Streitgenossen vor einem US-amerikanischen Gericht auf Schadensersatz. Gewinnt A den Prozess, ist damit noch nicht über einen möglichen Ausgleich zwischen B und C entschieden (sofern B oder C nicht im ersten Prozess einen *crossclaim* gegen den jeweils anderen erhoben haben[875]). Deshalb könnte B nun C in Deutschland auf Schadensersatz verklagen (beispielsweise weil B und/oder C deutsche Touristen sind). In diesem Folgeprozess könnte C dem B entgegenhalten, dass über einzelne Streitpunkte der Schadensverursachung bereits vor dem US-amerikanischen Gericht streitig verhandelt wurde und diese deshalb von dem deutschen Gericht unter dem Aspekt der *co-party preclusion* gemäß § 328 ZPO zu beachten seien.

Die *co-party preclusion* bindet – wie bereits dargestellt – an Feststellungen zum Erstprozess. Dass der Anerkennungsfähigkeit der *co-party preclusion* als solche nichts entgegensteht, wurde bereits dargestellt.[876]

Fraglich ist dagegen, bezogen auf welches (Zweiparteien-)verhältnis das deutsche Gericht § 328 ZPO für eine Anerkennung dieser Wirkung prüfen muss, da die Norm von einem Zweiparteienprozess ausgeht, im Erstprozess aber drei Parteien untereinander gestritten haben. Die *co-party preclusion* leitet sich aus der Entscheidung im Erstprozess ab. Diese Entscheidung ist zwischen den vormaligen Streitgenossen (B und C) nicht vollstreckbar und ein Folgeprozess ist notwendig. Es handelt sich nach den oben aufgezeigten Maßstäben[877] folglich um eine unselbstständige Wirkung, sodass § 328 ZPO bezüglich der Hauptentscheidung zu prüfen ist und ein Drittschutz im Rahmen der *ordre public*-Prüfung erfolgt.

Die „Hauptentscheidung" beinhaltet aber sowohl die Entscheidung über das Verhältnis von A zu B als auch über das Verhältnis von A zu C. Hält C nun B die *issue preclusion* entgegen, soll sich dies allein auf Feststellungen beziehen, die zwischen beiden streitig verhandelt wurden.[878] Dem lässt sich jedoch nicht

874 Vgl. *Shapiro*, Preclusion, S. 22, 70 f.

875 Vgl. hierzu oben, § 5 IV. 3. sowie *Shapiro*, Preclusion, S. 70 f.

876 Vgl. oben unter (1).

877 Vgl. oben, § 5 I. 2. b. (4).

878 Zu den Voraussetzungen der *issue preclusion* vgl. oben, § 4 I. 2. b. (1).

entnehmen, aus welcher der beiden Entscheidungen (Verhältnis A zu B oder Verhältnis A zu C) diese Feststellungen stammen. Vielmehr wird im US-amerikanischen Recht von dem Prozess als Gesamtheit ausgegangen.[879] Da als Argumentation für die Zulässigkeit der *co-party preclusion* jedoch angeführt wird, dass C nicht schlechtergestellt werden darf als ein völlig Unbeteiligter, der sich auf die *non-mutual issue preclusion* berufen kann, muss es um Feststellungen gehen, die sich aus der Hauptentscheidung „A zu B" ergeben, da dies in dem hypothetischen Fall, dass C tatsächlich unbeteiligt war, die einzige Entscheidung ist, auf die er sich berufen könnte.

Somit sind die Voraussetzungen des § 328 Abs. 1 ZPO in dem Verhältnis von A und B zu prüfen. Dabei ist insbesondere für § 328 Abs. 1 Nr. 2 ZPO zu beachten, dass die *co-party preclusion* schon nicht eintreten kann, wenn nicht tatsächlich streitig verhandelt wurde. Insofern muss für die jeweilige Feststellung immer schon eine Einlassung des Beklagten (B) vorliegen, ansonsten ist eine *co-party preclusion* von vorneherein ausgeschlossen.

d. Ergebnis

Die Wirkungen, die in den Konstellationen des *joinder* entstehen können, sind grundsätzlich mit dem *ordre public* nach § 328 Abs. 1 Nr. 4 ZPO vereinbar und damit anerkennungsfähig.

Die Prüfung des § 328 ZPO richtet sich auch in diesen Fällen danach, ob es sich um selbstständige oder unselbstständige Drittwirkungen handelt und ist nach den entwickelten Maßstäben anhand des jeweiligen Einzelfalls zu prüfen.

V. *Interpleader*

Mit dem Instrument des *interpleader* kann sich ein Schuldner vor mehrfacher Inanspruchnahme schützen, indem er alle Anspruchsteller verklagt und das Geschuldete hinterlegt.[880] Der *interpleader* ist damit im Wesentlichen vergleichbar mit dem Prätendentenstreit des deutschen Zivilprozesses nach § 75 ZPO und verfolgt grundsätzlich den gleichen Zweck: Es soll ein doppelter Prozessverlust für den Schuldner vermieden werden.[881] Die Regelung des *interpleader* ergänzt

879 Vgl. oben, § 5 IV. 3.

880 *Kane*, in: 7 Wright/Miller, Fed. Prac. & Proc., Civ., § 1704.

881 Vgl. *Köckert*, Beteiligung Dritter, S. 50; *Lüke*, Beteiligung Dritter, S. 77. Ein wichtiger Unterschied besteht jedoch beispielsweise darin, dass der *interpleader* nach US-amerikanischem Recht durch den Schuldner als Angriffsmittel genutzt werden kann, während § 75 ZPO lediglich zur Verteidigung dient, *Lüke*, Beteiligung Dritter, S. 77.

folglich die des *permissive joinder.*[882] Beide sollen unnötige Aufspaltungen in Einzelverfahren vermeiden.[883]

Nach einem *interpleader*-Verfahren ist ein Folgeverfahren gegen den Dritten gerade nicht mehr notwendig.[884] Bezweckt wird vielmehr bereits ein abschließendes, vollstreckbares Urteil im Hinblick auf den (gegebenenfalls hinterlegten) Gegenstand.[885]

Auf Bundesebene ist grundsätzlich zwischen der Regelung des *rule interpleader* in FRCP 22 und der des *statutory interpleader* nach 28 U.S.C. § 1335 zu unterscheiden.[886] Sie stehen zwar nebeneinander, haben jedoch teilweise unterschiedliche Voraussetzungen.[887] Hinsichtlich des Ablaufs des Verfahrens gleichen sich beide Arten jedoch,[888] sodass es auf Einzelheiten für diese Arbeit nicht ankommt.

1. Stellung im Prozess und Wirkung

Der *interpleader* kann mittels *complaint, cross-* oder *counterclaim* geltend gemacht werden, also sowohl vom außenstehenden Dritten als auch von bereits am Prozess Beteiligten.[889] Es sind dann zwei Prozessphasen zu unterscheiden:

Das Gericht entscheidet zunächst, ob der bzw. die weiteren Forderungsprätendenten dem Verfahren beizuziehen sind, ob der *interpleader* also überhaupt zulässig ist.[890] Dafür müssen die jeweiligen Klagen gegen den Schuldner unvereinbar sein, FRCP 22 (a)(1). Ist dies zu bejahen, wird der Schuldner aus dem Streit entlassen, wenn er an dessen Ergebnis kein weiteres Interesse hat.[891]

---

882 *Kane*, in: 7 Wright/Miller, Fed. Prac. & Proc., Civ., § 1702.

883 FRCP 22 (b); *Kane*, in: 7 Wright/Miller, Fed. Prac. & Proc., Civ., § 1702; *Lüke*, Beteiligung Dritter, S. 68; vgl. auch *Semmel*, 68 Colum. L.Rev. 1457, 1472 (1968).

884 Vgl. *Kane*, in: 7 Wright/Miller, Fed. Prac. & Proc., Civ., § 1702; *Freer*, in: 4 Moore's Federal Practice, Civil, § 22.02.

885 Vgl. *Kane*, in: 7 Wright/Miller, Fed. Prac. & Proc., Civ., § 1702.

886 Vgl. FRCP 22 (b); *Freer*, in: 4 Moore's Federal Practice, Civil, § 22.02.

887 Vgl. FRCP 22 (b). Unterschiede bestehen insbesondere für die Regelungen der Zuständigkeit, vgl. im Einzelnen *Kane*, in: 7 Wright/Miller, Fed. Prac. & Proc., Civ., § 1703 sowie *Friedenthal/Kane/Miller*, Civil Procedure, § 16.12.

888 Vgl. *Friedenthal/Kane/Miller*, Civil Procedure, § 16.11; *Kane*, in: 7 Wright/Miller, Fed. Prac. & Proc., Civ., § 1703; *Freer*, in: 4 Moore's Federal Practice, Civil, § 22.02.

889 FRCP 22 (a)(1), (2); vgl. *Kane*, in: 7 Wright/Miller, Fed. Prac. & Proc., Civ., §§ 1704, 1708; *Köckert*, Beteiligung Dritter, S. 51.

890 *Kane*, in: 7 Wright/Miller, Fed. Prac. & Proc., Civ., § 1714; *Freer*, in: 4 Moore's Federal Practice, Civil, § 22.03.

891 Dies ist beispielsweise der Fall, wenn der Schuldner den Anspruch anerkannt hat, an dem Streit über die Berechtigung aber kein Interesse mehr hat, vgl. *Kane*, in: 7

Anschließend streiten die Gläubiger in der zweiten Phase untereinander über die Forderung.[892] Sie sind jeweils Partei des Verfahrens.[893]

Wie in Deutschland auch (vgl. § 75 S. 1 ZPO) muss der Antragsteller eines *statutory interpleader*, das Geld bei Gericht hinterlegen. Voraussetzung der Herausgabe ist dann, dass damit das Urteil gegenüber dem Kläger erfüllt wird. Im Fall eines *rule interpleader* ist eine Hinterlegung dagegen nicht zwingend. Das Gericht kann die Hinterlegung aber, insbesondere im Falle des Ausscheidens des Schuldners, anordnen.[894]

Das Gericht trifft somit in der Konstellation eines *interpleader* zwei Entscheidungen: In einem Zwischenurteil entscheidet es zunächst über die Zulässigkeit des *interpleader* bei gleichzeitiger Entscheidung über die Verantwortlichkeit des Schuldners und ordnet (gegebenenfalls) die Entlassung des Schuldners aus dem Verfahren an.[895] Gegenüber den Gläubigern kann zudem im Fall eines *statutory interpleader* ein Unterlassen weiterer Klagen angeordnet werden (sog. *permanent injunction*).[896] Die zweite Entscheidung beendet schließlich das Verfahren und spricht einem Gläubiger die Forderungsberechtigung zu.[897]

Hinsichtlich der Position des Schuldners und der ihm gegenüber eintretenden Entscheidungswirkungen sind damit zwei Situationen zu unterscheiden:[898]

Zum einen kann der Schuldner am Verfahren beteiligt bleiben. Er ist dann selbst Kläger und vollwertige Verfahrenspartei, sodass die Rechtskraft des Urteils aufgrund dessen auch ihm gegenüber Wirkungen entfaltet.[899]

Zum anderen kann der Schuldner auch aus dem Verfahren ausscheiden. Dann erfasst ihn die Rechtskraft des abschließenden Urteils gerade nicht mehr, weil er eben nicht Verfahrenspartei war.[900] Eine erneute Klage gegen ihn wird

---

Wright/Miller, Fed. Prac. & Proc., Civ., § 1714; *Freer*, in: 4 Moore's Federal Practice, Civil, § 22.03.

892 Vgl. zum Ablauf auch *Friedenthal/Kane/Miller*, Civil Procedure, § 16.11.

893 Vgl. *Kane*, in: 7 Wright/Miller, Fed. Prac. & Proc., Civ., § 1714.

894 Zur Hinterlegung im Einzelnen *Kane*, in: 7 Wright/Miller, Fed. Prac. & Proc., Civ., § 1716; *Köckert*, Beteiligung Dritter, S. 51.

895 Sog. *interlocutory judgment*, vgl. 44B Am. Jur. 2d, Interpleader, § 20.

896 Vgl. *Kane*, in: 7 Wright/Miller, Fed. Prac. & Proc., Civ., § 1717; *Köckert*, Beteiligung Dritter, S. 50 f.

897 Dazu *Köckert*, Beteiligung Dritter, S. 126; 44B Am. Jur. 2d, Interpleader, § 20.

898 Vgl. *Köckert*, Beteiligung Dritter, S. 126.

899 *Köckert*, Beteiligung Dritter, S. 51, 126.

900 *Köckert*, Beteiligung Dritter, S. 126.

in diesem Fall nur durch die gerichtliche Anordnung zum Unterlassen weiterer Klagen gegenüber den Gläubigern verhindert.[901]

2. Anerkennungsfähigkeit

Im Rahmen der Anerkennung ist danach zu unterscheiden, ob der Schuldner am Verfahren als Partei beteiligt geblieben oder für die zweite Prozessphase ausgeschieden ist.[902]

Die Relevanz der Anerkennungsfähigkeit ergibt sich allein aus der Frage, ob die Gläubiger (aufgrund der Anerkennung) daran gehindert wären, im Anerkennungsstaat weitere Klagen gegen den Schuldner zu erheben.[903] Da das Geschuldete vom Schuldner regelmäßig hinterlegt wurde, kommt es auf eine Vollstreckung (im Ausland) dagegen nicht mehr an.[904]

a. Konstellation 1: Schuldner bleibt Partei

In der Konstellation, in der der Schuldner als Partei beteiligt bleibt, wirkt die abschließende Entscheidung diesem gegenüber aufgrund seiner Beteiligung am Rechtsstreit Rechtskraft.[905] Die Entscheidung des Gerichts über die Forderungsberechtigung könnte demnach auch gegenüber dem Schuldner als Urteil gemäß § 328 ZPO anerkannt werden, wenn keine Versagungsgründe vorliegen. Ein deutsches Gericht hat dies in einem möglichen Zweitprozess inzident zu überprüfen.[906] Hinsichtlich der grundsätzlichen Anerkennungsfähigkeit kann auf die bereits dargestellten Ausführungen verwiesen werden.[907]

b. Konstellation 2: Schuldner scheidet aus

Für den Fall, dass der Schuldner aus dem Verfahren ausgeschieden ist, ist fraglich, ob die Entscheidung anerkannt werden kann. Der Schuldner war nicht Partei des Prozesses. Die Entscheidung über seine Entlassung wurde jedoch noch unter seiner Beteiligung getroffen. Sie enthält die Entscheidung über die Zulässigkeit des *interpleader*, also implizit eine Entscheidung darüber, ob der

---

901 *Köckert*, Beteiligung Dritter, S. 126.
902 Vgl. *Köckert*, Beteiligung Dritter, S. 126.
903 Vgl. *Köckert*, Beteiligung Dritter, S. 126.
904 Vgl. *Friedenthal/Kane/Miller*, Civil Procedure, § 16.10; vgl. auch *Köckert*, Beteiligung Dritter, S. 126.
905 *Köckert*, Beteiligung Dritter, S. 126.
906 Vgl. dazu oben, § 3 II.
907 Vgl. oben, § 4 II.

Anspruch gegen ihn überhaupt besteht.[908] Diese Entscheidung wird anschließend durch die Entscheidung, wem der Gläubiger der Anspruch zusteht, „vervollständigt".

Die Voraussetzungen des § 328 Abs. 1 ZPO können somit hinsichtlich der Entscheidung des US-amerikanischen Gerichts bezüglich des Ausscheidens des Schuldners und des Unterlassens weiterer Klagen im Verhältnis zum Schuldner als Beklagtem geprüft werden.[909] Entspricht die erste Phase des Prozesses den Anforderungen des § 328 ZPO, so sind aufgrund der anerkannten Entscheidung weitere Klagen gegen den Schuldner in Deutschland nicht möglich.

c. *Ergebnis*

Entscheidungen, denen ein *interpleader*-Verfahren zugrunde liegt, sind grundsätzlich nach § 328 ZPO anerkennungsfähig. Dies gilt unproblematisch insbesondere für den Fall, dass der Schuldner als Partei am Prozess beteiligt war.

Letztlich ist die praktische Relevanz der Anerkennung einer Entscheidung nach *interpleader*-Verfahren allerdings zweifelhaft, da das Geschuldete regelmäßig hinterlegt wird und somit eine Zwangsvollstreckung oder ein Folgeprozess für die Parteien uninteressant sein dürften.

VI. Zusammenfassung

1. Anerkennung von Drittwirkungen

Für die Anerkennung von Bindungswirkungen, die gegenüber am Prozess beteiligten Dritten nach US-amerikanischem Recht entstehen können, kann damit folgendes Ergebnis thesenartig zusammengefasst werden:

1.) § 328 ZPO ist Rechtsgrundlage für die Anerkennung von Urteilswirkungen ausländischer Urteile auch gegenüber Dritten. Der Norm liegt aber als Leitbild das Verständnis vom Zweiparteienprozess zugrunde, sodass bei einer Anerkennung von Drittwirkungen geklärt werden muss, inwieweit sie zur Anwendung kommen kann.

2.) Probleme bei der Anerkennung US-amerikanischer Drittwirkungen gegenüber am Prozess beteiligten Dritten ergeben sich insbesondere aus dieser strengen Ausrichtung des deutschen Zivilprozesses am Zweiparteienprinzip,

908 Vgl. dazu oben unter 1. sowie *Köckert*, Beteiligung Dritter, S. 126 f., die auf die Anerkennung der *permanent injunction* abstellt.

909 So i.E. auch *Köckert*, Beteiligung Dritter, S. 127.

da der Dritte, der am Prozess beteiligt ist, nach US-amerikanischem Verständnis grundsätzlich Prozesspartei ist bzw. wird. Eine Ausnahme bildet die Prozessführung als *vouchee.*

Nach US-amerikanischem Verständnis wird zwar eher eine Gesamtbetrachtung des Prozesses statt einer strengen Aufgliederung anhand des Zweiparteienprinzips vorgenommen. Die Begriffe „*co-party*", „*adversity*" oder „*cross-* und *counterclaim*" machen jedoch eine dahinter stehende Vorstellung von Prozessrechts- und Gegnerschaftsverhältnissen und damit ebenfalls von einem Zweiparteienprozess zumindest im Ansatz deutlich. Auch für die Anerkennung ist daher eine Aufspaltung in zweigliedrige Verhältnisse möglich.

3.) Für die Anwendung des § 328 ZPO bei der Anerkennung von Drittwirkungen muss zwischen eigenständigen und unselbstständigen Drittwirkungen unterschieden werden.

Weder die Parteistellung des Dritten noch eine rein terminologische Bestimmung der Urteilswirkung ist aufgrund der Besonderheiten des US-amerikanischen Zivilprozessrechts für die Qualifikation der US-amerikanischen Urteilswirkung ausreichend. Erforderlich ist vielmehr eine funktional vergleichende Betrachtung der Ausgestaltung des Verfahrens und des Prozessziels gegenüber dem Dritten. Ein hilfreiches Indiz für die Unterscheidung im US-amerikanischen Recht ist die Vollstreckbarkeit der Entscheidung gegenüber dem Dritten im Gegensatz zur Erforderlichkeit eines Folgeprozesses mit dem Dritten.

4.) Eigenständige Drittwirkungen sind Bindungswirkungen, die hinsichtlich des Rechtsverhältnisses des Dritten zu einer Partei eine abschließende Entscheidung treffen. Ein Folgeprozess ist hinsichtlich dieses Rechtsverhältnisses nicht mehr möglich bzw. nötig.

Für die Anerkennung einer eigenständigen Drittwirkung ist § 328 ZPO auf das jeweilige zweigliedrige Verhältnis direkt anwendbar. Eine zusätzliche Prüfung erfolgt nicht.

5.) Unselbstständige Drittwirkungen folgen dagegen erst aus der Entscheidung bezüglich des Rechtsverhältnisses zwischen den Hauptparteien. Es handelt sich um Feststellungswirkungen der den Vorprozess abschließenden Erstentscheidung auf die den Folgeprozess beendende Entscheidung.

Grundvoraussetzung für die Anerkennung einer solchen Wirkung ist die Anerkennungsfähigkeit der Hauptentscheidung. § 328 ZPO ist daher zunächst im Verhältnis der Hauptparteien zueinander zu prüfen. Eine zusätzliche analoge Anwendung des § 328 ZPO ist dagegen nicht möglich, da es an einer planwidrigen Regelungslücke fehlt. Sie ist aber auch nicht geboten, da die Drittinteressen hinreichend im Rahmen der *ordre public*-Prüfung des § 328 Abs. 1 Nr. 4 ZPO Berücksichtigung finden können.

2. Ergebnis für US-amerikanische Formen der Drittbeteiligung

Zu den einzelnen Drittbeteiligungsinstrumenten nach US-amerikanischem Recht und der Anerkennung der aus ihnen entstehenden Wirkungen lassen sich somit folgende Ergebnisse festhalten:

1.) Die *intervention* (FRCP 24) ist zumindest nach der Art der Beteiligung des Dritten, nämlich durch Beitritt bei vorliegendem Interventionsinteresse, mit der deutschen Nebenintervention (§§ 66 ff. ZPO) vergleichbar. Im Unterschied zum deutschen Recht wird der Intervenient allerdings Partei des Verfahrens und hat alle prozessualen Möglichkeiten einer solchen Stellung im Prozess. Dies rechtfertigt eine umfassende Bindung nach den Regeln der *res judicata*.

Dadurch, dass der Intervenient auch (unter bestimmten Voraussetzungen) einen *counter*- oder *crossclaim* erheben oder gegen ihn ein solcher geltend gemacht werden kann, ist diesbezüglich der Eintritt einer *claim preclusion* möglich.

Für die Anerkennung einer solchen *claim preclusion* ist § 328 ZPO auf das jeweilige Verhältnis direkt anwendbar.

Für die regelmäßig allein eintretende *issue preclusion* im Verhältnis zum Intervenienten ist dagegen erforderlich, dass die Hauptentscheidung nach § 328 ZPO anerkennungsfähig ist. Etwaige Interessen des Intervenienten sind im Rahmen des *ordre public* nach § 328 Abs. 1 Nr. 4 ZPO zu berücksichtigen. Dabei ist jedoch zu beachten, dass der Intervenient dem Prozess freiwillig beigetreten ist und vollwertige Partei des Prozesses war.

2.) Beim *vouching in* bietet der Beklagte eines Prozesses dem Dritten die Verteidigungsübernahme an. Weder durch die Benachrichtigung noch durch die Übernahme der Verteidigung wird der *vouchee* allerdings formell Partei des Prozesses. Ihm gegenüber wirken aber die Feststellungen des Urteils in Form der *issue preclusion*. Grund dafür ist entweder, dass der *vouchee* bei Verteidigungsübernahme die Prozessführung kontrolliert hat oder dass er die Chance der Prozessübernahme hat verstreichen lassen und der Beklagte seine Interessen bereits ausreichend vertreten hat.

Voraussetzung der Anerkennung ist zunächst, dass das *vouching in* wirksam erfolgt ist, da nur dann überhaupt eine Bindungswirkung eintritt. Darüber hinaus muss die Entscheidung, aus der die *issue preclusion* folgt, nach § 328

ZPO anerkennungsfähig sein. Die Interessen des *vouchee* können hier wiederum im Rahmen der *ordre public*-Prüfung gewahrt werden.

3.) Bei einem *impleader* (FRCP 14) handelt es sich um eine echte Drittklage, die sich im deutschen Recht vergleichbar nur in der isolierten Drittwiderklage wiederfinden lässt. Gegenstand des Prozesses ist zum einen die Klageforderung zwischen ursprünglichem Kläger und Beklagtem und zum anderen die Rückgriffsforderung zwischen Beklagtem und Drittem. Zwischen Beklagtem und Drittem treten daher die regelmäßigen Urteilswirkungen ein. Diese können über eine direkte Anwendung des § 328 ZPO in Deutschland anerkannt werden.

    Zusätzlich kann gegenüber dem Dritten *issue preclusion* hinsichtlich der Feststellungen der Entscheidung in der Hauptsache eintreten. Hierfür ist erforderlich, dass die Entscheidung in der Hauptsache anerkannt werden kann, aus der die *issue preclusion* folgt. Die Belange des Dritten können in diesem Zusammenhang ebenfalls ausreichend im Rahmen des *ordre public* geprüft werden.

4.) Die Regelungen des *joinder* (FRCP 19, 20) sind im Wesentlichen mit den deutschen Regelungen zur Streitgenossenschaft (§§ 59 ff. ZPO) vergleichbar. Die Rechtskraftwirkungen zwischen den einzelnen Parteien können im zweigliedrigen Verhältnis wie im vorangegangenen Abschnitt nach § 328 ZPO anerkannt werden.

    Hinsichtlich der besonderen Möglichkeit eines *crossclaim* kann für die Anerkennung nach § 328 ZPO ebenfalls auf ein solches Verhältnis abgestellt werden.

    Die *co-party preclusion* tritt dagegen ein, wenn die Streitgenossen einer Seite einen Streitpunkt bereits tatsächlich kontradiktorisch verhandelt haben und dieser entscheidungserheblich war. Da eine solche *issue preclusion* aus einem Erst-Recht-Schluss zu der Möglichkeit der sog. *non-mutual issue preclusion* eines vollkommen Unbeteiligten hergeleitet wird, sind die Voraussetzungen des § 328 ZPO im Verhältnis der Hauptentscheidung zwischen dem Gegner der Streitgenossen und demjenigen Streitgenossen, gegenüber dem die *issue preclusion* gelten soll, zu prüfen.

5.) Das Instrument des *interpleader* weist Ähnlichkeiten zu dem Prätendentenstreit des deutschen Zivilprozessrechts (§ 75 ZPO) auf. Das Gericht trifft nach US-amerikanischem Recht zwei Entscheidungen: In einem Zwischenurteil ordnet es die Zulässigkeit des *interpleader*, gegebenenfalls die Entlassung des Schuldners aus dem Verfahren sowie gegenüber den Gläubigern ein Unterlassen weiterer Klagen an (sog. *permanent injunction*). Die zweite Entscheidung beendet das Verfahren und spricht einem Gläubiger die

Forderungsberechtigung zu. Dadurch, dass der Schuldner regelmäßig zur Hinterlegung verpflichtet ist, ergibt sich keine echte praktische Relevanz der Anerkennungsfähigkeit solcher Entscheidungen.

Ansonsten müssen für die Anerkennung zwei Konstellationen unterschieden werden: Bleibt der Schuldner Partei, unterliegt er aufgrund dessen der Rechtskraftwirkungen der letzten Entscheidung. Die Anerkennung bereitet in diesem Fall keine Probleme. Scheidet der Schuldner aus dem Prozess aus, kann die erste Entscheidung über die Passivlegitimation und das Bestehen eines Anspruchs über § 328 ZPO anerkannt werden.

3. Fazit

1.) Es lässt sich nach den hier getroffenen Feststellungen abschließend festhalten, dass die *claim preclusion* eine endgültige Entscheidung über Ansprüche zwischen zwei Beteiligten bewirkt. Ein Folgeprozess ist nicht möglich. Es handelt sich dementsprechend um eine eigenständige Urteilswirkung.

2.) Auf eigenständige Urteilswirkungen ist § 328 ZPO unmittelbar anwendbar. Im Falle der *claim preclusion* muss also ermittelt werden, wer gegenüber wem einen *claim* geltend gemacht hat, da diese Parteien als Kläger und Beklagter im Sinne des Verständnisses vom Zweiparteienprozess, welches auch § 328 ZPO zugrunde liegt, zu verstehen sind. Die Voraussetzungen des § 328 ZPO sind ausschließlich in diesem Kläger-Beklagten Verhältnis zu prüfen. Eine zusätzliche Prüfung erfolgt nicht.

3.) Die *issue preclusion* ist dagegen ihrem objektivem Umfang nach mit der deutschen Interventionswirkung zu vergleichen, da sie an die Feststellungen der Hauptentscheidung bindet. Sie kann sich jeweils in einem Folgeprozess im Verhältnis zum Dritten auswirken, wenn die allgemeinen Voraussetzungen vorliegen.

Bei der *issue preclusion* handelt es sich um eine unselbstständige Urteilswirkung, da erst die Festlegungen des Urteils zwischen den Hauptparteien den Umfang der Wirkung im Verhältnis zu dem Dritten bestimmen.

Grundvoraussetzung der Anerkennung der *issue preclusion* ist daher, dass die entsprechende Hauptentscheidung anerkennungsfähig ist. Ein Drittschutz kann hinreichend im Rahmen von § 328 Abs. 1 Nr. 4 ZPO gewährleistet werden.

§ 6 Bindung unbeteiligter Dritter

In einem zweiten Teil dieses Abschnitts soll die Anerkennungsfähigkeit von US-amerikanischen Urteilswirkungen gegenüber unbeteiligten Dritten untersucht werden.

Wegen der verfassungsrechtlichen *Due Process* Garantie gilt auch in den USA der Grundsatz, dass zunächst nur diejenigen den Urteilswirkungen unterliegen können, die am Prozess beteiligt waren.[910] Denkbar ist aber auch in den USA eine Erstreckung der Urteilswirkungen auf einen unbeteiligten Dritten, wie bereits die dargestellte Bindung eines nicht beigetretenen *vouchee* zeigt. Hier muss die Rechtfertigung jedoch in einem anderen Grund als der Beteiligung am Verfahren (als selbstständige Partei) liegen. Die Urteilswirkung gegenüber dem Dritten entsteht eben nicht unmittelbar aufgrund einer Verfahrensbeteiligung; vielmehr werden die Wirkungen der Entscheidung zwischen den Parteien auf den Dritten erstreckt. Festzuhalten ist also bereits vorab, dass sich die jeweilige Urteilswirkung naturgemäß nur aus der Entscheidung über den Hauptprozess, mithin als eine unselbstständige Entscheidungswirkung im hier verstandenen Sinne, ergeben kann.

I. Rechtsgrundlage und Prüfungsmaßstab

§ 328 ZPO ist Rechtsgrundlage, wenn es um die Anerkennung US-amerikanischer Urteile in Deutschland geht.[911] Nach der Theorie der Wirkungserstreckung gilt der Grundsatz, dass der Umfang der anzuerkennenden Urteilswirkungen dem Recht des Urteilsstaates zu entnehmen ist.[912] Das bedeutet also, dass konsequenterweise auch die subjektive Reichweite hinsichtlich unbeteiligter Dritter aus dem US-amerikanischen Recht übernommen werden muss.[913] Zu differenzieren ist dabei jedoch zwischen den Wirkungen des Urteils, die nach dem Recht des Urteilsstaates bestimmt werden, da sie nach der *lex fori* zu qualifizieren

910 Vgl. *Richards v. Jefferson County*, 517 U.S. 793, 797 (1996); *Martin v. Wilks*, 490 U.S. 755, 761 f. (1989); *Zenith Radio Corp. v. Hazeltine Research, Inc.*, 396 U.S. 100, 110 (1969); *Hansberry v. Lee*, 311 U.S. 32, 40 (1940).

911 S.o., § 3.

912 Dazu oben, § 3.

913 *Gottwald*, in: FS Musielak, 183, 189; *Spellenberg*, in: Staudinger, BGB (2005), § 328 ZPO Rdn. 125, 155, 157 m.w.N.

sind,[914] und materiellrechtlichen Vorfragen, die sich nach der *lex causae* richten.[915]

Maßstab der Anerkennung hinsichtlich des konkreten subjektiven Umfangs der Urteilswirkung ist jeweils der *ordre public* nach § 328 Abs. 1 Nr. 4 ZPO.[916] Dabei verkörpert dieser denjenigen Teil der deutschen Rechtsordnung, dessen Geltung durch die Anerkennung ausländischer Urteile nicht beeinträchtigt werden darf.[917] Für den verfahrensrechtlichen *ordre public* sind das diejenigen Verfahrensregeln, die im Inland als Grundlage jedes geordneten rechtsstaatlichen Verfahrens angesehen werden.[918] Gegenstand der Untersuchung ist hier, in welchen Fällen im US-amerikanischen Recht eine Urteilswirkung gegenüber unbeteiligten Dritten vorgesehen ist und ob das Ergebnis derer Anerkennung gegen grundlegende deutsche Gerechtigkeitsvorstellungen i.S.d. *ordre public* verstieße.

Hinsichtlich des subjektiven Umfangs der Urteilswirkungen gegenüber unbeteiligten Dritten ist ein Konflikt mit deutschen Gerechtigkeitsvorstellungen dabei regelmäßig denkbar, weil potentiell eine Verletzung des rechtlichen Gehörs des Dritten (Art. 103 Abs. 1 GG) vorliegen kann.[919] Der Anspruch auf rechtliches Gehör gemäß Art. 103 Abs. 1 GG ist als Grundrecht des unbeteiligten, an die Entscheidung gebundenen Dritten Teil des deutschen *ordre public* nach § 328 Abs. 1 Nr. 4 ZPO.[920] Nach US-amerikanischem Recht findet für die Erstreckung von Urteilswirkungen auf Unbeteiligte zwar grundsätzlich ebenfalls eine Abwägung zwischen rechtlichem Gehör des Dritten nach der *Due Process Clause* und Verfahrensökonomie statt.[921] Diese Abwägung ist jedoch gegebenenfalls im Rahmen der Anerkennung anhand deutscher Gerechtigkeitsvorstellungen zu überprüfen und anders zu gewichten.[922]

---

914 *Gottwald*, in: MünchKomm, ZPO, Bd. 1, § 328 Rdn. 160 m.w.N.; *Schack*, IZVR, Rdn. 52; vgl. auch *Brinkmann*, ZZP 129 (2016), 461, 480 f.

915 Vgl. *Fragistas*, in: FS Lewald, 471, 482; *Geimer*, IZPR, Rdn. 2235; *Schack*, IZVR, Rdn. 1012.

916 Hierzu oben, § 4 II. 1. e. (3).

917 *Martiny*, Handbuch IZVR, Bd. III/1, Kap. I Rdn. 992.

918 *Martiny*, Handbuch IZVR, Bd. III/1, Kap. I Rdn. 1021, zum verfahrensrechtlichen *ordre public* auch oben, § 4 II. 1. e. (1).

919 Vgl. bereits die grundlegenden Überlegungen zu Beginn dieser Arbeit § 2 II., sowie *Bach*, in: BeckOK-ZPO, 34. Ed. Stand: 01.09.2019, § 328 Rdn. 59; vgl. auch *Gottwald*, in: MünchKomm, ZPO, Bd. 1, § 328 Rdn. 176.

920 Vgl. *Spellenberg*, in: Staudinger, BGB (2005), § 328 ZPO Rdn. 524.

921 Vgl. nur *Wood*, 39 Cumb. L.Rev. 801, 816 (2008–2009).

922 *Görtz*, Subjektive Grenzen, S. 281.

II. Aktuelle Rechtslage in den USA

Wie bereits im Überblick dargestellt,[923] wurde nach früherer US-amerikanischer Rechtsprechung und Literatur für eine Rechtskrafterstreckung auf unbeteiligte Dritte regelmäßig darauf abgestellt, ob der Dritte zu einer der Parteien in einem so engen Näheverhältnis (*privity*) steht, dass sich eine Erstreckung der Urteilswirkungen auf ihn ergibt.[924] Eine allgemeingültige Definition, welche alle Fälle umfasst, ließ sich hierfür jedoch nicht finden, sodass der *privity*-Begriff in der heutigen Rechtsprechung und Literatur zurückhaltend verwendet wird.[925] Dennoch haben sich in den Bemühungen, die einzelnen Konstellationen zu kategorisieren, Fallgruppen gebildet, in denen die "tief verwurzelte, historische Tradition, dass jeder seinen Tag vor Gericht haben sollte"[926] aus bestimmten Überlegungen heraus hinter einer Erstreckung von Urteilswirkungen auf unbeteiligte Dritte zurücktreten muss.[927]

Nach jüngster Rechtsprechung gibt es sechs Ausnahmen von dem Grundsatz, dass nur die Parteien Subjekt der Urteilswirkungen sind: (1) Zustimmung des Dritten, (2) materiellrechtliche Verbundenheit[928], (3) Interessenvertretung[929], (4) Kontrolle des Prozesses[930], (5) Wiederverhandlung durch Vertreter[931] und (6) gesetzliche Anordnung[932].[933]

923 Vgl. oben, § 4. I. 2. d. (1).

924 *Bigelow v. Old Dominion Copper Mining & Smelting Co.*, 225 U.S. 111, 129 (1912); *Cooper*, in: 18A Wright/Miller, Fed. Prac. & Proc., Juris., § 4448; Restatement (Second) of Judgments, 1 Organization.

925 Vgl. *Taylor v. Sturgell*, 553 U.S. 880, 893 (2008); *Nationwide Mut. Fire Ins. Co. v. George V. Hamilton, Inc.*, 571 F.3d 299, 311 (3d Cir. 2009); *Martin v. American Bancorporation Retirement Plan*, 407 F.3d 643, 651 (4th Cir. 2005); *Cooper*, in: 18A Wright/Miller, Fed. Prac. & Proc., Juris., § 4448; Restatement (Second) of Judgments, Chapter 4.

926 "Deep-rooted historic tradition that everyone should have his own day in court", *Richards v. Jefferson County*, 517 U.S. 793, 798 (1996).

927 *Taylor v. Sturgell*, 553 U.S. 880, 892 f. (2008); *Richards v. Jefferson County*, 517 U.S. 793, 798 (1996); *Sea-Land Services, Inc. v. Gaudet*, 414 U.S. 573, 593 (1974); *Martin v. Wilks*, 490 U.S. 755, 762 (1989); *Montana v. United States*, 440 U.S. 147, 154 (1979).

928 „Substantive legal relationship", *Taylor v. Sturgell*, 553 U.S. 880, 894 (2008).

929 „Adequately represented", *Taylor v. Sturgell*, 553 U.S. 880, 894 f. (2008).

930 „Nonparty control", *Taylor v. Sturgell*, 553 U.S. 880, 895 (2008).

931 „Relitigation through proxy", *Taylor v. Sturgell*, 553 U.S. 880, 895 (2008).

932 „Staturoy scheme or otherwise consistent with due process", *Taylor v. Sturgell*, 553 U.S. 880, 895 (2008).

933 *Taylor v. Sturgell*, 553 U.S. 880, 893 (2008).

An diese Rechtsprechung knüpft der vorliegende Abschnitt an. Beachtet werden muss dabei jedoch in jedem Fall, dass starre schematische Argumentationen hinsichtlich einer Bindung Unbeteiligter im US-amerikanischen Recht gerade vermieden werden.[934] Die verschiedenen dargestellten Fallgruppen sind auch nicht als jeweils isolierte Begründungsansätze zu sehen, sondern stehen regelmäßig in einem Verhältnis von Wechselseitigkeit.[935] Die Einteilung in Fallgruppen soll vor allem die Kriterien verdeutlichen, nach denen jeweils eine Entscheidung zugunsten der Erstreckung von Urteilswirkungen fällt und damit insgesamt für Rechtssicherheit sorgen.[936]

Gegenstand dieser Arbeit kann schließlich lediglich sein, die Grundzüge und Hintergründe einer Erstreckung von Urteilswirkungen auf unbeteiligte Dritte nachzuzeichnen und diese im Hinblick auf eine Anerkennung in Deutschland zu betrachten. Es ist dagegen nicht Ziel dieser Arbeit, die – teils auch nach US-amerikanischem Recht noch ungeklärten – Einzelfragen des Problemfelds der sog. *non-party preclusion* in allen Details darzustellen und zu lösen.[937]

1. Vereinbarung bzw. Zustimmung des Dritten

Der Dritte kann nach US-amerikanischem Recht einer Urteilsbindung zustimmen bzw. vorab mit den oder einer der Parteien eine Vereinbarung hierüber treffen.[938] Ausreichend kann dabei bereits ein konkludentes Verhalten des Dritten

934 Die Einteilung in die sechs Fallgruppen soll allein eine Rahmenordnung liefern, nicht jedoch eine endgültige Taxonomie festlegen, *Taylor v. Sturgell*, 553 U.S. 880, 893 (2008).

935 Vgl. *Cooper*, in: 18A Wright/Miller, Fed. Prac. & Proc., Juris., § 4448; *Görtz*, Subjektive Grenzen, S. 102; sowie Restatement (Second) of Judgments, § 59 Reporter's Note cmt. b.

936 Vgl. *Taylor v. Sturgell*, 553 U.S. 880, 898 ff., 901 (2008).

937 Ausführliche Darstellungen zu den subjektiven Grenzen US-amerikanischer Urteilswirkungen in deutscher Sprache finden sich insbesondere bei *Görtz*, Subjektive Grenzen der Rechtskraft US-amerikanischer Urteile (2005); *Krause*, Urteilswirkungen gegenüber Dritten im US-amerikanischen Zivilprozeßrecht (1994); sowie *Engelmann-Pilger*, Die Grenzen der Rechtskraft des Zivilurteils im Recht der Vereinigten Staaten (1973), wobei allerdings die nunmehr maßgebliche Entscheidung *Taylor v. Sturgell* erst nach Veröffentlichung dieser Arbeiten (2008) erging.

938 *Cooper*, in: 18A Wright/Miller, Fed. Prac. & Proc., Juris., § 4453; Restatement (Second) of Judgments, § 40; vgl. *Sampson v. Sony Corp. of America*, 434 F.2d 312 (2d Cir. 1970).

sein.[939] Ein bloßes Untätigbleiben, etwa bloße Kenntnis vom Prozess ohne Beitritt, reicht jedoch allein nicht aus.[940]

Die Zulassung einer Bindungswirkung gegenüber *nonparties* kraft Vereinbarung dient nach US-amerikanischem Verständnis sowohl privaten als auch öffentlichen Interessen.[941] Der Umfang der Bindungswirkung hängt von der Vereinbarung selbst ab.[942] Regelmäßig wird der Dritte mit einer der Parteien vereinbaren, an bestimmte Feststellungen des Erstprozesses gebunden zu sein (*issue preclusion*).[943] Dies entspricht seinen Interessen an Verfahrensökonomie und Beschleunigung des Verfahrens.[944] Bei der Bindung aufgrund konkludenten Verhaltens des Dritten ist eine erneute Klage dagegen vollumfänglich gesperrt, es tritt also *claim preclusion* ein.[945]

Von dieser Fallgruppe der Bindungswirkungen gegenüber Dritten zu unterscheiden ist die Vereinbarung über die Anerkennung des Urteils. Eine solche ist nicht möglich, da die Entscheidung über die Anerkennung ausschließlich der Kompetenz des Hoheitsträgers und somit nicht der Disposition der Parteien unterliegt.[946]

2. Materiellrechtliche Verbundenheit

Die Erstreckung von Urteilswirkungen auf Nichtparteien kann sich auch aus verschiedenen bereits bestehenden materiellrechtlichen Beziehungen zwischen einer der Parteien und dem Dritten ergeben.[947] Meist wird diese Fallgruppe umfassend als „*privity*“ bezeichnet, da das Konzept „*privity*“ hier seinen Ursprung hatte.[948] Um Missverständnisse zu vermeiden, wird diese Bezeichnung vorliegend jedoch nicht verwendet.[949]

---

939 Hierzu ausführlich *Cooper*, in: 18A Wright/Miller, Fed. Prac. & Proc., Juris., § 4453, sowie Restatement (Second) of Judgments, § 40.

940 *Cooper*, in: 18A Wright/Miller, Fed. Prac. & Proc., Juris., § 4453; Restatement (Second) of Judgments, § 40 cmt. b.

941 Dazu ausführlich *Cooper*, in: 18A Wright/Miller, Fed. Prac. & Proc., Juris., § 4453.

942 *Taylor v. Sturgell*, 553 U.S. 880, 893 (2008); Restatement (Second) of Judgments, § 40.

943 Vgl. Restatement (Second) of Judgments, § 40 cmt. a.

944 Vgl. Restatement (Second) of Judgments, § 40 cmt. a.

945 Vgl. Restatement (Second) of Judgments, § 62.

946 Dazu *Schütze*, in: Wieczorek/Schütze, ZPO, Bd. 5/1, § 328 Rdn. 87.

947 *Taylor v. Sturgell*, 553 U.S. 880, 894 (2008).

948 Vgl. *Richards v. Jefferson County*, 517 U.S. 793, 798 (1996); *Nationwide Mut. Fire Ins. Co. v. George V. Hamilton, Inc.*, 571 F.3d 299, 312 (3d Cir. 2009).

949 Vgl. auch *Taylor v. Sturgell*, 553 U.S. 880, 894 (2008); Restatement (Second) of Judgments, 1 Organization.

Die Rechtfertigung der Bindung des Dritten ergibt sich in diesem Fall aus der materiellrechtlichen Bindung selbst und aus dem Gedanken, dass dadurch ein eigener Tag vor Gericht („*one day in court*“) nicht gewährt werden muss.[950] Beispiele umfassen Rechtsnachfolge in das Eigentum, Bürgschaft und Abtretung.[951] Diese Ausnahmen entwickelten sich sowohl aus den Bedürfnissen des Sachenrechts als auch aus dem allgemeinen Nutzen der *res judicata* für die Prozessökonomie.[952] Im Wesentlichen geht es in dieser Kategorie darum, dass eine (stärkere) materiellrechtliche Bindung zwischen der *nonparty* und einer der Parteien besteht, die ausreicht, um zu begründen, dass der Prozess durch die Partei hinsichtlich des Streitgegenstandes so geführt wurde, dass die Interessen der *nonparty* darin bereits abgedeckt sind, ohne dass eine tatsächliche, ausdrückliche Vertretung stattgefunden hätte.[953] Die dem zugrunde liegende, richterliche Untersuchung eines jeden Falls beginnt dabei mit der Anforderung einer ordnungsgemäßen materiellrechtlichen Verbindung.[954] Die Erstreckung der Urteilswirkung wird in dem Bestreben, die Eigentumsinteressen zwischen Partei und *nonparty* zu schützen, zugelassen, um nicht zusätzlich Beteiligungs- oder Vertretungskonstellationen ins Verfahren integrieren zu müssen.[955]

Da hier aufgrund der Komplexität der materiellrechtlichen Regelungen nicht jede Fallkonstellation in allen Einzelheiten dargestellt werden kann,[956] werden im Folgenden einige größere Fallgruppen dargestellt und im Anschluss untersucht, ob diese in ihrer Grundidee (zumindest für den Gedanken der Anerkennung einer solchen Wirkung) verallgemeinerungsfähig sein können.[957]

a. Rechtsnachfolge in Vertrag und Eigentum

Die Konstellationen der Rechtsnachfolge stellen den historischen Ausgangspunkt dieser Fallgruppe dar.[958]

---

950 *Friedenthal/Kane/Miller*, Civil Procedure, § 14.13.

951 *Taylor v. Sturgell*, 553 U.S. 880, 894 (2008).

952 *Taylor v. Sturgell*, 553 U.S. 880, 894 (2008); *Cooper*, in: 18A Wright/Miller, Fed. Prac. & Proc., Juris., § 4448.

953 *Casad/Clermont*, Res judicata, S. 413.

954 *Cooper*, in: 18A Wright/Miller, Fed. Prac. & Proc., Juris., § 4448.

955 *Cooper*, in: 18A Wright/Miller, Fed. Prac. & Proc., Juris., § 4448.

956 Dazu vgl. jeweils im Ansatz Restatement (Second) of Judgments, Chapter 4 Topic 2.

957 Unterteilung übernommen aus *Görtz*, Subjektive Grenzen, S. 103 ff. Vgl. auch *James/Hazard/Leubsdorf*, Civil Procedure, 4. Aufl., § 11.30.

958 *Bigelow v. Old Dominion Copper Mining & Smelting Co.*, 225 U.S. 111, 128 f. (1912); *Görtz*, Subjektive Grenzen, S. 103 f.

Im Falle der Rechtsnachfolge wird, ähnlich dem deutschen Recht (vgl. § 325 ZPO), zwischen den Zeitpunkten unterschieden, zu denen der streitbefangene Gegenstand übertragen wird.

Erfolgt die Übertragung nach Erlass der Entscheidung, ist der Grundsatz, dass eine Erstreckung der Urteilswirkungen auf den Rechtsnachfolger stattfindet.[959] Dies gebietet das Bedürfnis – insbesondere des jeweiligen Prozessgegners – nach Rechtsfrieden hinsichtlich des abgeschlossenen Prozesses. Ansonsten wäre der Prozessgegner jeweils der Möglichkeit eines neuen Prozesses ausgesetzt, sobald der Gegenstand übertragen wird.[960] Dem Rechtsnachfolger gegenüber tritt sowohl *claim preclusion* als auch *issue preclusion* ein.[961] Die Wirkungen sind objektiv jedoch auf den jeweils erworbenen Gegenstand beschränkt.[962]

Im Falle der Übertragung während Rechtshängigkeit wird differenziert: Hatte der Erwerber Kenntnis vom Prozess, ist er nicht schutzwürdig, da er die Möglichkeit eines Parteiwechsels oder Beitritts hatte. Nutzt er diese nicht, beruht seine Bindung auf dem Gedanken der Duldung einer Vertretung durch den Rechtsvorgänger.[963]

Bei Unkenntnis des Rechtsnachfolgers vom Prozess stehen sich die Interessen des Prozessgegners und des Rechtsnachfolgers gegenüber. Letzterer sieht sich einer Entscheidung gegenüber, an deren Prozess er nicht beteiligt war. Der Prozessgegner vertraut dagegen auf dieses Prozessergebnis und hat ein Interesse an Rechtsfrieden. Dieser Konflikt wird grundsätzlich danach gelöst, ob der Prozessgegner von der Rechtsnachfolge Kenntnis hat. Wenn dies der Fall ist, ist sein Vertrauen in das Prozessergebnis nicht mehr schutzwürdig, da er nicht ohne Weiteres darauf vertrauen durfte, dass der Rechtsvorgänger im Prozess Ergebnisse für den Rechtsnachfolger erzielen kann. Zudem hätte er die Möglichkeit gehabt, den Rechtsnachfolger vom Prozess zu informieren, um sein Bedürfnis nach Rechtsfrieden zu sichern.[964] Hatte dagegen auch der Prozessgegner keine Kenntnis von der Rechtsnachfolge, ist die Interessenlage dieselbe, wie wenn die

959 *Cooper*, in: 18A Wright/Miller, Fed. Prac. & Proc., Juris., § 4462; Restatement (Second) Judgments, §§ 43, 44.

960 Dazu *Cooper*, in: 18A Wright/Miller, Fed. Prac. & Proc., Juris., § 4462.

961 Restatement (Second) of Judgments, § 43 cmt. c, d.

962 Restatement (Second) of Judgments, § 43 cmt. a, c.

963 Dazu *Cooper*, in: 18A Wright/Miller, Fed. Prac. & Proc., Juris., § 4462; Restatement (Second) of Judgments, § 44 cmt. a.

964 *Cooper*, in: 18A Wright/Miller, Fed. Prac. & Proc., Juris., § 4462; vgl. auch Restatement (Second) of Judgments, § 44 cmt. d.

Übertragung erst nach Erlass des Urteils stattgefunden hätte. Eine Erstreckung der Urteilswirkungen auf den Rechtsnachfolger findet dann statt.[965]

b. Familie

Familienrechtliche Beziehungen können nur ausnahmsweise zu einer Bindungswirkung gegenüber dem jeweiligen Familienmitglied führen, das nicht Partei war. Im Grundsatz reicht allein die familiäre Beziehung aber nicht aus.[966] Die vielfältigen Möglichkeiten familiärer Beziehungen machen es darüber hinaus schwierig, verallgemeinernde Regelungen hinsichtlich einer *nonparty preclusion* von Familienmitgliedern treffen zu können.[967] Die Bindungswirkung kann in diesen Fällen auch nicht einfach aus den gängigen abstrakten Überlegungen zu *nonparty preclusion* (wie beispielsweise dem Gedanken der adäquaten Interessenvertretung[968]) hergeleitet werden, sondern erfordert gerade eine genaue, einzelfallabhängige Analyse der zugrunde liegenden Familienbeziehung und des materiellen Rechts.[969] Hinzu kommt, dass das materielle Recht, welches zu einer Bindungswirkung für Familienmitglieder führen kann, in der Regel der Gesetzgebung der Staaten unterliegt, was die Vereinheitlichung einer Regel für *nonparty preclusion* an dieser Stelle noch weiter erschwert.[970] Es soll daher hier bei der Darstellung zweier regelmäßig auftretender Konstellationen bleiben. Sie betreffen Schadensersatz aus unerlaubter Handlung wegen Körper- und Gesundheitsverletzung oder sogar Tötung eines Familienmitglieds.[971]

Im Wesentlichen müssen zwei Fälle unterschieden werden: Einerseits der Fall einer nicht tödlichen Verletzung des Geschädigten bzw. die Klage der Angehörigen zu Lebzeiten und andererseits die tödliche Verletzung bzw. die Klage nach Tod des Geschädigten.[972]

Im ersten Fall kann ein Familienmitglied des Geschädigten zwei Arten von Schäden geltend machen: die Behandlungskosten sowie Ersatz für *loss of*

---

965 Zum Ganzen *Cooper*, in: 18A Wright/Miller, Fed. Prac. & Proc., § 4462; vgl. auch Restatement (Second) of Judgments, § 44 cmt. d.

966 *Cooper*, in: 18A Wright/Miller, Fed. Prac. & Proc., Juris., § 4459.

967 *Cooper*, in: 18A Wright/Miller, Fed. Prac. & Proc., Juris., § 4459.

968 Dazu unten, § 6 II. 3.

969 *Cooper*, in: 18A Wright/Miller, Fed. Prac. & Proc., Juris., § 4459.

970 *Cooper*, in: 18A Wright/Miller, Fed. Prac. & Proc., Juris., § 4459.

971 Im Einzelnen ausführlich dazu Restatement (Second) of Judgments, §§ 45–49.

972 Unterscheidung wie *Görtz*, Subjektive Grenzen, S. 103 ff.; *James/Hazard/Leubsdorf*, Civil Procedure, 4. Aufl., § 11.30.

consortium, d.h. Ausgleich für Unterhalt und immateriellen Schaden.[973] Zur Geltendmachung der Behandlungskosten sind entweder der Geschädigte selbst oder das Familienmitglied, das diese bezahlt hat, berechtigt.[974] Aufgrund dessen sperrt eine Klage die jeweils andere im Wege der *claim preclusion*.[975] Der Anspruch auf Ersatz von *loss of consortium* ist ein eigener Anspruch des Ehepartners, der sich aus den Ansprüchen des Geschädigten ableitet.[976] In der neueren Rechtsprechung wirkt das Urteil gegenüber dem Geschädigten hinsichtlich des Prozesses des Ehepartners auf Ersatz von *loss of consortium issue preclusion*.[977] Teilweise wird sogar angenommen, dass der Anspruch auf *loss of consortium* nur im Wege des *compulsory joinder*, also als Klagehäufung, im Prozess des Geschädigten geltend gemacht werden kann.[978]

In dem Fall, dass der Geschädigte aufgrund der unerlaubten Handlung stirbt, können die Hinterbliebenen nur noch Ersatz im Rahmen einer *wrongful death action* verlangen.[979] Diese umfasst in der Regel Beerdigungskosten, Unterhalt und immaterielle Schäden, also solche Schäden, die durch den Tod des Geschädigten entstanden sind.[980] Die *wrongful death statutes* unterscheiden sich jedoch in den einzelnen Staaten, sodass auch die Rechtsprechung hierzu und zu einer entsprechenden Erstreckung von Urteilswirkungen unterschiedlich ausfällt.[981] Die strengste Regelung führt dazu, dass eine Klage der Hinterbliebenen durch die lebzeitige Klage des Verstorbenen im Wege der *claim preclusion* gesperrt

973 *Cooper*, in: 18A Wright/Miller, Fed. Prac. & Proc., Juris., § 4459; *Görtz*, Subjektive Grenzen, S. 111 f.; vgl. Restatement (Second) of Judgments, § 45 cmt. a.

974 *Cooper*, in: 18A Wright/Miller, Fed. Prac. & Proc., Juris., § 4459; vgl. auch Restatement (Second) of Judgments, § 48 cmt. a.

975 *Cooper*, in: 18A Wright/Miller, Fed. Prac. & Proc., Juris., § 4459; *Görtz*, Subjektive Grenzen, S. 111 f.; vgl. auch Restatement (Second) of Judgments, § 48.

976 Vgl. etwa *Terrell v. DeConna*, 877 F.2d 1267, 1270 f. (5th Cir. 1989); *Cooper*, in: 18A Wright/Miller, Fed. Prac. & Proc., Juris., § 4459.

977 *Terrell v. DeConna*, 877 F.2d 1267, 1271 f. (5th Cir. 1989); *Cooper*, in: 18A Wright/Miller, Fed. Prac. & Proc., Juris., § 4459.

978 *Cooper*, in: 18A Wright/Miller, Fed. Prac. & Proc., Juris., § 4459 m.w.N.

979 Vgl. *Cooper*, in: 18A Wright/Miller, Fed. Prac. & Proc., Juris., § 4459; Restatement (Second) of Judgments, § 46.

980 Vgl. Restatement (Second) of Torts, § 925 cmt. b–e; sowie *Görtz*, Subjektive Grenzen, S. 113.

981 Vgl. Restatement (Second) of Torts, § 925 cmt. b; dazu auch *Görtz*, Subjektive Grenzen, S. 113 ff.

wird, um die Gefahr des doppelten Einstehenmüssens des Schädigers zu verhindern.[982]

Besondere Probleme des Einzelfalls ergeben sich unter anderem auch im Fall von Klagen auf Kindesunterhalt bei Scheidung oder Vaterschaftsklagen.[983] Festzuhalten ist jedoch, dass der Grundsatz bleibt, dass allein die familiäre Beziehung eine *nonparty preclusion* nicht rechtfertigt, sondern eine Auslegung des konkreten Falls unter Beachtung des materiellen Rechts erforderlich ist.[984] Dies verdeutlicht der vorliegende Abschnitt.

c. Organisatorische Zugehörigkeit

Eine Erstreckung von Urteilswirkungen kann auch im Verhältnis von privatrechtlichen Organisationsformen und ihren Mitgliedern eintreten.[985] Sie hängt grundlegend davon ab, ob der jeweiligen Organisationsform eigene Rechtssubjektivität zukommt und wie eng und dauerhaft die materiellrechtliche Verbindung der Personen ist.[986]

Ist die Organisationsform kein eigenes Rechtssubjekt, kann sie schon selbst nicht am Prozess teilnehmen, sondern es muss eine Beteiligung aller Mitglieder, die die Organisation formen, erfolgen.[987] Eine Entscheidung gegenüber einer Organisation, der eigene Rechtssubjektsqualität zukommt, bindet die Mitglieder dagegen grundsätzlich nicht.[988]

Es sind dem Grunde nach drei Arten von Organisationsformen zu unterscheiden: *corporations*, *partnerships* und *unincorporated associations*.[989]

Kapitalgesellschaften (*corporations*) sind nach US-amerikanischem Recht eigenständige Rechtssubjekte, die klagen und verklagt werden können.[990] Ein

---

982 *Görtz*, Subjektive Grenzen, S. 113 ff.; *Cooper*, in: 18A Wright/Miller, Fed. Prac. & Proc., Juris., § 4459; Restatement (Second) of Judgments, § 46.

983 *Cooper*, in: 18A Wright/Miller, Fed. Prac. & Proc., Juris., § 4459.

984 *Cooper*, in: 18A Wright/Miller, Fed. Prac. & Proc., Juris., § 4459.

985 Dazu etwa *Cooper*, in: 18A Wright/Miller, Fed. Prac. & Proc., Juris., § 4460; Restatement (Second) of Judgments, §§ 59–61.

986 *Görtz*, Subjektive Grenzen, S. 136; vgl. auch Restatement (Second) of Judgments, §§ 59–61.

987 Vgl. Restatement (Second) of Judgments, § 61 cmt. a.

988 Vgl. 50 C.J.S. Judgments, § 1151; Restatement (Second) of Judgments, § 59 cmt. a; *Görtz*, Subjektive Grenzen, S. 127.

989 Restatement (Second) of Judgments, §§ 59–61; *Görtz*, Subjektive Grenzen, S. 126

990 Restatement (Second) of Judgments, § 59 cmt. a.

Urteil gegen sie hat daher grundsätzlich keinerlei Wirkungen gegenüber ihren Gesellschaftern.[991]

Von diesem Grundsatz werden Ausnahmen gemacht, wenn der Gesellschafter Ansprüche der Gesellschaft (als Prozessstandschafter) geltend macht.[992] Eine doppelte Inanspruchnahme des Beklagten und der Gerichte wird dann durch *claim preclusion* verhindert.[993]

Zudem gelten Ausnahmen für sog. *closely held corporations*, also Gesellschaften, die nur von wenigen Personen beherrscht werden, sowie für die Fälle, in denen die Gesellschaft lediglich als *alter ego* dient.[994] Im Fall der *closely held corporation* wird von einer Interessenkongruenz zwischen Gesellschaft und Gesellschaftern ausgegangen, die eine Erstreckung von *issue preclusion* rechtfertigt.[995] Ist die Gesellschaft nur *alter ego*, besitzt sie also keine eigene wirtschaftliche Existenz und ist lediglich eine „Hülle", wird sie für die Entscheidung eines Prozesses als nicht existent bewertet und die Wirkungen auf diejenigen erstreckt, die hinter der Gesellschaft stehen.[996]

Eine Personengesellschaft (*partnership*) wird dagegen in den unterschiedlichen Gerichtssystemen teilweise als selbstständiges Rechtssubjekt, teilweise als bloßer Zusammenschluss ihrer Mitglieder angesehen.[997] Einheitlich gilt hingegen, dass die Partner grundsätzlich für die Verbindlichkeiten der *partnership* mit ihrem persönlichen Vermögen unmittelbar und unbeschränkt haften.[998] Daraus ergibt sich für die Erstreckung von Urteilswirkungen eine Unterscheidung zwischen Aktiv- und Passivprozessen der *partnership*.[999] Bei Aktivprozessen der Gesellschaft ist nur deren Vermögen betroffen, bei Passivprozessen ist ggf. auch ein Durchgriff auf das Vermögen des einzelnen Gesellschafters denkbar.[1000] Somit wird eine Erstreckung der Urteilswirkungen bei Passivprozessen gegenüber den Gesellschaftern grundsätzlich abgelehnt, solange keine

---

991 Restatement (Second) of Judgments, § 59.

992 Sog. "derivative action", Restatement (Second) of Judgments, § 59 (2); 50 C.J.S. Judgments, § 1143; *Görtz*, Subjektive Grenzen, S. 127 f.

993 Vgl. *Görtz*, Subjektive Grenzen, S. 128.

994 Restatement (Second) of Judgments, § 59 (3), (5).

995 Restatement (Second) of Judgments, § 59 cmt. e; *Görtz*, Subjektive Grenzen, S. 128 f.

996 Restatement (Second) of Judgments, § 59 cmt. g; *Görtz*, Subjektive Grenzen, S. 129.

997 *Görtz*, Subjektive Grenzen, S. 130 f.; dazu auch *Cooper*, in: 18A Wright/Miller, Fed. Prac. & Proc., Juris., § 4460; Restatement (Second) of Judgments, § 60 cmt. a.

998 *Görtz*, Subjektive Grenzen, S. 131.

999 *Görtz*, Subjektive Grenzen, S. 133; vgl. auch Restatement (Second) of Judgments, § 60.

1000 *Görtz*, Subjektive Grenzen, S. 133.

Benachrichtigung und Möglichkeit zur Verteidigung oder Kontrolle durch den Gesellschafter erfolgte.[1001] Bei Aktivprozessen gilt dagegen der Grundsatz, dass Ansprüche der *partnership* jeweils nur einmal gerichtlich geltend gemacht werden, sodass sich die Bindungswirkung nach dem jeweiligen *claim* richtet.[1002]

Den einfachen Interessenvereinigungen (*associations*) kommt keine Rechtssubjektsqualität zu.[1003] Ohne eigene Rechtssubjektivität müssen alle jeweiligen Mitglieder klagen oder verklagt werden, sodass auch die Entscheidung ihnen gegenüber wirkt.[1004] Wird einer *association* dagegen zumindest Parteifähigkeit zuerkannt (vgl. FRCP 17 (b)(3)(A)), sind die Mitglieder nur an die jeweilige Entscheidung gebunden, soweit ihr Interesse an der *association* reicht – ähnlich wie bei der *corporation*.[1005]

Eine Erstreckung von Urteilswirkungen kann sich in den Konstellationen organisatorischer Zugehörigkeit in jedem Fall auch daraus ergeben, dass ein Fall von Vertretung oder ein sonstiger Fall von *nonparty preclusion* vorliegt.[1006]

*d. Schadloshaltung (*indemnification*)*

Die vierte Untergruppe von Erstreckung von Bindungswirkungen aufgrund materiellrechtlicher Verbundenheit betrifft die Fälle, in denen eine Partei aufgrund eines Vertrages einen Anspruch gegen einen Dritten auf Freistellung von einer Haftung hat (sog. *indemnification*).[1007] Allein diese Verbindung reicht jedoch nicht aus; vielmehr muss der Dritte auch von dem anhängigen Prozess benachrichtigt worden sein und die Möglichkeit bekommen haben, die Verteidigung in diesem zu übernehmen.[1008] Die materiellrechtlichen Prinzipien, die den *indemnification* Fällen zugrunde liegen, sind daher Grundlage für das Instrument des *vouching in*.[1009] Insofern wird an

1001 Restatement (Second) of Judgments, § 60 (1)(b)(ii); *Görtz*, Subjektive Grenzen, S. 131 f.

1002 *Görtz*, Subjektive Grenzen, S. 132; vgl. auch Restatement (Second) of Judgments, § 60 (2).

1003 *Görtz*, Subjektive Grenzen, S. 133.

1004 Vgl. Restatement (Second) of Judgments, § 61 cmt. b.

1005 *Görtz*, Subjektive Grenzen, S. 136; vgl. Restatement (Second) of Judgments, § 61 (2).

1006 *Görtz*, Subjektive Grenzen, S. 136; vgl. beispielsweise auch Restatement (Second) of Judgments, § 59 (1), cmt b.

1007 Restatement (Second) of Judgments, § 57 (1), cmt. a.

1008 Restatement (Second) of Judgments, § 57 (1), cmt. e.

1009 Vgl. *Cooper*, in: 18A Wright/Miller, Fed. Prac. & Proc., Juris., § 4452; Restatement (Second) of Judgments, § 57.

dieser Stelle auf die Erstreckung von *res judicata* im Fall des *vouching in* verwiesen.[1010]

e. *Weitere Fälle materiellrechtlicher Abhängigkeit*

Es gibt einige weitere Fälle, in denen die materiellrechtlich geregelte Abhängigkeit sich prozessual in einer Erstreckung von Bindungswirkungen auf den jeweils Unbeteiligten auswirkt (beispielsweise im Fall der Bürgschaft).[1011] Es lässt sich jedoch, genau wie im deutschen Recht, gerade kein allgemeiner Grundsatz aufstellen, wann eine materiellrechtliche Verbindung per se zu einer Erstreckung von Urteilswirkungen auf den jeweils Unbeteiligten führt.[1012] Vielmehr hängt die Erstreckung von den konkreten Regelungen des materiellen Rechts und von der Frage ab, wie die *res judicata doctrine* diese spezielle Verbindung am besten im Prozessrecht umsetzt.[1013] Die Konstellationen sind so zahlreich und häufig komplex,[1014] dass auf eine Einzeldarstellung an dieser Stelle verzichtet werden muss. Es soll jedoch an späterer Stelle darauf eingegangen werden, wie die Regelungen der Anerkennung im Grundsatz auf entsprechende Fälle anzuwenden wären und welche Prinzipien einer Anerkennung in Deutschland entgegenstehen könnten.

3. (Interessen-)Vertretung

Ein weiterer Grundfall der Erstreckung von Urteilswirkungen auf einen Dritten ist die Vertretung (der Interessen) eines Unbeteiligten durch eine der Parteien des Prozesses.[1015] Dafür muss der Vertreter grundsätzlich ordnungsgemäß

1010 S.o., § 5 II.

1011 Vgl. Restatement (Second) of Judgments, §§ 43–61.

1012 Vgl. *Taylor v. Sturgell*, 553 U.S. 880, 894 (2008); *Cooper*, in: 18A Wright/Miller, Fed. Prac. & Proc., Juris., § 4460; *Friedenthal/Kane/Miller*, Civil Procedure, § 14.13; *Solum*, in: 18 Moore's Federal Practice, Civil, § 131.40; *Shapiro*, Preclusion, S. 78; vgl. auch *Krause*, Urteilswirkungen, S. 236 ff.; zur deutschen Rechtslage im Überblick *Gottwald*, in: MünchKomm, ZPO, Bd. 1, § 325 Rdn. 2 f.; *G. Vollkommer*, in: Zöller, ZPO, § 325 Rdn. 31 ff., jeweils m.w.N.

1013 *Cooper*, in: 18A Wright/Miller, Fed. Prac. & Proc., Juris., § 4460.

1014 Vgl. *Cooper*, in: 18A Wright/Miller, Fed. Prac. & Proc., Juris., § 4460; Restatement (Second) of Judgments, Chapter 4, Topic 2.

1015 Vgl. *Hansberry v. Lee*, 311 U.S. 32, 42 f. (1940); *Taylor v. Sturgell*, 553 U.S. 880, 896 (2008); *Nationwide Mut. Fire Ins. Co. v. George V. Hamilton, Inc.*, 571 F.3d 299, 313 (3d Cir. 2009); *Casad/Clermont*, Res judicata, S. 159 ff.; *Cooper*, in: 18A Wright/Miller, Fed. Prac. & Proc., Juris., § 4454.

bestellt worden sein und im Prozess innerhalb seiner Befugnisse handeln.[1016] Die Vertretung kann auf einer (konkludenten) Vereinbarung oder auf Gesetz beruhen.[1017] Hinsichtlich der vertretenen Person tritt auch dann eine Bindung ein, wenn sie nicht der *personal jurisdiction* des Gerichts unterstand.[1018]

Die Theorie der *virtual representation*, nach der ein Dritter schon an die Ergebnisse eines Prozesses gebunden wurde, an der eine Partei beteiligt war, deren Interessen derart gleichgerichtet waren, dass die Interessen des Dritten virtuell bereits in diesem Prozess (mit-)repräsentiert wurden,[1019] war nicht verallgemeinerungsfähig und konnte sich gegen *Due Process* Überlegungen nicht (mehr) durchsetzen.[1020]

Trotz der zuletzt grundsätzlichen Ablehnung der *virtual representation* Theorie durch den Supreme Court[1021] verdeutlicht die Entwicklung der Theorie und deren Ablehnung in *Taylor v. Sturgell* die widerstreitenden Interessen, die für und wider eine Erstreckung von *nonparty preclusion* im Allgemeinen sprechen können. Die Vorteile einer Erweiterung von *nonparty preclusion* sind Verfahrensökonomie und Rechtsfrieden im Sinne von Widerspruchsfreiheit. Dem steht die Gerechtigkeit und verfassungsmäßige Gebotenheit des *one day in court*-Gedankens gegenüber, die jedem Einzelnen grundsätzlich einen Tag vor Gericht gewährt.[1022] Es ist daher anzunehmen, dass dieser Konflikt die Theorien einer *nonparty preclusion* auch weiterhin beeinflussen und weiterentwickeln wird.[1023]

Eine *nonparty preclusion* aufgrund Interessenvertretung wird nichtsdestotrotz nunmehr grundsätzlich lediglich unter bestimmten, eingeschränkten Umständen angenommen, wenn der Dritte angemessen von einer der Parteien vertreten worden ist, die dieselben Interessen teilt.[1024] Voraussetzung ist, dass die

---

1016 *Cooper*, in: 18A Wright/Miller, Fed. Prac. & Proc., Juris., § 4454; *Solum*, in: 18 Moore's Federal Practice, Civil, § 131.40; Restatement (Second) of Judgments, § 41.

1017 Vgl. *Solum*, in: 18 Moore's Federal Practice, Civil, § 131.40; Restatement (Second) of Judgments, § 41 cmt. b, c.

1018 *Solum*, in: 18 Moore's Federal Practice, Civil, § 131.40; Restatement (Second) of Judgments, § 41 cmt. f. Zur *personal jurisdiction* vgl. oben, § 4 I. 2. a. (1).

1019 *Aerojet-General Corp. v. Askew*, 511 F.2d 710, 719 (5th Cir. 1975) m.w.N. Ausführliche Darstellungen in deutscher Sprache finden sich bei *Görtz*, Subjektive Grenzen, S. 167 ff. sowie *Krause*, Urteilswirkungen, S. 80 ff.

1020 *Taylor v. Sturgell*, 553 U.S. 880, 894 (2008).

1021 *Taylor v. Sturgell*, 553 U.S. 880, 885 (2008).

1022 *Cooper*, in: 18A Wright/Miller, Fed. Prac. & Proc., Juris., § 4457 a.E.

1023 Zum Ganzen *Cooper*, in: 18A Wright/Miller, Fed. Prac. & Proc., Juris., § 4457.

1024 *Taylor v. Sturgell*, 553 U.S. 880, 894 f. (2008); *Richards v. Jefferson County*, 517 U.S. 793, 798 (1996).

Interessen vollkommen gleichgerichtet sind und dass entweder der Vertreter sich als solcher versteht bzw. von dem Vertretenen als solcher verstanden wird oder dass im Ursprungsverfahren prozessuale Schutzvorkehrungen getroffen wurden, um die Einhaltung des *Due Process* der Unbeteiligten hinreichend zu gewährleisten.[1025] Hierzu gehören insbesondere eine ordnungsgemäß durchgeführte *class action*, sowie Prozesse, die von einem Nachlassverwalter, Vormund oder sonstigen Treuhändern (gleichzusetzen wohl mit den Parteien kraft Amtes nach deutschem Recht[1026]) geführt wurden.[1027]

Ein erneuter Prozess, an dem der Vertretene als Partei beteiligt ist, ist nach den Grundsätzen der *claim preclusion* nicht möglich, wenn eine angemessene Vertretung nach den hier dargestellten Voraussetzungen erfolgt ist.

4. Kontrolle fremder Prozessführung

Derjenige, der die Prozessführung eines anderen kontrolliert ohne selbst Partei zu sein, konnte aufgrund dieser Kontrolle den Prozess steuern und hatte damit bereits seinen „*one day in court*". Wegen dieser Möglichkeit muss das Urteil auch ihm gegenüber wirken.[1028]

Diese Erstreckung der Urteilswirkung betrifft allerdings allein die *issue preclusion*, weil es sich bei dem Streitgegenstand des Prozesses zwangsläufig um einen anderen *claim* als den des Dritten handelt.[1029]

Welches Maß an Kontrolle für eine Bindungswirkung erforderlich ist, ist stets eine Frage des konkreten Einzelfalls.[1030] Grundsätzlich kann jedoch davon ausgegangen werden, dass eine Bindung des Dritten gerecht ist, wenn dieser dieselben praktischen Möglichkeiten zur Steuerung des Prozesses hatte, welche eine

---

1025 *Taylor v. Sturgell*, 553 U.S. 880, 900 (2008); *Amos v. PPG Industries, Inc.*, 699 F.3d 448, 452 (6th Cir. 2012); *Nationwide Mut. Fire Ins. Co. v. George V. Hamilton, Inc.*, 571 F.3d 299, 313 (3d Cir. 2009).

1026 Vgl. *Görtz*, Subjektive Grenzen, S. 139.

1027 *Taylor v. Sturgell*, 553 U.S. 880, 894 f. (2008); *Richards v. Jefferson County*, 517 U.S. 793, 798 f. (1996); *Sea-Land Services, Inc. v. Gaudet*, 414 U.S. 573, 593 f. (1974).

1028 *Taylor v. Sturgell*, 553 U.S. 880, 895 (2008); *Montana v. United States*, 440 U.S. 147, 154 (1979); Restatement (Second) of Judgments, § 39 cmt. a.

1029 *Montana v. United States*, 440 U.S. 147, 154 (1979); *Gillig v. Nike, Inc.*, 602 F.3d 1354, 1362 (Fed. Cir. 2010); *Cooper*, in: 18A Wright/Miller, Fed. Prac. & Proc., Juris, § 4451; *Solum*, in: 18 Moore's Federal Practice, Civil, § 131.40; Restatement (Second) of Judgments, § 39 cmt. b.

1030 *Cooper*, in: 18A Wright/Miller, Fed. Prac. & Proc., Juris, § 4451; vgl. auch Restatement (Second) of Judgments, § 39 cmt. c.

Partei selbst gehabt hätte.[1031] Der Dritte muss die effektive Wahl haben, welche rechtlichen Theorien und Beweise vorgebracht und ob Rechtsmittel eingelegt werden.[1032] Nicht ausreichend ist dagegen beispielsweise, wenn der Dritte die Prozessführung lediglich finanziert oder der Partei einen Anwalt stellt.[1033]

Liegt ein Fall der Kontrolle fremder Prozessführung vor, sind für den Dritten also die entscheidungserheblichen, tatsächlich kontradiktorisch verhandelten Streitpunkte des Prozesses nach den Grundsätzen der *issue preclusion* in einem möglichen Folgeprozess bindend. Auch der *vouchee*, der die Verteidigung übernimmt, wird aufgrund dieses Prinzips an die Feststellungen des Prozesses gebunden.[1034]

In diesem Fall wird deutlich, dass die Qualifizierung eines Beteiligten als *party* oder *nonparty* nach US-amerikanischem Recht im Grunde an Bedeutung verliert, da auch eine Nicht-Partei, die sich entsprechend „einmischt", nach den Grundsätzen der Kontrolle fremder Prozessführung an die Ergebnisse des Prozesses gebunden wird.[1035] In diesen Fällen geht es somit darum, dass der Einzelne bereits die Chance nutzte, an einem Verfahren teilzuhaben, auch wenn er nie Partei im formellen Sinne geworden ist.

5. Wiederverhandlung durch Vertreter

So wie der Vertretene an die Ergebnisse des durch den Vertreter verhandelten Prozesses gebunden ist,[1036] sperrt umgekehrt eine Verhandlung durch den Vertretenen den Versuch eines neuen Prozesses durch Vertreter. Der Vertreter in dem zweiten Prozess muss formell nicht Vertreter sein; ausreichend ist, dass sein Verhalten ihn faktisch zum Vertreter der Partei des Erstprozesses macht.[1037]

1031 Vgl. *Becherer v. Merill Lynch, Pierce, Fenner, and Smith, Inc.*, 193 F.3d 415, 423 (6th Cir. 1999); *Benson and Ford, Inc. v. Wanda Petroleum Co.*, 833 F.2d 1172, 1174 (5th Cir. 1987); *Cooper*, in: 18A Wright/Miller, Fed. Prac. & Proc., Juris., § 4451; Restatement (Second) of Judgments, § 39 cmt. c.

1032 Restatement (Second) of Judgments, § 39 cmt. c.

1033 *Benson and Ford, Inc. v. Wanda Petroleum Co.*, 833 F.2d 1172, 1174 (5th Cir. 1987); Restatement (Second) of Judgments, § 39 cmt. c.

1034 S.o., § 5 II. 1.; *Cooper*, in: 18A Wright/Miller, Fed. Prac. & Proc., Juris., § 4452; vgl. Restatement (Second) of Judgments, § 39 cmt. a; § 57.

1035 *Cooper*, in: 18A Wright/Miller, Fed. Prac. & Proc., Juris., § 4449.

1036 S.o., § 6 II. 3.

1037 *Taylor v. Sturgell*, 553 U.S. 880, 895 (2008); *Cooper*, in: 18A Wright/Miller, Fed. Prac. & Proc., Juris., § 4454.

Der Begünstigte des zweiten Prozesses war dann aber bereits Partei des ersten Prozesses. Rechtlich gesehen handelt es sich bei den Parteien der beiden Prozesse also um dieselbe, sodass die *doctrine of res judicata* eingreift.[1038] Diese Begründung zur Erstreckung der Urteilswirkungen ist allerdings restriktiv auszulegen.[1039] Die Partei, die die Bindungswirkung geltend macht, trägt die Beweislast, dass eine (faktische) Vertretung vorliegt.[1040] Erforderlich wäre die Feststellung, dass die Partei des ersten Prozesses in irgendeiner Weise die Partei, die den zweiten Prozess veranlasst, beeinflusst.[1041] Allein die Andeutung eines taktischen Manövrierens reicht nicht aus.[1042]

Gelingt die Geltendmachung, ist ein erneuter Prozess nach den Grundsätzen der *claim preclusion* gesperrt.

6. Gesetzliche Anordnung

Dritte können auch einer Erstreckung von Urteilswirkungen unterliegen, soweit diese gesetzlich besonders angeordnet ist und damit eine weitere Verhandlung ausschließt, wenn diese Anordnung ansonsten mit dem *Due Process* vereinbar ist.[1043] Beispiele sind Insolvenz- oder Nachlasssachen oder Prozesse, die (nach dem Gesetz) nur im Interesse der Öffentlichkeit geführt werden (können).[1044]

Die Gesetzgebung kann in diesen Fällen das Recht der Prozessführung einer Stelle oder Person zuordnen, welche den Einzelnen oder die gesamte Öffentlichkeit repräsentiert.[1045] Durch diese Vertretung wird der jeweilige Inhaber des Rechts an die Ergebnisse des Prozesses gebunden.[1046]

Zu beachten ist dafür im Ausgangspunkt, dass es sich bei den USA um einen „horizontalen Föderalismus" handelt.[1047] Das heißt, dass die uneingeschränkte Gesetzgebungskompetenz bei den Einzelstaaten liegt, es sei denn, sie wird durch

---

1038 Vgl. *Chicago, R. I. & P. Ry. Co. v. Schendel*, 270 U.S. 611, 620 (1926).

1039 Vgl. *Taylor v. Sturgell*, 553 U.S. 880, 906 f. (2008).

1040 Vgl. *Taylor v. Sturgell*, 553 U.S. 880, 906 f. (2008); *Cooper*, in: 18A Wright/Miller, Fed. Prac. & Proc., Juris., § 4457.

1041 *Taylor v. Sturgell*, 553 U.S. 880, 906 f. (2008); vgl. auch *Duckett v. Fuller*, 819 F.3d 740, 746 f. (4th Cir. 2016); *Cooper*, in: 18A Wright/Miller, Fed. Prac. & Proc., Juris., § 4457.

1042 *Taylor v. Sturgell*, 553 U.S. 880, 906 (2008).

1043 *Taylor v. Sturgell*, 553 U.S. 880, 895 (2008); *Martin v. Wilks*, 490 U.S. 755 Fn. 2 (1989).

1044 *Richards v. Jefferson County*, 517 U.S. 793, 804 (1996).

1045 *Taylor v. Sturgell*, 553 U.S. 880, 895 (2008).

1046 21A Fed. Proc., L. Ed. § 51:245.

1047 *Junker*, Legal Culture in the U.S., S. 215.

die Verfassung eingeschränkt.[1048] Der U.S. Congress hat dagegen nur eine limitierte Gesetzgebungskompetenz für die in der Verfassung spezifisch geregelten Bereiche, wie beispielsweise Bundessteuerrecht oder Insolvenzrecht.[1049] Regelmäßig werden sich die Regelungen der Erstreckung von Urteilswirkungen damit auch aus dem Recht der Staaten ergeben, soweit dieses anwendbar ist.[1050]

7. Ungenutzte prozessuale Chance

Eine weitere Begründung für die Erstreckung von Urteilswirkungen auf Unbeteiligte wird teilweise in einer nicht genutzten Chance zur prozessualen Beteiligung gesucht.[1051]

Dieses Prinzip wurde in seinen Grundzügen bereits anhand des *vouching in* dargestellt. In der Konstellation, dass der *vouchee* untätig bleibt, wird er trotzdem an die Feststellungen des Prozesses gebunden, wenn eine adäquate Vertretung seiner Interessen bereits erfolgt ist.[1052] Ob sich daraus allerdings ein allgemeines Prinzip der Erstreckung von Urteilswirkungen ableiten lässt, ist problematisch. Es würde bedeuten, dass unter bestimmten Umständen eine Pflicht zum Verfahrensbeitritt besteht.[1053] Dafür wäre wiederum zumindest erforderlich, dass der unbeteiligte Dritte überhaupt von dem Prozess Kenntnis hat und die Chance zum Verfahrensbeitritt wissentlich verstreichen lässt.[1054] Grundvoraussetzung müsste also sein, dass der Dritte benachrichtigt wird, dass ein Prozess anhängig ist.[1055]

Für entsprechende Konstellationen stehen den Prozessparteien jedoch die Möglichkeiten der Drittbeteiligung zur Verfügung.[1056] Eine allgemeine Pflicht zur Intervention durch einen Dritten, deren Verletzung durch eine Bindung

---

1048 U.S. Const. Amendment X; 16 C.J.S. Constitutional Law, § 282; *Junker*, Legal Culture in the U.S., S. 215 f.; *Hay*, US-amerikanisches Recht, Rdn. 49.

1049 U.S. Const., Art. I § 8; 16 C.J.S. Constitutional Law, § 282; *Junker*, Legal Culture in the U.S., S. 215 f.; *Hay*, US-amerikanisches Recht, Rdn. 48.

1050 Vgl. zur Anwendbarkeit grundlegend oben, § 4 I. 1.

1051 Vgl. *Cooper*, in: 18A Wright/Miller, Fed. Prac. & Proc., Juris., § 4452; *Krause*, Urteilswirkungen, S. 166 ff., jeweils m.w.N.

1052 S.o., § 5 II. 1.; *Cooper*, in: 18A Wright/Miller, Fed. Prac. & Proc., Juris., § 4452.

1053 *Cooper*, in: 18A Wright/Miller, Fed. Prac. & Proc., Juris., § 4452.

1054 *Cooper*, in: 18A Wright/Miller, Fed. Prac. & Proc., Juris., § 4452.

1055 *Cooper*, in: 18A Wright/Miller, Fed. Prac. & Proc., Juris., § 4452.

1056 *Cooper*, in: 18A Wright/Miller, Fed. Prac. & Proc., Juris., § 4452.

sanktioniert würde, besteht dagegen nicht und ist für den Schutz der Parteien auch nicht erforderlich.[1057]

Ein allgemeines Prinzip, dass sich die Erstreckung von Urteilswirkungen auf Nichtparteien auch aus dem Gedanken der Einmaligkeit einer prozessualen Chance ergibt, ist somit nicht anerkannt. Für die Anerkennungsfähigkeit der *issue preclusion* gegenüber einem nicht beigetretenen *vouchee* kann dagegen nach oben verwiesen werden.

III. Anerkennung entsprechender Urteilswirkungen gegenüber *nonparties*

Nachdem nun die Grenzen der Erstreckung von Urteilswirkungen auf unbeteiligte Dritte nach US-amerikanischem Recht umrissen wurden, soll die Kernfrage analysiert werden, inwieweit eine Vereinbarkeit mit dem *ordre public* besteht, der nach der Theorie der Wirkungserstreckung als letzte Grenze der Anerkennung besteht.[1058]

Voraussetzung der Anerkennung ist zunächst, dass das Urteil zwischen den Parteien anerkennungsfähig ist. Dies ergibt sich aus der in dieser Arbeit vertretenen Ansicht, die die Voraussetzungen der Anerkennung danach abgrenzt, ob eine selbstständige oder eine unselbstständige Drittwirkung vorliegt, da es sich bei der Erstreckung von Wirkungen auf Prozessunbeteiligte, wie dargestellt, in jedem Fall um eine unselbstständige Wirkung handelt.[1059] In diesem Zusammenhang ist dann im Rahmen der Prüfung des *ordre public* nach § 328 Abs. 1 Nr. 4 ZPO überprüfbar, ob die Urteilswirkungen auch ihrem subjektiven Umfang nach vollumfänglich ins Inland erstreckt werden können, also gegenüber dem Dritten wirken.

Zu ermitteln ist folglich, ob eine US-amerikanische Wirkung gegenüber unbeteiligten Dritten im deutschen Rechtsverständnis nach hiesigen Gerechtigkeits- und Wertvorstellungen nicht systemwidrig wäre.[1060] Dies ist solange unproblematisch, wie auch das deutsche Rechtssystem vergleichbare Fälle von Rechtskrafterstreckung auf Unbeteiligte vorsieht.[1061] Soweit jedoch eine

1057 Vgl. *Martin v. Wilks*, 490 U.S. 755, 763 ff. (1989); *Chase National Bank v. City of Norwalk*, 291 U.S. 431, 441 (1934); *Cooper*, in: 18A Wright/Miller, Fed. Prac. & Proc., Juris., § 4452.

1058 S.o., § 3.

1059 S. zur Abgrenzung oben, § 5 I. 2. b. (4).

1060 Vgl. oben, § 4 II. 1. e. (3).

1061 Vgl. *Baur*, in: FS Guldener, 1, 19; *Geimer*, in: FS Stürner, 1223; *Köckert*, Beteiligung Dritter, S. 151 ff.; *Martiny*, Handbuch IZVR, Bd. III/1, Kap. I Rdn. 142.

Rechtskrafterstreckung auf entsprechende Dritte nicht vergleichbar ist, muss konkret geprüft werden, inwiefern das Ergebnis der Anerkennung der Urteilswirkung gegenüber dem Unbeteiligten für das deutsche Recht einen Systembruch darstellt (§ 328 Abs. 1 Nr. 4 ZPO).[1062]

Dabei ist hinsichtlich der Wirkungen eines deutschen Urteils nur die Erstreckung der materiellen Rechtskraft über die Parteien hinaus auf einen Dritten begrifflich denkbar, denn die objektiven Grenzen werden nach deutschem Recht schon von Anfang an enger gezogen als nach US-amerikanischem. Da die *issue preclusion* in ihrem objektiven Umfang mit der deutschen Interventionswirkung vergleichbar ist[1063] und diese nach deutschem Recht nur gegenüber Dritten eintreten kann, ist eine mit der Rechtskrafterstreckung vergleichbare Erstreckung der Interventionswirkung freilich denklogisch ausgeschlossen. Es wurde jedoch bereits dargestellt, dass die objektiven Grenzen der US-amerikanischen Urteilswirkungen insgesamt anerkennungsfähig sind, sodass der in Deutschland eingeschränkt verstandene Begriff der Rechtskrafterstreckung im Folgenden nicht irritieren soll.[1064] Richtigerweise müsste zwar nachfolgend von einer Wirkungserstreckung (über die Parteien hinaus auf Dritte) gesprochen werden, damit alle Wirkungen terminologisch erfasst wären. Dieser Begriff ist im Rahmen der Anerkennung jedoch bereits anders besetzt. Daher wird hier weiter der Begriff der Rechtskrafterstreckung oder Drittwirkung benutzt, ohne sich jedoch auf die engen Definitionen des deutschen Rechts beschränken zu wollen.[1065]

Die deutsche Rechtslage sieht aufgrund des *inter partes* Grundsatzes der Rechtskraft (§ 325 Abs. 1 ZPO) nur wenige Ausnahmen einer Rechtskrafterstreckung auf unbeteiligte Dritte vor.[1066] Diese müssen wegen des verfassungsrechtlich garantierten Anspruchs des Dritten auf rechtliches Gehör gerechtfertigt sein[1067] und eine rechtliche Grundlage haben.[1068] Der Anspruch auf rechtliches

---

1062 S.o., § 4 II. 1. e. (3). Zur Konkretisierung des *ordre public*, vgl. *Becker*, RabelsZ 60 (1996), 691, 725.

1063 Hierzu im Einzelnen oben, § 4 II. 3.

1064 S. zur Anerkennungsfähigkeit von *claim* und *issue preclusion* bereits oben, § 4 II. 2. und 3.

1065 Vgl. auch *Krause*, Urteilswirkungen, S. 17, 19.

1066 Vgl. nur *Musielak*, in: Musielak/Voit, ZPO, § 325 Rdn. 3 m.w.N.

1067 *Althammer*, in: Stein/Jonas, ZPO, Bd. 4, § 325 Rdn. 1; *Jauernig*, ZZP 101 (1988), 361, 384.

1068 Vgl. BGH, NJW 1996, 395, 396; BGH, NJW-RR 2006, 1628, 1629; BGH, NJW 2011, 2048, 2049; *Althammer*, in: Stein/Jonas, ZPO, Bd. 4, § 325 Rdn. 95; *Völzmann-Stickelbrock*, in: Prütting/Gehrlein, ZPO, § 325 Rdn. 45.

Gehör aus Art. 103 Abs. 1 GG ist eine wesentliche Grundlage der Rechtsstaatlichkeit des Verfahrens.[1069] Als solche ist er Teil der Verfahrensgrundsätze, die prozessuale Gerechtigkeit und Rechtsstaatlichkeit zwingend erfordern,[1070] und zählt mithin zum *ordre public* im Sinne des § 328 Abs. 1 Nr. 4 ZPO. Da der Anspruch auf rechtliches Gehör gemäß Art. 103 Abs. 1 GG ein Grundrecht[1071] darstellt und gleichzeitig als Schranke für eine Ausdehnung der Urteilswirkungen auf Dritte[1072] dient, ist er für eine Anerkennung von Urteilswirkungen gegenüber unbeteiligten Dritten von maßgeblicher Bedeutung.

Die Bestimmung der Rechtskraftgrenzen ist zugleich eine rechtspolitisch fundamentale Entscheidung, die das Bild des deutschen Rechtsschutzsystems wesentlich mitprägt.[1073] Die Grenzen der Rechtskraft werden durch das vorangehende Verfahren und das gesamte System des Rechtsschutzes (und damit vor allem dessen Gestaltung durch den Gesetzgeber) beeinflusst und letztlich dadurch erst legitimiert.[1074] Bei Vorliegen von sachlichen Gründen kann die Rechtskraft auch auf diejenigen erstreckt werden, die trotz ihres Anspruchs auf rechtliches Gehör nicht angehört worden sind.[1075] Solche Gründe können sich beispielsweise aus dem Inhalt der rechtlichen Beziehung zwischen dem Unbeteiligten und den Prozessparteien ergeben.[1076]

Dabei stehen sich sowohl nach US-amerikanischem als auch nach deutschem Recht die öffentlichen Interessen (insbesondere an Prozessökonomie und der Verhinderung sich widersprechender Entscheidungen) und das Interesse des unbeteiligten Dritten gegenüber, welche für die Frage der Rechtskrafterstreckung in einen Ausgleich gebracht werden.[1077]

Auf dieser Grundlage soll anhand der Fallgruppen dargestellt werden, in welchen Fällen sich deutsches und US-amerikanisches Recht jedenfalls im

---

1069 *Kern*, in: Stein/Jonas, ZPO, Bd. 2, Vor § 128 Rdn. 19.

1070 Vgl. *Kern*, in: Stein/Jonas, ZPO, Bd. 2, Vor § 128 Rdn. 9; *Martiny*, Handbuch IZVR, Bd. III/1, Kap. I Rdn. 1021.

1071 Vgl. Art. 93 Abs. 1 Nr. 4a GG; *Remmert*, in: Maunz/Dürig, GG, 88. EL 2019, Art. 103 Abs. 1 Rdn. 21 m.w.N.; *Sodan/Ziekow*, GK Öffentliches Recht, § 49 Rdn. 5.

1072 *Kern*, in: Stein/Jonas, ZPO, Bd. 2, Vor § 128 Rdn. 44.

1073 *Müller*, ZZP 79 (1966), 199, 206; vgl. auch *Kern*, in: Stein/Jonas, ZPO, Bd. 2, Vor § 128 Rdn. 5, 10.

1074 Vgl. *Müller*, ZZP 79 (1966), 199, 204 f.

1075 *Jauernig*, ZZP 101 (1988), 361, 376, 384; *Kern*, in: Stein/Jonas, ZPO, Bd. 2, Vor § 128 Rdn. 45.

1076 *Kern*, in: Stein/Jonas, ZPO, Bd. 2, Vor § 128 Rdn. 45.

1077 Vgl. BGHZ 3, 385, 388, 391; *Taylor v. Sturgell*, 553 U.S. 880, 892 f. (2008); *Büscher*, in: Wieczorek/Schütze, ZPO, Bd. 5/1, § 325 Rdn. 4; *Shapiro*, Preclusion, S. 98.

Lichte des *ordre public*-Vorbehalts decken und in welchen Fällen eine genauere Untersuchung der Wirkung im Rahmen des *ordre public* erforderlich ist. Zu beachten ist hierbei strikt, dass die subjektiven Grenzen der Urteilswirkungen eng mit dem jeweiligen Rechts(mittel)system einer Rechtsordnung verbunden sind, sodass diese Bindung stets nach dem Recht des Urteilsstaates zu beurteilen ist[1078] und die Wertung, die nach dem jeweiligen Recht zu einer Erstreckung von Urteilswirkungen über die Parteien hinaus führt, auch im Rahmen der Anerkennung – dort bei der Überprüfung der *ordre public*-Verträglichkeit (§ 328 Abs. 1 Nr. 4 ZPO) – nicht voll überprüfbar ist.[1079]

Zu unterscheiden ist schließlich im Rahmen der Anerkennung, ob es um die Wirkungen des Urteils geht, die nach dem Recht des Urteilsstaates bestimmt werden, oder um materiellrechtliche Vorfragen, die sich nach der *lex causae* richten.[1080]

1. Vereinbarung bzw. Zustimmung durch den Dritten

Fraglich ist, ob eine in den USA mögliche Bindungswirkung eines Dritten aufgrund Vereinbarung oder Zustimmung in Deutschland nach § 328 ZPO anerkannt wird.

Ein kurzer Vergleich zeigt, dass die Parteien selber nach deutschem Recht nicht über die subjektiven Grenzen der Rechtskraft disponieren können.[1081] Denkbar ist allein die materiellrechtliche Disposition über den Gegenstand der rechtskräftigen Entscheidung.[1082] Insbesondere die Möglichkeit der Musterprozessabrede, bei der ein Dritter mit einer Partei die Verbindlichkeit eines Musterprozessergebnisses für das eigene Rechtsverhältnis festlegt,[1083] ähnelt aber der Situation des US-amerikanischen Rechts.[1084] Möglich ist eine schuldrechtliche Unterwerfung des Dritten unter die Urteilsrechtskraft.[1085] Dabei handelt es sich

---

1078 *Spellenberg*, in: Staudinger, BGB (2005), § 328 ZPO Rdn. 157.

1079 Vgl. oben, § 4 II. 1 e. sowie *Becker*, RabelsZ 60 (1996), 691, 725.

1080 S.o., § 6 I.

1081 BGH, NJW-RR 1987, 642, 643; *Gottwald*, in: MünchKomm, ZPO, Bd. 1, § 325 Rdn. 92 f.; *Musielak*, in: Musielak/Voit, ZPO, § 325 Rdn. 20; *Völzmann-Stickelbrock*, in: Prütting/Gehrlein, ZPO, § 325 Rdn. 54.

1082 *Gottwald*, in: MünchKomm, ZPO, Bd. 1, § 325 Rdn. 92 f.; *Musielak*, in: Musielak/Voit, ZPO, § 325 Rdn. 20.

1083 Vgl. *Gottwald*, in: MünchKomm, ZPO, Bd. 1, § 325 Rdn. 94 f.; *Musielak*, in: Musielak/Voit, ZPO, § 325 Rdn. 20; *Saenger*, in: HK-ZPO, § 325 Rdn. 25.

1084 Vgl. *Taylor v. Sturgell*, 553 U.S. 880, 893 (2008).

1085 *G. Vollkommer*, in: Zöller, ZPO, § 325 Rdn. 43.

allerdings nicht um eine Rechtskrafterstreckung. Vielmehr stellt dies nur eine vertragliche Vereinbarung hinsichtlich des rechtskräftig festgestellten Rechtsverhältnisses dar.[1086]

Eine Vereinbarung der Parteien über die Anerkennung eines ausländischen Urteils ist hiervon abzugrenzen und mangels Dispositionsbefugnis der Parteien von vornherein ausgeschlossen.[1087]

Eine Bindungswirkung, die durch konkludentes Verhalten des Dritten außerhalb des Prozesses angenommen wird, kennt das deutsche Recht nicht. Auch eine solche würde jedoch zweifelsohne keine Rechtskrafterstreckung darstellen, sondern bestenfalls materiellrechtliche Folgen haben.[1088] Bestünde eine solche materiellrechtliche Vereinbarung hinsichtlich eines US-amerikanischen Urteils, wäre jedoch nicht die ausländische Entscheidung bzw. dessen Wirkung maßgebend für die Bindung des Dritten, sondern gerade die Parteivereinbarung selbst.[1089] Die Wirksamkeit einer solchen Vereinbarung beurteilte sich dementsprechend nach materiellem Recht, sodass nicht § 328 ZPO, sondern die *lex causae* entscheidend für eine Wirkung in Deutschland wäre.[1090]

2. Materiellrechtliche Verbundenheit

Eine Erstreckung von Bindungswirkungen auf den Rechtsnachfolger bzw. kraft materiellrechtlicher Verbundenheit erweitert wie gezeigt die subjektiven Grenzen von Urteilswirkungen. Nach der Wirkungserstreckungstheorie sind die subjektiven Grenzen der Entscheidungswirkungen insgesamt dem Recht des Urteilsstaates zu entnehmen.[1091] Die Anerkennung von Bindungswirkungen bezüglich des Rechtsnachfolgers oder sonstigen Dritten, die in einer besonderen materiellrechtlichen Verbindung zu einer der Parteien stehen, richtet sich daher auch nicht nach § 325 ZPO oder der *lex causae*, sondern nach § 328 ZPO.[1092] Der

---

1086 *Rosenberg/Schwab/Gottwald*, ZPR, § 47 Rdn. 22; *Völzmann-Stickelbrock*, in: Prütting/Gehrlein, ZPO, § 325 Rdn. 54; *G. Vollkommer*, in: Zöller, ZPO, § 325 Rdn. 43.

1087 Vgl. *Martiny*, Handbuch IZVR, Bd. III/1, Kap. I Rdn. 295; *Schütze*, in: Wieczorek/Schütze, ZPO, Bd. 5/1, § 328 Rdn. 87; jeweils m.w.N.

1088 Vgl. *Büscher*, in: Wieczorek/Schütze, ZPO, Bd. 5/1, § 325 Rdn. 92.

1089 *Martiny*, Handbuch IZVR, Bd. III/1, Kap. I Rdn. 296.

1090 *Martiny*, Handbuch IZVR, Bd. III/1, Kap. I Rdn. 296.

1091 S.o., § 3 I.

1092 *Roth*, IPRax 2015, 329, 330; a.A. OLG Bremen, IPRax 2015, 354, 357; missverständlich *Gottwald*, in: MünchKomm, ZPO, Bd. 1, § 328 Rdn. 176.

lex causae ist allerdings zu entnehmen, ob ein Dritter überhaupt Rechtsnachfolger geworden ist oder eine sonstige materiellrechtliche Bindung besteht.[1093]

a. Rechtsnachfolge

Eine Rechtskrafterstreckung auf den Rechtsnachfolger ist im deutschen Recht in § 325 ZPO normiert. Hier wird in ähnlicher Weise wie im US-amerikanischen Recht zwischen den Zeitpunkten der Rechtsnachfolge unterschieden, sodass von einer *ordre public*-Widrigkeit bei der Anerkennung nicht ausgegangen werden kann. Der Unterschied in der objektiven Reichweite der Urteilsbindung[1094] sowie dem mangelnden Gutglaubensschutz nach US-amerikanischen Recht fällt hierfür nicht ins Gewicht, da eine strukturelle Vergleichbarkeit der Regelungen vorliegt.[1095] Die Erstreckung von Bindungswirkungen auf den Rechtsnachfolger ist also in Deutschland unter den Voraussetzungen des § 328 ZPO anerkennungsfähig.

b. Familie

Die Fälle von Bindungswirkungen aufgrund familiärer Verbundenheit stellen auch nach der US-amerikanischen Vorstellung Ausnahmefälle dar.

Bei der Geltendmachung von Behandlungskosten handelt es sich um Ansprüche, die sowohl dem Geschädigten als auch den Angehörigen zustehen. Es handelt sich dementsprechend bei der resultierenden *nonparty preclusion* um eine Rechtskrafterstreckung zulasten von Gesamtgläubigern.[1096] Eine solche kennt das deutsche Recht nicht, vgl. §§ 429 Abs. 3, 425 Abs. 2 BGB.[1097] Die bloße materiellrechtliche Abhängigkeit führt nach deutschem Verständnis nicht ohne Weiteres zu einer Rechtskraftbindung.[1098] Erforderlich ist eine besondere Rechtfertigung aufgrund eines „Ineinandergreifens gesetzlicher Bestimmungen", die dazu

---

1093 *Schack*, IZVR, Rdn. 1012; vgl. auch *Fragistas*, in: FS Lewald, 471, 482.

1094 Zur Anerkennungsfähigkeit der *issue preclusion* bereits oben, § 4 II. 3.

1095 Dazu *Köckert*, Beteiligung Dritter, S. 153.

1096 *Görtz*, Subjektive Grenzen, S. 112.

1097 BGHZ 3, 385, 389; BGH, NJW 1984, 126, 127; *Gottwald*, in: MünchKomm, ZPO, Bd. 1, § 325 Rdn. 85.

1098 BGH, NJW 1996, 395, 396; BGH, NJW-RR 2005, 338, 339; *Althammer*, in: Stein/Jonas, ZPO, Bd. 4, § 325 Rdn. 87 f.; *Gottwald*, in: MünchKomm, ZPO, Bd. 1, § 325 Rdn. 3; *Musielak*, in: Musielak/Voit, ZPO, § 325 Rdn. 3; *Prütting*, RdA 1991, 257, 263; *Rosenberg/Schwab/Gottwald*, ZPR, § 157 Rdn. 26 f.; *Schack*, NJW 1988, 865, 868; *Völzmann-Stickelbrock*, in: Prütting/Gehrlein, ZPO, § 325 Rdn. 1, 45; *G. Vollkommer*, in: Zöller, ZPO, § 325 Rdn. 41.

führen, dass ein unbeteiligter Dritten an das in einem ihm fremden Verfahren gewonnene Ergebnis gebunden wird.[1099] Eine Bejahung der Rechtskrafterstreckung ist nach deutschem Rechtsverständnis generell erst dann geboten, wenn sich dies aus dem Sinn der materiellrechtlichen Verknüpfung (i.e. aus der gesetzlichen Bewertung der Interessen der Beteiligten) erschließen lässt.[1100] Abzuwägen sind das öffentliche Interesse daran, dass sich Gerichte nicht erneut mit in einem anderen Prozess bereits entschiedenen Fragen tatsächlicher oder rechtlicher Art befassen müssen und widersprechende Entscheidungen vermieden werden mit dem Interesse des am Ausgangsverfahren nicht beteiligten Dritten, ohne Bindung an die zwischen den anderen Parteien ergangene Entscheidung sein Recht verfechten zu können.[1101] Diese Abwägung fällt im Fall von Gesamtgläubigern zugunsten des rechtlichen Gehörs des Dritten aus, da die Ansprüche der Gesamtgläubiger nach deutschem Verständnis unabhängig voneinander sind. Jeder Gesamtgläubiger hat gerade ein selbstständiges Forderungsrecht, das von dem Recht der anderen Gläubiger losgelöst ist.[1102] Die Anerkennung der *claim preclusion*, die im Fall der Geltendmachung von Behandlungskosten zulasten der Gesamtgläubiger eintritt, ließe sich dementsprechend nicht in das deutsche System der Rechtskraftgrenzen einfügen. Sie lässt sich nicht anhand der dargestellten Wertungen des deutschen Rechts ausreichend rechtfertigen und der Dritte ist auch nicht durch besondere Prozessrechtsmechanismen im US-amerikanischen Recht geschützt. Somit verstößt diese Form von *claim preclusion* gegen die grundlegenden Wertungen des deutschen Rechts und ist daher nicht anerkennungsfähig.

Bei dem Anspruch auf *loss of consortium* sowie (bei Zugrundelegung der strengsten Auslegungsvariante) bei dem Anspruch aus *wrongful death* handelt es sich um abgeleitete Ansprüche.[1103] Sie sind streng akzessorisch zu den Rechten des Geschädigten, was sich auf prozessualer Ebene in Form von *claim* oder *issue preclusion* auswirkt.[1104] Eine solche Erstreckung von Wirkungen auf den akzessorisch Haftenden kennt (zumindest in Teilen) auch das deutsche Recht.[1105]

1099 *Büscher*, in: Wieczorek/Schütze, ZPO, Bd. 5/1, § 325 Rdn. 90; vgl. BGH, NJW 1996, 395, 396; NJW 2011, 2048 f. Rdn. 8; BGH, NJOZ 2016, 448 Rdn. 9.

1100 *Althammer*, in: Stein/Jonas, ZPO, Bd. 4, § 325 Rdn. 95; vgl. BGH, NJW 1996, 395, 396; NJW 2011, 2048 f. Rdn. 8.

1101 *Büscher*, in: Wieczorek/Schütze, ZPO, Bd. 5/1, § 325 Rdn. 4.

1102 BGHZ 29, 363, 364; 46, 253, 255; BGH, NJW 1979, 2039, 2040.

1103 *Görtz*, Subjektive Grenzen, S. 112, 114.

1104 S.o., § 6 II. 2 b.

1105 Vgl. *Althammer*, in: Stein/Jonas, ZPO, Bd. 4, § 325 Rdn. 95; *Büscher*, in: Wieczorek/Schütze, ZPO, Bd. 5/1, § 325 Rdn. 90.

Wenn Sinn und Zweck einer materiellrechtlichen Norm es gebieten, kann diese im Sinne einer Rechtskrafterstreckung ausgelegt werden.[1106] Dies wird insbesondere bei Normen der akzessorischen Haftung im Einzelfall angenommen, wobei Reichweite und Umfang vom jeweiligen materiellrechtlichen Anknüpfungspunkt abhängig sind.[1107] Zwar liegt dem (jedenfalls nach der herrschenden Meinung) kein verallgemeinerungsfähiges Prinzip zugrunde.[1108] Zumindest ist aber eine Systemwidrigkeit i.S.d. § 328 Abs. 1 Nr. 4 ZPO aufgrund dessen nicht feststellbar. Auch nach US-amerikanischem Recht sind besondere materiellrechtliche Wertungen für die *nonparty preclusion* verantwortlich. *Claim* und *issue preclusion* sind in diesen Fällen folglich grundsätzlich anerkennungsfähig.

c. Organisatorische Zugehörigkeit

Bei der *nonparty preclusion* aufgrund organisatorischer Zugehörigkeit wird wie dargestellt grundsätzlich nach der Organisationsform unterschieden.

Eine Erstreckung von Bindungswirkungen wird bei der *corporation* nur angenommen, wenn ein Gesellschafter als Prozessstandschafter Rechte der Gesellschaft geltend gemacht hat. Diesen Fall kennt auch das deutsche Recht. Die resultierenden Wirkungen sind unproblematisch anerkennungsfähig.[1109] Die problematischeren Fälle sind diejenigen der Rechtskrafterstreckung in Fällen einer *closely held corporation* oder eines *alter ego*. Beiden Konstellationen liegt eine Form des Missbrauchsgedankens zugrunde.[1110] Die Gesellschafter sollen nicht die Möglichkeit haben, sich für den Prozess hinter der Rechtsform *corporation* zu verstecken. Im Fall einer *partnership* werden dagegen Aktiv- und Passivprozesse unterschieden. Der Anspruch der Gesellschaft soll nur einmal geltend gemacht werden können, sodass bei einem Aktivprozess die Bindungswirkungen des Urteils erstreckt werden. Die *claim preclusion* richtet sich hier

1106 Vgl. nur BGH, NJW 1996, 395, 396; NJW 2011, 2048 f. Rdn. 8; *Althammer*, in: Stein/Jonas, ZPO, Bd. 4, § 325 Rdn. 95.

1107 So z.B. für Bürgschaft, Hypothek oder Pfand nach § 768 Abs. 1 S. 1, § 1137 Abs. 1 S. 1, § 1211 Abs. 1 S. 1 BGB, vgl. *Althammer*, in: Stein/Jonas, ZPO, Bd. 4, § 325 Rdn. 99; *Büscher*, in: Wieczorek/Schütze, ZPO, Bd. 5/1, § 325 Rdn. 93.

1108 *Büscher*, in: Wieczorek/Schütze, ZPO, Bd. 5/1, § 325 Rdn. 90. Vgl. auch oben, Fn. 1098.

1109 Dazu sogleich unten, § 6 III. 3.

1110 Vgl. *Köckert*, Beteiligung Dritter, S. 158.

streng am jeweiligen *claim* aus, der nicht personen- sondern sachbezogen auszulegen ist.[1111]

Im deutschen Recht zeigt für gesellschaftsrechtliche Strukturen die Norm des § 129 Abs. 1 HGB,[1112] dass es nicht systemwidrig ist, dass ein unbeteiligter Dritter infolge rechtlicher Abhängigkeit, der eine akzessorische Haftung zugrunde liegt, ebenfalls an die entsprechende Entscheidung gebunden sein soll.[1113] Zwar ist streitig, ob es sich bei der Regelung des § 129 Abs. 1 HGB in diesen Fällen um eine Rechtskrafterstreckung oder um eine Präklusionsnorm handelt.[1114] Dies ist jedoch für die Frage der Anerkennung unerheblich, da im Ergebnis dasselbe Ziel erreicht wird.[1115] Unterschiede ergäben sich nach dem deutschen Recht wohl für den Umfang der Rechtskrafterstreckung, je nachdem ob man als Grund für die Bindung die Akzessorietät oder eine gehörsubstituierende Repräsentation ansieht.[1116] Die umrissenen zugrunde liegenden Wertungen im US-amerikanischen Recht zeigen für die *nonparty preclusion* aufgrund organisatorischer Zugehörigkeit allerdings insgesamt Interessenabwägungen, die das deutsche Recht nachvollziehen kann und die sich in das System einzugliedern vermögen. Ein Verstoß gegen den *ordre public* nach § 328 Abs. 1 Nr. 4 ZPO kann demnach nicht festgestellt werden.

Bei „schlichten“ Interessenvereinigungen kommt es schließlich darauf an, ob ihnen zumindest Parteifähigkeit zuerkannt wird.[1117] Dann werden die Bindungswirkungen jedoch aufgrund der Interessenvertretung erstreckt,[1118] worauf an späterer Stelle noch genauer eingegangen wird.[1119]

1111 *Mansel*, in: Herausforderungen des internationalen Zivilverfahrensrechts, 63, 68. Vgl. dazu auch oben, § 4 I. 2. a. (2).

1112 Die Norm gilt für Personengesellschaften. Für Kapitalgesellschaften wird eine Rechtskrafterstreckung in bestimmten Sonderfällen durch Gesetz angeordnet, vgl. etwa *Gottwald*, in: MünchKomm, ZPO, Bd. 1, § 325 Rdn. 60. Zur Fallgruppe der gesetzlichen Anordnung vgl. unten, § 6 III. 6.

1113 *Köckert*, Beteiligung Dritter, S. 159; vgl. auch *Althammer*, in: Stein/Jonas, ZPO, Bd. 4, § 325 Rdn. 95, 96 ff.; *Büscher*, in: Wieczorek/Schütze, ZPO, Bd. 5/1, § 325 Rdn. 96.

1114 Zum Streit vgl. *Weller*, ZZP 124 (2011), 491, 495 ff. m.w.N.

1115 So auch *Köckert*, Beteiligung Dritter, S. 159.

1116 *Weller*, ZZP 124 (2011), 491, 495 ff., 498.

1117 *Köckert*, Beteiligung Dritter, S. 155.

1118 Vgl. *Köckert*, Beteiligung Dritter, S. 155.

1119 S. unten, § 6 II. 3.

Festzuhalten ist an diesem Punkt jedenfalls, dass Bindungswirkungen gegenüber Unbeteiligten aufgrund organisatorischer Zugehörigkeit zusammenfassend nicht so wesensfremd sind, dass sie nicht anerkannt werden könnten.[1120]

d. *Sonstige materiellrechtliche Abhängigkeit*

Nach US-amerikanischem Recht gibt es noch weitere Einzelfälle, in denen materiellrechtliche Wertungen dazu führen, dass eine Bindungswirkung gegenüber Dritten angenommen wird.[1121] Die Konstellationen sind teilweise sehr komplex und die dahinterstehenden Wertungen daher (bisher) nicht verallgemeinerungsfähig.[1122]

Generell gilt auch hier, dass die Frage, ob eine entsprechende materiellrechtliche Verbindung vorliegt, dem US-amerikanischen Recht bzw. der *lex causae* unterliegt. Die Anerkennung der daraus resultierenden Bindungswirkung gegenüber dem Dritten richtet sich dagegen nach § 328 ZPO.

In Deutschland wurde ein allgemeiner Grundsatz der Rechtskrafterstreckung kraft zivilrechtlicher Abhängigkeit zwar mehrfach (in verschiedenen Abwandlungen) vertreten, konnte sich jedoch letztlich nicht durchsetzen.[1123] Nach der heute herrschenden Meinung muss sich die Notwendigkeit der Rechtskrafterstreckung aus dem Wortlaut oder aus Sinn und Zweck der Norm des sachlichen Rechts ergeben, die ggf. ihrerseits Inhalt und Umfang der Bindungswirkung näher ausgestaltet.[1124] Soweit nach US-amerikanischem Recht also Konstellationen einer Drittwirkung aufgrund materiellrechtlicher Verbundenheit angenommen werden, die es nach deutschem Recht nicht gibt, ist im Rahmen der *ordre public*-Prüfung zu überlegen, ob die Bindung des Dritten gegen grundlegende Wertungen des deutschen Rechts verstößt. Dabei ist zu beachten, dass die Bindungswirkung nach US-amerikanischem Recht durch bestimmte materiellrechtliche Wertungen gerechtfertigt ist, also gerade nicht ohne Grund oder gar willkürlich erwogen wird. Damit ein US-amerikanisches Gericht eine Bindung des Dritten bejaht, müssen sich diese Wertungen erst gegen Überlegungen des

---

1120 So im Ergebnis auch *Köckert*, Beteiligung Dritter, S. 158, 159; vgl. auch *Bach*, in: BeckOK-ZPO, 34. Ed. Stand: 01.09.2019, § 328 Rdn. 59.

1121 Vgl. *Krause*, Urteilswirkungen, S. 242 am Beispiel der Bürgschaft.

1122 S.o., § 6 II. 2.

1123 Vgl. nur *Büscher*, in: Wieczorek/Schütze, ZPO, Bd. 5/1, § 325 Rdn. 2, 4; *Gottwald*, in: MünchKomm, ZPO, Bd. 1, § 325 Rdn. 2 f., jeweils m.w.N.

1124 Vgl. etwa BGH, NJW 1996, 395, 396; BGH, NJW-RR 2006, 1628, 1629; BGH, NJW 2011, 2048, 2049; *Althammer*, in: Stein/Jonas, ZPO, Bd. 4, § 325 Rdn. 95; *Völzmann-Stickelbrock*, in: Prütting/Gehrlein, ZPO, § 325 Rdn. 45.

Rechts auf Gehör, welches der *Due Process* Garantie entnommen wird, durchsetzen.

Der deutsche Richter muss bei der Frage der Anerkennungsfähigkeit der Wirkung gegenüber dem Dritten diese Abwägung und die materiellrechtliche Wertung am konkreten Einzelfall nachvollziehen, darf jedoch nicht allein diese einer genauen Prüfung unterziehen. Die Frage, die er sich stellen muss, ist, ob die Anerkennung der Wirkung in diesem Einzelfall im Ergebnis einen Systembruch für das deutsche Recht darstellen würde. Schutzgut sind die Grundgedanken der deutschen Gesetzgebung und die ihnen zugrunde liegenden Gerechtigkeitsvorstellungen.[1125] Dabei hat er alle Wertungen und Möglichkeiten, die für den Dritten nach US-amerikanischem Recht bestanden haben, einzubeziehen. Er soll gerade nicht zum Rechtsmittelrichter über den US-amerikanischen Richter werden.[1126] Materielles Recht und Verfahrensrecht sind dabei zwei Rechtsgebiete, die in einer für die jeweilige Rechtsordnung „charakteristischen Weise aufeinander abgestimmt sind".[1127] Hinweise ergeben sich für den deutschen Richter durch anerkannte Fälle von Rechtskrafterstreckung nach deutschem Recht, denen (materiellrechtliche) Wertungen zugrunde liegen, die erkennen lassen, dass entsprechende Wertungen dem deutschen Verständnis nicht grundlegend entgegenstreben.[1128]

Gelangt er zu dem Ergebnis, dass die Wertungen des US-amerikanischen Rechts nicht mit den deutschen grundlegend kollidieren, ist die Wirkung des Urteils gegenüber dem Dritten anzuerkennen und die *res judicata* wird ins Inland erstreckt.

3. (Interessen-)Vertretung

In den Fällen, dass die Interessen bzw. Rechte eines Dritten wie dargestellt bereits in einem Prozess von einer Partei vertreten wurden, ist eine Wiederverhandlung durch den Dritten, also durch den Vertretenen, nach US-amerikanischem Recht aufgrund von *res judicata* ausgeschlossen.

Auch hier muss für das anwendbare Recht zwischen Fragen der *lex causae* und der *lex fori* unterschieden werden: Nach welchem Recht es sich bestimmt,

---

1125 *Martiny*, Handbuch IZVR, Bd. III/1, Kap. I Rdn. 997.

1126 *Herrmann*, Anerkennung US-amerikanischer Urteile, S. 39.

1127 *Wunderlich*, Prozessstandschaft, S. 152.

1128 Vgl. die vorausgehenden Fallgruppen unter a. bis c. sowie *Köckert*, Beteiligung Dritter, S. 158 f.; zur Konkretisierung des *ordre public* vgl. *Becker*, RabelsZ 60 (1996), 691, 725.

unter welchen Umständen eine Prozessführung durch einen Dritten zulässig ist, richtet sich danach, ob die Prozessstandschaft auf materiellem oder auf Prozessrecht beruht.[1129] Welche Wirkungen dies hat, also insbesondere welche Rechtskraftwirkungen sich daraus ergeben, regelt jedoch einheitlich die deutsche *lex fori*, d.h. in diesem Fall § 328 ZPO.[1130]

Die Konstellation der Interessenvertretung ist in ihrer jetzigen (im Vergleich zur *virtual representation*) eingeschränkten Form hinsichtlich ihres Grundkonzepts mit der Prozessstandschaft im deutschen Recht vergleichbar,[1131] bei der die Partei im eigenen Namen ein fremdes Recht geltend macht.[1132] Die Partei und der Dritte müssen nach US-amerikanischem Recht gleichgerichtete Interessen bzw. Rechte haben, wobei die Partei diese geltend macht und dabei eine Übereinkunft (*understanding*) über die Vertretung des Dritten zugrunde liegt.[1133] Im deutschen wie im US-amerikanischen Recht ist dafür erforderlich, dass erkennbar ist, dass die Partei (zumindest auch) fremde Rechte geltend macht.[1134]

Folge ist auch im deutschen Recht, dass sich die Rechtskraft der Entscheidung (zumindest in den Fällen der ausschließlichen gesetzlichen und der gewillkürten Prozessstandschaft) auf den Dritten erstreckt.[1135] Besteht dagegen nur eine konkurrierende Prozessführungsbefugnis, bindet die gegenüber dem

---

1129 Vgl. *Geimer*, IZPR, Rdn. 2235, 2241.

1130 *Geimer*, IZPR, Rdn. 2235; vgl. auch *Brinkmann*, ZZP 129 (2016), 461, 477. Missverständlich insoweit *Schack*, IZVR, Rdn. 1013, der auch für die Urteilswirkungen nach den zugrunde liegenden Gründen für die Prozessstandschaft differenzieren will. Danach soll die *lex causae* auch den Umfang der Rechtskrafterstreckung bestimmen, wenn die Gründe im materiellen Recht liegen. Dies kann für die Anerkennung jedoch nicht gelten, da sie sich nach § 328 ZPO richtet. Erst auf Rechtsfolgenseite des § 328 ZPO wird diejenige Wirkung erstreckt, die nach dem Recht des Urteilsstaates maßgeblich ist. Das Recht des Urteilsstaates kann in diesem Zusammenhang jedoch wiederum auf die *lex causae* verweisen, vgl. etwas deutlicher *Wunderlich*, Prozessstandschaft, S. 192.

1131 Vgl. *Görtz*, Subjektive Grenzen, S. 277 Fn. 2.

1132 Vgl. nur *Musielak/Voit*, GK ZPO, § 3 Rdn. 247.

1133 S. zu den Voraussetzungen genauer oben, § 6 II. 3.

1134 Vgl. *Richards v. Jefferson County*, 517 U.S. 793, 801 f. (1996); *Rosenberg/Schwab/Gottwald*, ZPR, § 46 Rdn. 4; *Weth*, in: Musielak/Voit, ZPO, § 51 Rdn. 30; vgl. auch *Althammer*, in: Stein/Jonas, ZPO, Bd. 4, § 325 Rdn. 64; *Gottwald*, in: MünchKomm, ZPO, Bd. 1, § 325 Rdn. 48 f.

1135 *Rosenberg/Schwab/Gottwald*, ZPR, § 46 Rdn. 58 ff.; *Weth*, in: Musielak/Voit, ZPO, § 51 Rdn. 36, jeweils m.w.N.

Prozessführungsbefugten ergangene Entscheidung den Rechtsträger grundsätzlich nicht.[1136]

Die US-amerikanische Fallgruppe beruht auf dem Gedanken der bereits erfolgten Repräsentation des jeweiligen Interesses.[1137] Den Gedanken der Repräsentation gibt es zwar grundsätzlich auch im deutschen Recht.[1138] Ihm kommt jedoch keine große Bedeutung zu, da er zur allgemeinen Begründung einer Rechtskrafterstreckung nach der herrschenden Meinung nicht geeignet ist.[1139] Die Interessenlage spricht aber in den Fällen der gesetzlichen ausschließlichen Prozessstandschaft und der gewillkürten Prozessstandschaft auch nach deutschem Recht für eine Rechtskrafterstreckung. Im ersten Fall ist der eigentliche Rechtsträger von der Prozessführung ausgeschlossen und ein rechtskräftiges Urteil wäre damit ohne Rechtskrafterstreckung ihm gegenüber nie möglich. Im Fall der gewillkürten Prozessstandschaft ist dem Rechtsträger, der die Prozessführungsbefugnis auf einen Dritten übertragen hat, die Rechtskrafterstreckung zumutbar.[1140] Allgemein soll jedoch gelten, dass eine Abhängigkeit von Rechtsfolgen voneinander oder von gemeinsamen Vorfragen allein zur Begründung einer erweiterten Rechtskraftwirkung nicht ausreicht.[1141] Für die Anerkennung ist allerdings nicht ein direkter Vergleich der Rechtssysteme maßgebend. Nur weil das deutsche Recht kein allgemeines Prinzip der Repräsentation zulässt, können trotzdem US-amerikanische Urteile gegenüber Dritten, die darauf basieren, vollumfänglich anzuerkennen sein.[1142]

Zu überprüfen ist im Einzelfall nämlich, ob die Voraussetzungen nach US-amerikanischem Recht für eine Rechtskrafterstreckung vorliegen und, bejahendenfalls, ob diese Erstreckung gegen den *ordre public* verstößt. Das wäre der Fall, wenn die gesamte Interessenlage des Einzelfalls nicht mit dem Anspruch auf rechtliches Gehör des Dritten zu vereinen wäre. Dies ist aber bereits aufgrund der Voraussetzungen, die im US-amerikanischen Recht für eine *nonparty preclusion* gefordert werden, zu bezweifeln. Denn die US-amerikanischen Gerichte sollen nach der Rechtsprechung des Supreme Court besonderen Wert darauf

1136 *Rosenberg/Schwab/Gottwald*, ZPR, § 46 Rdn. 59; *Weth*, in: Musielak/Voit, ZPO, § 51 Rdn. 36, jeweils m.w.N.

1137 *Krause*, Urteilswirkungen, S. 118 m.w.N.

1138 Genauer dazu *Krause*, Urteilswirkungen, S. 76 ff.

1139 *Althammer*, in: Stein/Jonas, ZPO, Bd. 4, § 325 Rdn. 52; *Krause*, Urteilswirkungen, S. 76 f.

1140 Dazu *Krause*, Urteilswirkungen, S. 76 m.w.N.

1141 *Krause*, Urteilswirkungen, S. 78.

1142 Vgl. *Köckert*, Beteiligung Dritter, S. 154.

legen, dass die Interessen des Dritten ordnungsgemäß vertreten wurden.[1143] Dies soll entweder durch die Übereinkunft zwischen Partei und Drittem über die Vertretung oder durch besondere prozessuale Sicherungsmechanismen (z.B. im Fall der *class action*[1144]) gewahrt werden. Die *nonparty preclusion* wird auch in dieser Fallgruppe streng durch die Garantien des *Due Process* beschränkt. Eine Erstreckung von Wirkungen kann nicht erfolgen, wenn die Interessen des Dritten nicht bereits ordnungsgemäß im Prozess vertreten wurden. Die Besonderheiten des US-amerikanischen Prozessrechts rechtfertigen auch in diesem Fall die weiten Rechtskraftregeln.[1145]

Der US-amerikanische *Due Process* Grundsatz orientiert sich im Vergleich zum deutschen Anspruch auf rechtliches Gehör[1146] zusammenfassend an den zugrunde liegenden Interessen, sodass es ausreicht, wenn das Interesse im Verfahren adäquat vertreten wurde, ohne dass dessen Träger selbst beteiligt sein musste.[1147] Durch die Abschaffung (zumindest vorerst) der weiten Theorie der *virtual representation* ist aber eine genaue Untersuchung und Einhaltung der Voraussetzungen für US-amerikanische Gerichte erforderlich geworden. Diese Voraussetzungen sind in ihrem Gesamtzusammenhang mit den Möglichkeiten des US-amerikanischen Prozessrechts für das deutsche Recht zumindest nicht so systemwidrig, dass von einer *ordre public*-Widrigkeit der *nonparty preclusion* in diesem Fall gesprochen werden kann.

Die *res judicata* gegenüber demjenigen, dessen Interessen nach den Regeln der „*adequate representation*" bereits vertreten wurden, ist somit nach § 328 ZPO anerkennungsfähig.

4. Kontrolle fremder Prozessführung

Die Fälle der Erstreckung von *res judicata* auf denjenigen, der die Prozessführung der Partei kontrolliert hat, umfassen nur die Wirkung der *issue preclusion*. Das bedeutet für die Anerkennung, dass das deutsche Gericht an die jeweiligen Feststellungen bereits verhandelter Streitpunkte gebunden wäre, wenn ein solches Urteil anerkennungsfähig wäre.

1143 *Taylor v. Sturgell*, 553 U.S. 880, 900 f. (2008).

1144 S. zur *class action* unten, § 6 V.

1145 *Krause*, Urteilswirkungen, S. 118 f. (zur Theorie der *virtual representation*).

1146 Dieser Anspruch ist als subjektiver Anspruch des Einzelnen ausgestaltet, vgl. BVerfGE 65, 227, 233; 75, 201, 215; *Köckert*, Beteiligung Dritter, S. 163.

1147 *Köckert*, Beteiligung Dritter, S. 163; *Krause*, Urteilswirkungen, S. 118.

Fraglich ist, ob die Anerkennung der *issue preclusion* auch subjektiv hinsichtlich des Dritten mit dem *ordre public* gemäß § 328 Abs. 1 Nr. 4 ZPO vereinbar ist. Es gibt im deutschen Recht schon nicht die Möglichkeit, dass ein Dritter aus dem Hintergrund den Prozess der Partei steuert. Selbst wenn dies der Fall wäre, hätte es nach deutschem Recht keine Rechtskrafterstreckung zur Folge.[1148]

In den USA wird diese Fallgruppe mit der Überlegung begründet, dass die zugrunde liegenden Interessen der *res judicata doctrine*[1149] im Fall einer Kontrolle durch einen Dritten in vergleichbarer Art und Weise impliziert sind, wenn der Dritte unmittelbare finanzielle oder vermögensrechtliche Interessen hat und anschließend versucht, die Streitpunkte, die bereits entschieden wurden, neu entscheiden zu lassen.[1150] Dieser Gedanke ist dem deutschen Recht fremd. In solchen Situationen wird der Prozessgegner ausreichend dadurch geschützt, dass er die Möglichkeit der Streitverkündung nutzen kann.[1151] Allein die Kontrolle oder Unterstützung durch den Dritten aus dem Hintergrund reicht für eine Legitimation der Rechtskrafterstreckung auf ihn nicht aus. Sein Anspruch auf rechtliches Gehör würde in diesem Fall verletzt.[1152] Im Unterschied zum *vouching in* wurde der Dritte nicht durch eine Benachrichtigung in den Prozess einbezogen. Darüber hinaus liegt beim *vouching in* zwingend eine besondere materiellrechtliche Verbindung zwischen den Beteiligten vor.[1153]

Diese Fallgruppe der *nonparty preclusion* kann daher grundsätzlich nicht nach § 328 ZPO anerkennungsfähig sein.[1154]

5. Wiederverhandlung durch Vertreter

Auch in Deutschland ist ein erneuter Prozess hinsichtlich derselben Rechte, der von einem Vertreter geführt werden soll, durch die Rechtskraft des ersten Urteils gesperrt. Der Vertretene, der in dieser Konstellation Partei des Vorprozesses war, hat bereits ein Urteil erstritten. Eine Umgehung der Rechtskraft durch Einsatz eines Vertreters in einem Zweitprozess ist nicht möglich, da der Vertreter nach

1148 Vgl. *Köckert*, Beteiligung Dritter, S. 164.

1149 I.e., dass ein Recht, eine Frage oder Tatsache, welches bereits von einem zuständigen Gericht entschieden wurde, nicht noch einmal in einem nachfolgenden Prozess durch die Parteien oder deren *privies* erneut verhandelt werden können darf.

1150 *Montana v. United States*, 440 U.S. 147, 147 f. (1979).

1151 *Köckert*, Beteiligung Dritter, S. 164.

1152 Vgl. hierzu *Köckert*, Beteiligung Dritter, S. 163.

1153 Dazu oben, § 5 II.

1154 So auch *Köckert*, Beteiligung Dritter, S. 164.

deutschem Recht im fremden Namen handelt und damit der Vertretene Partei auch des neuen Prozesses wäre.[1155]

Voraussetzung der Vertretung nach deutschem Recht ist grundsätzlich die Offenkundigkeit, § 164 Abs. 1 BGB, also das Handeln des Vertreters in fremdem Namen.[1156] Nach US-amerikanischem Recht reicht es dagegen aus, wenn Anzeichen dafür vorliegen, dass die neue Partei die Interessen der alten Partei vertritt. Diese Anzeichen müssen jedoch wiederum offensichtlich sein. Bloße Hinweise, die auf eine Vertretung hindeuten genügen dagegen nicht; das Merkmal wird restriktiv ausgelegt.[1157] Nach deutschem Verständnis handelt dagegen in fremdem Namen offenkundig erst derjenige, der in irgendeiner Weise, insbesondere durch Nennung eines anderen als Partei, zu erkennen gibt, dass die Folgen seiner Handlung allein diesen anderen angehen sollen.[1158] Es reicht jedoch aus, wenn sich das Handeln als Vertreter aus den Umständen hinreichend deutlich erkennbar ergibt, vgl. § 164 Abs. 1 S. 2 BGB.[1159]

Bedenken bestehen bei der Anerkennung dieser Fallgruppe von *res judicata* Wirkungen damit insgesamt nicht. Die Konstellationen bzw. die dahinterstehenden Überlegungen und Wertungen ähneln sich in dem Maße, dass ein Systembruch mit dem deutschen Recht durch eine Anerkennung nicht erkennbar ist, § 328 Abs. 1 Nr. 4 ZPO.

Kann das US-amerikanische Urteil anerkannt werden, ist ein erneuter Prozess auch für einen Vertreter einer der Parteien in Deutschland nicht möglich.

6. Gesetzliche Anordnung

Der jeweilige Gesetzgeber kann eine Rechtskrafterstreckung auf Dritte gesetzlich anordnen.[1160] Nach US-amerikanischem Recht gilt dabei, dass er *Due Process* Grundsätzen gerecht werden muss.[1161]

1155 *Althammer*, in: Stein/Jonas, ZPO, Bd. 4, § 325 Rdn. 53; *Fragistas*, in: FS Lewald, 471 f.; *Rosenberg/Schwab/Gottwald*, ZPR, § 55 Rdn. 55, § 53 Rdn. 1; vgl. auch *Völzmann-Stickelbrock*, in: Prütting/Gehrlein, ZPO, § 325 Rdn. 5.

1156 *Rosenberg/Schwab/Gottwald*, ZPR, § 53 Rdn. 1 f.

1157 S. hierzu oben, § 6 II. 5.

1158 BGH, NJW 1993, 1925.

1159 BGH, NJW 1991, 1175, 1176; NJW 1993, 1925.

1160 Vgl. im Einzelnen etwa *Büscher*, in: Wieczorek/Schütze, ZPO, Bd. 5/1, § 325 Rdn. 80 ff.; *Völzmann-Stickelbrock*, in: Prütting/Gehrlein, ZPO, § 325 Rdn. 41 ff.; zum amerikanischen Recht s.o., § 6 II. 6.

1161 Vgl. oben, § 6 II. 6.

Im Rahmen der Anerkennung eines Urteils, welche eine solche Wirkung gegenüber Dritten zur Folgen hat, ist jedoch nicht die gesetzliche Regelung des US-amerikanischen Gesetzgebers selbst zu überprüfen, sondern der konkrete Einzelfall und die konkrete Wirkung gegenüber dem einzelnen Dritten. Entscheidend ist das Ergebnis der Anerkennung, also was es für den Dritten bedeuten würde, wenn das US-amerikanische Urteil auch in Deutschland ihm gegenüber aufgrund der Anerkennung Wirkungen entfalten würde. Maßstab ist auch hier der *ordre public*.[1162]

Soweit die Wirkung gegenüber dem Dritten nach der jeweiligen gesetzlichen Anordnung von materiellrechtlichen Vorfragen abhängig gemacht wird, gilt für diese wiederum die *lex causae*.[1163]

IV. Ergebnis

1.) Da sich die Anerkennung gemäß § 328 ZPO nach der Theorie der uneingeschränkten Wirkungserstreckung immer auf die ausländischen Wirkungen bezieht, ist das US-amerikanische Recht einheitlich für die subjektiven Grenzen der Urteilswirkungen maßgebend.

Für die Rechtskrafterstreckung bzw. Drittwirkung ist dann zu differenzieren: Ergeben sich Vorfragen des materiellen Rechts, ist dafür die *lex causae* heranzuziehen. Die Wirkung, die sich aus dem Urteil ergibt, ist jedoch nach der *lex fori* des Urteilsstaates, also US-amerikanischem Recht, zu bestimmen.

2.) Bei der Erstreckung von Urteilswirkungen auf Unbeteiligte handelt es sich stets um uneigenständige Urteilswirkungen gegenüber dem Dritten, deren Anerkennung voraussetzt, dass das Urteil zwischen den Parteien anerkennungsfähig ist. Erst im Rahmen der Prüfung des *ordre public* nach § 328 Abs. 1 Nr. 4 ZPO ist zu fragen, ob die Urteilswirkung auch subjektiv gegenüber dem jeweiligen Dritten im Einzelfall anerkannt werden kann.

3.) Folgende Aspekte werden grundsätzlich von den US-amerikanischen Gerichten in die Abwägung für eine *nonparty preclusion* einbezogen: Prozessökonomie und Verfahrenseffizienz für Parteien, Gericht und Allgemeinheit; Möglichkeiten der Parteien und des Dritten zur Beteiligung am Verfahren (insbesondere ist eine Beteiligung hier gerade als volle Partei möglich); Vermeidung widersprüchlicher Entscheidungen (letztlich Rechtssicherheit)

1162 Vgl. dazu allgemein oben, § 4 II. 1. e. (3).

1163 *Schack*, IZVR, Rdn. 1012; vgl. auch oben, § 6 I.

sowie die Rechte des Dritten, die sich aus der *Due Process* Garantie ergeben (Stichwort: *one day in court, full and fair opportunity to litigate*).

4.) Nach deutschem Recht ist der Aspekt des rechtlichen Gehörs nach Art. 103 Abs. 1 GG für die Erstreckung von Urteilswirkungen über die Parteien hinaus von besonderer Bedeutung. Es handelt sich um einen individuellen Anspruch des Einzelnen. Dagegen reicht für die *Due Process* Garantie bereits eine Repräsentation der Interessen des Einzelnen aus.

   Grundsätzlich findet jedoch in beiden Rechtsordnungen für eine Rechtskrafterstreckung auf *nonparties* eine Abwägung zwischen dem öffentlichen Interesse und dem Interesse des am Ausgangsverfahren nicht beteiligten Dritten statt.

5.) Die Anerkennung von Urteilswirkungen gegenüber Unbeteiligten ist insgesamt solange unproblematisch, wie sich US-amerikanisches und deutsches Recht in den Fällen einer Drittwirkungserstreckung decken. Näher untersucht werden müssen jeweils die Fälle, in denen das US-amerikanische Recht subjektiv weitreichendere Fälle annimmt.

6.) Dabei ist die *nonparty preclusion* nach US-amerikanischem Recht zuletzt durch den Supreme Court auf sechs Fallgruppen begrenzt worden.

   Für die Anerkennung regelmäßig unproblematisch sind die Fälle der *nonparty preclusion* aufgrund von Rechtsnachfolge und materiellrechtlicher Verbundenheit, die auch in Deutschland nicht unbekannt ist, sowie aufgrund von Prozessstandschaft und Wiederverhandlung durch Vertreter.

7.) Die problematischen Fälle für die Anerkennung in Deutschland umfassen die *nonparty preclusion* aufgrund materiellrechtlicher Verbundenheit, Interessenvertretung und gesetzlicher Anordnung, soweit es in Deutschland keine vergleichbaren Fälle gibt. Es ist dann jeweils im Rahmen der Prüfung des *ordre public* nach § 328 Abs. 1 Nr. 4 ZPO eine Überprüfung der Wertungen des Einzelfalls, die zur *nonparty preclusion* geführt haben, (unter Berücksichtigung der Ausgestaltung des Prozessrechts) vorzunehmen.

8.) Die Wirkungen in den Fällen der Kontrolle fremder Prozessführung sind dagegen schon dem Grunde nach nicht anerkennungsfähig.

V. Exkurs: Sonderfall der *class action*

Das in Deutschland vermutlich am meisten polarisierende und untersuchte Instrument der Drittbeteiligung (im weiteren Sinne) ist die US-amerikanische *class action.*[1164] Dieses Kollektivverfahren führt zu einer Bindungswirkung gegenüber sämtlichen Mitgliedern der *class* ohne vorherige Beteiligung am Prozess.[1165] Geregelt ist sie für das Bundesrecht in FRCP 23.

Dabei wird der *class action* in Deutschland aufgrund ihres hohen Missbrauchspotentials, das in den USA aus deutscher Perspektive niemand wahrzunehmen scheint, mit teils erheblicher Skepsis begegnet.[1166] Doch die Annahme, das Rechtsinstitut der *class action* werde in den USA als unkritisch gesehen, täuscht.[1167] Um das Missbrauchspotential der *class action* einzudämmen, ist 2005 der Class Action Fairness Act (CAFA) in Kraft getreten.[1168] Dieser brachte zwei wesentliche Änderungen: Zum einen wurde die Zuständigkeit der Bundesgerichte in *diversity* Fällen erweitert, um *forum shopping* und damit insgesamt die Anzahl von erhobenen *class actions* zu verringern.[1169] Zum anderen wurden Verbraucherrechte durch eine strengere gerichtliche Kontrolle von *class action settlements*, insbesondere sog. *coupon settlements*, gestärkt.[1170] Trotz dieser Änderungen nimmt das Rechtsinstitut nach wie vor eine herausgehobene Stellung ein und sorgt auch weiterhin im Inland wie im Ausland für Diskussionsstoff.[1171]

Da die *class action* zu einer Wirkung gegenüber Dritten im hier verstandenen Sinne[1172] führt, wird eine Anerkennung der Entscheidung über die *class action*

1164 Vgl. etwa *Bungert*, RabelsZ 67 (2003), 390; *Bruns*, NJW 2018, 2753; *Ebbing*, ZVglRWiss 103 (2004), 31; *Greiner*, Class Action und deutscher ordre public; *Gottwald*, ZZP 91 (1978), 1; *Halfmeier/Wimalasena*, JZ 2012, 649; *Herrmann*, Anerkennung US-amerikanischer Urteile, S. 177 ff.; *Hess*, JZ 2000, 373; *Koch*, JZ 2011, 438; *Koch/Zekoll*, ZEuP 2010, 107; *Mann*, NJW 1994, 1187; *Oberhammer/Rheinisch*, IPRax 2001, 211; *Schneider*, Class Actions; *Schütze*, in: FS Kerameus, 1259; *Stadler*, in: FS Schütze, 561; *Stiefel/Stürner*, VersR 1987, 829.

1165 *Hansberry v. Lee*, 311 U.S. 32, 41 (1940); *Cooper v. Federal Reserve Bank of Richmond*, 467 U.S. 867, 880 (1984); *U.S. v. Sanchez-Gomez*, 138 S.Ct. 1532, 1538 (2018); *Cooper*, in: 18A Wright/Miller, Fed. Prac. & Proc., Juris., § 4455.

1166 Vgl. *Bellinghausen/Paheentharajah*, ZIP 2008, 492; *Ebbing*, ZVglRWiss 103 (2004), 31, 51; *Mann*, NJW 1994, 1187; *Schütze*, in: FS Kerameus, 1245.

1167 Vgl. Class Action Fairness Act of 2005 (CAFA) § 2 (a); vgl. auch *Ebbing*, ZVglRWiss 103 (2004), 31, 39; *Fiebig*, GRUR Int. 2016, 313; *Schneider*, Class Actions, S. 123.

1168 Dazu *Petersen*, RIW 2005, 812. Vgl. auch CAFA § 2 (b).

1169 CAFA § 4; vgl. *Petersen*, RIW 2005, 812 f.

1170 CAFA § 3; vgl. *Petersen*, RIW 2005, 812, 813 f.

1171 Im Inland kommt der Vergleich insbesondere deshalb wieder vermehrt auf, seit in der Europäischen Union zunehmend auf die Einführung kollektiver Rechtsschutzinstrumente geradezu gedrängt wird, vgl. *Behrendt/v. Enzberg*, RIW 2014, 253 ff.; *Habbe/Gieseler*, GWR 2018, 227 ff.; *Linhart*, RIW 2011, 690, 695; *Stadler*, ZfPW 2015, 61 ff.

1172 Dazu oben, § 2 I. 2.

für das in dieser Arbeit erforschte Gebiet relevant. Im Folgenden sollen zunächst das Verfahren sowie die Entscheidungswirkungen einer *class action* in Grundzügen dargestellt und anschließend untersucht werden, ob eine Anerkennung in Deutschland nach § 328 ZPO grundsätzlich erfolgen kann.

1. Verfahren

Die *class action* beruht auf dem Gedanken der Repräsentation.[1173] Ein (oder mehrere) Repräsentanten der *class*[1174] führen den Prozess als Kläger oder Beklagte[1175] stellvertretend für alle Mitglieder einer *class.*

Die *class action* muss zunächst durch das Gericht zugelassen werden, FRCP 23 (c)(1). Dafür muss in einem ersten Schritt die *class* selbst definiert und bestätigt werden, wofür FRCP 23 Voraussetzungen enthält, die vom Gericht überprüft werden.

Nach den Federal Rules gibt es für die *class action* drei verschiedene Fallgruppen, die aber gemäß FRCP 23 (a) zunächst denselben vier Grundvoraussetzungen unterliegen: Die *class* muss erstens so groß sein, dass ein *joinder* keine praktikablere Lösung darstellt (*numerousity*). Der *class* müssen zweitens gemeinsame Tatsachen- oder Rechtsfragen zugrunde liegen (*commonality*). Die Ansprüche und Einwendungen der Repräsentanten müssen drittens für die *class* typisch sein (*typicality*) und die Repräsentanten müssen viertens die Interessen der *class* gerecht und adäquat vertreten können (*adequacy of representation*).

Nicht geregelt, aber grundlegend erforderlich ist zudem, dass eine *class* überhaupt definierbar ist, die Vertreter Mitglieder der *class* sind und die Ansprüche der Vertreter sich nicht erledigt haben.[1176]

Für diese Grundvoraussetzungen sind feste Grenzen insgesamt schwer zu verallgemeinern und stets vom konkreten Einzelfall abhängig, weil den Gerichten bei der Beurteilung ein großer Ermessensspielraum zukommt.[1177] Die Gerichte orientieren sich dabei jedoch immer am Schutzzweck der Norm: Die Voraussetzungen für die Zulassung einer *class* sollen absichern, dass die abwesenden

---

1173 Vgl. *Hansberry v. Lee*, 311 U.S. 32, 43 (1940); *Cooper*, in: 18A Wright/Miller, Fed. Prac. & Proc., Juris., § 4455; vgl. auch *Klonoff*, Class Actions and Other, S. 71. Dazu bereits oben, § 6 III. 3.

1174 Sog. *class representatives*, im Folgenden Vertreter der *class.*

1175 Es handelt sich dann um eine sog. *defendant* oder *plaintiff class action*, vgl. *Höffmann*, Class Action Settlements, S. 40.

1176 *Klonoff*, Class Actions and Other, §§ 3.1, 3.2, 3.3.

1177 *Kane*, in: 7A Wright/Miller, Fed. Prac. & Proc., Civ., § 1759 m.w.N.; *Friedenthal/Kane/Miller*, Civil Procedure, § 16.5.

Mitglieder der *class* durch ihre Vertreter ordnungsgemäß repräsentiert werden und die Durchführung der *class action* dabei insgesamt effektiver und zielführender ist als alternative Instrumente des Prozessrechts.[1178]

Die Voraussetzungen der Zulassung der *class action* dienen dabei gleichzeitig als Kriterien der Definition der erfassten *class*. Diese Definition bestimmt, wer als *class* Mitglied an die anschließende Entscheidung gebunden ist, sodass bereits der Bestätigungsentscheidung (*class certification decision*) des Gerichts herausragende Bedeutung zukommt.[1179]

Die weiteren Voraussetzungen für die Zulassung der *class action* und der Ablauf des Verfahrens hängen im Einzelnen von der Fallgruppe nach FRCP 23 (b) ab.[1180] Dabei schließen sich die Fallgruppen nicht gegenseitig aus und es kommt vor, dass ein Gericht dieselbe *class* unter zwei verschiedenen Fallgruppen nach FRCP 23 (b) zulässt, was wiederum Auswirkungen auf die Voraussetzungen und den Ablauf der *class action* hat.[1181] Das Gericht muss im Rahmen der Entscheidung, nach welcher Regel die *class* zugelassen werden soll, jeweils die *Due Process* Garantie des Einzelnen mit Aspekten der Verfahrensbeschleunigung und -ökonomie abwägen.[1182] Insbesondere durch die Unterscheidung zwischen zwingenden (*mandatory*) und freiwilligen (*opt-out*) *class actions* muss das Gericht auch die Kosten der Benachrichtigung aller *class* Mitglieder, die grundsätzlich nur für eine *opt-out class action* nach FRCP 23 (b)(3) erforderlich ist, in die Abwägungen einbeziehen.[1183]

Die erste Fallgruppe nach FRCP 23 (b)(1) betrifft Konstellationen, in denen Einzelklagen das Risiko widersprechender Entscheidungen in sich bergen würden, entweder weil die Einzelentscheidungen dem Klagegegner unterschiedliche, nicht miteinander zu vereinbarende Verhaltensweisen vorschreiben würden (FRCP 23 (b)(1)(A)) oder weil bei einer Einzelklage die Gefahr bestünde, faktisch über die Interessen und Angelegenheiten anderer möglicher *class* Mitglieder mitzuentscheiden (FRCP 23 (b)(1)(B)).[1184]

1178 *Klonoff*, Class Actions and Other, S. 24; vgl. auch *Solovy/Marmer/Chorvat/Feinberg*, in: 5 Moore's Federal Practice, Civil, § 23.03.

1179 Vgl. *Klonoff*, Class Actions and Other, S. 38, 164.

1180 Dazu auch übersichtlich *Görtz*, Subjektive Grenzen, S. 151 ff.

1181 Vgl. *Klonoff*, Class Actions and Other, S. 91; *Solovy/Marmer/Chorvat/Feinberg*, in: 5 Moore's Federal Practice, Civil, § 23.40 m.w.N.

1182 *Solovy/Marmer/Chorvat/Feinberg*, in: 5 Moore's Federal Practice, Civil, § 23.40.

1183 *Solovy/Marmer/Chorvat/Feinberg*, in: 5 Moore's Federal Practice, Civil, § 23.47. S. näher zu der Unterscheidung unten, § 6 V. 3. b.

1184 Vgl. *Kane*, in: 7AA Wright/Miller, Fed. Prac. & Proc., Civ., § 1772; 6A Fed. Proc., L. Ed., § 12:1.

Die zweite Fallgruppe (FRCP 23 (b)(2)) gilt für Unterlassungs- oder Feststellungsklagen, deren Grundlagen die gesamte *class* betreffen. Diese Art der *class action* betrifft vor allem Bürgerrechtsfälle, beispielsweise wegen Diskriminierung.[1185]

Bei der dritten Fallgruppe (FRCP 23 (b)(3)) handelt es sich um einen Auffangtatbestand,[1186] der die Konstellationen erfasst, in denen eine *class action* gegenüber Individualklagen verfahrensökonomischer ist, Entscheidungseinklang gefördert wird und darüber hinaus gemeinsame Tatsachen- oder Rechtsfragen, die der *class* zugrunde liegen, solche der einzelnen Mitglieder überwiegen (*superiority* und *predominance*).[1187] Diese beiden Voraussetzungen sind jeweils enger als die Grundvoraussetzungen aus FRCP 23 (a) und müssen kumulativ erfüllt sein.[1188]

In jedem Fall agiert – für den US-amerikanischen Zivilprozess an sich eher unüblich – das Gericht aktiv als „Wächter über die Interessen" (*guardian of interests*).[1189] Dies zeigt sich bereits an den strengen Voraussetzungen, die das Gericht gemäß FRCP 23 für die Zulassung der *class action* überprüfen muss, welche primär die Interessen der abwesenden *class* Mitglieder schützen sollen. Das Gericht hat aber auch darüber hinaus während des gesamten Verfahrens gemäß FRCP 23 (d) weitreichende Befugnisse der Kontrolle. Zu den wichtigsten Aufgaben gehört die kontinuierliche Überprüfung, ob eine adäquate Repräsentation durch den Vertreter der *class* weiterhin, auch nach Bestätigung der *class*, gewährleistet ist, da hiervon abhängt, ob die *class* Mitglieder anschließend überhaupt an die Entscheidung gebunden sind.[1190] Die Kontrollbefugnisse stehen allesamt im weitreichenden Ermessen des Gerichts.[1191] Jegliche Verfügungen sollen die gerechte und effiziente Ausführung des Verfahrens fördern.[1192] Eingeschränkt werden die Befugnisse des Gerichts nur durch verfassungsrechtliche Erwägungen.[1193]

1185 Vgl. *Klonoff*, Class Actions and Other, S. 113; *Solovy/Marmer/Chorvat/Feinberg*, in: 5 Moore's Federal Practice, Civil, § 23.43.

1186 Vgl. *Görtz*, Subjektive Grenzen, S. 153.

1187 Dazu *Solovy/Marmer/Chorvat/Feinberg*, in: 5 Moore's Federal Practice, Civil, §§ 23.44 ff.

1188 *Klonoff*, Class Actions and Other, S. 144 ff.

1189 *Görtz*, Subjektive Grenzen, S. 155.

1190 *Solovy/Marmer/Chorvat/Feinberg*, in: 5 Moore's Federal Practice, Civil, § 23.25.

1191 *Kane*, in: 7AA Wright/Miller, Fed. Prac. & Proc., Civ., § 1791.

1192 *Solovy/Marmer/Chorvat/Feinberg*, in: 5 Moore's Federal Practice, Civil, § 23.140.

1193 *Solovy/Marmer/Chorvat/Feinberg*, in: 5 Moore's Federal Practice, Civil, § 23.140.

Für die Beendigung des Verfahrens durch die Parteien, beispielsweise im Wege eines Vergleichs,[1194] regelt FRCP 23 (e) ein zwingendes Zustimmungserfordernis des Gerichts. Darin setzt sich die Garantenstellung des Gerichts fort, welche notwendig ist, um die fehlende Individualklagebefugnis des einzelnen *class* Mitglieds auszugleichen.[1195]

2. Stellung im Prozess und Wirkung

Die *class action* wurde als Ausnahme zu dem Grundsatz konzipiert, dass Verfahren nur von und im Interesse einer individuellen Partei geführt werden.[1196] Basierend „lediglich" auf dem Gedanken der Repräsentation muss das Konzept der *class action* - bedingt durch die verfassungsrechtlich gewährleistete *Due Process* Garantie - Schutzmechanismen für abwesende *class* Mitglieder bereithalten, um ihre Bindung an die Entscheidung rechtfertigen zu können.[1197] Diese unterscheiden sich, je nachdem nach welcher Fallgruppe aus FRCP 23 (b) die jeweilige *class* zugelassen wurde. Zu trennen ist grundlegend zwischen *mandatory class actions* und *opt-out class actions*.[1198]

a. Mandatory class actions

Zu den *mandatory class actions* zählen die ersten beiden Fallgruppen, also FRCP 23 (b)(1) und (2). Diese Formen der *class action* werden als *mandatory*, bezeichnet, weil die *class* Mitglieder keinen Anspruch auf eine Benachrichtigung oder einen Ausstieg aus der *class action* haben. Dies liegt bei den Konstellationen, die FRCP 23 (b)(1) und (2) erfassen sollen, in der Natur der Sache und in dem Sinn und Zweck ihrer Regelung und Ausgestaltung als *class action*: *Classes* nach FRCP (b)(1) setzen gerade voraus, dass durch die Verhandlung der

---

1194 In der Norm sind *settlement*, *voluntary dismissal* sowie *compromise* genannt.

1195 *Görtz*, Subjektive Grenzen, S. 155; vgl. Note, 87 Harv. L.Rev. 589, 602 (1974).

1196 *General Tel. Co. of Southwest v. Falcon*, 457 U.S. 147, 155 (1982); *Califano v. Yamasaki*, 442 U.S. 682, 700 f. (1979); *Wal-Mart Stores, Inc. v. Dukes*, 564 U.S. 338, 348 (2011); *Solovy/Marmer/Chorvat/Feinberg*, in: 5 Moore's Federal Practice, Civil, § 23.02; 6A Fed. Proc., L. Ed., § 12:1.

1197 Vgl. *Wal-Mart Stores, Inc. v. Dukes*, 564 U.S. 338, 361 ff. (2011); *Phillips Petroleum Co. v. Shutts*, 472 U.S. 797, 811 f. (1985); *Klonoff*, Class Actions and Other, S. 92, 219; vgl. auch *Solovy/Marmer/Chorvat/Feinberg*, in: 5 Moore's Federal Practice, Civil, § 23.02.

1198 Vgl. *Solovy/Marmer/Chorvat/Feinberg*, in: 5 Moore's Federal Practice, Civil, § 23.40. Insbesondere die *Due Process* Anforderungen werden für die beiden Kategorien unterschiedlich strikt ausgelegt, vgl. *Solovy/Marmer/Chorvat/Feinberg*, in: 5 Moore's Federal Practice, Civil, § 23.100, § 23.181.

individuellen Verfahren die Gefahr von widersprüchlichen Entscheidungen besteht. Hätten die *class* Mitglieder also einen Anspruch auf den Ausstieg aus der *class*, würde der Zweck der Regelung konterkariert, indem einzelne *class* Mitglieder in eigenen Verfahren widersprüchliche Entscheidungen erzielen könnten.[1199] Die Zulassung einer *class* nach FRCP 23 (b)(2) kann dagegen nur erfolgen, wenn die begehrte Rechtsfolge für alle *class* Mitglieder dieselbe und eben nicht teilbar ist. Das Urteil kann die einzelnen Ansprüche der *class* Mitglieder nur einheitlich (oder ansonsten gar nicht) erfassen.[1200] Ein Ausstieg einzelner Mitglieder würde auch hier dem Zweck der einheitlichen Entscheidung widersprechen.

Eine Benachrichtigung der *class* Mitglieder über die Zulassung der *class* ist in diesen Fällen nicht zwingend, steht nach FRCP 23 (c)(2)(A) und (d) allerdings im Ermessen des Gerichts. Der Zweck der Benachrichtigung, das jeweilige *class* Mitglied von der Möglichkeit des Ausstiegs zu unterrichten, fällt bei den *mandatory class actions* allerdings weg, da es schon kein Recht zum Ausstieg gibt, weil der Einzelne ohnehin nicht die alternative Möglichkeit einer individuellen Rechtsverfolgung hat.[1201] Ein weiterer Zweck der Benachrichtigung besteht zwar darin, das jeweilige *class* Mitglied über die Anhängigkeit des Prozesses zu informieren und ihm damit die Möglichkeit des Beitritts oder zumindest der Überwachung der Repräsentation durch den Vertreter zu geben.[1202] In den Fällen von *mandatory class actions* wird jedoch angenommen, dass die *Due Process Clause* eine Benachrichtigung trotzdem nicht zwingend erfordere, da die *class* an sich grundsätzlich geschlossener und damit ohnehin praktisch unteilbar sei.[1203] Bereits aufgrund der Voraussetzungen, die eine *class* nach FRCP 23 (b)(1) bzw. (2) für ihre gerichtliche Zulassung erfüllen muss, bestehe eine engere Verbindung zwischen den einzelnen *class* Mitgliedern, da eine individuelle Klage immer auch die jeweils anderen in ihren Rechten betreffen würde.[1204] Insofern reiche es aus, wenn gewährleistet sei, dass die *class* adäquat vertreten wird, was einem funktionellen Äquivalent eines individuellen „*day in court*" entspräche.[1205]

1199 Vgl. dazu *Solovy/Marmer/Chorvat/Feinberg*, in: 5 Moore's Federal Practice, Civil, § 23.40.

1200 *Wal-Mart Stores, Inc. v. Dukes*, 564 U.S. 338 (2011); *Solovy/Marmer/Chorvat/Feinberg*, in: 5 Moore's Federal Practice, Civil, § 23.40.

1201 Vgl. *Wal-Mart Stores, Inc. v. Dukes*, 564 U.S. 338, 363 (2011).

1202 Vgl. *Kane*, in: 7AA Wright/Miller, Fed. Prac. & Proc., Civ., § 1786.

1203 *Kane*, in: 7AA Wright/Miller, Fed. Prac. & Proc., Civ., § 1786.

1204 *Kane*, in: 7AA Wright/Miller, Fed. Prac. & Proc., Civ., § 1786.

1205 *Kane*, in: 7AA Wright/Miller, Fed. Prac. & Proc., Civ., § 1786.

b. Opt-out class actions

Im Fall einer *class action* nach FRCP 23 (b)(3) müssen alle *class* Mitglieder grundsätzlich persönlich benachrichtigt werden und haben das Recht, aus der *class* auszutreten (sog. *opt-out*), FRCP 23 (c)(2)(B).[1206] In diesen Fällen besteht keine enge Geschlossenheit der *class*, da es sich in der Regel um die gebündelte Geltendmachung von Schadensersatzansprüchen in Geld handelt, die auch individuell durchgesetzt werden könnten.[1207]

Die Art der Benachrichtigung der *class* Mitglieder richtet sich danach, ob das jeweilige *class* Mitglied durch vernünftige Anstrengungen ermittelbar ist. Grundsätzlich ist dann eine persönliche Benachrichtigung notwendig.[1208] Nur in Ausnahmefällen ist eine öffentliche Bekanntmachung ausreichend. Auch diese muss jedoch bestmöglich im Hinblick auf die *class* durchgeführt werden, d.h. erforderlich wäre, dass die öffentliche Bekanntmachung in einem der Zielgruppe entsprechenden Medium efolgt, sodass hinreichend sicher ist, dass diejenigen informiert werden, die betroffen sind.[1209] FRCP 23 (c)(2) enthält darüber hinaus inhaltliche Anforderungen. Beispiele und Richtlinien sind unter anderem auf der Internetseite des Federal Judicial Center abrufbar.[1210] Zeitlich gesehen muss die Benachrichtigung so erfolgen, dass das *class* Mitglied ausreichend Gelegenheit hat, sich für oder gegen einen Ausstieg zu entscheiden.[1211]

Entscheidet sich ein Mitglied für den Ausstieg, muss es dies dem Gericht mitteilen. Es ist dann nicht mehr Teil der *class* und kann individuell klagen oder verklagt werden, vgl. FRCP 23 (c)(3)(B).

Das Recht zum Ausstieg sichert im Ansatz zwei Aspekte: Zum einen wird durch einen unterbliebenen Ausstieg fingiert, dass das *class* Mitglied der Zuständigkeit des Gerichts und der Bindung an die Entscheidung konkludent zustimmt (jedenfalls wenn die Voraussetzungen der adäquaten Repräsentation vorliegen). Zum anderen dient es dem prozessualen Schutz von *class* Mitgliedern, die ihre Ansprüche individuell verfolgen wollen.[1212]

1206 *Klonoff*, Class Actions and Other, S. 31.

1207 Vgl. *Kane*, in: 7AA Wright/Miller, Fed. Prac. & Proc., Civ., § 1786.

1208 *Eisen v. Carlisle & Jacquelin*, 417 U.S. 156, 173, 176 (1974).

1209 Vgl. *Mullane v. Central Hanover Bank & Trust Co.*, 339 U.S. 306, 319 (1950); *Eisen v. Carlisle & Jacquelin*, 417 U.S. 156, 175 f. (1974).

1210 https://www.fjc.gov/content/301253/illustrative-forms-class-action-notices-introduction (zuletzt aufgerufen am 06.01.2020).

1211 Vgl. *Mullane v. Central Hanover Bank & Trust Co.*, 339 U.S. 306, 314 (1950).

1212 *Klonoff*, Class Actions and Other, S. 229.

c. *Schutzmechanismen im Prozess und Zusammenhang mit* res judicata

Die nicht benannten, abwesenden *class* Mitglieder sind keine Parteien des Prozesses.[1213] Nur der oder die Vertreter und diejenigen Mitglieder, die durch *intervention* beigetreten sind, sind als Parteien anzusehen und unterliegen als solche den Wirkungen der Entscheidung.[1214]

Alle Mitglieder der *class* werden jedoch ebenfalls an die Entscheidung gebunden, wenn die *class action* ordnungsgemäß durchgeführt wurde.[1215] Die Bindung beruht auf dem Gedanken der dritten Fallgruppe von *nonparty preclusion*, der (Interessen-)Vertretung bzw. Repräsentation.[1216] Dafür muss der Prozess jedoch den *Due Process* Anforderungen des Einzelnen gerecht geworden sein.[1217] Erforderlich ist, dass die *class action* auch rückblickend die Voraussetzungen von FRCP 23 erfüllt.[1218] Die Voraussetzungen der Wirkung gegenüber den abwesenden *class* Mitgliedern sind somit bereits in den Kriterien enthalten, die FRCP 23 für die Zulassung und das Verfahren einer *class action* als Schutzmechanismen aufstellt.[1219] *Claim* und *issue preclusion* folgen dann den bereits dargestellten allgemeinen Grundsätzen für jedes Mitglied der *class*.[1220]

Das die *class action* entscheidende Gericht kann den Umfang der *res judicata* zwar nicht endgültig bestimmen; dies ist vielmehr Aufgabe des Gerichts des neuen Prozesses, in dem die Frage der Bindungswirkung auftaucht.[1221] Umso wichtiger ist jedoch, dass das Gericht die umfasste *class* in seiner Entscheidung hinreichend definiert, FRCP 23 (c)(3), sodass damit der subjektive Umfang der

---

1213 Vgl. *Cooper*, in: 18A Wright/Miller, Fed. Prac. & Proc., Juris., § 4455.

1214 Vgl. *Smith v. Bayer Corp.*, 131 S.Ct. 2368, 2372 (2011). Nur im Wege der formellen *intervention* ist es einem *class* Mitglied gestattet, an dem Prozess unmittelbar teilzunehmen, *Solovy/Marmer/Chorvat/Feinberg*, in: 5 Moore's Federal Practice, Civil, § 23.143; FRCP 23 (d)(1)(B). Zur *intervention* bereits oben, § 5 I.

1215 *Smith v. Bayer Corp.*, 131 S.Ct. 2368, 2380 (2011); *Taylor v. Sturgell*, 553 U.S. 880, 894 (2008); *Cooper v. Federal Reserve Bank of Richmond*, 467 U.S. 867, 874 (1984).

1216 S.o., § 6 II. 3.; *Taylor v. Sturgell*, 553 U.S. 880, 894 (2008); *Kane*, in: 7AA Wright/Miller, Fed. Prac. & Proc., Civ., § 1789.

1217 Vgl. *Hansberry v. Lee*, 311 U.S. 32, 41 (1940); *Kane*, in: 7AA Wright/Miller, Fed. Prac. & Proc., Civ., § 1789.1.

1218 *Smith v. Bayer Corp.*, 131 S.Ct. 2368, 2381 (2011).

1219 *Görtz*, Subjektive Grenzen, S. 157.

1220 *Cooper v. Federal Reserve Bank of Richmond*, 467 U.S. 867, 874 (1984); *Solovy/Marmer/Chorvat/Feinberg*, in: 5 Moore's Federal Practice, Civil, § 23.181; *Cooper*, in: 18A Wright/Miller, Fed. Prac. & Proc., Juris., § 4455.2.

1221 *Kane*, in: 7AA Wright/Miller, Fed. Prac. & Proc., Civ., § 1789.

res judicata des Urteils abgesteckt ist.[1222] Zusammenfassend hat das Gericht des neuen Prozesses demnach zu überprüfen, ob die Voraussetzungen der Bindung an eine *class action* Entscheidung gemäß FRCP 23 vorliegen, ob die *class action* rückblickend also ordnungsgemäß durchgeführt worden ist.[1223]

Für den Eintritt der Bindungswirkung gegenüber dem einzelnen Mitglied ist erforderlich, dass die *class* ordnungsgemäß bestätigt und zugelassen wurde. Dabei bestimmt die Bestätigungsentscheidung durch das Gericht, wer als Teil der *class* an die Entscheidung gebunden wird.[1224] Je nachdem, ob es sich um ein Mitglied einer *mandatory* oder einer *opt-out class action* handelt, unterscheiden sich die Schutzmechanismen aufgrund des *Due Process* und damit die weiteren Voraussetzungen der Bindung, die das Gericht zu überprüfen hat.

Im Fall von *mandatory class actions* sind die Voraussetzungen, die dem *Due Process* Grundsatz entspringen, nicht so streng.[1225] Hier ist allein erforderlich, dass die abwesenden *class* Mitglieder Teil der zertifizierten *class* sind und von ihren Vertretern im Prozess adäquat vertreten wurden.[1226] Etwas anderes kann im Fall von Ansprüchen auf Geldersatz gelten, die ebenfalls in einer *mandatory class action* verhandelt wurden.[1227] Teilweise wird dann wegen des *Due Process* argumentiert, dass zumindest eine Benachrichtigung der *class* Mitglieder erforderlich ist.[1228] Selbst wenn dies allerdings angenommen wird, ist es ausreichend, wenn tatsächlich vernünftige Bemühungen unternommen worden sind, um die *class* Mitglieder von der Zulassung der *class* zu benachrichtigen.[1229] Sollte dem einzelnen Mitglied die Benachrichtigung nicht zugegangen sein, ist dies für die *Due Process* Anforderungen und die Bindung an das Urteil unschädlich, solange eine adäquate Repräsentation erfolgt ist.[1230]

1222 Vgl. *Friedenthal/Kane/Miller*, Civil Procedure, § 16.8; *Solovy/Marmer/Chorvat/Feinberg*, in: 5 Moore's Federal Practice, Civil, § 23.180.

1223 Vgl. *Kane*, in: 7AA Wright/Miller, Fed. Prac. & Proc., Civ., §§ 1789 f.

1224 S.o., § 6 V. 1.

1225 *Solovy/Marmer/Chorvat/Feinberg*, in: 5 Moore's Federal Practice, Civil, § 23.181.

1226 *Solovy/Marmer/Chorvat/Feinberg*, in: 5 Moore's Federal Practice, Civil, § 23.181.

1227 Ob und in welchem Umfang dies zulässig ist, ist umstritten. Als Grundregel sind allerdings sog. *incidental monetary damages* und *limited funds classes* als *mandatory class actions* zulässig. Vgl. hierzu ausführlich *Klonoff*, 82 Geo. Wash. L.Rev. 798 (2014).

1228 *Klonoff*, 82 Geo. Wash. L.Rev. 798, 816 ff. (2014) m.w.N.

1229 Vgl. *Kane*, in: 7AA Wright/Miller, Fed. Prac. & Proc., Civ., § 1789.1.

1230 *Cooper*, in: 18A Wright/Miller, Fed. Prac. & Proc., Juris., § 4455.3.

Im Fall von *opt-out class actions* muss die *class* ebenfalls adäquat vertreten worden sein. Zudem muss die erforderliche Benachrichtigung ordnungsgemäß erfolgt und dem *class* Mitglied die Möglichkeit des Ausstiegs gewährt worden sein.[1231]

Das *class* Mitglied, welches aufgrund von einem dieser Mängel nicht an die Entscheidung gebunden ist, kann seine Ansprüche individuell geltend machen.[1232]

3. Anerkennungsfähigkeit

Für die Prüfung der Anerkennungsfähigkeit der Wirkungen einer *class action* ist zunächst dem subjektiven Umfang entsprechend zwischen den betroffenen Personenkreisen zu unterscheiden.[1233] Das Urteil entfaltet die regulären Wirkungen der *res judicata* gegenüber dem Klagegegner der *class*, gegenüber dem oder den Vertretern der *class* sowie gegenüber den *class* Mitgliedern.

a. Wirkungen gegenüber den Vertretern

Den *res judicata* Wirkungen, die gegenüber dem oder den Vertretern der *class* eintreten, stehen grundsätzlich keine anerkennungsrechtlichen Bedenken entgegen. Die Vertreter sind in allen Fallkonstellationen der *class action* diejenigen, die als Parteien am Prozess teilnehmen und dadurch ihre eigenen Ansprüche und Interessen geltend machen.[1234]

Insofern kann die Wirkung ihnen gegenüber grundsätzlich unproblematisch gemäß § 328 Abs. 1 ZPO anerkannt werden.[1235] Hinsichtlich der Versagungsgründe der Norm ist allerdings der konkrete Einzelfall maßgeblich.

b. Wirkungen gegenüber den Mitgliedern der class

Hinsichtlich der Wirkungen gegenüber *class* Mitgliedern sind zunächst die für die Anerkennung unproblematischen Konstellationen festzuhalten: Einerseits

---

1231 *Phillips Petroleum Co. v. Shutts*, 472 U.S. 797, 811 f. (1985); *Solovy/Marmer/Chorvat/Feinberg*, in: 5 Moore's Federal Practice, Civil, § 23.181.

1232 *Solovy/Marmer/Chorvat/Feinberg*, in: 5 Moore's Federal Practice, Civil, § 23.181 m.w.N.

1233 Vgl. *Greiner*, Class Action und deutscher ordre public, S. 179 ff., 197 ff.

1234 Vgl. oben, § 6 V. 2.

1235 Vgl. *Greiner*, Class Action und deutscher ordre public, S. 172; *Schneider*, Class Actions, S. 97. Vgl. zu den allgemeinen Voraussetzungen des § 328 ZPO oben, § 4 II. Besonderheiten gelten hier insoweit nicht.

sind Mitglieder, die wirksam aus der *class* ausgetreten sind, nicht gebunden, sodass in diesem Fall schon keine Wirkung besteht, die anerkannt werden könnte.[1236] Auf der anderen Seite sind diejenigen Wirkungen unproblematisch nach § 328 Abs. 1 ZPO anerkennungsfähig, die gegenüber Mitgliedern eintreten, die aktiv als Intervenienten (und damit nach US-amerikanischem Recht als Parteien) am Rechtsstreit beteiligt waren.[1237]

Für die restlichen Konstellationen von Bindungswirkungen gegenüber *class* Mitgliedern ist die Anerkennungsfähigkeit fragwürdig, da Verletzungen des Anspruchs auf rechtliches Gehör, aber auch der Dispositionsmaxime, und damit ein Verstoß gegen den *ordre public* naheliegen.[1238]

Eine Verletzung des Rechts auf rechtliches Gehör, welches, wie gezeigt, als tragender Rechtsgrundsatz des deutschen Verfahrensrechts zum deutschen *ordre public* gehört,[1239] kommt dabei in Betracht, weil die passiven Mitglieder der *class* insoweit auch anspruchsberechtigt sind.[1240] Sie werden durch das Verfahren in eigenen Rechten und Interessen unmittelbar betroffen.[1241]

Dass die Dispositionsmaxime ebenfalls Teil des verfahrensrechtlichen *ordre public* ist, konnte bereits an anderer Stelle gezeigt werden.[1242]

Für eine Anerkennung ist im Ansatz aufgrund der unterschiedlichen verfahrensrechtlichen Ausgestaltung zwischen *mandatory* und *opt-out class actions* zu unterscheiden.[1243]

(1) Mandatory class actions

In den Fällen von *class actions* nach FRCP 23 (b)(1) und (2) ist hinsichtlich der Anerkennungsfähigkeit problematisch, dass weder eine Benachrichtigung der *class* Mitglieder, noch eine *opt-out* Möglichkeit (zwingend) vorgesehen ist.[1244] Dies legt Einschränkungen der Dispositionsfreiheit sowie des rechtlichen Gehörs

1236 Vgl. *Schneider*, Class Actions, S. 98.
1237 Vgl. oben, § 5 I. 2. sowie *Greiner*, Class Action und deutscher ordre public, S. 177 f.
1238 Vgl. nur *Stadler*, in: FS Schütze, 561, 567 f.
1239 *Greiner*, Class Action und deutscher ordre public, S. 171. Vgl. oben, § 4 II. 1. c. (1).
1240 *Greiner*, Class Action und deutscher ordre public, S. 173 ff.
1241 *Greiner*, Class Action und deutscher ordre public, S. 173; vgl. allgemein *Kern*, in: Stein/Jonas, ZPO, Bd. 2, Vor § 128 Rdn. 41; *Schlosser*, JZ 1967, 431, 432.
1242 S.o., § 4 II. 2. b. Vgl. in diesem Zusammenhang auch *Greiner*, Class Action und deutscher ordre public, S. 186 f. sowie allgemein *Stürner*, in: FS Baur, 647, 651.
1243 Vgl. *Greiner*, Class Action und deutscher ordre public, S. 188; *Schneider*, Class Actions, S. 101.
1244 Vgl. oben, § 6 V. 2. a.

der passiven Mitglieder nahe, worin Verstöße gegen den verfahrensrechtlichen *ordre public* liegen könnten.

(i) Dispositionsmaxime

Die Dispositionsmaxime schützt den Rechtsinhaber vor „rechtlicher Bevormundung".[1245] Bei der *class action* wird das Verfahren durch einen Vertreter eingeleitet. Bereits die Entscheidung über eine Einleitung eines gerichtlichen Verfahrens, die von der Dispositionsmaxime umfasst und gewährleistet ist, wird den Mitgliedern der *class* somit abgenommen.[1246] Ein *opt-out* ist bei den *mandatory class actions* nicht möglich, sodass den *class* Mitgliedern auch die Entscheidung gegen die Geltendmachung ihrer Ansprüche verwehrt ist.[1247]

Beschränkungen der Dispositionsmaxime bei der Verfahrenseinleitung sind jedoch auch dem deutschen Recht nicht völlig fremd.[1248] Möglich sind Durchbrechungen, wenn Interessen der Allgemeinheit entsprechende Eingriffe in die Rechte der Kläger rechtfertigen.[1249] Insbesondere Verfahren zur Wahrung objektiven Rechts in Gestalt der Klage auf Unterlassung wie der Verbandsklage sind im deutschen Recht vorgesehen und wurden im Zuge des sog. Diesel-Skandals auch in jüngerer Zeit wieder vermehrt diskutiert.[1250]

Die Fälle von *mandatory class actions* sind gerade dafür vorgesehen, der Allgemeinheit und der Durchsetzung objektiven Rechts zu dienen.[1251] Eine Geltendmachung subjektiver Rechte erfolgt dagegen (in der Regel)[1252] nicht.

Die Einschränkung der Dispositionsfreiheit des Einzelnen ist dem deutschen Recht in den Fällen der *mandatory class action* demzufolge nicht so systemfremd, dass ein Verstoß gegen den *ordre public* vorläge.[1253]

1245 *Stiefel/Stürner*, VersR 1987, 829, 830; *Greiner*, Class Action und deutscher ordre public, S. 186.

1246 *Greiner*, Class Action und deutscher ordre public, S. 187; *Schneider*, Class Actions, S. 104 f.; *Stürner*, in: FS Baur, 647, 651 f.

1247 Vgl. *Schneider*, Class Actions, S. 105.

1248 Vgl. *Stürner*, in: FS Baur, 647, 652 f.

1249 *Stürner*, in: FS Baur, 647, 653; *Greiner*, Class Action und deutscher ordre public, S. 187; *Schneider*, Class Actions, S. 105.

1250 Dazu im Einzelnen oben, § 2 III.; *Greiner*, Class Action und deutscher ordre public, S. 187; *Schneider*, Class Actions, S. 105.

1251 Vgl. oben, § 6 V. 2. a. sowie *Greiner*, Class Action und deutscher ordre public, S. 189; *Schneider*, Class Actions, S. 105.

1252 Vgl. dazu oben, § 6 V. 2. c. (Fn. 1227).

1253 *Greiner*, Class Action und deutscher ordre public, S. 189; *Schneider*, Class Actions, S. 106.

(ii) Rechtliches Gehör

Möglich ist allerdings ein Verstoß gegen den *ordre public*, wenn das rechtliche Gehör der passiven Mitglieder verletzt ist.

Der verfassungsrechtlich gewährleistete Anspruch auf rechtliches Gehör (Art. 103 Abs. 1 GG) garantiert in seinem Kern jedenfalls die Information darüber, dass ein gerichtliches Verfahren mit Wirkung für den Einzelnen anhängig ist.[1254] Dieser Kernbereich ist auch Teil des *ordre public* (§ 328 Abs. 1 Nr. 4 ZPO).[1255]

In den Fällen der *mandatory class actions* ist eine Benachrichtigung der *class* Mitglieder nicht vorgesehen. Nach US-amerikanischem Verständnis soll für die Gewährleistung von *Due Process* ein funktioneller *„day in court"* durch Repräsentation ausreichen.[1256] Da eine starke rechtliche Bindung mit den Vertretern vorliegt und aufgrund der vorgeschriebenen Kontrolle durch das Gericht eine adäquate Vertretung der *class* gewährleistet ist, muss das rechtliche Gehör nicht persönlich gewährt werden und eine individuelle Benachrichtigung kann unterbleiben.[1257]

Fraglich ist, ob sich diese Überlegungen in das deutsche Systemverständnis einfügen lassen oder ob sie so wesensfremd sind, dass ein Verstoß gegen den *ordre public* vorliegt, sodass dies der Anerkennung entgegenstünde.[1258]

Jedenfalls der Repräsentationsgedanke an sich ist dem deutschen Zivilprozessrecht nicht vollständig fremd.[1259] Er setzt aber eine Legitimation des Vertreters entweder durch ausdrückliche Ermächtigung oder gesetzliche Vertretung voraus.[1260] In Fällen der (*mandatory*) *class action* scheidet dies allerdings von vornherein aus, da die Mitglieder mangels Benachrichtigung schon gar nicht von dem anstehenden Prozess (und damit ihrer Vertretung in diesem) wissen.

1254 *Kern*, in: Stein/Jonas, ZPO, Bd. 2, Vor § 128 Rdn. 115.

1255 *Schneider*, Class Actions, S. 97. Die passiven Mitglieder stehen typischerweise auf Klägerseite, sodass das rechtliche Gehör im Rahmen des § 328 Abs. 1 Nr. 4 ZPO zu überprüfen ist. § 328 Abs. 1 Nr. 2 ZPO ist dagegen anwendbar, wenn es sich um eine sog. *defendant class action* handelt, vgl. *Kern*, in: Stein/Jonas, ZPO, Bd. 2, Vor § 128 Rdn. 115.

1256 S.o., § 6 V. 2.

1257 Dazu bereits oben, § 6 V. 2. a. sowie *Schneider*, Class Actions, S. 102 f.

1258 So i.E. beispielsweise *Stadler*, in: FS Schütze, 561, 571.

1259 Vgl. oben, § 6 III. 3.; *Oberhammer/Reinisch*, IPRax 2001, 211, 212; *Stadler*, in: FS Schütze, 561, 571.

1260 *Stadler*, in: FS Schütze, 561, 571.

Die Besonderheit von *mandatory class actions* besteht jedoch darin, dass sie vor allem der Wahrung objektiven Rechts dienen. Eine Geltendmachung subjektiver Rechte ist (wenn überhaupt) nur in Ausnahmefällen vorgesehen.[1261] Auch in den USA wird für diese Ausnahmefälle diskutiert, dass sie eine Benachrichtigung aller *class* Mitglieder wegen des *Due Process* Grundsatzes erforderlich machen.[1262] Da die Gerichte zumindest die Möglichkeit haben, eine solche Benachrichtigung aller Mitglieder anzuordnen,[1263] ist das rechtliche Gehör der Mitglieder gewahrt, wenn dieses Ermessen entsprechend genutzt wurde. In diesen Fällen besteht zwar trotzdem keine Möglichkeit zum *opt-out*. Die Mitglieder haben aber die Möglichkeit der Beteiligung und Einflussnahme, beispielsweise durch *intervention*.[1264] Dies ist für die Wahrung des rechtlichen Gehörs (und damit des *ordre public*) ausreichend.[1265] Umgekehrt ist davon auszugehen, dass eine unterbliebene Benachrichtigung das rechtliche Gehör des jeweiligen Mitglieds verletzt, wenn dessen subjektive Rechte im Prozess betroffen sind.[1266]

Fraglich bleibt damit, ob *class actions*, die allein der Wahrung objektiven Rechts dienen, in ihrem Ergebnis mit dem *ordre public* vereinbar und damit nach § 328 ZPO anzuerkennen sind.

Der deutsche Zivilprozess dient der Durchsetzung subjektiver Rechte. Die Sicherstellung und Gewährleistung rechtmäßigen Verhaltens ist dagegen traditionell eine öffentliche Aufgabe.[1267] Ausnahmsweise ist jedoch auch im deutschen Zivilprozessrecht die Möglichkeit vorgesehen, unabhängig von einem individuellen Eigeninteresse das objektive Recht im Zivilprozess durchzusetzen.[1268] Dies erfolgt beispielsweise durch die Einräumung besonderer Klagebefugnisse, vgl. etwa § 3 UKlaG.[1269] Die dogmatische Einordnung der besonderen Klagebefugnis von Verbänden ist dabei umstritten.[1270] Dies liegt gerade daran, dass dem

---

1261 Insbesondere sog. *limited funds actions*, vgl. oben, § 6 V. 2. c. (Fn. 1220).

1262 Vgl. oben, § 6 V. 2. c. (Fn. 1220).

1263 FRCP 23 (c)(2)(A) und (d); vgl. auch *Gottwald*, ZZP 91 (1978), 1, 7.

1264 FRCP 23 (d)(1)(B)(iii).

1265 Vgl. *Greiner*, Class Action und deutscher ordre public, S. 177.

1266 Vgl. *Stadler*, in: FS Schütze, 561, 571.

1267 Vgl. *Geiger*, Kollektiver Rechtsschutz, S. 7 f.; *Greger*, ZZP 113 (2000), 399; *Koch*, in: GS Wolf, 459; *Koch/Zekoll*, ZEuP 2010, 107, 115; *Bruns*, NJW 2018, 2753 spricht von einem „ausgewogenen Verhältnis von zivilprozessualer Durchsetzung individueller Privatrechte und administrativer Verwirklichung von Allgemeinwohlbelangen."

1268 *Geiger*, Kollektiver Rechtsschutz, S. 7 f.; *Greger*, ZZP 113 (2000), 399; *Koch*, in: GS Wolf, 459, 465; *Stiefel/Stürner*, VersR 1987, 829, 830.

1269 Dazu bereits oben, § 2 III.

1270 Ebenfalls bereits oben, § 2 III.

geltenden deutschen Verfahrensrecht das Leitbild der individuellen Rechtsverfolgung zugrunde liegt.[1271] Der Verbandskläger verfolgt dagegen nicht seine subjektiven Rechte, sondern bestimmte objektive Sachinteressen; er ist deren Repräsentant, aber nicht ihr Inhaber.[1272] Der Verbandskläger nimmt also im Wesentlichen öffentliche Aufgaben wahr, weshalb eine besondere Legitimation als „qualifizierte Einrichtung" durch administrative Lizensierung und Registrierung vorgesehen ist (vgl. etwa § 4 UKlaG).[1273]

Diese Legitimation und Kontrolle obliegt im US-amerikanischen Zivilprozess unmittelbar dem Richter.[1274] Bei der *class action* erfolgt eine ständige gerichtliche Kontrolle, ob eine adäquate Vertretung noch gegeben ist. Auch nach Abschluss des Verfahrens ist es überhaupt erst Voraussetzung des Eintritts der Bindungswirkung für alle Mitglieder, dass die Vertretung adäquat erfolgte.[1275]

Somit unterscheiden sich die Rechtsordnungen schon in ihrem Verständnis der dem Zivilprozess zugrunde liegenden Aufgaben. In den USA wird das Zivilverfahren auch im Wege des sog. *private law enforcement*, also zur Wahrung und Durchsetzung objektiven Rechts im Allgemeininteresse nutzbar gemacht.[1276] Dies kann nach deutschem Recht nur ausnahmsweise und unter den genannten Grundvoraussetzungen erfolgen.[1277] Dass das US-amerikanische Recht diese Legitimation „publizistischer Prozessführer"[1278] nun anders sicherstellt, ist anerkennungsrechtlich allerdings nicht zu beanstanden und reicht für die ordnungsgemäße Repräsentation der passiven *class* Mitglieder im Rahmen der *ordre public*-Kontrolle aus.[1279]

Zusammenfassend verstößt somit auch eine *mandatory class action*, die ausschließlich das objektive Recht durchsetzen soll, nicht gegen den *ordre public*.

1271 *Koch*, KritV 1989, 323, 330 f.; *Koch/Zekoll*, ZEuP 2010, 107, 115.

1272 *Koch*, KritV 1989, 323, 332.

1273 *Koch*, in: GS Wolf, 459, 466 f.

1274 *Koch*, in: GS Wolf, 459, 467.

1275 Dazu im Einzelnen bereits oben, § 6 V. 2. c.

1276 *Bruns*, NJW 2018, 2753, 2754; *Koch*, in: GS Wolf, 459 f.; *ders.*, JZ 2011, 438, 443 f.

1277 Vgl. dazu auch *Höffmann*, Class Action Settlements, S. 370: „Denn allein die Tatsache, dass das US-amerikanische Prozessrecht bereitwilliger Ausnahmen zum Grundmodell des Individualverfahrens zulässt, vermag noch keinen grundsätzlichen Widerspruch zum deutschen Prozessrecht hervorzurufen."

1278 *Koch*, in: GS Wolf, 459, 467.

1279 Vgl. im Ausgangspunkt ähnlich *Stadler*, in: FS Schütze, 561, 570 sowie *Hess*, JZ 2000, 373, 378; *Koch*, JZ 2011, 438, 444.

Die Anerkennung einer entsprechenden Wirkung gemäß § 328 ZPO ist grundsätzlich möglich.

(2) Opt-out class actions

Fraglich ist, wie es sich für die Anerkennungsfähigkeit auswirkt, dass demgegenüber im Falle der *opt-out class actions* sowohl eine Benachrichtigung als auch die Möglichkeit zum *opt-out* zwingend vorgesehen ist. Es muss wiederum untersucht werden, ob wesentliche deutsche Verfahrensgrundsätze in diesen Fällen betroffen sind. In Betracht kommt auch hier eine Verletzung des rechtlichen Gehörs und der Dispositionsmaxime der passiven *class* Mitglieder.[1280]

(i) Rechtliches Gehör

Im Rahmen einer *opt-out class action* werden die passiven Mitglieder benachrichtigt und dabei über Möglichkeit und Folgen eines *opt-out* belehrt.[1281] Es ist damit allein problematisch, ob eine solche Benachrichtigung den Anforderungen des rechtlichen Gehörs i.S.d. Art. 103 Abs. 1 GG entspricht.[1282]

Nach FRCP 23 (c)(2)(B) ist die unter den gegebenen Umständen bestmögliche Benachrichtigung[1283] erforderlich. Sind Name und Adresse der Mitglieder bekannt, ist also auch in den USA eine persönliche Benachrichtigung unabdingbar.[1284] Solche Fälle bereiten für die Anerkennung keine Schwierigkeiten. Unproblematisch ist umgekehrt ein Verstoß gegen den *ordre public* zu bejahen, wenn eine öffentliche Bekanntmachung erfolgt, obwohl eine andere Art der Zustellung ohne Weiteres möglich gewesen wäre, da dies den Anforderungen des Art. 103 Abs. 1 GG unstreitig nicht entspricht.[1285]

Problematisch ist damit allein der Fall, in dem das US-amerikanische Gericht eine öffentliche Bekanntmachung als bestmögliche Benachrichtigungsform eingestuft und zugelassen hat.

1280 *Stadler*, in: FS Schütze, 561, 568.

1281 Vgl. *Kane*, in: 7AA Fed. Prac. & Proc., Civ., § 1787.

1282 *Schneider*, Class Actions, S. 101; *Greiner*, Class Action und deutscher ordre public, S. 178.

1283 "The best notice that is practicable under the circumstances", FRCP 23 (c)(2)(B).

1284 S.o., § 6 V. 2. b. sowie *Eisen v. Carlisle & Jacquelin*, 417 U.S. 156, 176 (1974); vgl. auch *Stadler*, in: FS Schütze, 561, 572.

1285 BVerfG, NJW 1988, 2361; *Greiner*, Class Action und deutscher ordre public, S. 178; *Stadler*, in: FS Schütze, 651, Fn. 69.

Nach deutschem Recht ist eine öffentliche Bekanntmachung mit Zustellungsfiktion jedenfalls nicht ausgeschlossen.[1286] Voraussetzung ist jedoch, dass eine andere Art der Zustellung aus sachlichen Gründen, wegen der Vielzahl oder Unmöglichkeit der Ermittlung der Betroffenen, nicht oder nur schwer durchführbar ist.[1287] Insofern wird auch im deutschen Recht eine funktionale Betrachtung des rechtlichen Gehörs vorgenommen.[1288]

Zu beachten ist, dass die US-amerikanische *class action* stark an *Due Process* Überlegungen ausgerichtet ist. Eine ständige Kontrolle erfolgt sowohl durch das Gericht des anhängigen Verfahrens als auch rückblickend durch die Gerichte, die über den Eintritt der *res judicata* entscheiden.[1289] Öffentliche Bekanntmachungen sind nur der Ausnahmefall. So hat das Gericht in *Eisen v. Carlisle* eine persönliche Zustellung auch für über zwei Millionen Betroffene angeordnet.[1290]

Steht nun vor einem deutschen Gericht die Anerkennung einer solchen Entscheidung zur Überprüfung, richtet sich die Kontrolle nicht nach dem US-amerikanischen Standard, sondern nach dem verfahrensrechtlichen *ordre public*, sprich Art. 103 Abs. 1 GG.[1291] Da hier wie dort ähnliche Abwägungserwägungen zwischen rechtlichem Gehör und Effektivitäts- und Rechtsdurchsetzungszielen angestellt werden,[1292] ist von einer grundsätzlichen *ordre public*-Konformität auszugehen. Alles Weitere hat der deutsche Richter anhand des konkreten Einzelfalls zu überprüfen.

(ii) Dispositionsmaxime

Fraglich ist darüber hinaus auch für die *opt-out class action*, ob die Verfahrens(ein)leitung durch den Vertreter die Dispositionsfreiheit des einzelnen *class* Mitglieds verletzt. In diesen Fällen handelt es sich um subjektive Individualansprüche der Mitglieder, die lediglich zur effizienteren verfahrensrechtlichen Behandlung gebündelt werden.[1293]

1286 Vgl. *Greiner*, Class Action und deutscher ordre public, S. 178 f.

1287 *Greiner*, Class Action und deutscher ordre public, S. 179; vgl. auch *Stadler*, in: FS Schütze, 561, 572.

1288 *Greiner*, Class Action und deutscher ordre public, S. 178.

1289 *Oberhammer/Rheinisch*, IPRax 2001, 211, 212. Vgl. dazu auch oben, § 6 V. 2. c.

1290 *Eisen v. Carlisle & Jacquelin*, 417 U.S. 156, 175 (1974); vgl. auch *Stadler*, in: FS Schütze, 561, 571.

1291 *Oberhammer/Rheinisch*, IPRax 2001, 211, 212.

1292 Vgl. *Halfmeier/Wimalasena*, JZ 2012, 649, 653.

1293 *Schneider*, Class Actions, S. 106.

Zu beachten ist jedoch, dass hier – im Gegensatz zur *mandatory class action* – eine Möglichkeit zum Ausstieg aus der *class* und damit eine Entscheidung gegen das Verfahren bestand.[1294] Jedenfalls bei Verfahren mit individueller Benachrichtigung bleibt den Betroffenen die volle Entscheidungsfreiheit.[1295] Es gilt damit das zum Anspruch auf rechtliches Gehör Ausgeführte entsprechend.[1296]

Nimmt das Mitglied das Recht zum Ausstieg aus der *class* nach Benachrichtigung nicht wahr, so wird angenommen, dass es der Wahrnehmung seiner Rechte durch den Vertreter stillschweigend zustimmt.[1297]

Schließlich können die passiven Mitglieder Einfluss auf die Vertreter nehmen, indem sie dem Prozess beitreten oder einwenden, dass die Repräsentation nicht (mehr) angemessen ist, vgl. FRCP 23 (d)(1)(B)(iii). Das Gericht übernimmt hier eine aktive Rolle als „*guardian of interests*“[1298], damit sichergestellt ist, dass die durch den Vertreter für die gesamte *class* geltend gemachten Ansprüche angemessen durchgesetzt werden. Unter den zugrunde liegenden Effizienz- und Rechtsdurchsetzungserwägungen ist dieser Schutz anerkennungsrechtlich nicht zu beanstanden.[1299]

c. *Wirkungen gegenüber dem Klagegegner*

Als Partei des Verfahrens treten auch gegenüber dem Klagenden der *class* die regulären Wirkungen der *res judicata* ein.[1300] Soweit der Beklagte durch die Dispositionsmaxime vor Eingriffen in das relative Schuldverhältnis geschützt ist,[1301] kommt hierbei eine Verletzung des *ordre public* nach § 328 Abs. 1 Nr. 4 ZPO in Betracht.

Die Grenze zu einem unzulässigen Eingriff in die Dispositionsmaxime ist allerdings erst dann erreicht, wenn es zu einer quasistaatlichen Überwachung, also einer „quasiadministrativen Überwachung der Schulderfüllung“[1302] kommt.[1303]

1294 Vgl. *Schneider*, Class Actions, S. 106 f.

1295 *Halfmeier/Wimalasena*, JZ 2012, 649, 657; *Stadler*, in: FS Schütze, 561, 577.

1296 *Stadler*, in: FS Schütze, 561, 577 f.; a.A. im Zusammenhang mit dem deutschen KapMuG wohl *Hess*, JZ 2011, 66, 69.

1297 *Schneider*, Class Actions, S. 107.

1298 S.o. § 6 V. 1.; *Görtz*, Subjektive Grenzen, S. 155.

1299 Vgl. i.E. genauso *Halfmeier/Wimalasena*, JZ 2012, 649, 657; *Stadler*, in: FS Schütze, 561 578; a.A. *Greiner*, Class Action und deutscher ordre public, S. 189.

1300 Vgl. oben, § 6 V. 1. sowie § 4 I. 2. d. (1).

1301 *Greiner*, Class Action und deutscher ordre public, S. 198 ff.; *Schneider*, Class Actions, S. 108; *Stiefel/Stürner*, VersR 1987, 829, 830; *Stürner*, in: FS Baur, 637, 653.

1302 *Stiefel/Stürner*, VersR 1987, 829, 830: Dies ist erst dann zu bejahen, wenn private Instanzen ihre Mitbürger „quasistaatsanwaltlich“ überprüfen.

1303 *Schneider*, Class Actions, S. 108.

Die *class action* dient dagegen primär dazu, die subjektiven Rechte der *class* Mitglieder durchzusetzen.[1304] Ein unzulässiger Eingriff in die Dispositionsmaxime des Beklagten liegt darin nicht. Der *ordre public* ist somit nicht verletzt und eine Anerkennung der Wirkung gegenüber dem Klagegegner grundsätzlich möglich.

d. Anerkennung eines class action settlement?

In der Regel kommt es in Fällen einer *class action* schon nicht zu einem streitigen Urteil. Vielmehr wird häufig sogar bereits vor dem eigentlichen gerichtlichen Verfahren ein Vergleich (*class action settlement*) zwischen den Parteien geschlossen.[1305]

Allgemein gilt zwar, dass Prozessvergleiche nicht nach § 328 ZPO anerkennungsfähig sind, weil ihnen als private Vereinbarung der Parteien keine anerkennungsfähigen Wirkungen zukommen.[1306] Die Besonderheit bei einem *class action settlement* liegt aber in der wesentlichen Beteiligung des Gerichts: Dieses muss nach FRCP 23 (e) unter anderem überprüfen, ob der Vergleich „*fair reasonable and adequate*“ gegenüber allen *class* Mitgliedern ist, die durch diesen gebunden werden. Aufgrund dieser Einbindung des Gerichts und der *res judicata* Wirkungen, die der Vergleich im US-amerikanischen Recht entfaltet,[1307] wird angenommen, § 328 ZPO sei für die Anerkennung eines *class action settlement* anwendbar.[1308]

Dafür spricht, dass der Richter die im *class action settlement* getroffenen Vereinbarungen nicht nur deklaratorisch bestätigt, sondern vielmehr in eigener Verantwortung überprüft.[1309] Noch dazu kommen dem Vergleich gerade die regulären Urteilswirkungen zu,[1310] die über § 328 ZPO anerkannt werden können.

1304 *Schneider*, Class Actions, S. 108; *Stiefel/Stürner*, VersR 1987, 829, 830; *Greiner*, Class Action und deutscher ordre public, S. 200; vgl. dazu auch oben, § 6 V. 1.

1305 Vgl. *Cooper*, in: 18A Wright/Miller, Fed. Prac. & Proc., Juris., § 4455.5; *Höffmann*, Class Action Settlements, S. 37.

1306 *Greiner*, Class Action und deutscher ordre public, S. 219; *Schneider*, Class Actions, S. 119. Vgl. zur Fallgruppe "Vereinbarung" bereits oben, § 6 III. 1.

1307 Vgl. *Schneider*, Class Actions, S. 120.

1308 *Hess*, JZ 2000, 373, 381; *Höffmann*, Class Action Settlements, S. 279 ff.; *Schneider*, Class Actions, S. 120; a.A. *Greiner*, Class Action und deutscher ordre public, S. 221; i.E. offen lassend *Schütze*, in: FS Kerameus, 1245, 1255 f.

1309 *Schneider*, Class Actions, S. 120.

1310 Vgl. *Cooper*, in: 18A Wright/Miller, Fed. Prac. & Proc., Juris., § 4455.5.

Insofern ist die Anwendbarkeit des § 328 ZPO zu bejahen. Für die Anerkennungsfähigkeit der Wirkungen selbst gelten gegenüber dem oben zu einem *class action* Urteil Ausgeführten jedoch keine Besonderheiten.[1311]

4. Ergebnis

1.) Die *class action* ist ein Instrument des Kollektivrechtsschutzes und beruht auf dem Gedanken der Repräsentation. Sie ist im Bundesrecht in FRCP 23 geregelt und unterliegt sowohl in Zulassung als auch Verfahren strengen Voraussetzungen, für die *Due Process* Erwägungen eine gewichtige Rolle spielen.

2.) Ein Vertreter kann mit dem Instrument der *class action* unter bestimmten Voraussetzungen für die gesamte *class* Ansprüche geltend machen. Hinsichtlich der Zulassungskriterien sowie für die *ordre public*-Prüfung im Rahmen der Anerkennung muss zwischen den Fallgruppen, die in FRCP 23 geregelt sind, unterschieden werden. Grob unterteilen lässt sich zwischen *mandatory class actions* und *opt-out class actions.*

3.) Differenziert werden muss weiter zwischen den Personenkreisen, gegenüber denen die Wirkungen eintreten: Vertreter der *class*, Mitglied der *class* sowie Klagegegner.

4.) Der Vertreter der *class* ist Partei des Verfahrens. Die Anerkennung einer entsprechenden Urteilswirkung erfolgt dementsprechend unproblematisch.

5.) Problematischer wird es bei den Mitgliedern der *class*. Fragwürdig ist in diesem Zusammenhang die Wahrung des rechtlichen Gehörs einerseits sowie der Dispositionsmaxime andererseits.

   a.) Die Konstellation der *mandatory class action* sieht weder eine Benachrichtigung noch eine Möglichkeit des *opt-out* vor. Dies ist im Rahmen der *ordre public*-Kontrolle nach § 328 Abs. 1 Nr. 4 ZPO hinsichtlich der Dispositionsmaxime und dem rechtlichen Gehör problematisch.

   Einschränkungen der Dispositionsmaxime können jedoch hingenommen werden, wenn das Verfahren vorwiegend der objektiven Rechtsdurchsetzung und damit den Interessen der Allgemeinheit dient.

   Hinsichtlich des rechtlichen Gehörs bestehen zumindest dann keine Bedenken, wenn das Gericht das ihm verliehene Ermessen dahin gehend ausgeübt hat, dass es eine persönliche Benachrichtigung der *class*

1311 Vgl. auch *Schneider*, Class Actions, S. 120; ausführlich zum Ganzen *Höffmann*, Class Actions Settlements, S. 284 ff.

Mitglieder angeordnet hat. Werden auch subjektive Rechte des einzelnen Mitglieds im Prozess geltend gemacht, ist von einem solchen Erfordernis auszugehen, sodass umgekehrt eine Verletzung rechtlichen Gehörs anzunehmen ist, wenn eine Benachrichtigung in diesen Fällen nicht erfolgte.

Diejenigen *mandatory class actions*, die allein zur Wahrung objektiven Rechts nutzbar gemacht wurden, sind dann anerkennungsrechtlich nicht zu beanstanden, wenn eine Legitimation und ständige Kontrolle der adäquaten Interessenvertretung unmittelbar durch das US-amerikanische Gericht erfolgt ist.

b.) Die *opt-out class action* sieht demgegenüber sowohl eine Benachrichtigung als auch die Möglichkeit des Austritts aus der *class* vor.

Eine Verletzung des rechtlichen Gehörs kommt allein dann in Betracht, wenn die erfolgte Benachrichtigung nicht den Anforderungen des Art. 103 Abs. 1 GG entspricht. Dies wäre jedenfalls dann der Fall, wenn eine öffentliche Bekanntmachung erfolgte, obwohl eine individuelle Benachrichtigung möglich und zumutbar war. Für anerkennungsrechtliche Erwägungen ist ansonsten zu beachten, dass auch das US-amerikanische Recht bereits *Due Process* Belange mit Effektivitäts- und Rechtsdurchsetzungszielen abgewogen hat.

Eine Verletzung der Dispositionsmaxime ist aufgrund der Möglichkeit des *opt-out* nicht anzunehmen. Den Betroffenen bleibt hierdurch die volle Entscheidungsfreiheit. Hinzu kommt die Möglichkeit eines Beitritts zum Prozess sowie der Einflussnahme auf die Repräsentation gemäß FRCP 23 (d)(1)(B)(iii).

6.) Ein Eingriff in die Dispositionsmaxime des Klagegegners der *class* konnte nicht festgestellt werden, weil die Grenze einer quasistaatlichen Überwachung nicht erreicht ist, sodass die Anerkennung grundsätzlich zu bejahen ist.

7.) Ein *class action settlement* ist aufgrund seiner Besonderheiten (reguläre Urteilswirkungen und erhebliche Mitwirkung des Gerichts) ebenfalls nach § 328 ZPO anerkennungsfähig. Für die Anerkennung gelten dieselben Erwägungen wie für ein *class action* Urteil.

VI. Abschließende Zusammenfassung der Ergebnisse

Im Rahmen einer Anerkennung von Urteilswirkungen gegenüber unbeteiligten Dritten ist ebenfalls § 328 ZPO die maßgebliche Rechtsgrundlage. Nach der Theorie der Wirkungserstreckung richtet sich der subjektive Umfang der Wirkungen vollumfänglich nach dem Recht des Urteilsstaates. Dagegen sind materiellrechtliche Vorfragen nach der *lex causae* zu bestimmen.

Da es sich in diesem Abschnitt in jedem Fall um unselbstständige Drittwirkungen handelt, ist für die Anerkennung eine Prüfung des § 328 ZPO bezüglich der Hauptentscheidung notwendig. Aspekte des Drittschutzes müssen in dieser Prüfung im Rahmen des *ordre public* gemäß § 328 Abs. 1 Nr. 4 ZPO berücksichtigt werden. Hierbei nimmt insbesondere das rechtliche Gehör gemäß Art. 103 Abs. 1 GG eine herausgehobene Stellung ein. Grundsätzlich findet eine Abwägung zwischen *Due Process* des Dritten und Interessen der Öffentlichkeit und des Staates zugunsten einer Erweiterung der Grenzen der Bindungswirkungen auch im US-amerikanischen Recht statt. Hier ist es der Richter des potentiellen Zweitprozesses, der solche Überlegungen anstellt. Diese Rolle übernimmt für die Anerkennung nach § 328 ZPO im Grundsatz der deutsche Anerkennungsrichter im Rahmen der *ordre public*-Prüfung.

Die Anerkennung von Urteilswirkungen gegenüber Unbeteiligten ist insgesamt solange unproblematisch, wie sich US-amerikanisches und deutsches Recht überschneiden. Für problematische und dem deutschen Recht (zumindest dem ersten Anschein nach) unbekannte Fälle hat der Anerkennungsrichter vor allem die Verknüpfung zwischen Ausgestaltung von Prozess und Rechtsmittelsystem einerseits sowie der Urteilswirkungen andererseits zu berücksichtigen. Entscheidend sind letztlich immer die konkreten Umstände des Einzelfalls.

§ 7 Einseitige Drittwirkung (*non-mutual preclusion*)

Wie an anderer Stelle bereits kurz angerissen, ist für die *issue preclusion* inzwischen anerkannt, dass eine Gegenseitigkeit der Wirkung nach der *doctrine of mutuality* nicht mehr erforderlich ist.[1312] Auch für die *claim preclusion* wurden zwar bereits Ausnahmen von der *doctrine of mutuality* diskutiert.[1313] Bisher wird hier aber weiterhin an dem Grundsatz der Erforderlichkeit der Gegenseitigkeit festgehalten.[1314] Die nachfolgende Darstellung beschränkt sich daher auf die anerkannten Fälle der *non-mutual issue preclusion.*

I. Wirkung

Zunächst ist festzuhalten, dass sich die Voraussetzungen der *issue preclusion* und ihre objektive Wirkung genauso verhalten wie bei einer gegenseitigen *inter partes* Wirkung.[1315] Die *issue preclusion* erfasst damit Feststellungen des Gerichts, über die tatsächlich streitig verhandelt und entschieden wurde und die für das Urteil entscheidungserheblich waren. Die Entscheidung über die festgestellte Tatsache muss gültig und endgültig sein (*valid and final*). Zudem muss nach dem jüngsten Ansatz die Partei, gegenüber der sich der Dritte auf die *issue preclusion* beruft, im Erstprozess die ausreichende Möglichkeit zur Verhandlung gehabt haben (*full and fair opportunity to litigate*) und die Bindungswirkung darf nicht aus anderen Gründen unfair sein.[1316]

1312 S.o., § 4 I. 2. d. (2); *Bernhard v. Bank of America National Trust and Savings Association*, 19 Cal.2d 807 (Cal. 1942); *Bruszewski v. United States*, 181 F.2d 419 (3d Cir. 1950); *Zdanok v. Glidden Company*, 327 F.2d 944 (2d Cir. 1964); *Blonder-Tongue Labs., Inc. v. University of Illinois Found.*, 402 U.S. 313 (1971); *Parklane Hosiery Co., Inc. v. Shore*, 439 U.S. 322 (1979); *Nonkes*, 94 Corn. L.Rev. 1459 (2009); Restatement (Second) of Judgments, § 29.

1313 Vgl. *Gambocz v. Yelencsics*, 468 F.2d 837, 840 ff. (3d Cir. 1972); *Casad/Clermont*, Res judicata, S. 184 f.; *Cooper*, in: 18A Wright/Miller, Fed. Prac. & Proc. Juris., § 4464.1 m.w.N.; *Görtz*, Subjektive Grenzen, S. 204 f.

1314 *Sidag Aktiengesellschaft v. Smoked Foods Products Co.*, 776 F.2d 1270, 1275 (5th Cir. 1985); *Casad/Clermont*, Res judicata, S. 184 f.; *Cooper*, in: 18A Wright/Miller, Fed. Prac. & Proc. Juris., § 4464.1.

1315 Dazu oben, § 4 I. 2. b.

1316 Restatement (Second) of Judgments, § 29; *Casad/Clermont*, Res judicata, S. 174.

Unterschieden wird ganz generell zwischen *offensive* und *defensive use* der *issue preclusion*, je nachdem ob sich der Dritte als Angriff oder zur Verteidigung auf diese beruft.[1317] Grundsätzlich gilt jedoch wegen der *Due Process* Garantie, dass die Wirkung stets nur zugunsten des Dritten eintreten kann.[1318]

1. *Defensive use*

Als *defensive use* wird die Konstellation beschrieben, in der sich ein Beklagter im neuen Prozess gegenüber dem Kläger auf die *issue preclusion* einer Entscheidung beruft, in deren Prozess der Kläger bereits Partei war.[1319] Die *non-mutual preclusion* wird dann von dem Beklagten zur Verteidigung eingesetzt.[1320]

Nach den Voraussetzungen, die für das Eingreifen der *issue preclusion* generell erforderlich sind, hatte der Kläger bezüglich des jeweiligen Streitpunktes bereits seinen *one day in court* mit der einhergehenden Möglichkeit, hierüber ausreichend zu verhandeln.[1321] Nur aufgrund der Tatsache, dass er sich nun einem anderen Gegner gegenübersieht, soll er nicht die Gelegenheit bekommen, dieselbe Sache noch einmal zu verhandeln.[1322] Die Bindungswirkung erhält dadurch eine prozessuale Legitimation.[1323]

Durch die einseitige Wirkung der *issue preclusion* sollen Ressourcen (sowohl der Gerichte bzw. der Öffentlichkeit als auch der Parteien) gespart und eine

---

1317 *Currie*, 9 Stanf. L.Rev. 281, 290 (1957); vgl. zudem *Parklane Hosiery Co., Inc. v. Shore*, 439 U.S. 322, 329 (1979); *Zdanok v. Glidden Company*, 327 F.2d 944, 955 (2d Cir. 1964); *Solum*, in: 18 Moore's Federal Practice, Civil, § 132.04; vgl. auch Restatement (Second) of Judgments, § 29 cmt. d.

1318 *Bernhard v. Bank of America National Trust and Savings Association*, 19 Cal.2d 807, 812 (Cal. 1942); *Görtz*, Subjektive Grenzen S. 212 f.; *Smith*, DRiZ 1995, 94, 97; vgl. auch *Richards v. Jefferson County*, 517 U.S. 793, 798 (1996); Restatement (Second) of Judgments, § 29 cmt. b.

1319 *Parklane Hosiery Co., Inc. v. Shore*, 439 U.S. 322, 329 (1979).

1320 *Blonder-Tongue Labs., Inc. v. University of Illinois Found.*, 402 U.S. 313, 324 (1971); *Parklane Hosiery Co., Inc., v. Shore*, 439 U.S. 322, 329 (1979); *Görtz*, Subjektive Grenzen, S. 214; *Smith*, DRiZ 1995, 94, 98; Restatement (Second) of Judgments, § 29 cmt. d.

1321 *Blonder-Tongue Labs., Inc. v. University of Illinois Found.*, 402 U.S. 313, 324 (1971); *Bruszewski v. United States*, 181 F.2d 419, 421 (3d Cir. 1950); Restatement (Second) of Judgments, § 29 cmt. a.

1322 *Bernhard v. Bank of America National Trust and Savings Association*, 19 Cal.2d 807, 813 (Cal. 1942); *Bruszewski v. United States*, 181 F.2d 419, 421 (3d Cir. 1950).

1323 Vgl. *Gottwald*, in: FS Musielak, 183, 184.

(unnötige) Wiederverhandlung des Streitpunktes vermieden werden.[1324] Die Möglichkeit der *defensive use* soll darüber hinaus zur Verfahrenskonzentration im ersten Verfahren beitragen, da der Kläger dadurch veranlasst wird, schon im ersten Verfahren so viele Beklagte wie möglich zu beteiligen.[1325]

2. *Offensive use*

Offensive use beschreibt demgegenüber das Berufen eines Klägers auf die *issue preclusion*, die aus einem Prozess folgt, in dem der jetzige Beklagte bereits als Beklagter verloren hat.[1326] Der neue Kläger war nicht Partei des Vorprozesses, nutzt die Bindungswirkungen dieser Entscheidung jedoch als Angriffsmittel gegenüber seinem Beklagten im neuen Prozess.[1327]

Allerdings ist dieses Berufen auf die *issue preclusion* unter mehreren Gesichtspunkten problematisch.[1328] Zunächst wird die Prozessökonomie nicht in der gleichen Weise gefördert wie durch die *defensive use*, sodass weniger für die Zulässigkeit einer *offensive use* spricht.[1329] Während bei der *defensive use* für den Kläger ein Anreiz besteht, alle Beklagten bereits im ersten Prozess zu verklagen, bewirkt die *offensive use* genau das Gegenteil. Der Kläger hat hier keinen Grund, dem ersten Verfahren beizutreten. Vielmehr kann er abwarten, ob ein für ihn günstiges Urteil ergeht und sich im Wege der *offensive use* hierauf gegenüber dem Beklagten auch erst im nächsten Prozess berufen.[1330] Zudem ist es für den Beklagten kaum vorhersehbar, wer sich auf die im Erstprozess verhandelten Streitpunkte berufen wird.[1331] Insbesondere wenn es sich nur um einen vermeintlich geringen Streitpunkt handelte, wird er nicht viel Zeit und Kraft auf die Verteidigung verwendet haben, sodass eine mögliche Bindung gegenüber einer

1324 *Blonder-Tongue Labs., Inc. v. University of Illinois Found.*, 402 U.S. 313, 328 (1971).

1325 *Cooper*, in: 18A Wright/Miller, Fed. Prac. & Proc., Juris., § 4464.

1326 *Parklane Hosiery Co., Inc., v. Shore*, 439 U.S. 322, 329 (1979); vgl. auch Restatement (Second) of Judgments, § 29 cmt. d.

1327 *Parklane Hosiery Co., Inc., v. Shore*, 439 U.S. 322, 329 (1979); *Görtz*, Subjektive Grenzen, S. 214; *Smith*, DRiZ 1995, 94, 99.

1328 Dazu *Parklane Hosiery Co., Inc. v. Shore*, 439 U.S. 322, 329 ff. (1979); *Cooper*, in: 18A Wright/Miller, Fed. Prac. & Proc., Juris., § 4464.

1329 *Parklane Hosiery Co., Inc. v. Shore*, 439 U.S. 322, 329 f. (1979); vgl. auch *Polasky*, 39 Iowa L.Rev. 217 (1954).

1330 Dazu *Parklane Hosiery Co., Inc. v. Shore*, 439 U.S. 322, 329 f. (1979); vgl. auch Note, 35 Geo. Wash. L.Rev. 1010, 1025, 1034 f. (1967); *Semmel*, 68 Colum. L.Rev. 1457, 1473 f. (1968)

1331 *Parklane Hosiery Co., Inc. v. Shore*, 439 U.S. 322, 330 (1979).

Vielzahl an Klägern für ihn besonders unfair wäre.[1332] Kritisch wird die Situation für den Beklagten darüber hinaus, wenn es bereits verschiedene widersprüchliche Entscheidungen zu der Feststellung gibt oder wenn er im neuen Verfahren ganz andere prozessuale Möglichkeiten gehabt hätte, die ihm durch die Zulässigkeit der *offensive use* der *issue preclusion* versperrt würden.[1333]

Allen diesen Punkten soll dadurch begegnet werden, dass den Gerichten erster Instanz großes Ermessen bei der Beurteilung der Zulässigkeit der *offensive use* zugestanden wird.[1334] Grundsätzlich soll die *offensive use* nicht zugelassen werden, wenn der Kläger dem ersten Prozess bereits als Streitgenosse hätte beitreten können oder wenn die *offensive use* gegenüber dem Beklagten aus den genannten Gründen oder sonst unfair ist.[1335]

II. Anerkennungsfähigkeit nach § 328 ZPO

Fraglich ist, ob eine einseitige Drittwirkung nach § 328 ZPO anerkannt werden kann. Dies spielt für die Konstellation eine Rolle, dass der zweite Prozess, in dem sich der Dritte auf die *non-mutual issue preclusion* berufen will, in Deutschland stattfindet. Wäre die Wirkung anzuerkennen, hätte das deutsche Gericht diese in dem neuen Verfahren zu beachten.

Es ist zunächst fraglich, ob es sich bei der *non-mutual issue preclusion* um eine eigenständige oder um eine abgeleitete Wirkung gegenüber dem Dritten handelt, da davon abhängt, ob § 328 ZPO hinsichtlich der Entscheidung zwischen den Parteien des Erstprozesses oder hinsichtlich des Verhältnisses zwischen den neuen Parteien des zweiten Prozesses zu prüfen ist.[1336]

Zu beachten ist, dass es sich bei der *non-mutual issue preclusion* gerade nicht um eine Rechtskrafterstreckung handelt, die eine persönliche Erweiterung der gegenseitigen Rechtskraftwirkung zwischen den Parteien und damit eine abgeleitete Wirkung darstellt.[1337] Die *non-mutual issue preclusion* ist vielmehr eine Berechtigung ohne Bindung, d.h. eine einseitige Wirkung. Sie bindet den Dritten nicht. Sie bindet aber den Prozessgegner, weil dieser schon im Vorprozess Partei

---

1332 *Parklane Hosiery Co., Inc. v. Shore*, 439 U.S. 322, 330 (1979).

1333 *Parklane Hosiery Co., Inc. v. Shore*, 439 U.S. 322, 330 f. (1979).

1334 *Parklane Hosiery Co., Inc. v. Shore*, 439 U.S. 322, 331 (1979); vgl. auch *Currie*, 53 Calif. L.Rev. 25, 37 (1965).

1335 *Parklane Hosiery Co., Inc. v. Shore*, 439 U.S. 322, 331 (1979); Restatement (Second) of Judgments, § 29 cmt. e.

1336 S.o., § 5 I. 2. b. (4).

1337 *Smith*, DRiZ 1995, 94, 97.

war und dort rechtliches Gehör gehabt hat. Nur durch diese Überlegung wird die Wirkung nach US-amerikanischem Verständnis überhaupt verfassungsrechtlich zulässig.[1338]

Bei unselbstständigen oder abgeleiteten Entscheidungswirkungen handelt es sich um Feststellungswirkungen der den Vorprozess abschließenden Erstentscheidung auf die den Folgeprozess beendende Entscheidung.[1339] Als Indiz kann auf die Vollstreckbarkeit der Erstentscheidung gegenüber dem Dritten abgestellt werden. Da die *non-mutual issue preclusion* jedoch nicht zur Vollstreckbarkeit führt und immer erst im „Folgeprozess" geltend gemacht werden kann, ist sie als eine abgeleitete Entscheidungswirkung zu qualifizieren. Sie ist eine einseitige Bindung der Partei des Vorprozesses und entspringt daher dieser Entscheidung als unselbstständige Wirkung.

Daraus ist zu folgern, dass § 328 ZPO auf die Parteien des Erstprozesses bezogen geprüft werden muss und die Anerkennungsfähigkeit der *non-mutual issue preclusion* einer Kontrolle am Maßstab des *ordre public* aus § 328 Abs. 1 Nr. 4 ZPO unterliegt. Gegen die Anerkennung der objektiven *issue preclusion* bestehen wie bereits dargestellt keine Bedenken.[1340] Fraglich ist aber, ob die subjektive Einseitigkeit der Wirkung mit dem deutschen *ordre public* nach § 328 Abs. 1 Nr. 4 ZPO vereinbar ist.

Das rechtliche Gehör nach Art. 103 Abs. 1 GG ist in Fällen einer einseitigen Drittwirkung jedenfalls zugunsten Dritter nicht betroffen. Die Partei hatte als Beteiligter des Rechtsstreits alle Möglichkeiten der Einflussnahme.[1341] Der Dritte hat dagegen schon keinen Anspruch auf rechtliches Gehör, da Art. 103 Abs. 1 GG allein davor schützen soll, dass durch einen zwischen zwei anderen Personen geführten Rechtsstreit in die Rechte eines Dritten eingegriffen wird, ohne dass er Gelegenheit zur Äußerung hatte.[1342] Die *non-mutual issue preclusion* wirkt aber in jedem Fall nur zugunsten des Dritten; sie bindet ihn nicht. Im Fall einer dem Dritten günstigen Urteilswirkung ist der Schutzzweck des Anspruchs auf rechtliches Gehör insoweit schon nicht einschlägig.[1343] Ein Verstoß gegen Art. 103 Abs. 1 GG ist daher nicht zu befürchten.

1338 Dazu *Smith*, DRiZ 1995, 94, 96 f.

1339 S. hierzu im Einzelnen oben, § 5 I. 2. b. (4).

1340 Vgl. hierzu oben, § 4 II. 3. sowie *Gottwald*, in: FS Musielak, 183, 193.

1341 *Stucken*, Einseitige Rechtskraftwirkung, S. 36.

1342 *Kern*, in: Stein/Jonas, ZPO, Bd. 2, Vor § 128 Rdn. 43; *Stucken*, Einseitige Rechtskraftwirkung, S. 37.

1343 *Stucken*, Einseitige Rechtskraftwirkung, S. 37.

Sowohl gegen die *defensive* als auch gegen die *offensive use* spricht aber möglicherweise der Gedanke der Gleichheit der Parteien vor dem Richter (sog. prozessuale Waffengleichheit).[1344] Der Grundsatz verbietet auch für den Prozess, wesentlich Gleiches ohne zureichenden Grund ungleich zu behandeln.[1345] Er ergibt sich aus dem allgemeinen Gleichheitssatz des Art. 3 Abs. 1 GG.[1346] Aus der Verfassung, der das Leitbild eines sozialen Rechtsstaats zugrunde liegt, folgt ein Bedürfnis für ein Verfahren, in dem echte Chancengleichheit gewährleistet ist.[1347] Der Grundsatz beinhaltet die „verfassungsrechtlich gewährleistete Gleichwertigkeit der prozessualen Stellung der Parteien vor dem Richter" und die „gleichmäßige Verteilung des Risikos am Verfahrensausgang".[1348]

Das Prozessrisiko ist aber genau der Aspekt, der bei einer einseitigen Wirkung gegenüber nur einer der Parteien im Vorprozess aus dem Gleichgewicht geriete.[1349] Die prozessuale Chancengleichheit ist für die betroffene Partei nicht mehr gewährleistet, da diese mit dem ersten Prozess das Risiko trägt, gleichzeitig gegenüber (noch) unbekannten Dritten gebunden zu werden, während es für die gegnerische Partei nur um das Prozessrisiko des einen Verfahrens ginge.[1350] Die betreffende Partei würde einen Prozess mit einfacher Gewinnchance bei x-fachem Verlustrisiko führen.[1351]

Als Ausprägung der Rechtsstaatlichkeit und des allgemeinen Gleichheitssatzes unterfällt der Grundsatz der Waffengleichheit auch denjenigen Verfahrensregeln, die im Inland als Grundlage jedes geordneten rechtsstaatlichen Verfahrens angesehen werden und somit dem verfahrensrechtlichen *ordre public* i.S.d. § 328 Abs. 1 Nr. 4 ZPO.[1352]

1344 *Gottwald*, in: FS Musielak, 183, 194; vgl. auch *Semmel*, 68 Colum. L.Rev. 1457, 1461 (1968): „mutuality rests on a simplistic concept of equality".

1345 *Kern*, in: Stein/Jonas, ZPO, Bd. 2, Vor § 128 Rdn. 124 m.w.N.

1346 Vgl. nur *Kern*, in: Stein/Jonas, ZPO, Bd. 2, Vor § 128 Rdn. 124; *Rosenberg/Schwab/Gottwald*, ZPR, § 1 Rdn. 38.

1347 *Rosenberg/Schwab/Gottwald*, ZPR, § 1 Rdn. 38.

1348 BVerfGE 52, 131, 144; BVerfG, NJW 1988, 2597; *Rauscher*, in: MünchKomm, ZPO, Bd. 1, Einl. Rdn. 258; vgl. auch *Prütting*, in: Prütting/Gehrlein, ZPO, Einleitung Rdn. 42.

1349 Vgl. *Semmel*, 68 Colum. L.Rev. 1457, 1461 (1968); *Greenebaum*, 45 Ind. L.J. 1 (1969); *Smith*, DRiZ 1995, 94, 99; *Gottwald*, in: FS Musielak, 183, 193.

1350 Vgl. *Gottwald*, in: FS Musielak, 183, 193; *Stucken*, Einseitige Rechtskraftwirkung, S. 39 ff.

1351 *Stucken*, Einseitige Rechtskraftwirkung, S. 38.

1352 *Martiny*, Handbuch IZVR, Bd. III/1, Kap. I Rdn. 1021. Zum verfahrensrechtlichen *ordre public* auch oben, § 4 II. 1. e. (1).

Bei der *offensive use* zeigt sich das Problem der Ungleichheit der Parteien ganz deutlich am Beispiel der sog. *multiple claimant anomaly*:[1353] Angenommen, bei einem Flugzeug- oder Eisenbahnunglück werden fünfzig Personen verletzt, die anschließend von dem Transportunternehmen jeweils Schadensersatz verlangen und entsprechend Individualklagen erheben. Das beklagte Unternehmen kann sich nicht auf eines dieser Verfahren berufen, wenn die Klage zu seinen Gunsten abgewiesen wird. Umgekehrt können sich aber die Kläger im Wege der *offensive use* der *issue preclusion* auf die gerichtliche Feststellung der Haftung des Unternehmens berufen. So könnte es dazu kommen, dass die ersten 30 Klagen erfolglos bleiben, und erst in der 31. Klage zugunsten eines Klägers entschieden wird, sodass sich die verbleibenden 19 Kläger auf die Haftung berufen können. Dies wäre aber eine offensichtliche Ungerechtigkeit.[1354] Insbesondere fehlerhafte Entscheidungen können dadurch in der Gesamtschau aller Prozesse zu entsprechend widersprüchlichen Ergebnissen führen, die den eigentlichen Zweck der *non-mutual issue preclusion*, nämlich Rechtssicherheit und Vertrauen in die Gerichte, konterkarieren würden.[1355]

Der Fall der *defensive use* wird nach US-amerikanischem Recht nicht so kritisch gesehen, da der Kläger es hier schon im Vorprozess in der Hand hatte, im Wege des *joinder* alle Dritten hinzuzuziehen und alle Klagen entscheiden zu lassen. Zudem hat er den prozessualen Vorteil der Wahl des Forums. Ihm kommt also der Vorteil der Initiative im Erstprozess zugute.[1356] Letztlich besteht jedoch auch hier für den Kläger das Risiko einer unvorhergesehenen Bindung, welches auf der Beklagtenseite keinen Ausgleich findet.[1357]

Generell liegt also in einer einseitigen, Dritte begünstigenden Urteilswirkung ein Verstoß gegen den Grundsatz der Gleichheit der Parteien im Prozess.[1358]

Dies könnte jedoch im Rahmen der Anerkennung unerheblich sein, wenn sachliche Gründe sie rechtfertigen, sodass ein Verstoß gegen deutsche Gerechtigkeitsvorstellungen i.S.d. § 328 Abs. 1 Nr. 4 ZPO dadurch entfiele.

1353 Dazu Comment, 35 Yale L.J. 607, 611 f. (1926); *Currie*, 9 Stanf. L.Rev. 281, 285 ff. (1957); vgl. auch *Görtz*, Subjektive Grenzen, S. 216 f.; *Zdanok v. Glidden Company*, 327 F.2d 944, 955 f. (2d Cir. 1964).

1354 *Görtz*, Subjektive Grenzen, S. 217.

1355 Vgl. *Görtz*, Subjektive Grenzen, S. 217.

1356 Dazu *Currie*, 9 Stanf. L.Rev. 281, 303 ff. (1957); vgl. auch *Görtz*, Subjektive Grenzen, S. 218 f.

1357 Vgl. *Gottwald*, in: FS Musielak, 183, 193 f.

1358 *Stucken*, Einseitige Rechtskraftwirkung, S. 41.

Dabei ist zu berücksichtigen, dass auch im US-amerikanischen Recht zunächst die *doctrine of mutuality* galt. Diese wurde jedoch unter anderem aus prozessökonomischen Gründen anfangs eingeschränkt und dann für die *issue preclusion* grundsätzlich abgeschafft.[1359] Die Problematik wird, wie gesehen, auch im US-amerikanischen Recht trotzdem nicht als unkritisch angesehen.[1360] Den Gerichten wird daher entsprechend viel Ermessen eingeräumt, zu beurteilen, wann eine *non-mutual issue preclusion* zulässig ist.[1361] Dies ist insbesondere dann nicht der Fall, wenn der Kläger dem ersten Prozess bereits als Streitgenosse hätte beitreten können oder wenn die *offensive use* gegenüber dem Beklagten unfair ist.[1362]

Weiter zu beachten ist, dass es auch im deutschen Recht Fälle einseitiger Rechtskrafterstreckung für (§ 326 Abs. 1 ZPO, § 124 Abs. 1 VVG) oder gegen (§§ 76 Abs. 4 S. 2, 325 Abs. 3 ZPO, §§ 407 Abs. 2, 408, 413 BGB; § 372 Abs. 2 HGB) Dritte gibt.[1363] Ebenso sah der Referentenentwurf zur neuen Musterfeststellungsklage für Verbraucher wohl zunächst eine einseitige Wirkung vor.[1364] Allen Fällen ist allerdings gemein, dass sie gesetzlich besonders angeordnet sind. Hieraus ergibt sich im Umkehrschluss, dass diese Fälle nicht den Grundsatz, sondern die Ausnahme darstellen sollen.[1365] Alle Fälle einseitiger Rechtskraftwirkung sind aufgrund besonderer Wertungen gerechtfertigt.[1366] Die entsprechenden Wertungen müssen das Gebot der Waffengleichheit überwiegen.[1367] Eine generelle Zulässigkeit einer einseitig begünstigenden Drittwirkung ist daher im deutschen Recht nicht vorgesehen und würde gegen das Gebot der Waffengleichheit und damit den allgemeinen Gleichheitssatz aus Art. 3 Abs. 1 GG sowie das Rechtsstaatsprinzip verstoßen.[1368] Eine grundsätzliche Zulässigkeit einer

---

1359 Vgl. oben, § 4 I. 2. d. (2) sowie *Schroeder*, 67 Iowa L.Rev. 917, 979 f. (1982); *Semmel*, 68 Colum. L.Rev. 1457 (1968).

1360 *Casad/Clermont*, Res judicata, S. 176 ff.; *Grossman*, in: Clermont, Civil Procedure Stories, S. 442 f.; vgl. auch *Currie*, 9 Stanf. L.Rev. 281 (1957); *Nonkes*, 94 Corn. L.Rev. 1459, 1461 (2009); *Schroeder*, 67 Iowa L.Rev. 917 (1993); *Semmel*, 68 Colum. L.Rev. 1457, 1471 ff. (1968).

1361 *Parklane Hosiery Co., Inc. v. Shore*, 439 U.S. 322, 331 (1979); *Casad/Clermont*, Res judicata, S. 183; vgl. auch *Currie*, 53 Calif. L.Rev. 25, 37 (1965).

1362 Dazu *Parklane Hosiery Co., Inc. v. Shore*, 439 U.S. 322, 331 (1979).

1363 *Rosenberg/Schwab/Gottwald*, ZPR, § 157 Rdn. 2.

1364 So jedenfalls *Krausbeck*, DAR 2017, 567, 570. Dieser Entwurf wurde Anfang 2017 jedoch bereits regierungsintern abgelehnt, vgl. *Stadler*, VuR 2018, 83.

1365 Vgl. *Stucken*, Einseitige Rechtskraftwirkung, S. 30.

1366 Vgl. *Stucken*, Einseitige Rechtskraftwirkung, S. 201.

1367 *Stucken*, Einseitige Rechtskraftwirkung, S. 41 (dort Fn. 100), 43.

1368 *Stucken*, Einseitige Rechtskraftwirkung, S. 41 f., 200 f.

einseitigen Feststellungswirkung zugunsten Dritter stellt folglich einen für das deutsche Recht nicht hinzunehmenden Verstoß gegen grundlegende Gerechtigkeitsvorstellungen im Verfahrensrecht dar. Somit ist die Anerkennung einer solchen Wirkung auch nicht mit dem *ordre public* nach § 328 Abs. 1 Nr. 4 ZPO vereinbar.

Insoweit besteht ein Unterschied insbesondere zur bereits dargestellten *co-party preclusion*, die häufig erst unter Verweis auf einen Erst-recht-Schluss zur *non-mutual preclusion* begründet wird.[1369] Die *co-party preclusion* verstößt jedoch aufgrund der Voraussetzungen ihres Eintritts (tatsächliches, streitiges Verhandeln zwischen den vorherigen Streitgenossen) nicht gegen das Gebot der Waffengleichheit. Vor allem standen sich die vormaligen „Mit-Parteien“ bereits in einem Prozess gegenüber, sodass der Eintritt der Wirkung voraussehbar bleibt.[1370]

III. Zwischenergebnis

Eine grundsätzliche einseitig begünstigende Drittwirkung wie die *non-mutual issue preclusion* ist daher weder in ihrer Form als *defensive use* noch als *offensive use* anerkennungsfähig, da sie gegen das Gebot der Waffengleichheit verstößt, welches nach deutschen Gerechtigkeitsvorstellungen für einen rechtsstaatlichen Zivilprozess unerlässlich ist.

Ausnahmen können dann bestehen, wenn die Wirkung schon vor dem Erstprozess gesetzlich so festgelegt ist, dass sie für die Partei entsprechend erkennbar war und sie sich darauf einstellen konnte.

1369 S.o., § 5 IV. 3.

1370 Vgl. hierzu oben, § 5 IV. 4. c.

§ 8 Ergebnis

I. Zusammenfassung

Die Ergebnisse der vorstehenden Untersuchung lassen sich wie folgt zusammenfassen:

1. Zur Ausgangslage

Allgemeine Rechtsgrundlage für die Anerkennung US-amerikanischer Urteile ist § 328 ZPO. Es ist von einer uneingeschränkten Wirkungserstreckung auszugehen. Ausschlaggebendes Argument hierfür ist insbesondere der verhaltenssteuernde Effekt von Urteilswirkungen.

Als Grenze der Anerkennung dient der *ordre public* gemäß § 328 Abs. 1 Nr. 4 ZPO. Dadurch wird die Anerkennung nur im konkreten Einzelfall versagt, nämlich wenn eine Wirkungserstreckung nach deutschen Wertvorstellungen untragbar erscheint. Die Anerkennung wird dadurch teilbar. Sie hat die Beachtlichkeit der jeweiligen Wirkung des ausländischen Urteils im Inland zur Folge.

Erfasst werden nur prozessuale Wirkungen, wobei die Qualifikation nach deutschem Recht erfolgt. Die US-amerikanische *res judicata* fällt demnach, obwohl ihr nach US-amerikanischem Recht ein materiellrechtliches Verständnis zugrunde liegt, hierunter.

Die US-amerikanische *claim preclusion* eines Urteils ist mit der deutschen materiellen Rechtskraft vergleichbar und grundsätzlich anerkennungsfähig, soweit sie zwischen den Parteien des Ursprungsprozesses eintritt.

Die US-amerikanische Wirkung der *issue preclusion* ist insgesamt mit der Interventionswirkung nach § 68 ZPO vergleichbar. Eine Aufspaltung der *issue preclusion* im Sinne einer Bindung an Vorfragen und einer Bindung an Tatsachenfeststellungen ist abzulehnen.

2. Zur Anwendung des § 328 ZPO

Für die Anerkennung von Urteilswirkungen ausländischer Urteile gegenüber Dritten ist ebenfalls § 328 ZPO als Rechtsgrundlage maßgeblich. Der Norm liegt als Leitbild das Verständnis vom Zweiparteienprozess zugrunde. Infolgedessen ergibt sich bei der Anerkennung US-amerikanischer Urteile ein Problem für die Anwendung der Norm, wenn es um Urteilswirkungen geht, die gegenüber am Prozess beteiligten Dritten eintreten, da das US-amerikanische Recht (fast) ausschließlich eine Beteiligung als vollwertige Prozesspartei kennt. Eine Ausnahme bildet insofern einzig die Prozessführung als *vouchee.*

Hieraus ergibt sich die Notwendigkeit einer Unterscheidung zwischen eigenständigen und unselbstständigen Drittwirkungen. Dabei ist eine funktional vergleichende Betrachtung der Ausgestaltung des Verfahrens und des Prozessziels gegenüber dem Dritten heranzuziehen, da aufgrund der Besonderheiten des US-amerikanischen Zivilprozessrechts weder die Parteistellung des Dritten noch eine rein terminologische Bestimmung der Urteilswirkung weiterhelfen. Ein taugliches Indiz bietet die Gegenüberstellung von Vollstreckbarkeit der Entscheidung und Erforderlichkeit eines Folgeprozesses.

Eigenständige Drittwirkungen sind Bindungswirkungen, die hinsichtlich des Rechtsverhältnisses des Dritten zu einer Partei eine abschließende Entscheidung treffen. Ein Folgeprozess ist hinsichtlich dieses Rechtsverhältnisses ausgeschlossen. Unselbstständige Drittwirkungen folgen dagegen erst aus der Entscheidung bezüglich des Rechtsverhältnisses zwischen den Hauptparteien. Es handelt sich um Feststellungswirkungen der den Vorprozess abschließenden Erstentscheidung auf die den Folgeprozess beendende Entscheidung.

Für die Anerkennung einer eigenständigen Drittwirkung ist § 328 ZPO auf das jeweilige zweigliedrige Verhältnis direkt anwendbar. Demgegenüber ist für die Anerkennung einer unselbstständigen Drittwirkung die Anerkennungsfähigkeit der Hauptentscheidung Grundvoraussetzung. Dies erfordert eine Prüfung des § 328 ZPO hinsichtlich des Verhältnisses der Hauptparteien zueinander. Mangels planwidriger Regelungslücke ist eine zusätzliche analoge Anwendung des § 328 ZPO ausgeschlossen. Eine solche ist jedoch ohnehin nicht angezeigt, da die Drittinteressen hinreichend im Rahmen der *ordre public*-Prüfung des § 328 Abs. 1 Nr. 4 ZPO Berücksichtigung finden können.

Die *claim preclusion* beinhaltet eine endgültige Entscheidung über Ansprüche zwischen zwei Beteiligten. Es handelt sich um eine eigenständige Urteilswirkung. Es muss dementsprechend für eine Anerkennung, ausgehend von der Geltendmachung des jeweiligen *claim,* ermittelt werden, wer Kläger und Beklagter des Vorprozesses waren. Die Voraussetzungen des § 328 ZPO sind in diesem Zweiparteienverhältnis direkt anwendbar.

Dagegen bindet die *issue preclusion* an Feststellungen der Hauptentscheidung des Vorprozesses. Sie wirkt sich jeweils in einem Folgeprozess im Verhältnis zum Dritten aus. Grundvoraussetzung der Anerkennung der *issue preclusion* ist daher, dass die entsprechende Hauptentscheidung anerkennungsfähig ist. Der Drittschutz wird im Rahmen von § 328 Abs. 1 Nr. 4 ZPO ausreichend gewahrt.

Bei der Erstreckung von Urteilswirkungen auf Unbeteiligte handelt es sich stets um uneigenständige Drittwirkungen, deren Anerkennung dementsprechend voraussetzt, dass das Urteil zwischen den Parteien anerkennungsfähig ist. Erst im Rahmen der Prüfung des *ordre public* nach § 328 Abs. 1 Nr. 4 ZPO ist wiederum zu fragen, ob die Urteilswirkung auch subjektiv gegenüber dem jeweiligen Dritten im Einzelfall anerkannt werden kann.

3. Zum subjektiven Umfang der Wirkungserstreckung

Konkret ergibt sich für die untersuchten Konstellationen bei einer Anerkennung von US-amerikanischen Urteilswirkungen gegenüber Dritten folgendes Bild:

a. Beteiligte

Die Drittbeteiligungsinstrumente der *intervention*, des *impleader* sowie des *joinder* führen dazu, dass der jeweilige Dritte als vollwertige, zusätzliche Prozesspartei am Verfahren teilnimmt. Dadurch stehen dem Dritten auch die prozessualen Möglichkeiten einer solchen offen, was wiederum den Eintritt der regulären Urteilswirkungen nach der *doctrine of res judicata* rechtfertigt.

Insofern ist die Anerkennung der *claim preclusion*, die gegenüber dem Intervenienten, dem Drittbeklagten oder dem Streitgenossen (im Wege eines *cross-* oder *counterclaim*) eintritt, nicht zu beanstanden, wenn in diesem Verhältnis die Voraussetzungen des § 328 ZPO vorliegen. Dabei ist für den Fall der *intervention* zu beachten, dass der Intervenient dem Prozess freiwillig beigetreten ist.

Der Sonderfall der *co-party preclusion*, welche eintritt, wenn Streitgenossen einer Seite einen Streitpunkt bereits tatsächlich kontradiktorisch verhandelt haben und dieser entscheidungserheblich war, ist ebenfalls grundsätzlich anerkennungsfähig. Da eine solche *issue preclusion* aus einem Erst-recht-Schluss zu der Möglichkeit der sog. *non-mutual issue preclusion* eines vollkommen Unbeteiligten hergeleitet wird, sind die Voraussetzungen des § 328 ZPO im Verhältnis der Hauptentscheidung zwischen dem Gegner der Streitgenossen und demjenigen Streitgenossen, gegenüber dem die *issue preclusion* gelten soll, zu prüfen.

Beim *vouching in* tritt gegenüber dem Dritten nur *issue preclusion* ein. Der *vouchee* ist nicht Partei des Prozesses. Die *issue preclusion* rechtfertigt sich dadurch, dass der *vouchee* bei Verteidigungsübernahme die Prozessführung kontrolliert hat oder dass er die Chance der Prozessübernahme hat verstreichen lassen und der Beklagte seine Interessen bereits ausreichend vertreten hat. Sie ist grundsätzlich anzuerkennen, wenn das *vouching in* wirksam erfolgt ist und die Voraussetzungen des § 328 ZPO hinsichtlich der Entscheidung zwischen Kläger und Beklagtem im Einzelfall vorliegen.

Das Verfahren des *interpleader* hat im Rahmen der Anerkennung nur geringe praktische Relevanz, weil der Schuldner regelmäßig zur Hinterlegung verpflichtet ist. Generell müssen zwei Konstellationen unterschieden werden: Bleibt der Schuldner Partei, unterliegt er aufgrund dessen der Rechtskraftwirkungen der letzten Entscheidung. Die Anerkennung bereitet in diesem Fall keine Probleme. Scheidet der Schuldner aus dem Prozess aus, kann die Entscheidung des Gerichts über die Passivlegitimation und das Bestehen eines Anspruchs über § 328 ZPO anerkannt werden.

Zusammenfassend ist die Anerkennung von *claim* und *issue preclusion* ihrem subjektiven Umfang nach gegenüber Drittbeteiligten nicht zu beanstanden, da das US-amerikanische Zivilprozessrecht einen entsprechenden Gleichlauf zwischen Stellung im Verfahren (also im weiteren Sinne Prozessausgestaltung) und Urteilswirkungen vorsieht.

b. Unbeteiligte

Die Anerkennung von Urteilswirkungen gegenüber Unbeteiligten ist solange unproblematisch, wie sich US-amerikanisches und deutsches Recht in den Fällen einer „Drittwirkungserstreckung" decken. Näher untersucht werden müssen jeweils die Fälle, in denen das US-amerikanische Recht subjektiv weitreichendere Fälle annimmt.

Dabei steht die Erweiterung der subjektiven Grenzen der Urteilswirkungen auf *nonparties* auch nach US-amerikanischem Recht in einem Spannungsverhältnis insbesondere zum rechtlichen Gehör des Dritten, welches sich aus der *Due Process* Garantie ergibt. Hier entscheidet der Richter des potentiellen Zweitprozesses, wie weit der subjektive Umfang der *res judicata* reicht. Es findet eine Abwägung zwischen *Due Process* des Dritten und den Interessen an einer Bindungswirkung, insbesondere Aspekten der Prozessökonomie, statt. Diese Abwägung kann der Anerkennungsrichter im Rahmen der Prüfung des § 328 Abs. 1 Nr. 4 ZPO vornehmen und nach deutschen Wertvorstellungen anders gewichten. Hier ist der Aspekt des rechtlichen Gehörs nach Art. 103 Abs. 1 GG von besonderer Bedeutung. Es handelt sich nach deutschem Verständnis um einen individuellen Anspruch des Einzelnen. Dagegen reicht für die *Due Process* Garantie bereits eine Repräsentation der Interessen aus, sodass eine Erstreckung von Urteilswirkungen bereits dort ansetzt, wo nicht erst dem Dritten selbst rechtliches Gehör gewährt wurde, sondern dessen Interesse.

Die *nonparty preclusion* nach US-amerikanischem Recht ist zuletzt durch den Supreme Court im Jahr 2008 auf sechs Fallgruppen begrenzt worden. Regelmäßig anerkennungsfähig sind die Fälle von Rechtsnachfolge und materiellrechtlicher Verbundenheit allgemein, soweit sie auch in Deutschland nicht unbekannt sind, sowie Konstellationen der Prozessstandschaft und Wiederverhandlung durch Vertreter. Kritisch ist die Anerkennung der Erstreckung von Urteilswirkungen auf *nonparties* aufgrund von materiellrechtlicher Verbundenheit, Interessenvertretung und gesetzlicher Anordnung, soweit es in Deutschland keine vergleichbaren Fälle gibt. Die Wirkungen in den Fällen der Kontrolle fremder Prozessführung sind dagegen schon dem Grunde nach nicht anerkennungsfähig.

Im Sonderfall der *class action* ergeben sich Urteilswirkungen für den Vertreter der *class*, für deren Mitglieder sowie für den Gegner einer solchen. Im Rahmen der Anerkennung ist zwischen diesen Personenkreisen zu unterscheiden:

Der Vertreter der *class* ist Partei des Verfahrens. Die Anerkennung einer entsprechenden Urteilswirkung erfolgt dementsprechend unproblematisch. Auf der anderen Seite konnte ein Eingriff in die Dispositionsmaxime des Klagegegners der *class* nicht festgestellt werden, weil die Grenze einer quasistaatlichen Überwachung nicht erreicht ist, sodass dies der Anerkennung nicht entgegensteht.

Problematischer wird es bei den Mitgliedern der *class*, weil eine Verletzung des rechtlichen Gehörs einerseits sowie der Dispositionsmaxime andererseits naheliegen. Differenziert werden muss dabei zwischen den Fällen der *mandatory class action* und denen der *opt-out class action.*

Bei den *mandatory class actions* ist für den Drittschutz danach zu unterscheiden, ob die *class action* allein der Wahrung objektiven Rechts dient oder ob zumindest auch subjektive Rechte des einzelnen Mitglieds geltend gemacht wurden. Einschränkungen der Dispositionsmaxime können im ersten Fall hingenommen werden. Hinsichtlich des rechtlichen Gehörs bestehen zumindest dann keine Bedenken, wenn das US-amerikanische Gericht das ihm zustehende Ermessen dahin gehend ausgeübt hat, dass es eine persönliche Benachrichtigung der *class* Mitglieder angeordnet hat. In dem Fall, dass auch subjektive Rechte des einzelnen Mitglieds im Prozess geltend gemacht werden, ist von einem solchen Erfordernis auszugehen, sodass umgekehrt eine Verletzung rechtlichen Gehörs anzunehmen ist, wenn eine Benachrichtigung in diesen Fällen nicht erfolgte.

Bei einer *opt-out class action* kommt eine Verletzung des rechtlichen Gehörs in Betracht, wenn die erfolgte Benachrichtigung nicht den Anforderungen des Art. 103 Abs. 1 GG entspricht. Dies wäre jedenfalls dann der Fall, wenn eine öffentliche Bekanntmachung erfolgte, obwohl eine individuelle Benachrichtigung möglich und zumutbar war. Der Anerkennungsrichter hat zu beachten, dass auch das US-amerikanische Recht bereits eine Abwägung von *Due Process* Belangen mit Effektivitäts- und Rechtsdurchsetzungszielen vorsieht. Dagegen ist eine Verletzung der Dispositionsmaxime bereits aufgrund der Möglichkeit des *opt-out* nicht anzunehmen. Den Mitgliedern der *class* bleibt hierdurch die volle Entscheidungsfreiheit. Hinzu kommt die Möglichkeit eines Beitritts zum

Prozess sowie der Einflussnahme auf die Repräsentation gemäß FRCP 23 (d)(1)(B)(iii).

Ein *class action settlement* ist aufgrund seiner Besonderheiten (reguläre Urteilswirkungen und erhebliche Mitwirkung des Gerichts) ebenfalls nach § 328 ZPO anerkennungsfähig. Für die Anerkennung gelten dieselben Erwägungen wie für ein *class action* Urteil.

c. *Einseitig*

Die einseitig begünstigende Drittwirkung der *non-mutual issue preclusion* ist weder in ihrer Form als *defensive use* noch als *offensive use* anerkennungsfähig, da sie gegen das Gebot der prozessualen Waffengleichheit verstößt. Ausnahmen können nur dann bestehen, wenn die Wirkung schon vor dem Erstprozess gesetzlich so normiert ist, dass sie für die Partei entsprechend erkennbar war und sie sich in ihrer Prozessführung darauf einstellen konnte.

II. Schlussbetrachtung

Die vorstehenden Ausführungen haben deutlich gemacht, dass sich die Rechtssysteme – so unterschiedlich sie auf den ersten Blick anmuten – in ihren zugrunde liegenden Interessenwertungen gleichen. Aufgrund unterschiedlicher gesellschaftlicher, politischer und wirtschaftlicher Strukturen ergeben sich jedoch andere rechtliche Zusammenhänge, die sich unter anderem in der Gestaltung des Prozessrechts auswirken. Diese Gestaltung des Prozessrechts und insbesondere der subjektiven Grenzen von Urteilswirkungen spiegelt die Gewichtung von Gerechtigkeitsvorstellungen eines Staates wider. Es besteht dabei ein enger Zusammenhang zwischen Prozessrecht und Umfang einer Urteilswirkung. Diese Sinnzusammenhänge zu erkennen und auf Wertungen des deutschen Gerechtigkeitsempfindens im Sinne des *ordre public* zu übertragen, ist eine wichtige Aufgabe des Anerkennungsrichters.

Durch entsprechende Überlegungen können Erkenntnisse für das nationale Rechtssystem gewonnen werden: Es wird beispielsweise deutlich, wie dieselben Wertungen im Prozessrecht unterschiedlich ausgedrückt werden können. Solche unterschiedlichen prozessualen Ausgestaltungen können einerseits zu einem fruchtbaren „Wettbewerb der Rechtsordnungen“ beitragen, andererseits aber auch dazu führen, das eigene Recht weiter zu entwickeln, wie sich mitunter an der neuen Musterfeststellungsklage in Verbrauchersachen zeigt. Die Problematik der Anerkennung eines US-amerikanischen Urteils sollte daher nicht zwingend nur als „Abwehrmechanismus“ angesehen werden.

Abkürzungsverzeichnis

Weitere Abkürzungen ergeben sich aus der im Literaturverzeichnis in Klammern angeführten Zitierweise.

A.2d	Atlantic Reporter (Second Series)
a.A.	andere Auffassung
a.E.	am Ende
Abs.	Absatz
Am. J. Comp. L.	American Journal of Comparative Law
Anm.	Anmerkung
Art.	Article, Artikel
Aufl.	Auflage
Bd.	Band
Bearb.	Bearbeiter
BGBl.	Bundesgesetzblatt
BGHZ	Entscheidungen des Bundesgerichtshofs in Zivilsachen
BT-Drs.	Bundestagsdrucksache
BVerfGE	Entscheidungen des Bundesverfassungsgerichts
bzgl.	bezüglich
bzw.	beziehungsweise
Cal.	(Supreme Court of) California
Cal.2d	California Reporter (Second Series)
Cir.	Circuit (United States Court of Appeals)
Cl.	Clause
cmt.	comment
Colum. L.Rev.	Columbia Law Review
Corn. L.Rev.	Cornell Law Review
Cumb. L.Rev.	Cumberland Law Review
D. Ariz.	District of Arizona (United States District Court)
D.C. Cir.	District of Columbia Circuit (United States Court of Appeals)
D.D.C.	District of D.C. (United States District Court)
d.h.	das heißt
DAR	Deutsches Autorecht
dens.	denselben
ders.	derselbe
dies.	dieselbe, dieselben
DRiZ	Deutsche Richterzeitung

Einl.	Einleitung
EL	Ergänzungslieferung
f., ff.	folgend, folgende
F.2d, F.3d	Federal Reporter (Second Series, Third Series)
F.Supp.2d, F.Supp.3d	Federal Supplement (Second Series, Third Series)
FamRZ	Zeitschrift für das gesamte Familienrecht
Fn.	Fußnote
FRCP	Federal Rules of Civil Procedure
FS	Festschrift
Geo. Wash. L.Rev.	George Washington Law Review
ggf.	gegebenenfalls
GRUR	Gewerblicher Rechtsschutz und Urheberrecht
GRUR Int.	Gewerblicher Rechtsschutz und Urheberrecht – Internationaler Teil
GS	Gedenkschrift, Gedächtnisschrift
GWR	Gesellschafts- und Wirtschaftsrecht
Harv. L.Rev.	Harvard Law Review
Hrsg.	Herausgeber
HZÜ	Haager Zustellungsübereinkommen von 1965
i.e.	id est
i.E.	im Ergebnis
i.e.S.	im engeren Sinne
i.H.v.	in Höhe von
i.S.d.	im Sinne des
i.S.v.	im Sinne von
i.V.m.	in Verbindung mit
Intro.	Introductory
IPRax	Praxis des Internationalen Privat- und Verfahrensrechts
JuS	Juristische Schulung
JZ	Juristenzeitung
Kap.	Kapitel
KritV	Kritische Vierteljahresschrift für Gesetzgebung und Rechtsprechung
L.J.	Law Journal
L.Rev.	Law Review
m.w.N.	mit weiteren Nachweisen
Mich. L.Rev.	Michigan Law Review
N.W.2d	North Western Reporter (Second Series)
NiemeyersZ	Niemeyers Zeitschrift für internationales Recht
NJOZ	Neue Juristische Online-Zeitschrift

NJW	Neue Juristische Wochenschrift
NJW-Beil.	Neue Juristische Wochenschrift-Beilage
NJW-RR	NJW-Rechtsprechungs-Report Zivilrecht
Nr.	Nummer
NZG	Neue Zeitschrift für Gesellschaftsrecht
NZV	Neue Zeitschrift für Verkehrsrecht
RabelsZ	Rabels Zeitschrift für ausländisches und internationales Privatrecht
RdA	Recht der Arbeit
Rdn.	Randnummer
RGZ	Entscheidungen des Reichsgerichts in Zivilsachen
RIW	Recht der Internationalen Wirtschaft
S.	Seite, Satz
S.Ct.	Supreme Court Reporter
s.o.	siehe oben
s.u.	siehe unten
Sec.	Section
sog.	sogenannt, sogenannte
Stanf. L.Rev.	Stanford Law Review
str.	streitig
U.Cin. L.Rev.	University of Cincinnati Law Review
U.S.	United States
U.S.C.	United States Code
U.S.C.A.	United States Code Annotated
Urt.	Urteil
v.	versus
Var.	Variante
VersR	Zeitschrift für Versicherungsrecht
vgl.	vergleiche
Vorb.	Vorbemerkung
VuR	Verbraucher und Recht – Zeitschrift für Wirtschafts- und Verbraucherrecht
z.B.	zum Beispiel
ZEuP	Zeitschrift für Europäisches Privatrecht
ZfPW	Zeitschrift für die gesamte Privatrechtswissenschaft
ZIP	Zeitschrift für Wirtschaftsrecht
ZRP	Zeitschrift für Rechtspolitik
ZVglRWiss	Zeitschrift für vergleichende Rechtswissenschaft
ZZP	Zeitschrift für Zivilprozess

Literaturverzeichnis

Achilles, Alexander/Spahn, Peter/Gebhard, Albert (Bearb.), Protokolle der Kommission für die zweite Lesung des Entwurfs des Bürgerlichen Gesetzbuches, Bd. VI, 1899.

Alexander, Christian, Kollektiver Rechtsschutz im Zivilrecht und Zivilprozessrecht, JuS 2009, S. 590–594.

American Jurisprudence,

- Bd. 44B – Interpleader;
- Bd. 46, 47 – Judgments;
- Bd. 59 – Parties,

jeweils 2. Aufl., online (Westlaw), Stand: November 2019 (zitiert: Am. Jur. 2d).

American Law Institute (Hrsg.), Restatement of the Law – Judgments, 1942 (zitiert: Restatement of Judgments).

American Law Institute (Hrsg.), Restatement of the Law Second – Judgments, 2. Aufl. 1982, online, Stand: Oktober 2019 (zitiert: Restatement (Second) of Judgments).

American Law Institute (Hrsg.), Restatement of the Law Second – Torts, 2. Aufl. 1979, online, Stand: Oktober 2019 (zitiert: Restatement (Second) of Torts).

American Law Reports, Bd. 24, 3. Aufl. 1969, online (Westlaw), Stand: Dezember 2019 (zitiert: A.L.R.3d).

Anders, Monika/Gehle, Burkhard (Hrsg.), Zivilprozessordnung, Kommentar, 78. Aufl. 2020 (zitiert: *Baumbach/Lauterbach/ Hartmann/Anders/Gehle*, ZPO).

Baur, Fritz, Einige Bemerkungen zum verfahrensrechtlichen ordre public, in: Kummer, Max/Walder, Hans Ulrich (Hrsg.), Festschrift zum 70. Geburtstag von Dr. iur. Max Guldener, 1973, S. 1–20.

Becker, Michael, Zwingendes Recht in der Urteilsanerkennung, RabelsZ 60 (1996), S. 691–737.

Behrendt, Philipp/Enzberg, Donata Freiin von, Auf dem Weg zur Class Action in Europa? Die Empfehlung der Europäischen Kommission zum kollektiven Rechtsschutz in Europa, RIW 2014, S. 253–259.

Bellinghausen, Rupert/Paheenthararajah, Kokularajah, Gegenangriff: Schadensersatzklage gegen US-Klägeranwälte wegen Erhebung offenkundig missbräuchlicher US-Sammelklagen gegen deutsche Unternehmen, ZIP 2008, S. 492–497.

Berger, Christian, Die subjektiven Grenzen der Rechtskraft bei der Prozessstandschaft, 1992 (zitiert: *Berger*, Prozessstandschaft).

Bernstein, Heribert, Prozessuale Risiken im Handel mit den USA (Ausgewählte Fragen zu § 328 ZPO), in: Heldrich, Andreas/Henrich, Dieter/Sonnenberger, Hans Jürgen (Hrsg.), Konflikt und Ordnung. Festschrift für Murad Ferid zum 70. Geburtstag, 1978, S. 75–101.

Bettermann, Karl August, Die Vollstreckung des Zivilurteils in den Grenzen seiner Rechtskraft, 1948 (zitiert: *Bettermann*, Vollstreckung).

Blomeyer, Arwed, Rechtskrafterstreckung infolge zivilrechtlicher Abhängigkeit, ZZP 75 (1962), S. 1–27.

Böhm, Ulrike, Amerikanisches Zivilprozessrecht, 2005 (zitiert: *Böhm*, Amerikanisches ZPR).

Bork, Reinhard/Roth, Herbert (Hrsg.), Stein/Jonas Kommentar zur Zivilprozessordnung,

- Bd. 1 – Einleitung §§ 1–77, 23. Aufl. 2014;
- Bd. 2 – §§ 78–147, 23. Aufl. 2017;
- Bd. 4 – §§ 271–327, 23. Aufl. 2018;
- Bd. 5 – §§ 328–510c, 23. Aufl. 2015,

(zitiert: *Bearbeiter*, in: Stein/Jonas, ZPO).

Brand, Peter-Andreas, US-Sammelklagen und kollektiver Rechtsschutz in der EU, NJW 2012, S. 1116–1120.

Brinkmann, Moritz, Das lex fori-Prinzip und Alternativen, ZZP 129 (2016), S. 461–499.

Bruns, Alexander, Der anerkennungsrechtliche ordre public in Europa und den USA, JZ 1999, S. 278–287.

Bruns, Alexander, Instrumentalisierung des Zivilprozesses im Kollektivinteresse durch Gruppenklagen?, NJW 2018, S. 2753–2757.

Bungert, Hartwin, Vollstreckbarkeit US-amerikanischer Schadensersatzurteile in exorbitanter Höhe in der Bundesrepublik. Zugleich eine Besprechung des Urteils des BGH vom 4. Juni 1962, ZIP 1992, S. 1707–1725.

Bungert, Hartwin, Inlandsbezug und Vollstreckbarkeit US-amerikanischer Produkthaftungsurteile, ZIP 1993, S. 815–824.

Bungert, Hartwin, Buchbesprechung zu Greiner, Christoph, Die class action im amerikanischen Recht und deutscher ordre public, RabelsZ 67 (2003), S. 390–398.

Burbank, Stephen B., Interjurisdictional Preclusion Full Faith and Credit and Federal Common Law: A General Approach, 71 Cornell Law Review 733–832 (1986).

Burbank, Stephen B., Semtek, Forum Shopping and Federal Common Law, 77 Notre Dame Law Review 1027–1055 (2002).

Casad Robert C./Clermont, Kevin M., Res judicata. A handbook on its theory, doctrine, and practice, 2001 (zitiert: *Casad/Clermont*, Res judicata).

Clermont, Kevin M., Civil Procedure Stories, 2. Aufl. 2008 (zitiert: *Bearbeiter*, in: Clermont, Civil Procedure Stories).

Coester-Waltjen, Dagmar, Das Spiegelbildprinzip bei der Anerkennungszuständigkeit, in: Baums,Theodor/Hopt, Klaus J./Horn, Norbert (Hrsg.), Corporations, Capital Markets and Business in the Law. Liber Amoricum Richard M. Buxbaum, 2000, S. 101–112.

Comment, Privity and Mutuality in the Doctrine of Res Judicata, 35 Yale Law Journal 607–612 (1926).

Corpus Juris Secundum,

- Bd. 1A – Actions;
- Bd. 16 – Constitutional Law;
- Bd. 50 – Judgments;
- Bd. 67A – Parties,

jeweils online (Westlaw), Stand: Dezember 2019 (zitiert: C.J.S.).

Currie, Brainerd, Mutuality of Collateral Estoppel: Limits of the Bernhard doctrine, 9 Stanford Law Review 281–322 (1957).

Currie, Brainerd, Civil Procedure: The Tempest Brews, 53 California Law Review 25–46 (1965).

Dauner-Lieb, Barbara, Die sog. isolierte Drittwiderklage – Ein Beispiel gelungener richterlicher Rechtsfortbildung, in: Meller-Hannich, Caroline/Haertlein, Lutz/Gaul, Hans Friedhelm/Becker-Eberhard, Ekkehard (Hrsg.), Festschrift für Eberhard Schilken, 2015, S. 223–234.

Degnan, Ronan E., Federalized Res Judicata, 85 Yale Law Journal 741–773 (1976).

Diedrich, Kay, Die Interventionswirkung – Ausprägung eines einheitlichen Konzepts zivilprozessualer Bindungswirkung, 2001 (zitiert: *Diedrich*, Die Interventionswirkung).

Ebbing, Frank, Class Action – Die Gruppenklage: Ein Vorbild für das deutsche Recht?, ZVglRWiss 103 (2004), S. 31–56.

Engelmann-Pilger, Albrecht, Die Grenzen der Rechtskraft des Zivilurteils im Recht der Vereinigten Staaten. Eine Darstellung mit rechtsvergleichenden Anmerkungen, 1974 (zitiert: *Engelmann-Pilger*, Grenzen der Rechtskraft).

Erichson, Howard M., Interjurisdictional Preclusion, 96 Michigan Law Review 945–1017 (1998).

Federal Procedure, Lawyers Edition,

- Bd. 6A – Kapitel 12: Class Actions;
- Bd. 21A – Kapitel 51: Judgments and Orders,

jeweils online (Westlaw), Stand: November 2019 (zitiert: Fed. Proc., L. Ed.).

Fiebig, Andre, The Reality of Class Actions, GRUR Int. 2016, S. 313–325.

Fischer, Gerfried, Objektive Grenzen der Rechtskraft im internationalen Zivilprozessrecht, in: Gerhardt, Walter/Diederichsen, Uwe/Rimmelspacher, Bruno/-Costede, Jürgen (Hrsg.), Festschrift für Wolfram Henckel zum 70. Geburtstag am 21. April 1995, 1995, S. 199–214.

Fragistas, Ch. N., Die Prozesstandschaft im internationalen Prozessrecht, in: Gerwig, Max/ Simonius, August/Spiro, Karl/Süß, Theodor/ Wolff, Ernst (Hrsg.), Festschrift Hans Lewald, 1953, S. 471–484.

Friedenthal, Jack H./Kane, Mary Kay/Miller, Arthur R., Civil Procedure, 5. Aufl. 2015.

Geiger, Caroline, Kollektiver Rechtsschutz im Zivilprozess. Die Gruppenklage zur Durchsetzung von Massenschäden und ihre Auswirkungen, 2015 (zitiert: *Geiger*, Kollektiver Rechtsschutz).

Geimer, Reinhold, Grundfragen der Anerkennung und Vollstreckung ausländischer Urteile im Inland, JuS 1965, S. 475–479.

Geimer, Reinhold , Anm. zu BGH, Urt. v. 15.10.1969 – VIII ZR 122/68, NJW 1970, S. 388.

Geimer, Reinhold , Anerkennung und Vollstreckbarerklärung französischer Garantieurteile in der Bundesrepublik Deutschland, ZZP 85 (1972), S. 196–206.

Geimer, Reinhold , Das Recht auf ein faires Verfahren im internationalen Kontext, in: Bruns, Alexander/Kern, Christoph/Münch, Joachim/Piekenbrock, Andreas/Stadler, Astrid/Tsikrikas, Dimitrios (Hrsg.), Festschrift für Rolf Stürner zum 70. Geburtstag, 2. Teilband, 2013, S. 1223–1236.

Geimer, Reinhold , Internationales Zivilprozessrecht, 8. Aufl. 2020 (zitiert: *Geimer*, IZPR).

Geimer, Reinhold/Schütze, Rolf A., Internationale Urteilsanerkennung, Bd. I/2 – Allgemeine Grundsätze und autonomes deutsches Recht, 1984 (zitiert: *Geimer/Schütze*, Internationale Urteilsanerkennung).

Geissler, Dennis, Die geplante (deutsche) Musterfeststellungsklage und die (europäische) Sammelklage: Fluch oder Segen für die deutsche Industrie?, GWR 2018, S. 189–192.

Ginsburg, Ruth B., Judgments in search of Full Faith and Credit: The last-in-time rule for conflicting judgments, 82 Harvard Law Review 798–832 (1969).

Görtz, Jürgen, Die subjektiven Grenzen der Rechtskraft US-amerikanischer Urteile, 2005 (zitiert: *Görtz*, Subjektive Grenzen).

Götze, Cornelius, Vouching In und Third-Party Practice. Formen unfreiwilliger Drittbeteiligung im amerikanischen Zivilprozeß und ihre Anerkennung in Deutschland, 1993 (zitiert: *Götze*, Vouching In und Third-Party Practice).

Gottwald, Peter, Class Actions auf Leistung von Schadensersatz nach amerikanischem Vorbild im deutschen Zivilprozeß?, ZZP 91 (1978), S. 1–38.

Gottwald, Peter , Grundfragen der Anerkennung und Vollstreckung ausländischer Entscheidungen in Zivilsachen, ZZP 103 (1990), S. 257–293.

Gottwald, Peter , Präjudizialwirkung der Rechtskraft zugunsten Dritter?, in: Heinrich, Christian (Hrsg.), Festschrift für Hans-Joachim Musielak, 2004, S. 183–194.

Gottwald, Peter , Kollektiver Rechtsschutz in Deutschland – nur KapMuG oder mehr?, in: Nationale und Kapodistria Universität Athen, Juristische Faktultät (Hrsg.), Festschrift für Nikolaos K. Klamaris, Bd. II, 2016, S. 305–318.

Graupner, Rudolf, Zu Entstehungsgeschichte des § 328 ZPO, in: Heldrich, Andreas/Henrich, Dieter/Sonnenberger, Hans Jürgen (Hrsg.), Konflikt und Ordnung. Festschrift für Murad Ferid zum 70. Geburtstag, 1978, S. 183–208.

Greenebaum, Edwin H., In Defense of the Doctrine of Mutuality of Estoppel, 45 Indiana Law Journal, 1–19 (1969).

Greger, Reinhard, Verbandsklage und Prozeßrechtsdogmatik – Neue Entwicklungen in einer schwierigen Beziehung, ZZP 113 (2000), S. 399–412.

Greiner, Christoph, Die Class Action im amerikanischen Recht und deutscher Ordre Public, 1998, (zitiert: *Greiner*, Class Action und deutscher ordre public).

Grunsky, Wolfgang, Lex fori und Verfahrensrecht, ZZP 89 (1976), S. 241–259.

Grunsky, Wolfgang , Zivilprozessrecht, 13. Aufl. 2008 (zitiert: *Grunsky*, ZPR).

Haas, Ulrich, Zur Anerkennung US-amerikanischer Urteile in der Bundesrepublik Deutschland, IPRax 2001, S. 195–202.

Haas, Ulrich/Stangl, Burkhard, Prozeßkostensicherheit (§ 110 ZPO) und internationale Anerkennungszuständigkeit (§ 328 Abs. 1 Nr. 1 ZPO) im deutsch-amerikanischen Verhältnis, IPRax 1998, S. 452–455.

Habbe, Julia/Gieseler, Konrad, Der Vorschlag der EU-Kommission zur Einführung von Musterklagen aus deutscher Perspektive, GWR 2018, S. 227–230.

Habscheid, Walther J. (Hrsg.), Der Justizkonflikt mit den Vereinigten Staaten von Amerika mit der anschließenden Diskussion anläßlich der Tagung der Wissenschaftlichen Vereinigung für Internationales Verfahrensrecht,

Verfahrensvergleichung, und Schiedsgerichtswesen e.V. am 10. und 11. Oktober 1985 in München, 1986 (zitiert: *Bearbeiter*, in: Der Justizkonflikt).

Häsemeyer, Ludwig, Die Interventionswirkung im Zivilprozess – prozessuale Sicherung materiellrechtlicher Alternativverhältnisse, ZZP 84 (1971), S. 179–202.

Häsemeyer, Ludwig, Drittinteressen im Zivilprozeß, ZZP 101 (1988), S. 385–412.

Halfmeier, Axel, Musterfeststellungsklage: Nicht gut, aber besser als nichts, ZRP 2017, S. 201–204.

Halfmeier, Axel/Wimalasena, Philip, Rechtsstaatliche Anforderungen an Opt-out-Sammelverfahren: Anerkennung ausländischer Titel und rechtspolitischer Gestaltungsspielraum, JZ 2012, S. 649–658.

Hart, Henry M., Jr./Wechsler, Herbert (Begr.), The Federal Court and the Federal System, 1953 (zitiert: *Hart & Wechsler*, Federal Court and Federal System, 1. Aufl.).

Hart, Henry M., Jr./Wechsler, Herbert (Begr.), Hart and Wechsler's The Federal Courts and The Federal System, 6. Aufl. 2009 (zitiert: *Hart & Wechsler*, Federal Court and Federal System).

Hau, Wolfang, Enforcement shopping im Binnenmarkt, in: Meller-Hannich, Caroline/Haertlein, Lutz/Gaul, Hans Friedhelm/Becker-Eberhard, Ekkehard (Hrsg.), Festschrift für Eberhard Schilken, 2015, S. 705–718.

Hay, Peter, US-amerikanisches Recht, 6. Aufl. 2015.

Herrmann, David, Die Anerkennung US-amerikanischer Urteile in Deutschland unter Berücksichtigung des ordre public. Eine rechtsvergleichende Untersuchung zum „Justizkonflikt" zwischen Deutschland und den USA, 2000 (zitiert: *Herrmann*, Anerkennung US-amerikanischer Urteile).

Hess, Burkhard, Die Anerkennung eines Class Action Settlement in Deutschland, JZ 2000, S. 373–382.

Hess, Burkhard , „Private law enforcement" und Kollektivklagen. Regelungsbedarf für das deutsche Zivilprozessrecht?, JZ 2011, S. 66–74.

Höffmann, Friederike, Class Action Settlements und ihre Anerkennung in Deutschland, 2013 (zitiert: *Höffmann*, Class Action Settlements).

Hoffmann, Bernd von/Hau, Wolfang, Zur internationalen Anerkennungszuständigkeit US-amerikanischer Zivilgerichte, RIW 1998, S. 344–352.

James, Fleming, Jr./Hazard, Geoffrey C., Jr./Leubsdorf, John, Civil Procedure, 4. Aufl. 1991.

Jauernig, Othmar, Subjektive Grenzen der Rechtskraft und Recht auf rechtliches Gehör, ZZP 101 (1988), S. 361–384.

Jauernig, Othmar/Hess, Burkhard, Zivilprozessrecht, 30. Aufl. 2011 (zitiert: *Jauernig/Hess*, ZPR).

Junker, Kirk W., Legal Culture in the United States. An introduction, 2016 (zitiert: *Junker*, Legal Culture in the U.S.).

Kähler, Lorenz, Widerklage und Erweiterungsklage unter Streitgenossen, ZZP 123 (2010), S. 473–498.

Kilian, Matthias, Musterfeststellungsklage – Meinungsbild der Anwaltschaft, ZRP 2018, S. 72–75.

Klonoff, Robert H., Class Actions for Monetary Relief Under Rule 23(b)(1)(A) and (b)(1)(B): Does Due Process Require Notice and Opt-Out Rights?, 82 George Washington Law Review 798–833 (2014).

Klonoff, Robert H., Class Actions and Other Multi-Party Litigation in a Nutshell, 5. Aufl. 2017 (zitiert: *Klonoff*, Class Actions and Other).

Koch, Harald, Streitverkündung und Drittklage im amerikanisch-deutschen Prozeß, ZVglRWiss 85 (1986), S. 11–62.

Koch, Harald , Alternativen zum Zweiparteiensystem im Zivilprozeß – Parteiübergreifende Interessen und objektive Prozessführungsrechte, KritV 1989, S. 323–340.

Koch, Harald , Sammelklage und Justizstandorte im internationalen Wettbewerb, JZ 2011, S. 438–445.

Koch, Harald , Private Rechtsdurchsetzung: Wilder Westen oder effektive Rechtsbewährung durch Prozessrecht und Compliance? in: Dammann, Jens/-Grunsky, Wolfgang/Pfeiffer, Thomas (Hrsg.), Gedächtnisschrift für Manfred Wolf, 2011, S. 459–471.

Koch, Harald/Zekoll, Joachim, Europäisierung der Sammelklage mit Hindernissen, ZEuP 2010, S. 107–128.

Köckert, Ulrike, Die Beteiligung Dritter im internationalen Zivilverfahrensrecht, 2010 (zitiert: *Köckert*, Beteiligung Dritter).

Koshiyama, Kazuhiro, Rechtskraftwirkungen und Urteilsanerkennung nach amerikanischem, deutschem und japanischem Recht, 1996 (zitiert: *Koshiyama*, Rechtskraftwirkungen).

Koussoulis, Stelios, Beiträge zur modernen Rechtskraftlehre, 1986 (zitiert: *Koussoulis*, Beiträge).

Krätzschmar, Tobias, Der deutsch-amerikanische Rechtsverkehr – mehr als ein „Justizkonflikt“, in: Rasmussen-Bonne, Hans E./Freer, Richard/Lüke, Wolfgang/Weitnauer, Wolfgang (Hrsg.), Balancing of Interests. Liber Amoricum Peter Hay, 2005, S. 241–255.

Kranz, Dagmar, Der Diskussionsentwurf zur Muster-Feststellungsklage – ein stumpfes Schwert?, NZG 2017, S. 1099–1103.

Krausbeck, Elisabeth, Der Diskussionsentwurf eines Gesetzes zur Einführung einer Musterfeststellungsklage für Verbraucherstreitigkeiten, DAR 2017, S. 567–571.

Krausbeck, Elisabeth, Kollektiver Rechtsschutz im Zivilprozess – Zusammenfassung und Bewertung des Gutachtens für den Deutschen Juristentag 2018 vor dem Hintergrund von Musterfeststellungsklage und „New Deal", VuR 2018, S. 287–293.

Krause, Rainer, Urteilswirkungen gegenüber Dritten im US-amerikanischen Zivilprozeßrecht. Eine rechtsvergleichende Untersuchung zu den subjektiven Grenzen der Rechtskraft, 1994 (zitiert: *Krause,* Urteilswirkungen).

Kropholler, Jan, Internationales Privatrecht, 6. Aufl. 2006 (zitiert: *Kropholler,* IPR).

Larenz, Karl, Methodenlehre der Rechtswissenschaft, 6. Aufl. 1991 (zitiert: *Larenz,* Methodenlehre).

Linhart, Karin, U.S. Class Action: Wal-Mart gewinnt vor dem U.S. Supreme Court, RIW 2011, S. 690–695.

Linke, Hartmut/Hau, Wolfgang, Internationales Zivilverfahrensrecht, 7. Aufl. 2018 (zitiert: *Linke/Hau,* IZVR).

Lousanoff, Oleg de, Rezension zu Cornelius Götze, Vouching In und Third-Party Practice. Formen unfreiwilliger Drittbeteiligung im amerikanischen Zivilprozeß und ihre Anerkennung in Deutschland, ZZP 109 (1996), S. 237–243.

Lüke, Wolfgang, Die Beteiligung Dritter im Zivilprozess. Eine rechtsvergleichende Untersuchung zu Grundfragen der subjektiven Verfahrenskonzentration, 1993 (zitiert: *Lüke,* Beteiligung Dritter).

Lüke, Wolfgang, Zivilprozessrecht I, 11. Aufl. 2020 (zitiert: *Lüke,* ZPR).

Mann, Roger, Die Anerkennungsfähigkeit von US-amerikanischen "class action"-Urteilen NJW 1994, S. 1187–1189.

Mansel, Heinz-Peter, Streitverkündung (vouching in) und Drittklage (third party complaint) im US-Zivilprozeß und die Urteilsanerkennung in Deutschland, in: Heldrich, Andreas/Kono, Toshiyuki (Hrsg.), Herausforderungen des Internationalen Zivilverfahrensrechts, Japanisch-Deutsch-Schweizerisches Symposium über aktuelle Fragen des Internationalen Zivilverfahrensrechts im Verhältnis zu den USA, 1994, S. 63–84 (zitiert: *Mansel,* in: Herausforderungen des Internationalen Zivilverfahrensrechts).

Markoulakis, Michail, Die Betroffenheit Dritter von der Rechtskraft, 2013 (zitiert: *Markoulakis,* Betroffenheit Dritter).

Marotzke, Wolfgang, Urteilswirkungen gegen Dritte und rechtliches Gehör, ZZP 100 (1987), S. 164–211.

Martiny, Dieter, Handbuch des Internationalen Zivilverfahrensrechts, Bd. III/1 – Anerkennung ausländischer Entscheidungen nach autonomem Recht, 1984 (zitiert: *Martiny*, Handbuch IZVR).

Martiny, Dieter, Recognition and Enforcement of Foreign Money Judgments in the Federal Republic of Germany, 35 American Journal of Comparative Law 721–759 (1987).

Matscher, Franz, Zur Theorie der Anerkennung ausländischer Entscheidungen nach österreichischem Recht, in: Fasching, Hans W./Kralik, Winfried (Hrsg.), Festschrift für Hans Schima zum 75. Geburtstag, 1969, S. 265–286.

Maunz, Theodor/Dürig, Günter (Begr.), Grundgesetz, Kommentar, Loseblatt, Stand: 88. Ergänzungslieferung August 2019 (zitiert: *Bearbeiter*, in: Maunz/Dürig, GG).

Meier, Markus, Grenzüberschreitende Drittbeteiligung. Eine Untersuchung über die Formen unfreiwilliger Drittbeteiligung in Europa und den Vereinigten Staaten von Amerika und ihre Anerkennung in der Bundesrepublik Deutschland, 1994 (zitiert: *Meier*, Grenzüberschreitende Drittbeteiligung).

Meller-Hannich, Caroline, Gutachten Teil A, Sammelklagen, Gruppenklagen, Verbandsklagen – Bedarf es neuer Instrumente des kollektiven Rechtsschutzes im Zivilprozess?, in: Ständige Deputation des Deutschen Juristentages (Hrsg.), Verhandlungen des 72. Deutschen Juristentages, Bd. I, 2018 (zitiert: *Meller-Hannich*, Gutachten).

Meller-Hannich, Caroline, Sammelklage, Gruppenklagen, Verbandsklagen – bedarf es neuer Instrumente des kollektiven Rechtsschutzes im Zivilprozess?, NJW-Beil. 2018, S. 29–32.

Mendelssohn Bartholdy, Albrecht, Grenzen der Rechtskraft, 1900.

Merkt, Hanno/Zimmermann, Jennifer, Die neue Musterfeststellungsklage: Eine erste Bewertung, VuR 2018, S. 363–373.

Milleker, Erich, Inlandswirkung der Streitverkündung im ausländischen Verfahren, ZZP 80 (1967), S. 288–310.

Moore, James William (Begr.), Moore's Federal Practice: Civil,

- Bd. 1 – Analysis: Civil Rules 1–6;
- Bd. 2 – Analysis: Civil Rules 7–12;
- Bd. 4 – Analysis: Civil Rules 17–22;
- Bd. 5 – Analysis: Civil Rules 23–23.2;
- Bd. 17A – Analysis: State & Federal Courts (Chapters 120–124);
- Bd. 18 – Analysis: Effect of Judgment & Preclusion (Chapters 130–134),

jeweils online, 3. Aufl., Stand: Juni 2019 (zitiert: *Bearbeiter*, in: Moore's Federal Practice, Civil).

Moschzisker, Robert von, Res Judicata, 38 Yale Law Journal 299–334 (1929).

Müller, Klaus, Zum Begriff der "Anerkennung" von Urteilen in § 328 ZPO, ZZP 79 (1966), S. 199–245.

Musielak, Hans-Joachim/Voit, Wolfgang, Grundkurs ZPO, 14. Aufl. 2018 (zitiert: *Musielak/Voit*, GK ZPO).

Musielak, Hans-Joachim/Voit, Wolfgang, Zivilprozessordnung mit Gerichtsverfassungsgesetz, Kommentar, 16. Aufl. 2019 (zitiert: *Bearbeiter*, in: Musielak/Voit, ZPO).

Nonkes, Stephen P., Reducing the Unfair Effects of Nonmutual Issue Preclusion through Damages Limits, 94 Cornell Law Review 1459–1490 (2009).

Note, Impacts of Defensive and Offensive Assertion of Collateral Estoppel by a Nonparty, 35 George Washington Law Review 1010–2055 (1967).

Note, Collateral Attack on the Binding Effect of Class Action Judgments, 87 Harvard Law Review 589–606 (1974).

Oberhammer, Paul/Rheinisch, August, Zwangsarbeiter vor deutschen Gerichten, IPRax 2001, S. 211–249.

Petersen, Jan-Hendrik, Die Änderungen im Recht der US-Sammelklagen durch den Class Action Fairness Act of 2005, RIW 2005, S. 812–815.

Polasky, Alan N., Collateral Estoppel-Effects of Prior Litigation, 39 Iowa Law Review 217–254 (1954).

Prütting, Hanns, Prozessuale Koordinierung von kollektivem und Individualarbeitsrecht, RdA 1991, S. 257–267.

Prütting, Hanns, Ein neues Kapitel im Justizkonflikt USA – Deutschland, in: Mansel, Heinz P./Pfeiffer, Thomas/Kronke, Herbert/Kohler, Christian/Hausmann, Rainer (Hrsg.), Festschrift für Erik Jayme, Bd. I, 2004, S. 709–718.

Prütting, Hanns/Gehrlein, Markus (Hrsg.), Zivilprozessordnung, Kommentar, 11. Aufl. 2019 (zitiert: *Bearbeiter*, in: Prütting/Gehrlein, ZPO).

Rauscher, Thomas/Krüger, Wolfgang (Hrsg.), Münchener Kommentar zur Zivilprozessordnung mit Gerichtsverfassungsgesetz und Nebengesetzen, Bd. 1 – §§ 1–354, 5. Aufl. 2016 (zitiert: *Bearbeiter*, in: MünchKomm, ZPO).

Redaktion beck-aktuell, US-Gericht weist Schadenersatzklage von Germanwings-Hinterbliebenen ab, 29. März 2017, becklink 2006201.

Redaktion beck-aktuell, Glyphosat-Streit: Bayer in USA zu Schadenersatz in Milliardenhöhe verurteilt, 14. Mai 2019, becklink 2013099.

Reitz, John C., Grundlegende Unterschiede zwischen dem deutschen und dem U.S.-amerikanischen Zivilprozeßrecht: Vorzüge, die sich ausschließen?, ZZP 104 (1991), S. 381–396.

Rosenberg, Leo/Schwab, Karl Heinz/Gottwald, Peter (Hrsg.), Zivilprozessrecht, 18. Aufl. 2018 (zitiert: *Rosenberg/Schwab/Gottwald*, ZPR).

Roth, Herbert, Anm. zu BGH, Urt. v. 29.04.1999 - IX ZR 263/ 97, ZZP 112 (1999), S. 483–491.

Roth, Herbert, Rechtskrafterstreckung auf Vorfragen im internationalen Zuständigkeitsrecht, IPRax 2015, S. 329–330.

Saenger, Ingo, Zivilprozessordnung, Handkommentar, 8. Aufl. 2019 (zitiert: *Bearbeiter*, in: HK-ZPO).

Schack, Haimo, Drittwirkung der Rechtskraft?, NJW 1988, S. 865–873.

Schack, Haimo, Anm. zu BGH, Urt. v. 04.06.1992 - IX ZR 149/91, ZZP 106 (1993), S. 104–113.

Schack, Haimo, Unglücke in Europa - Klagen in den USA, in: Bachmann, Birgit/Breidenbach, Stephan/Coester-Waltjen, Dagmar/Heß, Burkhard/Nelle, Andreas/Wolf, Christian (Hrsg.), Grenzüberschreitungen. Beiträge zum Internationalen Verfahrensrecht und zur Schiedsgerichtsbarkeit. Festschrift für Peter Schlosser zum 70. Geburtstag, 2005, S. 839–850.

Schack, Haimo, Einführung in das US-amerikanische Zivilprozessrecht, 4. Aufl. 2011 (zitiert: *Schack*, Einführung).

Schack, Haimo, „Anerkennung" ausländischer Entscheidungen, in: Meller-Hannich, Caroline/Haertlein, Lutz/Gaul, Hans Friedhelm/Becker-Eberhard, Ekkehard (Hrsg.), Festschrift für Eberhard Schilken, 2015, S. 445–456.

Schack, Haimo, Internationales Zivilverfahrensrecht, 7. Aufl. 2017 (zitiert: *Schack*, IZVR).

Schlosser, Peter, Urteilswirkungen und rechtliches Gehör, JZ 1967, S. 431–437.

Schlosser, Peter, Der Justizkonflikt zwischen den USA und Europa. Eine erweiterte Fassung eines Vortrags gehalten vor der Juristischen Gesellschaft zu Berlin am 10. Juli 1985, 1985 (zitiert: *Schlosser*, Der Justizkonflikt zwischen den USA und Europa).

Schneider, Hilka, Class Actions. Rechtspolitische Fragen in den USA und Anerkennung in Deutschland, 1999 (zitiert: *Schneider*, Class Actions).

Schönau, Vanessa, Die Anerkennung von Urteilen aus Mehrrechtsstaaten nach § 328 Abs. 1 ZPO am Beispiel der USA und Kanadas, 2009 (zitiert: *Schönau*, Anerkennung von Urteilen aus Mehrrechtsstaaten).

Schroeder, Elinor P., Relitigation of Common Issues: The Failure of Nonparty Preclusion and an Alternative Proposal, 67 Iowa Law Review 917–980 (1982).

Schröder, Jochen, Internationale Zuständigkeit. Entwurf eines Systems von Zuständigkeitsinteressen im zwischenstaatlichen Privatverfahrensrecht aufgrund rechtshistorischer, rechtsvergleichender und rechtspolitischer Betrachtungen, 1971 (zitiert: *Schröder*, Internationale Zuständigkeit).

Schütze, Rolf A., Die Anerkennung und Vollstreckbarerklärung US-amerikanischer Schadenersatzurteile in Produkthaftungssachen in der Bundesrepublik Deutschland, in: Habscheid, Walther J./Schwab, Karl Heinz (Hrsg.), Beiträge zum internationalen Verfahrensrecht und zur Schiedsgerichtsbarkeit. Festschrift für Heinrich Nagel zum 75. Geburtstag, 1987, S. 392–401.

Schütze, Rolf A., Deutsch-amerikanische Urteilsanerkennung, 1992 (zitiert: *Schütze*, Deutsch-amerikanische Urteilsanerkennung).

Schütze, Rolf A., Überlegungen zur Anerkennung und Vollstreckbarerklärung US-amerikanischer Zivilurteile in Deutschland. Zur Kumulierung von Ordre-public-Verstößen, in: Schütze, Rolf A. (Hrsg.), Festschrift für Reinhold Geimer zum 65. Geburtstag, 2002, S. 1025–1041.

Schütze, Rolf A., Aktuelle Fragen der Anerkennung und Vollstreckbarerklärung von US-amerikanischen Schiedssprüchen und Gerichtsurteilen in Deutschland, ZVglRWiss 104 (2005), S. 427–443.

Schütze, Rolf A., Die Zustellung US-amerikanischer Class Actions und die Anerkennung und Vollstreckbarerklärung US-amerikanischer Class Action-Urteile und -Vergleiche, in: Nationale und Kapodistria Universität Athen, Juristische Fakultät, Forschungsinstitut für Prozessrechtliche Studien (Hrsg.), Festschrift für Konstantinos D. Kerameus, 2009, S. 1245–1258.

Schwab, Karl Heinz, Rechtskrafterstreckung auf Dritte und Drittwirkung der Rechtskraft, ZZP 77 (1964), S. 124–160.

Semmel, Herbert, Collateral Estoppel, Mutuality and Joinder of Parties, 68 Columbia Law Review 1457–1481 (1968).

Shapiro, David L., Civil Procedure: Preclusion in Civil Actions, 2001 (zitiert: *Shapiro*, Preclusion).

Sieg, Oliver, Internationale Anerkennungszuständigkeit bei US-amerikanischen Urteilen, IPRrax 1996, S. 77–80.

Smith, Craig Tiedke, Einseitige präjudizielle Rechtskraftwirkung zugunsten Dritter im US-amerikanischen Zivilprozeßrecht, DRiZ 1995, S. 94–100.

Sodan, Helge/Ziekow, Jan, Grundkurs Öffentliches Recht. Staats- und Verwaltungsrecht, 8. Aufl. 2018 (zitiert: *Sodan/Ziekow*, GK Öffentliches Recht).

Sonnentag, Michael, Anerkennungs- und Vollstreckbarkeitshindernisse im autonomen deutschen Recht, ZVglRWiss 113 (2014), S. 83–95.

Spiecker genannt Döhmann, Indra, Die Anerkennung von Rechtskraftwirkungen ausländischer Urteile. Eine Untersuchung zur Fortgeltung des ne-bis-in-idem, 2002 (zitiert: *Spiecker gen. Döhmann*, Anerkennung).

Stadler, Astrid, Grenzüberschreitender kollektiver Rechtsschutz in Europa, JZ 2009, S. 121–133.

Stadler, Astrid, Die internationale Anerkennung von Urteilen und Vergleichen aus Verfahren des kollektiven Rechtsschutzes mit opt-out Mechanismen, in: Geimer, Reinhold/Kaissis, Athanassios/Thümmel, Roderich C. (Hrsg.), Ars aequi et boni in mundo. Festschrift für Rolf A. Schütze zum 80. Geburtstag, 2015, S. 561–578.

Stadler, Astrid, Die Umsetzung der Kommissionsempfehlung zum kollektiven Rechtsschutz, ZfPW 2015, S. 61–84.

Stadler, Astrid, Musterfeststellungsklagen im deutschen Verbraucherrecht?, VuR 2018, S. 83–89.

Staudinger, Julius von (Begr.), J. von Staudingers Kommentar zum Bürgerlichen Gesetzbuch mit Einführungsgesetzen und Nebengesetzen, EGBGB/Internationales Privatrecht, IntVerfREhe, 2005 (zitiert: *Bearbeiter*, in: Staudinger, BGB (2005)).

Stiefel, Ernst C./Stürner, Rolf, Die Vollstreckbarkeit US-amerikanischer Schadensersatzurteile in exzessiver Höhe, VersR 1987, S. 829–846.

Stucken, Ralf, Einseitige Rechtskraftwirkung von Urteilen im deutschen Zivilprozeß, 1990 (zitiert: *Stucken*, Einseitige Rechtskraftwirkung).

Stürner, Rolf, Verfahrensgrundsätze des Zivilprozesses und Verfassung, in: Grunsky, Wolfgang/Stürner, Rolf/Walter, Gerhard/Wolf, Manfred (Hrsg.), Festschrift für Fritz Baur, 1981, S. 647–666.

Stürner, Rolf/Bormann, Jens, Internationale Anerkennungszuständigkeit US-amerikanischer Bundesgerichte und Zustellungsfragen im deutsch-amerikanischen Verhältnis, JZ 2000, S. 81–87.

Thole, Christoph, Die Entwicklung der Anerkennung im autonomen Recht in Europa, in: Hess, Burkhard (Hrsg.), Die Anerkennung im Internationalen Zivilprozessrecht – Europäisches Vollstreckungsrecht, Tagungsband der Wissenschaftlichen Vereinigung für Internationales Verfahrensrecht, 2014, S. 25–55 (zitiert: *Thole*, in: Die Anerkennung im IZPR).

Tilp, Andreas W./Schiefer, Marc, VW Dieselgate – die Notwendigkeit zur Einführung einer zivilrechtlichen Sammelklage, NZV 2017, S. 14–19.

Völker, Christian, Zur Dogmatik des ordre public. Die Vorbehaltsklauseln bei der Anerkennung fremder gerichtlicher Entscheidungen und ihr Verhältnis zum ordre public des Kollisionsrechts, 1998 (zitiert: *Völker*, Dogmatik des ordre public).

Vorwerk, Volkert/Wolf, Christian (Hrsg.), Beck'scher Online-Kommentar, ZPO, online, Stand: 34. Edition 01.09.2019 (zitiert: *Bearbeiter*, in: BeckOK-ZPO).

Wagner, Gerhard, Kollektiver Rechtsschutz – Regelungsbedarf bei Massen- und Streuschäden, in: Casper, Matthias/Janssen, André/Pohlmann, Petra/Schulze, Reiner (Hrsg.), Auf dem Weg zu einer europäischen Sammelklage?, 2009 (zitiert: *Wagner*, in: Europäische Sammelklage).

Wazlawik, Thomas, Anerkennung von US-amerikanischen Urteilen: Bundes- oder Gesamtstaat – wer ist Urteilsstaat im Rahmen von § 328 I Nr. 1 ZPO?, IPRax 2002, S. 273–275.

Weinland, Alexander, Die neue Musterfeststellungsklage. Einführung, 2019.

Weller, Matthias, Zur Rechtskrafterstreckung zwischen der Gesellschaft bürgerlichen Rechts und ihren Gesellschaftern, ZZP 124 (2011), S. 491–503.

Wieczorek, Bernhard/Schütze, Rolf A. (Hrsg.), Zivilprozessordnung und Nebengesetze,

- Bd. 1/2 – §§ 24–49, 4. Aufl. 2015;
- Bd. 2/1 – §§ 50–77, 4. Aufl. 2017;
- Bd. 5/1 – §§ 300–329, 4. Aufl. 2015;
- Bd. 13 – Nebengesetze (KapMuG, MediationsG, EuGVVO, GVG), 4. Aufl. 2017,

(zitiert: *Bearbeiter*, in: Wieczorek/Schütze, ZPO).

Wilhelmi, Walter, Die Streitverkündung im Ausland, NiemeyersZ 48 (1933/34), S. 105–144.

Wood, C. Eric, Civil Procedure – Res Judicata – „virtual representation" cannot bind a nonparty to a judgment in a prior case where no legal relationship existed between the two parties. Taylor v. Sturgell, 128 S. Ct. 2161 (2008), 39 Cumberland Law Review, 801–817 (2008–2009).

Woolley, Patrick, The Sources of Federal Preclusion Law after Semtek, 72 University of Cincinnati Law Review 527–607 (2003).

Woopen, Herbert, Kollektiver Rechtsschutz – Ziele und Wege, NJW 2018, S. 133–138.

Wright, Charles Alan/Miller, Arthur R. (Begr.), Federal Practice and Procedure,

- Bd. 5 – Kapitel 4: Pleadings and Motions (Civil Unit), 4. Aufl.;
- Bd. 6 – Kapitel 4: Pleadings and Motions, continued, 4. Aufl./ Kapitel 5: Parties, 3. Aufl. (Civil Unit);
- Bd. 7, 7A, 7AA, 7C – Kapitel 5: Parties, continued, 3. Aufl. (Civil Unit);
- Bd. 8 – Kapitel 6: Depositions and Discovery, 3. Aufl. (Civil Unit);

- Bd. 13 – Kapitel 1: The Federal Judicial System, 3. Aufl. (Jurisdiction and Related Matters Unit);
- Bd. 13D – Kapitel 1: The Federal Judicial System, continued; Kapitel 2: Federal Question Jurisdiction, 3. Aufl. (Jurisdiction and Related Matters Unit);
- Bd. 14C – Kapitel 7: Removal from State Courts, 4. Aufl. (Jurisdiction and Related Matters Unit);
- Bd. 18, 18A, 18B – Kapitel 13: Res Judicata, 3. Aufl. (Jurisdiction and Related Matters Unit);
- Bd. 19 – Kapitel 14: The Law Applied in the Federal Courts – the Erie Doctrine and Federal Common Law, 3. Aufl. (Jurisdiction and Related Matters Unit),

jeweils online, Stand: August/November 2019 (zitiert: *Bearbeiter*, in: Wright/Miller, Fed. Prac. & Proc, Civil/Juris.).

Wunderlich, *Peter*, Zur Prozesstandschaft im internationalen Recht. Die Prozessstandschaft und verwandte Rechtsinstitute im deutschen, schweizerischen, österreichischen, französischen, italienischen und spanischen Recht in rechtsvergleichender Darstellung und ihre Behandlung im internationalen Zivilprozessrecht, 1970 (zitiert: *Wunderlich*, Prozesstandschaft).

Zeuner, *Albrecht*, Rechtliches Gehör, materielles Recht und Urteilswirkungen, 1974 (zitiert: *Zeuner*, Rechtliches Gehör).

Zöller, *Richard* (Begr.), Zivilprozessordnung, Kommentar, 33. Aufl. 2020 (zitiert: *Bearbeiter*, in: Zöller, ZPO).

Entscheidungsverzeichnis

I. Entscheidungen US-amerikanischer Gerichte

Aerojet-General Corp. v. Askew, 511 F.2d 710 (5th Cir. 1975)

Alvarado v. J.C. Penney Co., Inc., 997 F.2d 803 (10th Cir. 1993)

Amos v. PPG Industries, Inc., 699 F.3d 448 (6th Cir. 2012)

Arizona v. California, 530 U.S. 392 (2000)

B & B Hardware, Inc. v. Hargis Industries, Inc., 135 S.Ct. 1293 (2015)

Baltimore S.S. Co. v. Phillips, 274 U.S. 316 (1927)

Becherer v. Merill Lynch, Pierce, Fenner, and Smith, Inc., 193 F.3d 415 (6th Cir. 1999)

Bell Atlantic Corp. v. Twombley, 550 U.S. 544 (2007)

Benson and Ford, Inc. v. Wanda Petroleum Co., 833 F.2d 1172 (5th Cir. 1987)

Bernhard v. Bank of America National Trust and Savings Association, 19 Cal.2d 807 (Cal. 1942)

Bigelow v. Old Dominion Copper Mining & Smelting Co., 225 U.S. 111 (1912)

Blonder-Tongue Labs., Inc. v. University of Illinois Found., 402 U.S. 313 (1971)

Brown v. Demco, Inc., 792 F.2d 478 (5th Cir. 1986)

Brown v. Felsen, 442 U.S. 127 (1979)

Bruszewski v. United States., 181 F.2d 419 (3d Cir. 1950)

Burlington N. R. Co. v. Woods, 480 U.S. 1 (1987)

Byrd v. Blue Ridge Rural Elec. Co-op., Inc., 356 U.S. 525 (1958)

Califano v. Yamasaki, 442 U.S. 682 (1979)

Carbonell v. Louisiana Dept. of Health & Human Resources, 772 F.2d 185 (5th Cir. 1985)

Chase National Bank v. City of Norwalk, 291 U.S. 431 (1934)

Chicago, R. I. & P. Ry. Co. v. Schendel, 270 U.S. 611 (1926)

City of Gretna v. Defense Plant Corp., 159 F.2d 412 (5th Cir. 1947)

Coleman v. American Export Isbrandtsen Lines, Inc., 405 F.2d 250 (2d Cir. 1968)

Colton v. Swain, 527 F.2d 296 (7th Cir. 1975)

Conley v. Gibson, 355 U.S. 41 (1957)

Cooper v. Federal Reserve Bank of Richmond, 467 U.S. 867 (1984)

CoreStates Bank v. Huls America, Inc., 176 F.3d 187 (3d Cir. 1999)

Cromwell v. County of Sac., 94 U.S. 351 (1876)

Davis v. McKinnon & Mooney, 266 F.2d 870 (6th Cir. 1959)

Dery v. Wyer, 265 F.2d 804 (2d Cir. 1959)

Donald v. J.J. White Lumber Co., 68 F.2d 441 (5th Cir. 1934)

Duckett v. Fuller, 819 F.3d 740 (4th Cir. 2016)

Dupasseur v. Rochereau, 88 U.S. 130 (1874)

Eisen v. Carlisle & Jacquelin, 417 U.S. 156 (1974)

Erie R. Co. v. Tompkins, 304 U.S. 64 (1938)

Galbreath v. Metropolitan Trust Co. of California, 134 F.2d 569 (10th Cir. 1943)

Gambocz v. Yelencsics, 468 F.2d 837 (3d Cir. 1972)

Gasperini v. Center for Humanities, Inc., 518 U.S. 415 (1996)

General Tel. Co. of Southwest v. Falcon, 457 U.S. 147 (1982)

Gillig v. Nike, Inc., 602 F.3d 1354 (Fed. Cir. 2010)

Guaranty Trust Co. of New York v. York, 326 U.S. 99 (1945)

Hanna v. Plumer, 380 U.S. 460 (1965)

Hansberry v. Lee, 311 U.S. 32 (1940)

Humble Oil & Refining Co. v. Philadelphia Ship Maintenance Co., 444 F.2d 727 (3d Cir. 1971)

In re Freeman, 30 F.3d 1459 (Fed. Cir. 1994)

Jones v. United Parcel Service, Inc., 674 F.3d 1187 (10th Cir. 2012)

Kim v. Fujikawa, 871 F.2d 1427 (9th Cir. 1989)

Knell v. Feltman, 174 F.2d 662 (D.C. Cir. 1949)

Lans v. Adduci Mastriani & Schaumberg L.L.P., 786 F.Supp.2d 240 (D.D.C. 2011)

Litchfield v. Crane, 123 U.S. 549 (1887)

Lubbock Feed Lots, Inc. v. Iowa Beef Processors, Inc., 630 F.2d 250 (5th Cir. 1980)

Lummus Co. v. Commonwealth Oil Refining Co., 297 F.2d 80 (2d Cir. 1961)

Martin v. American Bancorporation Retirement Plan, 407 F.3d 643 (4th Cir. 2005)

Martin v. Wilks, 490 U.S. 755 (1989)

McClain v. Apodaca, 793 F.2d 1031 (9th Cir. 1986)

McLaughlin v. Bradlee, 803 F.2d 1197 (D.C. Cir. 1986)

Montana v. United States, 440 U.S. 147 (1979)

Mullane v. Central Hanover Bank & Trust Co., 339 U.S. 306 (1950)

Nationwide Mut. Fire Ins. Co. v. George V. Hamilton, Inc., 571 F.3d 299 (3d Cir. 2009)

Oldham v. Pritchett, 599 F.2d 274 (8th Cir. 1979)

Oto v. Airline Training Center Arizona, Inc., 247 F.Supp.3d 1098 (D. Ariz. 2017)

Parklane Hosiery Co., Inc. v. Shore, 439 U.S. 322 (1979)

Phillips Petroleum Co. v. Shutts, 472 U.S. 797 (1985)

Provident Tradesmens Bank & Trust Co. v. Lumbermens Mut. Cas. Co., 411 F.2d 88 (3d Cir. 1969)

Richards v. Jefferson County, 517 U.S. 793 (1996)

Sampson v. Sony Corp. of America, 434 F.2d 312 (2d Cir. 1970)

SCAC Transport (USA) Inc. v. S.S. Danaos, 845 F.2d 1157 (2d Cir. 1988)

Schneider v. Dumbarton Developers, Inc., 767 F.2d 1007 (D.C. Cir. 1985)

Scooper Dooper, Inc. v. Kraftco Corp., 494 F.2d 840 (3d Cir. 1974)

Sea-Land Services v. Gaudet, 414 U.S. 573 (1974)

Semtek Intern. Inc. v. Lockheed Martin Corp., 531 U.S. 497 (2001)

Shady Grove Orthopedic Assocs., P.A. v. Allstate Ins. Co., 559 U.S. 393 (2010)

Shaver v. F.W. Woolworth Co., 840 F.2d 1361 (7th Cir. 1988)

Shumaker v. Iowa Dept. of Transp., 541 N.W.2d 850 (Iowa 1995)

Sibbach v. Wilson & Co., 312 U.S. 1 (1941)

Sidag Aktiengesellschaft v. Smoked Foods Products Co., 776 F.2d 1270 (5th Cir. 1985)

Smith v. Bayer Corp., 131 S.Ct. 2368 (2011).

Smith v. Pittsburgh Gage & Supply Co., 464 F.2d 870 (3d Cir. 1972)

Southern P. R. Co. v. United States, 168 U.S. 1 (1897)

Swierkiewicz v. Sorema N.A., 534 U.S. 506 (2002)

Taylor v. Sturgell, 553 U.S. 880 (2008)

Terrell v. DeConna, 877 F.2d 1267 (5th Cir. 1989)

Universal American Barge Corp. v. J-Chem, Inc., 946 F.2d 1131 (5th Cir. 1991)

U.S. v. Manning Coal Corp., 977 F.2d 117 (4th Cir. 1992)

U.S. v. Sanchez-Gomez, 138 S.Ct. 1532 (2018)

Wal-Mart Stores, Inc. v. Dukes, 564 U.S. 338 (2011)

Zdanok v. Glidden Company, 327 F.2d 944 (2d Cir. 1964)

Zenith Radio Corp. v. Hazeltine Research, Inc., 395 U.S. 100 (1969)

II. Entscheidungen des EuGH

EuGH, Urteil vom 04.05.2010 – C-533/08 (TNT Express Nederland BV/AXA Versicherung-AG), NJW 2010, 1736

EuGH, Urteil vom 13.10.2011 – C-139/10 (Prism Investments BV/Jaap Anne van der Meer), NJW 2011, 3506

EuGH, Urteil vom 23.10.2014 – C-302/13 (flyLAL-Lithuanian Airlines AS/Starptautiskā lidosta Rīga VAS, u.a.), GRUR Int. 2014, 1172

III. Entscheidungen deutscher Gerichte

BVerfG, Beschluss vom 01.02.1967 – 1 BvR 630/64, BVerfGE 21, 132

BVerfG, Beschluss vom 25.07.1979 – 2 BvR 878/74, BVerfGE 52, 131

BVerfG, Beschluss vom 03.11.1983 – 2 BvR 348/83, BVerfGE 65, 227

BVerfG, Beschluss vom 14.04.1987 – 1 BvR 332/86, BVerfGE 75, 201

BVerfG, Beschluss vom 07.10.1987 – 1 BvR 1471/86, NJW 1988, 2597

BVerfG, Beschluss vom 26.10.1987 – 1 BvR 198/87, NJW 1988, 2361

BVerfG, Beschluss vom 07.12.1994 – 1 BvR 1279/94, BVerfGE 91, 335

BVerfG, Beschluss vom 25.07.2003 – 2 BvR 1198/03, BVerfGE 108, 238

BVerfG, Beschluss vom 14.06.2007 – 2 BvR 2247/06, NJW 2007, 3709

RG, Urteil vom 21.03.1896 – V 270/95, RGZ 37, 376

RG, Urteil vom 03.07.1903 – II 16/03, RGZ 55, 236

RG, Urteil vom 25.06.1926 – VI 70/26, RGZ 114, 171

RG, Urteil vom 05.02.1937 – V 223/36, RGZ 153, 271

RG, Urteil vom 26.01.1938 – VI 220/37, RGZ 157, 23

RG, Urteil vom 31.10.1941 – VII 5/41, RGZ 167, 373

BGH, Urteil vom 16.11.1951 – V ZR 17/51, BGHZ 3, 385

BGH, Urteil vom 13.11.1952 – III ZR 72/52, BGHZ 8, 72

BGH, Urteil vom 04.03.1959 – V ZR 181/57, BGHZ, 29, 363

BGH, Urteil vom 15.06.1960 – V ZR 191/58, BGHZ, 32, 377

BGH, Urteil vom 03.07.1961 – III ZR 19/60, BGHZ 35, 338

BGH, Urteil vom 29.11.1961 – V ZR 181/60, BGHZ 36, 187

BGH, Urteil vom 14.02.1962 – IV ZR 156/61, BGHZ 36, 365

BGH, Urteil vom 20.03.1963 – VIII ZR 130/61, BGHZ 39, 173

BGH, Urteil vom 17.10.1963 – II ZR 77/61, BGHZ 40, 185

BGH, Beschluss vom 21.12.1966 – V ZB 24/66, BGHZ 46, 253

BGH, Urteil vom 18.10.1967 – VII ZR 145/66, BGHZ 48, 327

BGH, Beschluss vom 17.09.1968 – IV ZB 501/68, BGHZ 50, 370

BGH, Urteil vom 26.03.1969 – VIII ZR 194/68, BGHZ 52, 30

BGH, Urteil vom 15.10.1969 – VIII ZR 122/68, NJW 1970, 387

BGH, Urteil vom 16.03.1970 – VII ZR 125/68, BGHZ 53, 332

BGH, Urteil vom 25.03.1970 – VIII ZR 202/69, BGHZ 53, 357

BGH, Urteil vom 21.02.1975 – V ZR 148/73, NJW 1975, 1228

BGH, Urteil vom 17.05.1977 – VI ZR 174/74, BGHZ 69, 37

BGH, Urteil vom 07.03.1979 – IV ZR 30/78, BGHZ 73, 378

BGH, Urteil vom 11.04.1979 – IV ZR 93/78, NJW 1980, 529

BGH, Urteil vom 17.05.1979 – III ZR 176/77, NJW 1979, 2039

BGH, Urteil vom 20.05.1981 – VIII ZR 270/80, NJW 1981, 2642

BGH, Urteil vom 11.03.1983 – V ZR 287/81, NJW 1984, 126

BGH, Urteil vom 01.06.1983 – IVb ZR 386/81, NJW 1983, 1976

BGH, Beschluss vom 10.10.1984 – IVb ZB 23/84, BGHZ 92, 275

BGH, Urteil vom 18.04.1985 – VII ZR 359/83, BGHZ 94, 156

BGH, Urteil vom 28.01.1987 – IVb ZR 12/86, NJW-RR 1987, 642

BGH, Urteil vom 26.03.1987 – VII ZR 122/86, BGHZ 100, 257

BGH, Urteil vom 19.01.1989 – IX ZR 83/88, NJW-RR 1989, 766

BGH, Urteil vom 10.10.1989 – XI ZR 11/89, NJW-RR 1990, 121

BGH, Beschluss vom 11.07.1990 – XII ZB 113/87, BGHZ 112, 127

BGH, Urteil vom 14.12.1990 – V ZR 329/89, NJW 1991, 1175

BGH, Urteil vom 04.06.1992 – IX ZR 149/91, BGHZ 118, 312

BGH, Urteil vom 03.12.1992 – IX ZR 229/91, BGHZ 120, 334

BGH, Beschluss vom 09.02.1993 – VI ZB 2/93, NJW 1993, 1925

BGH, Urteil vom 12.10.1995 – VII ZR 209/94, BGHZ 131, 76

BGH, Urteil vom 08.11.1995 – VIII ZR 269/94, NJW 1996, 395

BGH, Urteil vom 12.01.1996 –V ZR 246/94, BGHZ 131, 376

BGH, Urteil vom 21.04.1998 – XI ZR 377/97, BGHZ 138, 331

BGH, Urteil vom 29.04.1999 – IX ZR 263/97, BGHZ 141, 286

BGH, Urteil vom 26.09.2000 – VI ZR 279/99, NJW 2001, 157

BGH, Urteil vom 24.10.2000 – XI ZR 300/99, NJW 2001, 524

BGH, Urteil vom 05.04.2001 – VII ZR 135/00, BGHZ 147, 220

BGH, Urteil vom 03.04.2003 – I ZR 1/01, BGHZ 154, 342

BGH, Beschluss vom 03.03.2004 – IV ZB 43/03, NJW 2004, 1805

BGH, Urteil vom 08.11.2004 – II ZR 362/02, NJW-RR 2005, 338

BGH, Urteil vom 27.01.2005 – I ZR 146/02, GRUR 2005, 689

BGH, Urteil vom 11.04.2006 – X ZR 139/03, BGHZ 167, 166

BGH, Beschluss vom 28.06.2006 – XII ZB 9/04, NJW-RR 2006, 1628

BGH, Urteil vom 01.03.2007 – I ZR 51/04, GRUR 2007, 809

BGH, Urteil vom 13.03.2007 – VI ZR 129/06, NJW 2007, 1753

BGH, Urteil vom 13.06.2008 – V ZR 114/07, NJW 2008, 2852

BGH, Beschluss vom 26.08.2009 – XII ZB 169/07, BGHZ 182, 188

BGH, Beschluss vom 30.09.2010 – XIa ARZ 191/10, BGHZ 187, 112

BGH, Urteil vom 22.03.2011 – II ZR 249/09, NJW 2011, 2048

BGH, Urteil vom 22.09.2011 – I ZR 229/10 GRUR 2012, 415

BGH, Urteil vom 23.09.2014 – VI ZR 483/12, NJOZ 2016, 448

BGH, Urteil vom 07.05.2015 – I ZR 158/14, GRUR 2015, 1240

BGH, Urteil vom 13.09.2018 – I ZR 26/17, GRUR 2018, 1166

OLG Karlsruhe/Freiburg, Urteil vom 10.10.1973 – 5 U 198/72, NJW 1974, 1059

OLG Düsseldorf, Urteil vom 03.11.1981 – 6 UF 79/81, IPRax 1982, 152

OLG Saarbrücken, Beschluss vom 03.08.1987 – 5 W 102/87, NJW 1988, 3100

OLG Düsseldorf, Urteil vom 05.02.1991 – 4 U 68/90, NJW-RR 1992, 922

OLG Hamm, Urteil vom 30.10.2000 – 1 U 1/00, FamRZ 2001, 1015

OLG Koblenz, Urteil vom 16.10.2003 – 7 U 87/00, NJOZ 2004, 3369

OLG Bremen, Urteil vom 25.04.2014 – 2 U 102/13, IPRax 2015, 354

LG München I, Urteil vom 28.06.1988 – 28 O 15047/85, RIW 1988, 738

LG Freiburg, Urteil vom 15.08.1989 – 9 S 79/89, VersR 1991, 1431

STUDIEN ZUM VERGLEICHENDEN UND INTERNATIONALEN RECHT

Herausgeber: Bernd von Hoffmann (†), Erik Jayme, Heinz-Peter Mansel, Christine Budzikiewicz, Michael Stürner, Karsten Thorn und Marc-Philippe Weller

Band 1 Ferdinand Henke: Die Datenschutzkonvention des Europarates. 1986.

Band 2 Peter Czermak: Der express trust im internationalen Privatrecht. 1986.

Band 3 Peter Kindler: Der Ausgleichsanspruch des Handelsvertreters im deutsch-italienischen Warenverkehr. Eine rechtsvergleichende und kollisionsrechtliche Untersuchung. 1987.

Band 4 Wilhelm Denzer: Stellung und Bedeutung des Engineers in den FIDIC-Bauvertragsbedingungen. 1988.

Band 5 Marijan-Maximilian Lederer: Die internationale Enteignung von Mitgliedschaftsrechten unter besonderer Berücksichtigung der französischen Enteignungen 1982. 1989.

Band 6 Rainer Esser: Klagen gegen ausländische Staaten. 1990.

Band 7 Chang Jae-Ok: Auf dem Weg zu einer Materialisierung des Immateriellen? Personen-, Persönlichkeitsschutz und Geldersatz des immateriellen Schadens in rechtsvergleichender Hinsicht am Beispiel des koreanischen und japanischen Zivilrechts unter besonderer Berücksichtigung des deutschen Rechts. 1990.

Band 8 Paul-Frank Weise: Lex mercatoria. Materielles Recht vor der internationalen Handelsschiedsgerichtbarkeit.1990.

Band 9 Werner Born: Der Auftrittsvertrag für Musikgruppen im Bereich der Rock- und Popmusik. 1990.

Band 10 Ralf Erich Jürgens: IPR und Verfassung in Italien und in der Bundesrepublik Deutschland. 1990.

Band 11 Rainer Gildeggen: Internationale Schieds- und Schiedsverfahrensvereinbarungen in Allgemeinen Geschäftsbedingungen vor deutschen Gerichten. 1991.

Band 12 Klaus Grabinski: Die kollisionsrechtliche Behandlung des Durchgriffs bei rechtlich verselbständigten Unternehmen in privater oder öffentlicher Hand. 1991.

Band 13 Dieter Stummel: Konkurs und Integration. Konventionsrechtliche Wege zur Bewältigung grenzüberschreitender Insolvenzverfahren. 1991.

Band 14 Joachim Güntzer: Die Rechtsstellung des Geschäftsführers im spanischen Aktienrecht. Die Neuregelung des spanischen Aktienrechts nach dem Beitritt Spaniens zur EG. 1991.

Band 15 Sabine Isenburg-Epple: Die Berücksichtigung ausländischer Rechtshängigkeit nach dem Europäischen Gerichtsstands- und Vollstreckungsübereinkommen vom 27.9.1968. Untersuchungen zum Anwendungsbereich von Art. 21 EuGVÜ unter schwerpunktmäßiger Behandlung der Frage nach der Bestimmung eines europäischen Streitgegenstandsbegriffs. 1992.

Band 16 Ulrich Nickl: Die Qualifikation der culpa in contrahendo im Internationalen Privatrecht. 1992.

Band 17 Theo Rauh: Leistungserschwerungen im Schuldvertrag. Eine rechtsvergleichende Untersuchung des englischen, US-amerikanischen, französischen und deutschen Rechts unter besonderer Berücksichtigung der gerichtlichen Praxis. 1992.

Band 18 Bernadette Chaussade-Klein: Vorvertragliche "obligation de renseignements" im französischen Recht. 1992.

Band 19 Josef Sievers: Verbraucherschutz gegen unlautere Vertragsbedingungen im französischen Recht. Vom Code civil zum "Code de la consommation" – die Entstehung eines Sonderprivatrechts für Verbraucher. 1993.

Band 20 Achim Schäfer: Grenzüberschreitende Kreditsicherung an Grundstücken, unter besonderer Berücksichtigung des deutschen und italienischen Rechts. 1993.

Band 21 Eugenio Hernández-Breton: Internationale Gerichtsstandsklauseln in Allgemeinen Geschäftsbedingungen. Unter besonderer Berücksichtigung des deutsch-südamerikanischen Rechtsverkehrs (dargestellt am Beispiel Argentinien, Brasilien und Venezuela). 1993.

Band 22 Ingo Reng: Unterhaltsansprüche aufgrund nichtehelicher Lebensgemeinschaft – Internationales Privatrecht und ausländisches materielles Recht. 1994.

Band 23 Stefanie Roloff: Die Geltendmachung ausländischer öffentlicher Ansprüche im Inland. 1994.

Band 24 Katharina Ludwig: Der Vertragsschluß nach UN-Kaufrecht im Spannungsverhältnis von Common Law und Civil Law. Dargestellt auf der Grundlage der Rechtsordnungen Englands und Deutschlands. 1994.

Band 25 Malte Diesselhorst: Mehrparteienschiedsverfahren. Internationale Schiedsverfahren unter Beteiligung von mehr als zwei Parteien. 1994.

Band 26 Manfred Kost: Konsensprobleme im internationalen Schuldvertragsrecht. 1995.

Band 27 Wolff-Heinrich Fleischer: Das italienische Wettbewerbsrecht und die Probleme des selektiven Parfümvertriebs unter Berücksichtigung der Rechtslage in Frankreich und Deutschland. 1995.

Band 28 Angelika Fuchs: Lateinamerikanische Devisenkontrollen in der internationalen Schuldenkrise und Art. VIII Abschn. 2 b) IWF-Abkommen. 1995.

Band 29 Jacques Matthias Aull: Der Geltungsanspruch des EuGVÜ: "Binnensachverhalte" und Internationales Zivilverfahrensrecht in der Europäischen Union. Zur Auslegung von Art. 17 Abs. 1 S. 1 EuGVÜ. 1996.

Band 30 Hartmut Ost: EVÜ und fact doctrine. Konflikte zwischen europäischer IPR-Vereinheitlichung und der Stellung ausländischen Rechts im angelsächsischen Zivilprozeß. 1996.

Band 31 Stefan Wagner: Die Testierfähigkeit im Internationalen Privatrecht. 1996.

Band 32 Wolfgang Jakob Hau: Positive Kompetenzkonflikte im Internationalen Zivilprozeßrecht. Überlegungen zur Bewältigung von *multi-fora disputes*. 1996.

Band 33 Markus Schütz: UN-Kaufrecht und *Culpa in contrahendo*. 1996.

Band 34 Volker Geyrhalter: Das Lösungsrecht des gutgläubigen Erwerbers. Ein "vergessener" Kompromiß und die Auswirkungen auf das heutige deutsche Recht unter besonderer Berücksichtigung des internationalen Sachenrechts. 1996.

Band 35 Andreas Kramer: Abwicklungsstörungen bei Kaufverträgen. Die Lieferung vertragswidriger Sachen im deutschen und italienischen Recht. 1996.

Band 36 Petra Krings: Erfüllungsmodalitäten im internationalen Schuldvertragsrecht. 1997.

Band 37 Tonja Gaibler: Der rechtsgeschäftliche Irrtum im französischen Recht. 1997.

Band 38 Dirk Otto: Rechtsspaltung im indischen Erbrecht. Bedeutung und Auswirkungen auf deutsch-indische Nachlaßfälle. 1997.

Band 39 Gregor W. Decku: Zwischen Vertrag und Delikt. Grenzfälle vertraglicher und deliktischer Haftung dargestellt am Beispiel der Berufs- und Expertenhaftung zum Schutze des Vermögens Dritter im deutschen und englischen Recht. 1997.

Band 40 Gregor W. Decku: Zwischen Vertrag und Delikt. Grenzfälle vertraglicher und deliktischer Haftung dargestellt am Beispiel der Berufs- und Expertenhaftung zum Schutze des Vermögens Dritter im deutschen und englischen Recht. 1997.

Band 41 Ulrike Höpping: Auswirkungen der Warenverkehrsfreiheit auf das IPR unter besonderer Berücksichtigung des Internationalen Produkthaftungsrechts und des Internationalen Vertragsrechts. 1997.

Band 42 Helene Boriths Müller: Die Umsetzung der europäischen Übereinkommen von Rom und Brüssel in das Recht der Mitgliedstaaten. Dargestellt am Beispiel Deutschlands und Dänemarks. 1997.

Band 43 Bernd von Hoffmann / Myong-Chang Hwang (eds.): The Public Concept of Land Ownership. Reports and Discussions of a German-Korean Symposium held in Seoul on October 7-9, 1996. 1997.

Band 44 Oliver Heeder: Fraus legis. Eine rechtsvergleichende Untersuchung über den Vorbehalt der Gesetzesumgehung in Deutschland, Österreich, der Schweiz, Frankreich und Belgien unter besonderer Berücksichtigung des Internationalen Privatrechts. 1998.

Band 45 Heinrich Schütt: Deliktstyp und Internationales Privatrecht. Dargestellt an grenzüberschreitenden Problemen der Arzthaftung. 1998.

Band 46 Axel Steiner: Die stillschweigende Rechtswahl im Prozeß im System der subjektiven Anknüpfungen im deutschen Internationalen Privatrecht. 1998.

Band 47 Martina Schulz: Der Eigentumsvorbehalt in europäischen Rechtsordnungen. Rechtsvergleichende Untersuchung des deutschen, englischen und französischen Rechts unter besonderer Berücksichtigung von Erweiterungen und Verlängerungen. 1998.

Band 48 Karin Dreher: Die Rechtswahl im internationalen Erbrecht. Unter besonderer Berücksichtigung des italienischen IPR-Reformgesetzes N. 218 vom 31. Mai 1995. 1999.

Band 49 Giuliano Gabrielli: Das Verhältnis zwischen der Anfechtung wegen Eigenschaftsirrtums und den Gewährleistungsansprüchen im deutschen, österreichischen und italienischen Recht. 1999.

Band 50 Bernd von Hoffmann / Myong-Chan Hwang (eds.): Developments in Land Law. Reports and Discussions of a German-Korean Symposium held in Berlin and Trier on July 21-24, 1997. 1999.

Band 51 Volker Heidbüchel: Das UNCITRAL-Übereinkommen über unabhängige Garantien und Standby Letters of Credit. Vergleiche mit den Richtlinien der Internationalen Handelskammer, dem deutschen, englischen und US-amerikanischen Recht. 1999.

Band 52 Jan Christoph Nordmeyer: Pflichtteilsansprüche und Wiedervereinigung. Eine systematische Analyse der Ausgleichsansprüche nach BGB-Pflichtteilsrecht unter besonderer Berücksichtigung der durch den Wiedervereinigungsprozeß eingetretenen Wertveränderungen. 1999.

Band 53 Bettina Linder: Vertragsabschluß beim grenzüberschreitenden Verbraucherleasing. 1999.

Band 54 Almontasser Fetih: Die zivilrechtliche Haftung bei Vertragsverhandlungen. Eine rechtsvergleichende Studie zum deutschen, französischen, ägyptischen und islamischen Recht. 2000.

Band 55 Sona Rajani: Die Geltung und Anwendung des Gemeinschaftsrechts im Vereinigten Königreich von Großbritannien und Nordirland. Der Grundsatz der Parlamentssouveränität im Wandel. 2000.

Band 56 Joachim Kayser: Gegenmaßnahmen im Außenwirtschaftsrecht und das System des europäischen Kollisionsrechts. Eine Analyse der EU-Abwehrverordnung gegen die Auswirkungen extraterritorialer Rechtserstreckung eines Drittlandes. 2001.

Band 57 Albrecht Conrad: Qualifikationsfragen des Trust im Europäischen Zivilprozeßrecht. 2001.

Band 58 Bernd Borgmann: Die Entsendung von Arbeitnehmern in der Europäischen Gemeinschaft. Wechselwirkungen zwischen Kollisionsrecht, Grundfreiheiten und Spezialgesetzen. 2001.

Band 59 Aleksandar Jaksic: Arbitration and Human Rights. 2002.

Band 60 Islamisches und arabisches Recht als Problem der Rechtsanwendung. Symposium zu Ehren von Professor Emeritus Dr. iur. Omaia Elwan. Veranstaltet vom Institut für ausländisches und internationales Privat- und Wirtschaftsrecht der Universität Heidelberg und der Gesellschaft für Arabisches und Islamisches Recht e.V. Herausgegeben von Herbert Kronke, Gert Reinhart und Nika Witteborg. 2001.

Band 61 Patrick Fiedler: Stabilisierungsklauseln und materielle Verweisung im internationalen Vertragsrecht. 2001.

Band 62 Werner Mangold: Die Abtretung im Europäischen Kollisionsrecht. Unter besonderer Berücksichtigung des spanischen Rechts. 2001.

Band 63 Eike Dirk Eschenfelder: Beweiserhebung im Ausland und ihre Verwertung im inländischen Zivilprozess. Zur Bedeutung des US-amerikanischen discovery-Verfahrens für das deutsche Erkenntnisverfahren. 2002.

Band 64 Bernd Ehle: Wege zu einer Kohärenz der Rechtsquellen im Europäischen Kollisionsrecht der Verbraucherverträge. 2002.

Band 65 Heiko Lehmkuhl: Das Nacherfüllungsrecht des Verkäufers im UN-Kaufrecht. 2002.

Band 66 Jochen Nikolaus Schlotter: Erbrechtliche Probleme in der Société Privée Européenne. IPR-Harmonisierung im einheitlichen Europäischen Rechtsraum. 2002.

Band 67 Konrad Ost: Doppelrelevante Tatsachen im Internationalen Zivilverfahrensrecht. Zur Prüfung der internationalen Zuständigkeit bei den Gerichtsständen des Erfüllungsortes und der unerlaubten Handlung. 2002.

Band 68 Tobias Bosch: Die Durchbrechungen des Gesamtstatuts im internationalen Ehegüterrecht. Unter besonderer Berücksichtigung deutsch-französischer Rechtsfälle. 2002.

Band 69 Ursula Philipp: Form im amerikanischen Erbrecht. Zwischen Formalismus und harmless error. 2002.

Band 70 Christian Stefan Wolf: Der Begriff der wesentlich engeren Verbindung im Internationalen Sachenrecht. 2002.

Band 71 André Fomferek: Der Schutz des Vermögens Minderjähriger. Ein Vergleich des deutschen und des englischen Rechts unter Berücksichtigung des schottischen und irischen Rechts. 2002.

Band 72 nicht erschienen

Band 73 Markus Dreißigacker: Sprachenfreiheit im Verbrauchervertragsrecht. Der Verbraucher im Spannungsfeld zwischen kultureller Identität und Privatautonomie. 2002.

Band 74 Vassiliki Myller-Igknay: Auskunftsansprüche im griechischen Zivilrecht. Auswirkungen im deutsch-griechischen Rechtsverkehr sowie im deutschen internationalen Privat- und Verfahrensrecht. 2003.

Band 75 Stefan Bruinier: Der Einfluss der Grundfreiheiten auf das Internationale Privatrecht. 2003.

Band 76 Nika Witteborg: Das gemeinsame Sorgerecht nichtverheirateter Eltern. Eine Untersuchung im soziologischen, rechtsgeschichtlichen, verfassungsrechtlichen, rechtsvergleichenden und internationalen Kontext. 2003.

Band 77 Peter Stankewitsch: Entscheidungsnormen im IPR als Wirksamkeitsvoraussetzungen der Rechtswahl. 2003.

Band 78 Jan Wilhelm Ritter: Euro-Einführung und IPR unter besonderer Berücksichtigung nachehelicher Unterhaltsverträge. Eine Untersuchung mit Blick auf das deutsche, französische und schweizerische Recht. 2003.

Band 79 Wolf Richard Herkner: Die Grenzen der Rechtswahl im internationalen Deliktsrecht. 2003.

Band 80 Ira Ditandy: Internationale Zuständigkeit. Neuregelung durch die LOPJ 1985. Vergleich mit dem europäischen Vorbild und Auswirkungen auf das spanische internationale Zivilverfahrensrecht. 2003.

Band 81 Andrea Verena Schefold: Werbung im Internet und das deutsche Internationale Privatrecht. 2004.

Band 82 Klaus Herkenrath: Die Umsetzung der Richtlinie 93/13/EWG über missbräuliche Klauseln in Verbraucherverträgen in Deutschland, dem Vereinigten Königreich, Frankreich und Italien. Auswirkungen nationaler Umsetzungstechniken auf dem Harmonisierungserfolg. 2003.

Band 83 Alexander Thünken: Das kollisionsrechtliche Herkunftslandprinzip. 2003.

Band 84 Barbara v. Daumiller: Die Rechtswahl im italienischen internationalen Erbrecht: und ihre Auswirkungen im deutsch-italienischen Rechtsverkehr. 2003.

Band 85 Robert Mödl: Macht, Verantwortlichkeit und Zurechnung im Konzern. Eine rechtsvergleichende Untersuchung auf der Grundlage des deutschen, spanischen und US-amerikanischen Rechts. 2003.

Band 86 Ursula Kerpen: Das Internationale Privatrecht der Persönlichkeitsrechtsverletzungen. Eine Untersuchung auf rechtsvergleichender Grundlage. 2003.

Band 87 Barbara Ploeckl: Umgangsrechtsstreitigkeiten im deutsch-französischen Rechtsverkehr. Bestehende internationale und nationale Regelungen und der geplante *europäische Besuchstitel*. 2003.

Band 88 Katrin Wannemacher: Die Außenkompetenzen der EG im Bereich des Internationalen Zivilverfahrensrechts. Der räumliche Anwendungsbereich des Art. 65 EGV am Beispiel der EuGVO und der EheVO. 2003.

Band 89 Maren B. Eilinghoff: Das Kollisionsrecht der ungerechtfertigten Bereicherung nach dem IPR-Reformgesetz von 1999. 2004.

Band 90 Patrick Niehr: Die zivilprozessuale Dokumentenvorlegung im deutsch-englischen Rechtshilfeverkehr nach der deutschen und der englischen Prozessrechtsreform. 2004.

Band 91 Anna Christina Gördes: Internationale Zuständigkeit, Anerkennung und Vollstreckung von Entscheidungen über die elterliche Verantwortung. Die VO(EG) Nr. 1347/2000, ihre geplanten Änderungen und das Verhältnis beider zum Minderjährigen- und Kinderschutzabkommen. 2004.

Band 92 Martin Rädler: Rechtsbehelfe des Käufers eines Unternehmens oder einer unternehmerischen Beteiligung gegen den Verkäufer im deutschen und französischen Recht. 2004.

Band 93 Marc-Yngve Dietrich: Rechtsstellung und Beteiligung der Gläubiger im französischen Insolvenzverfahren. 2004.

Band 94 Katia Niemann: Die rechtsgeschäftliche und organschaftliche Stellvertretung und deren kollisionsrechtliche Einordnung. Deutschland und England im Vergleich. 2004.

Band 95 Daniel Ludwig: Neuregelungen des deutschen Internationalen Insolvenzverfahrensrechts. Eine Untersuchung unter vergleichender Heranziehung der Europäischen Insolvenzver-ordnung. 2004.

Band 96 Cordelia Faulenbach: Der gemeinschaftsrechtliche Vorbehalt im europäischen Wettbewerbsrecht. Die Herkunftslandanknüpfung der E-Commerce-Richtlinie unter dem Einfluss der Grundfreiheiten. 2004.

Band 97 Ulf Dörner: Der Vertragsgerichtsstand nach dem Protokoll von Buenos Aires. 2004.

Band 98 Martin Schmidhuber: Verhaltenskodizes im nationalen und grenzüberschreitenden elektronischen Geschäftsverkehr. Zur Frage der Integration der Selbstregulierung durch Private in die staatliche Rechtsordnung. 2004.

Band 99 Florian Kienle: Die fehlerhafte Banküberweisung im internationalen Rechtsverkehr. Unter besonderer Berücksichtigung des Artikels 4A US Uniform Commercial Code. 2004.

Band 100 Thomas Alexander Brandt: Die Adoption durch eingetragene Lebenspartner im internationalen Privat- und Verfahrensrecht. 2004.

Band 101 Florian Pulkowski: Subunternehmer und Internationales Privatrecht. Der Subunternehmer als Quasi-Verbraucher im Europäischen Kollisionsrecht. 2004.

Band 102 Ulrich Becker: Grundrechtsschutz bei der Anerkennung und Vollstreckbarerklärung im europäischen Zivilverfahrensrecht. Bestimmung der Grenzen für die Einführung eines europäischen Vollstreckungstitels. 2004.

Band 103 Thomas Badelt: Aufrechnung und internationale Zuständigkeit unter besonderer Berücksichtigung des deutsch-spanischen Rechtsverkehrs. 2005.

Band 104 Florian D. Wagner: Vorvertragliche Aufklärungspflichten im internationalen Franchising. Zur Harmonisierung von Delikts- und Vertragsstatut im internationalen Privatrecht unter besonderer Berücksichtigung der Franchise-Gesetzgebung des US-Bundesstaates Kalifornien. 2005.

Band 105 Vera Heine: Die Umsetzung der *EG-Richtlinie über missbräuchliche Klauseln in Verbraucherverträgen* im englischen und deutschen Recht. 2005.

Band 106 Alexander Franz: Überregionale Effektentransaktionen und anwendbares Recht. Eine kollisionsrechtliche Untersuchung unter besonderer Berücksichtigung der Vorschrift des § 17 a DepotG. 2005.

Band 107 Hanna-Maria Uhlenbrock: Gesetzliche Regelungen für nichteheliche Lebensgemeinschaften in Deutschland und Frankreich. Ein Vergleich des Unterhaltsrechts bei der eingetragenen Lebenspartnerschaft und beim Pacte civil de Solidarité. 2005.

Band 108 Katrin Stieß: Anknüpfungen im internationalen Urheberrecht unter Berücksichtigung der neuen Informationstechnologien. 2005.

Band 109 Hendrik Otto: Der gesetzliche Abschlussprüfer im italienischen Recht. Eine rechtsvergleichende Untersuchung unter besonderer Berücksichtigung der zivilrechtlichen Haftung. 2005.

Band 110 Frauke Stuphorn: Bankhaftung für Kreditauskünfte im deutschen und französischen Recht. 2005.

Band 111 Nina Fürer: Die zivilrechtliche Haftung für Raucherschäden. 2005.

Band 112 Giovanni B. Barillà: *Contratto autonomo di garanzia* e *Garantievertrag*. Categorie civilistiche e prassi del commercio. 2005.

Band 113 Timo Torz: Gerichtsstände im Internationalen Insolvenzrecht zur Eröffnung von Partikularinsolvenzverfahren. 2005.

Band 114 Martina Schmid: Die Grenzen der Auslegungskompetenz des EuGH im Vorabentscheidungsverfahren nach Art. 234 EG. Dargestellt am Beispiel der überschießenden Richtlinienumsetzung. 2005.

Band 115 Stephan Lesage-Mathieu: Dispositives Kollisionsrecht im prozessualen Kontext. 2005.

Band 116 Jürgen Görtz: Die subjektiven Grenzen der Rechtskraft US-amerikanischer Urteile. 2005.

Band 117 Vera Hoppe: Die Einbeziehung ausländischer Beteiligter in US-amerikanische class actions. Unter Berücksichtigung des Class Action Fairness Act 2005. 2005.

Band 118 Silke Pütz: Parteiautonomie im internationalen Urhebervertragsrecht – Eine rechtsdogmatische und rechtspolitische Betrachtung der Grenzen freier Rechtswahl im internationalen Urhebervertragsrecht unter besonderer Berücksichtigung des neuen deutschen Urhebervertragsrechts. 2005.

Band 119 Alice Nieroba: Die europäische Rechtshängigkeit nach der EuGVVO (Verordnung (EG) Nr. 44/2001) an der Schnittstelle zum nationalen Zivilprozessrecht. 2006.

Band 120 Jan Kayser: Alternative Formen gerichtlicher und außergerichtlicher Streitbeilegung im deutschen und französischen Zivilprozess. Les modes alternatifs judiciaires et extrajudiciaires de résolution des conflits en procédure civile allemande et française. 2006.

Band 121 Mirko Ehrich: Der internationale Anwendungsbereich des deutschen und französischen Rechts gegen irreführende Werbung. Freie Wahl von Form und Mittel, Rom II und Herkunftslandprinzip. 2006.

Band 122 Daniel Thelen: Die Haftung des Sekundärschädigers für Gewalttaten anderer im US-amerikanischen Deliktsrecht ausgehend von dem Problem rechtsextremistisch motivierter Gewalttaten. 2006.

Band 123 Anne Winterling: Die Entscheidungszuständigkeit in Arbeitssachen im europäischen Zivilverfahrensrecht. 2006.

Band 124 Sarah Gerling: Die Gleichstellung ausländischer mit inländischen Vollstreckungstiteln durch die Verordnung zur Einführung eines Europäischen Vollstreckungstitels für unbestrittene Forderungen. Im Vergleich zum bisherigen Recht und zur Rechtslage in den USA. 2006.

Band 125 Christian Bank: Präventivmaßnahmen börsennotierter Gesellschaften zur Abwehr feindlicher Übernahmeversuche in Deutschland und Großbritannien. Eine rechtsvergleichende Untersuchung des deutschen und britischen Rechts unter Berücksichtigung der Europäischen Übernahmerichtlinie. 2006.

Band 126 Christian Weis: Kaufrechtliche Gewährleistung und Garantievergabe in Deutschland und Spanien. Unter besonderer Berücksichtigung des Unternehmenskaufs. 2006.

Band 127 Emilio Maus Ratz: Der Nacherfüllungsanspruch nach UN-Kaufrecht. Im Lichte der deutschen, spanisch-mexikanischen und US-amerikanischen Rechtswissenschaft. 2006.

Band 128 Constanze Jacobs: Die Sachmängelgewähr im deutschen und belgischen Kaufrecht nach Umsetzung der Verbrauchsgüterkauf-Richtlinie. 2006.

Band 129 Ulrike Teichert: Lückenfüllung im CISG mittels UNIDROIT-Prinzipien – Zugleich ein Beitrag zur Wählbarkeit nichtstaatlichen Rechts. 2007.

Band 130 Sascha Reichardt: Internationale Zuständigkeit im Gerichtsstand der unerlaubten Handlung bei Verletzung europäischer Patente. 2006.

Band 131 Bilgehan Cetiner: Die Sachmängelhaftung des Verkäufers im UN-Kaufrecht und im neuen deutschen Schuldrecht. Eine rechtsvergleichende Studie. 2006.

Band 132 Jan Streer: Die Umsetzung der Verbrauchsgüterkaufrichtlinie im englischen Recht durch die Sale and Supply of Goods to Consumer Regulations 2002. 2007.

Band 133 Kathrin Wannenmacher: Einstweilige Maßnahmen im Anwendungsbereich von Art. 31 EuGVVO in Frankreich und Deutschland: Eine Betrachtung ausgesuchter Verfahren des einstweiligen Rechtsschutzes im internationalen Zivilverfahrensrecht – gerichtliche Zuständigkeit, Anerkennung und Vollstreckung. 2007.

Band 134 Wim Kreytenberg: Die individuelle Schwerpunktbestimmung internationaler Schuldverträge nach der Ausweichklausel des Artikel 4 Absatz 5 Satz 2 EVÜ. Ein Beitrag zur Förderung von Rechtssicherheit und Einzelfallgerechtigkeit im europäischen Kollisionsrecht der Schuldverträge. 2007.

Band 135 Nikolaus Geiben: Der Vorvertrag im Internationalen Privatrecht. Unter besonderer Berücksichtigung des Immobilienerwerbs im portugiesischen und brasilianischen Recht. 2007.

Band 136 Predrag Maksimovic: Der Kapitalschutz im europäischen, serbischen und deutschen Recht der Gesellschaft mit beschränkter Haftung. 2007.

Band 137 Alexander Rathenau: Die Anwendung des EuGVÜ durch portugiesische Gerichte unter Berücksichtigung des autonomen internationalen Zivilverfahrensrechts. 2007.

Band 138 Matthias Creydt: Die Besicherung von Weltraumvermögenswerten. Ein neues einheitliches internationales Sicherungsrecht und dessen Vergleich zum US-amerikanischen Mobiliarsicherungsrecht. 2007.

Band 139 Oliver Borkhardt: Registerpublizität und Kollisionsrecht besitzloser Mobiliarsicherheiten nach dem neuen Art. 9 UCC. 2007.

Band 140 Jens Engelmann-Pilger: Deliktische Haftung für das Fehlverhalten Dritter im Common Law. 2007.

Band 141 Bastian Rotmann: Der Schutz des Dritten in der europäischen Mobiliarzwangsvollstreckung. Eine rechtsvergleichende Untersuchung vor dem Hintergrund der Verordnung (EG) Nr. 805/2004 zur Einführung eines Europäischen Vollstreckungstitels für unbestrittene Forderungen. 2007.

Band 142 Oliver Ratzel: Die Präklusion isolierter Unterhaltsverfahren durch den ausländischen Scheidungsverbund. Zugleich ein Beitrag zur internationalen Verbundszuständigkeit im Lichte der Quellenveränderung. 2007.

Band 143 Bettina Maria Stade: Die Konstitutionalisierung des Zivilprozessrechts in Spanien und Deutschland vor dem Hintergrund der Europäisierung des Zivilprozessrechts. 2007.

Band 144 Julia El-Bitar: Der deutsche und der französische Kulturgüterschutz nach der Umsetzung der Kulturgüterrückgaberichtlinie. Eine materiellrechtliche und kollisionsrechtliche Untersuchung. 2007.

Band 145 Aris Kaschefi: Sachmängelhaftung im französischen Kaufrecht vor und nach Umsetzung der Verbrauchsgüterkaufrichtlinie. Mit rechtsvergleichenden Hinweisen zum deutschen Recht unter besonderer Berücksichtigung von Weiterfressersachverhalten. 2007.

Band 146 Isabel Roth: Die internationale Zuständigkeit deutscher Gerichte bei Persönlichkeitsrechtsverletzungen im Internet. 2007.

Band 147 Theresa Wilhelmi: Das Weltrechtsprinzip im internationalen Privat- und Strafrecht. Zugleich eine Untersuchung zu Parallelitäten, Divergenzen und Interdependenzen von internationalem Privatrecht und internationalem Strafrecht. 2007.

Band 148 Alice Halsdorfer: Privat- und kollisionsrechtliche Folgen der Verletzung von Kulturgüterschutznormen auf der Grundlage des UNESCO-Kulturgutübereinkommens 1970. 2008.

Band 149 Thomas Müller-Froelich: Der Gerichtsstand der Niederlassung im deutsch-amerikanischen Rechtsverkehr. Eine Untersuchung zu Fragen der Entscheidungs- und Anerkennungszuständigkeit. 2008.

Band 150 Christopher Luhn: Privatautonomie und Inhaltskontrolle von Eheverträgen. Ein kritischer Vergleich des deutschen und des australischen Rechts mit Bezügen zum Internationalen Privatrecht. 2008.

Band 151 Kristin Kohler: Die grenzüberschreitende Verbraucherverbandsklage nach dem Unterlassungsklagengesetz im Binnenmarkt. 2008.

Band 152 Dorothee Maria Kaulen: Die Anerkennung von Gesellschaften unter Artikel XXV Abs. 5 S. 2 des deutsch-US-amerikanischen Freundschafts-, Handels- und Schifffahrtsvertrags von 1954. 2008.

Band 153 Birka Vanessa Stroschein: Parteizustellung im Ausland. Eine systemvergleichende Untersuchung des Gemeinschafts- und Staatsvertragsrechts unter Einbeziehung des deutschen, französischen, englischen und US-amerikanischen Zustellungsrechts. 2008.

Band 154 Nancy Gruschinkse: Das europäische Kollisionsrecht der Aufrechnung unter besonderer Beachtung des Insolvenzfalles. 2008.

Band 155 Hans-Christian Frick: Sprachrisiko im Zeitalter des Ethnomarketings. US-amerikanische Erfahrungen und europäische Rechtsentwicklung. 2009.

Band 156 Stephan Mangold: Verbraucherschutz und Kunstkauf im deutschen und europäischen Recht. 2009.

Band 157 Robert Beier: Die gesetzlichen Rechte des überlebenden Ehegatten nach dem deutschen und spanischen Kollisionsrecht. Unter besonderer Berücksichtigung der *viudedad aragonesa*. 2009.

Band 158 Julia-Marie Oppermann: Internationale Handelsschiedsgerichtsbarkeit und Verjährung. 2009.

Band 159 Stephan Boese: Strukturprinzipien im Gläubigerschutz. Eine rechtsvergleichende Untersuchung zur GmbH und zur englischen Limited Company. 2009.

Band 160 Thomas Rosa: Das Kaufrecht nach dem Zivilgesetzbuch der Tschechischen und Slowakischen Republik. Eine rechtsvergleichende Darstellung im Lichte des deutschen Bürgerlichen Gesetzbuches. 2009.

Band 161 Roland Weis: Rechnungslegungspflichten von EU-Scheinauslandsgesellschaften im Land ihrer tatsächlichen wirtschaftlichen Betätigung. Insbesondere im Hinblick auf in Deutschland tätige englische Limiteds. 2009.

Band 162 Henning Frase: "Leoninische Vereinbarungen" und Ergebnisbeteiligungspflicht im deutschen und italienischen Gesellschaftsrecht. Zum *patto leonino* des italienischen Rechts und möglichen Entsprechungen im deutschen Recht. 2010.

Band 163 Christiane Tödter: Europäisches Kindschaftsrecht. Nach der Verordnung (EG) Nr. 2201/ 2003. 2010.

Band 164 Edda Gampp: *Perpetuatio fori internationalis* im Zivilprozeß und im Verfahren der freiwilligen Gerichtsbarkeit. 2010.

Band 165 Mei Wu: Die Reform des chinesischen Beweisrechts vor dem Hintergrund deutscher und US-amerikanischer Regelungsmodelle. 2010.

Band 166 Corina Leimert: Stand und Entwicklung des italienischen Rechts der Unternehmenszusammenschlüsse (gruppi di società / gruppi di imprese). 2010.

Band 167 Kasim Özen: Die Scheidungsgründe im türkischen Zivilgesetzbuch. 2010.

Band 168 Helena Isabel Maier: Marktortanknüpfung im internationalen Kartelldeliktsrecht. Eine internationalzuständigkeits- und kollisionsrechtliche Untersuchung unter Einbeziehung rechts-vergleichender Überlegungen zum englischen Recht. 2011.

Band 169 Thomas Spernat: Die gleichgeschlechtliche Ehe im Internationalen Privatrecht. Unter besonderer Berücksichtigung des Einflusses des EG-Vertrags. 2011.

Band 170 Max Johann Lipsky: Statutenwechsel im italienischen Sachenrecht – Auswirkungen auf den Im- und Export von Mobiliarsicherheiten. Eine Untersuchung der rechtlichen Beständigkeit dinglicher Kreditsicherheiten im deutsch-italienischen Rechtsverkehr. 2011.

Band 171 Silvia Karolina Seilstorfer: Die Umsetzung der Verbrauchsgüterkaufrichtlinie in Portugal mit rechtsvergleichenden Hinweisen zum deutschen Recht. 2011.

Band 172 Stephan Georg Knöchel: Anerkennung französischer Urteile mit Drittbeteiligung. Eine Untersuchung der Anerkennung von Drittbindungswirkungen nach der EuGVVO und autonomem deutschem Recht. 2011.

Band 173 Kristina Menzel: Vollstreckungsschutz zugunsten privater Altersvorsorge. Eine rechtsvergleichende Untersuchung zum deutschen und schweizerischen Recht. 2011.

Band 174 Manuela Krach: Scheidung auf Mexikanisch. Das materielle Recht der Scheidung im Mehrrechtsstaat Mexiko unter Berücksichtigung von Eheschließung und Ehewirkungen. 2011.

Band 175 Vanessa Sofia Wagner: Verkehrsschutz beim redlichen Erwerb von GmbH-Geschäftsanteilen. Ein Vergleich des Rechts für Gesellschaften mit beschränkter Haftung in Deutschland, England und Italien. 2011.

Band 176 Alexander Swienty: Der Statutenwechsel im deutschen und englischen internationalen Sachenrecht unter besonderer Betrachtung der Kreditsicherungsrechte. 2011.

Band 177 Kathrin Süß: Streitbeilegungsmechanismen im Verbraucherrecht. Unter besonderer Berücksichtigung der australischen Rechtsordnung. 2011.

Band 178 Efe Direnisa: Die materielle Rechtskraft im deutschen und türkischen Zivilverfahrensrecht. 2012.

Band 179 Julia Faenger: Leistungsunabhängige Nebenpflichten zum Schutz des Integritätsinteresses im deutschen und französischen Recht. Eine rechtsvergleichende Betrachtung ausgehend von den Rücksichtspflichten des § 241 Abs. 2 BGB. 2012.

Band 180 Dorothea Heine: Das Kollisionsrecht der Forderungsabtretung. UNCITRAL-Abtretungs-konvention und Rom I-Verordnung. 2012.

Band 181 Lisa B. Möll: Kollidierende Rechtswahlklauseln in Allgemeinen Geschäftsbedingungen im internationalen Vertragsrecht. 2012.

Band 182 Jutta Jasmin Uusitalo: Einbeziehung von AGB im unternehmerischen Geschäftsverkehr zwischen Deutschland und Finnland. 2012.

Band 183 Darya Alikhani Chamgardani: Der Allgemeine Teil des iranischen Schuldvertragsrechts. Im Spannungsverhältnis zwischen rezipiertem französischen und traditionellem islamischen Recht. 2013.

Band 184 Volker Anton: Aktuelle Entwicklungen des Bankgeheimnisses im Rechtsvergleich unter besonderer Berücksichtigung seiner exterritorialen Wirkungen. Deutschland, Luxemburg, Österreich, Schweiz und Liechtenstein. 2013.

Band 185 Charlotte Wilhelm: Die Regelung der Geld- und Warenkreditsicherheiten nach dem deutschen Recht im Vergleich zum Draft Common Frame of Reference (DCFR). 2013.

Band 186 Michael Nehmer: Erbunwürdigkeit und Elternunterhalt im Internationalen Privatrecht. Eine historisch-rechtspolitische Betrachtung. 2013.

Band 187 Pınar Şamiloğlu-Riegermann: Türkisches und deutsches Vertragshändlerrecht im Rechtsvergleich. 2014.

Band 188 Elvan Er: Realsicherheiten des türkischen Mobiliarsachenrechts. Eine Darstellung des geltenden türkischen Rechts unter vergleichender Berücksichtigung des deutschen und schweizerischen Kreditsicherungsrechts. 2014.

Band 189 Maya Mandery: Party Autonomy in Contractual and Non-Contractual Obligations. A European and Anglo-Common Law perspective on the freedom of choice of law in the Rome I Regulation on the law applicable to contractual obligations and the Rome II Regulation on the law applicable to non-contractual obligations. 2014.

Band 190 Gregor Nikolas Rutow: Rechtsvergleich über die Zulässigkeit von Haftungsausschlüssen, Haftungsbeschränkungen und pauschaliertem Schadensersatz in einzelnen arabischen Rechtsordnungen. 2014.

Band 191 Christoph Rödter: Das Gesellschaftskollisionsrecht im Spannungsverhältnis zur Rom I- und II-VO. Eine Untersuchung zur Reichweite des Gesellschaftsstatuts in Abgrenzung zu den Kolligionsregeln der Rom I- und II-VO. 2014.

Band 192 Melanie Kaspers: Die gemischten und verbundenen Verträge im Internationalen Privatrecht. 2015.

Band 193 Tong Xue: Parteiautonomie im chinesischen Internationalen Privatrecht. Am Beispiel der Rechtswahl im Internationalen Vertrags-, Delikts-, und Sachenrecht. 2016.

Band 194 Martin Metz: US-Menschenrechtsklagen und Neoterritorialismus. 2017.

Band 195 Matthias A. Sauter: Mitveräußerungspflichten im deutschen und italienischen Recht. 2018.

Band 196 Daniel Brauner: Die Anwendungsbereiche von CISG und PR CESL im Vergleich. 2018.

Band 197 Christina Bohländer. MAC-Klauseln in Unternehmenskaufverträgen nach US-amerikanischem und deutschem Recht. 2018.

Band 198 Steven Leunert. Die Verteidigungsmechanismen des Haftenden im Internationalen Produkthaftungsrecht der Rom II-Verordnung. 2018.

Band 199 Niki Nozari: Applicable Law in International Arbitration – The Experience of ICSID and Iran-United States Claims Tribunal. 2019.

Band 200 Bahar Tuna Kurtoglu: Die unbezifferte Forderungsklage. Analyse, Problemstellungen und Lösungsansätze, bezogen auf das türkische, schweizerische und deutsche Recht. 2019.

Band 201 Valesca Tabea Profehsner: Disposition im Internationalen Erbrecht. Rechtswahl und parteiautonome Zuständigkeitsbestimmung nach der Europäischen Erbrechtsverordnung unter besonderer Berücksichtigung der beteiligten Interessen. 2019.

Band 202 Panagiotis Kabolis: Das griechische Immobilienrecht. Eine rechtsvergleichende Darstellung in Bezug auf das deutsche Recht. 2019

Band 203 Natalia Chor: Deliktische Gehilfenhaftung und Haftung wegen Organisationsverschuldens nach russischem und deutschem Recht im Rechtsvergleich. 2019

Band 204 Samy Sakka: Der Konzern im Kompetenzrecht der EuGVVO. Unternehmensgruppe und internationale Zuständigkeit. 2019

Band 205 Florian Alexander Sippel: Die Anerkennungsfähigkeit von US-amerikanischen punitive damages awards vor dem Hintergrund der Wirkung des Verhältnismäßigkeitsprinzips im Schadensrecht. 2020

Band 206 Henning Grosser: Das internationale Nachlassinsolvenzverfahren. 2020.

Band 207 Jana Braksiek: Urteilswirkungen gegenüber Dritten im US-amerikanischen Recht und deren Anerkennung in Deutschland. 2020.

www.peterlang.com

Kolibri 360 GmbH
Ferdinand-Jühlke-Straße 7
99095 Erfurt, Deutschland
produktsicherheit@kolibri360.de

Druck:
CPI Druckdienstleistungen GmbH
im Auftrag der
Kolibri 360 GmbH
Ferdinand-Jühlke-Str. 7
99095 Erfurt